bōhlauWien

Dieter Stiefel

DIE ÖSTERREICHISCHEN LEBENSVERSICHERUNGEN UND DIE NS-ZEIT

Wirtschaftliche Entwicklung.
Politischer Einfluß.
Jüdische Polizzen.

Mit einer Einleitung von
Clemens Jabloner

bōhlau Wien Köln Weimar

Die Deutsche Bibliothek – CIP-Einheitsaufnahme
Ein Titeldatensatz für diese Publikation ist bei
Der Deutschen Bibliothek erhältlich

ISBN 3-205-99418-3

Umschlaggestaltung: Grafik Design Kriegl

http://www.boehlau.at

Gedruckt auf umweltfreundlichem, chlor- und säurefreiem Papier.

Druck: Ferdinand Berger & Söhne, 3580 Horn

Die geschichtswissenschaftlichen Forschungen von Univ. Prof. DDr. D. Stiefel, Institut für Wirtschafts- und Sozialgeschichte der Universität Wien, zur österreichischen Lebensversicherung in der NS-Zeit wurden vom Verband der Versicherungsunternehmen Österreichs, Wien, finanziert. Auch die Veröffentlichung in Buchform wurde vom Verband gefördert.

Inhaltsverzeichnis

Vorwort

Der Blick zurück ist die Basis für das Verstehen der Gegenwart. So war es der österreichischen Versicherungswirtschaft ein großes Anliegen, Klarheit zum Thema Lebensversicherung und NS-Zeit zu schaffen. Vor nunmehr dreieinhalb Jahren wurde ein Forschungsauftrag formuliert, für dessen Durchführung – wissenschaftlichen und unabhängig – Univ.-Prof. DDr. Dieter Stiefel gewonnen werden konnte.

Heute, nach Fertigstellung der Studie, kann es uns freuen, daß der Arbeit von Prof. Stiefel öffentlich Anerkennung gezollt wird. Die ebenso profunde wie sensible Auseinandersetzung überzeugt, und sie entspricht der Zielsetzung einer objektiven historischen Grundlagenforschung. Prof. Stiefel und seinem Team sei besonderer Dank ausgesprochen. Nicht zuletzt infolge der Fachdiskussion mit der Historikerkommission der Republik Österreich gilt der Dank des Verbandes auch Univ.-Prof. Dr. Clemens Jabloner, Präsident des Verwaltungsgerichtshofs der Republik Österreich, der als Vorsitzender der Historikerkommission mit seinem Beitrag in die Studie einführt und die Verbindung zum Arbeitsprogramm der Kommission herstellt. Hervorzuheben ist aber ebenso die konstruktive Unterstützung der Versicherungsunternehmen, die wie der Verband selbst durch Öffnung der Archive die Quellengrundlage ergänzen konnten. Der Verband sieht darin Ausdruck des Engagements der Branche, sich aktiv in die Klarstellung zum Thema einzubringen. Darüber hinaus darf auf die einhellige Zustimmung in allen Verbandsgremien zur finanziellen Dotierung des Entschädigungsfonds der Republik Österreich für Opfer des Holocaust hingewiesen werden.

Die Versicherungsbranche als Teil der Wirtschaft steht in der Verpflichtung der Geschichte und stellt sich aktiv ihrer Verantwortung. So gilt unser mahnendes Gedenken den Opfern der NS-Zeit.

Wien, im April 2001
Alexander Hoyos

Dr. Alexander Hoyos ist Vorstandsvorsitzender der Allianz Elementar Versicherungsgesellschaften, Wien, und Präsident des Verbandes der Versicherungsunternehmen Österreichs, Wien

Clemens Jabloner

Die Historikerkommission*
Konzept und aktuelle Entwicklungen

I. Einleitung

Gerne ergreife ich die Gelegenheit, Sie über die Einrichtung, die Arbeitsweise und
auch über die Probleme der Historikerkommission „aus erster Hand" zu informie-
ren. Der gesamte Komplex der Ausraubung und Ausbeutung durch das NS-Regime
wie der erfolgten, nicht erfolgten oder zu erfolgenden Restitution respektive Entschädigung spielt heute eine wichtige Rolle, so auch auf dem Gebiet der Versicherungswirtschaft. Jeden Tag sind die Zeitungen voll von Berichten und Kommenta-
ren. Diese Fülle der Information ist mit der Gefahr verbunden, dass die Rolle der
österreichischen Historikerkommission nicht immer richtig vermittelt wird. Ich
möchte meinen Bericht eher knapp halten und auch kurz auf die Bedeutung des Berichtes von Univ.-Prof. DDr. Stiefel im Verhältnis zu unseren eigenen Forschungen
eingehen.

Ich werde mit der Vorgeschichte und den formalen Grundlagen der Kommission
beginnen und mich danach den sonstigen bisher bereits erfolgten markanten rechtlichen Neuerungen auf diesem Gebiet und schließlich dem derzeitigen Stand der
Forschungen der Historikerkommission zuwenden. Dabei kommt es mir darauf an,
bestimmte grundsätzliche Positionen und Probleme der Historikerkommission her-
auszuarbeiten.

II. Vorgeschichte und Grundlagen

1. Motive zur Einsetzung der Historikerkommission

Was zunächst die Motive für die Einsetzung der Kommission anlangt, so glaube ich,
dass wir es hier mit einem ganzen Bündel von Faktoren zu tun haben: eine einfache
Wahrheit gibt es nicht. Zunächst meine ich eine grundlegende Strömung in Österreich erkennen zu können, die etwa dahin geht, man wolle die Republik unbelastet,
„mit sich im Reinen" in dieses Jahrhundert treten lassen. Diese Ernsthaftigkeit – die

---

* Referat im Rahmen der Präsentation der Studie von Univ.-Prof. DDr. Stiefel am 14. März 2001

ja auch im Bereich der Restitution von Kunst deutlich geworden ist – war für mich eine Bedingung dafür, den Vorsitz in der Historikerkommission überhaupt anzunehmen. Schon an dieser Stelle möchte ich daher dem Verband der Versicherungsunternehmen meine Anerkennung dafür aussprechen, sich der den Versicherern in diesem Zusammenhang zukommenden Rolle aktiv zu stellen und Univ.-Prof. DDr. Stiefel, einen hervorragenden Experten in Wirtschaftsgeschichte, mit der Studie zur Konfiskation von Lebensversicherungs-Polizzen im Dritten Reich und dessen Folgen beauftragt zu haben. Auch dies zeigt eine gewisse Änderung in der grundsätzlichen Haltung gegenüber diesem zeitgeschichtlichen Abschnitt auf.

Insgesamt scheint man heute allgemein auf der politischen Ebene zu akzeptieren, dass aus dem völkerrechtlich richtigen wie politisch zweckmäßigen Standpunkt, dass Österreich zwischen 1938 und 1945 nicht existiert habe und ihm daher die Untaten des NS-Staates nicht zuzurechnen wären, für die Frage der moralischen Verantwortung nichts zu gewinnen ist. Es ist aber auch der bisweilen gehörte Vorwurf unzutreffend, dass die Republik Österreich überhaupt nichts unternommen habe, um Vermögenswerte zu restituieren oder Leiden zu mildern. Wahr ist aber auch, dass diese Maßnahmen oft nur halbherzig und teilweise recht zögerlich getroffen wurden und dass die Probleme vor allem im Detail aufgetreten sind. Gerade die ärmsten Betroffenen, deren Vermögen vielleicht gar nicht formell „arisiert" wurde, weil es nur aus ein paar Einrichtungsgegenständen und vielleicht einigen Produktionsmitteln bestand, konnten auch aus dem österreichischen Rückstellungssystem wenig gewinnen.

Ein weiterer Faktor ist meines Erachtens der Fortschritt der Zeitgeschichte und vor allem der nunmehr stärker auftretenden Wirtschafts- und Sozialgeschichte, deren bis dato viel zu geringe Beachtung auch mit der hier vorgelegten Studie eine Änderung erfahren wird. In den letzten Jahren sind – sicher auch bedingt durch die Öffnung von Archiven – bedeutende Arbeiten entstanden.

Schließlich ist für die österreichische Situation der Faktor nicht zu leugnen, dass uns „internationaler Druck" die Notwendigkeit der historischen Aufarbeitung deutlich vor Augen geführt hat. Wie befremdlich uns das Vorgehen mancher amerikanischer Anwälte auch erscheinen will, dass es beschleunigend in der Entschädigungsdebatte wirkte, ist wohl nicht zu bestreiten.

Dazu kommt, dass nunmehr auch innerhalb des österreichischen Judentums eine Änderung der Einstellung eingetreten ist. War die ältere Generation noch entweder froh, wieder in Wien leben zu können oder wollte man, wenn man im Ausland lebte, mit Österreich besser nichts mehr zu tun haben und verzichtete so – vor allem aus Angst vor dem notorischen Antisemitismus in Österreich – auf die wirklich effiziente Geltendmachung von Forderungen – so treten diese Elemente bei der heutigen Generation zurück. Sie sieht deutlich die Gefahr des Antisemitismus, über-

schätzt sie aber nicht und lässt sich von ihr auch nicht entmutigen. Es gibt einen bestimmten Antisemitismus in Österreich und dieser findet einen Aschermittwoch, um
sich neu zu artikulieren. Er hat aber meines Erachtens durch die Arbeit der Historikerkommission weder in seiner Tiefe noch in seiner Breite zugenommen.

So weit also über die Hintergründe der Einsetzung der Historikerkommission, so
weit ich das beurteilen kann.

2. Formale Grundlagen der Kommission

Die Bundesregierung hat mit Beschluss vom 1. Oktober 1998 den gemeinsamen Vortrag des Bundeskanzlers und des Vizekanzlers über die Einsetzung einer weisungs-
freien und unabhängigen Kommission (im Folgenden: „Historikerkommission") zur
Kenntnis genommen. Berichtet wurde, dass vom Bundeskanzler, Vizekanzler, Präsidenten des Nationalrates und Präsidenten des Bundesrates gemeinsam eine Kommission eingesetzt worden sei und in deren Auftrag tätig werde. Das Mandat der
Kommission lautet: *„Den gesamten Komplex Vermögensentzug auf dem Gebiet der
Republik Österreich während der NS-Zeit sowie Rückstellungen bzw. Entschädigungen (sowie wirtschaftliche oder soziale Leistungen) der Republik Österreich ab 1945 zu
erforschen und darüber zu berichten"*. Vorsitzender der Kommission sei der amtie-
rende Präsident des Verwaltungsgerichtshofes, also meine Person, ein weiteres Mitglied der Generaldirektor des Österreichischen Staatsarchivs, *Hon.-Prof. Dr. Lorenz
Mikoletzky*.

Für die übrigen vier Mitglieder der Kommission wurde ein recht kompliziertes
System der Bestellung vorgesehen, das insbesondere bei der Bestellung des ausländischen Experten anfänglich für zusätzlichen Aufwand sorgte. Schließlich gelang es
aber, mit Dr. Robert Knight einen ausgesprochenen Experten für die österreichische
Nachkriegsgeschichte zu finden. Die übrigen Mitglieder der Historikerkommission
sind Dr. Brigitte Bailer-Galanda, Dr. Bertrand Perz und o.Univ.-Prof. Dr. Roman
Sandgruber. Die Historikerkommission konnte sich am 26. November 1998 konsti-
tuieren. In dieser ersten Sitzung wurde eine wichtige Entscheidung über eine
„Quasi-Erweiterung" getroffen. Zur Verbreiterung deren Expertise beschloss die
Kommission, drei Ständige Experten als außerordentliche Mitglieder in die Kom-
mission aufzunehmen. Es handelt sich dabei um Prof. Dr. Alice Teichova, Cam-
bridge, Univ.-Prof. Dr. Karl Stuhlpfarrer, Klagenfurt und Univ.-Prof. Dr. Georg Graf,
Salzburg.

Die Historikerkommission konnte recht rasch das „Arbeitsprogramm" präsentieren, mit Schreiben der Auftraggeber vom 28. April 1999 erhielt die Historikerkommission ihren definitiven Auftrag und ein Budget von 89 Mio ATS im Sinne des Ar-
beitsprogramms. Das Schreiben lautet unter anderem:

... Die Auftraggeber haben der Historikerkommission volle Freiheit und Eigenverant-
wortlichkeit in ihrer wissenschaftlichen Arbeit zugesichert und nehmen daher das Ar-
beitsprogramm zur Kenntnis. Aus Sicht der Auftraggeber sind dabei jene Bereiche, die
von direkter Relevanz für die überlebenden Opfer unmittelbarer nationalsozialistischer
Verfolgung sind, von besonderem Interesse...

Die Historikerkommission ist ein Organ der Republik Österreich. Die Mitglieder
sind weisungsfrei und unabhängig. Das Innenverhältnis zu den Auftraggebern wird
durch Werkverträge geregelt, die alle Garantien enthalten.

In personeller Hinsicht wird die Historikerkommission durch ein Sekretariat ver-
stärkt, an sachlichen Ressourcen stehen ihr Arbeitsräume und Material im Staatsarchiv in Wien III zur Verfügung. Derzeit sind über 100 Forscher und Forscherinnen
für die Kommission tätig.

So weit also die Formalitäten.

III. Grundsätzliche Positionen

Die Historikerkommission arbeitet in einer extrem schwierigen Materie und in einem
außerordentlich komplexen Umfeld. Sollte das ganze Unternehmen eine Chance haben, so musste von Anfang an eine sehr klare und scharfe Positionierung der Historikerkommission vorgenommen werden. Diese prinzipiellen Gesichtspunkte habe ich
von Anfang an vertreten. Ich möchte im Folgenden auf diese Punkte eingehen:

1. Ein nicht aufzulösendes Dilemma liegt darin, dass die Historikerkommission viel
zu spät eingesetzt wurde. Mehr als ein halbes Jahrhundert nach den Ereignissen sind
die meisten Opfer tot oder sehr alt. Soll für sie etwas getan werden, so ist dies unverzüglich zu tun. Der Auftrag an die Historikerkommission ist aber weit formuliert
und kann – soll die Historikerkommission wissenschaftlich arbeiten – nicht im
Handumdrehen erledigt werden. Die Kommission ist daher mit dem Vorwurf konfrontiert, wissentlich oder doch naiv als ein Instrument eingesetzt zu werden, um ein
anderes Mal „die Sache in die Länge" ziehen zu können.

Die Historikerkommission war und ist sich dieser Problematik voll bewusst und
kann sie nicht restlos ausräumen. Sie hat aber zur klaren Formulierung gefunden,
dass der rechtspolitische Prozess, d.h. die Erlassung von entsprechenden Gesetzen
oder der Abschluss von Verträgen oder die Vornahme sonstiger rechtserheblicher
Handlungen in weiten Bereichen nicht vom Schlussbericht der Historikerkommission abhängig sei. Die Historikerkommission hat darum zunächst ihre Aufgabe darin
gesehen, in quantitativ wie qualitativ bedeutenden Feldern das vorhandene Wissen

zu ergänzen, aufzubereiten und in Form von Teilberichten den Auftraggebern und der Öffentlichkeit zu präsentieren.

So wurden von politischer Seite die Berichte der Historikerkommission zur Zwangsarbeit in Österreich vom Februar 2000 zum Anlass genommen Frau Präsidentin Schaumayer als Regierungsbeauftragte einzusetzen, deren tatkräftiges Wirken schließlich zum Zwangsarbeitsabkommen und zum bereits in Kraft getretenen Versöhnungsfondsgesetz führte. Der Versöhnungsfonds, der Geldleistungen an ehemalige Zwangsarbeiter und Zwangsarbeiterinnen erbringen wird, hat schon seine Arbeit aufgenommen.

Im Mai 2000 wurde Botschafter Sucharipa als Sonderbotschafter für Restitutionsfragen vom Bundeskanzler eingesetzt. Kurze Zeit später präsentierte die Historikerkommission die Berichte zur „Arisierung" von Mietwohnungen, die zu intensiven Verhandlungen mit Opfervertretern und vor allem mit dem Vizefinanzstaatssekretär Stuart Eizenstat, dessen persönlicher Einsatz nicht genug gewürdigt werden kann, sowie schließlich zur Novelle des Nationalfondsgesetzes und zur Erlassung des Entschädigungsfondsgesetzes führten. Wie bereits vom Präsidenten des Nationalrates angekündigt wurde, plant der Nationalfonds bereits im April diesen Jahres mit der Auszahlung der ersten Beträge an Berechtigte, es handelt sich um 7.000 USD / Person. Leistungen aus dem Entschädigungsfonds werden in weiterer Folge ebenfalls vom Nationalfonds abgewickelt werden. Manche der von der Historikerkommission zu Beginn ihrer Tätigkeit urgierten rechtspolitischen Akte wurden somit – wenn auch nicht zur allseitigen Zufriedenheit – gesetzt.

Kann daher keine Rede davon sein, dass die gesetzlichen Maßnahmen „zu früh" gesetzt wurden, stellt sich umgekehrt die Frage, welchen Sinn die weiteren Forschungen der Historikerkommission angesichts bereits vorliegender Rechtsnormen haben. Dazu ist zunächst grundsätzlich zu sagen, dass der Auftrag an die Historikerkommission unabhängig vom rechtspolitischen Geschehen zu sehen ist. Der Wert der historischen Forschung gerade über das Thema des nationalsozialistischen Regimes als wirtschaftskriminelle Vereinigung ist unabhängig von der Entschädigungspolitik zu sehen. In diesem Sinn ist die Einsetzung der Historikerkommission und sind ihre Ergebnisse selbst ein Teil des Aufarbeitungsprozesses. Nach ihrer Selbsteinschätzung dient die Historikerkommission dazu, diese schwierigen und sensiblen Probleme der österreichischen Zeitgeschichte möglichst vielen Menschen begreiflich zu machen. In dieser Aufklärung über Zeitgeschichte liegt die eigentliche Bestimmung der Historikerkommission.

2. Die Historikerkommission hat somit einen geschichtswissenschaftlichen Auftrag. Sie ist also weder Gericht noch Verwaltungsbehörde, sie entscheidet keine individuellen Fälle, weder über Rechtsansprüche oder über die Neudurchführung von Ver-

fahren, noch über die Angemessenheit von Pauschalleistungen. Zwar gehören der Kommission auch Juristen an. Sie werden aber nicht als Richter tätig, sondern sind erforderlich, um – als Rechtshistoriker – die gesetzlichen Konstruktionen nach 1945 darzustellen und zu bewerten. Die Historikerkommission könnte auch gar nicht tausende individuelle Fälle aufarbeiten. Material über Einzelfälle, das der Historikerkommission zukommt, dient daher als historisches Anschauungsmaterial und wird gegebenenfalls dem zuständigen Fonds bzw. der Provenienzforschungskommission übermittelt. Auch soll nicht der Blick auf spektakuläre Einzelfälle verengt werden. So wichtig die Rückgabe wertvoller Gemälde ist, so sehr muss es der Historikerkommission darauf ankommen, das durch die Nazis verursachte Massenelend ihrer Opfer und das Schicksal der kleinen Leute zu beleuchten.

An dieser Stelle muss allerdings auch noch festgehalten werden, dass der Historikerkommission auf Grund des Entschädigungsfondsgesetzes im Bereich der „Naturalrestitution" neue Aufgaben erwachsen. In Teil 2 des Gesetzes wird eine „Schiedsinstanz für Naturalrestitution" eingerichtet. Der Schiedsinstanz gehören ein von der Regierung der USA, ein von der österreichischen Bundesregierung zu bestimmendes Mitglied sowie ein von diesen Mitgliedern zu bestimmendes Mitglied als Vorsitzender an.

Die Schiedsinstanz soll eine „einzelfallbezogene Prüfung" von Anträgen auf Naturalrestitution von öffentlichem Vermögen durchführen. Die näheren Regelungen sind in §§ 27 und 28 des Entschädigungsfondsgesetzes enthalten.

§ 29 legt fest, dass Anträge an die Schiedsinstanz bis spätestens 24 Monate ab Konstituierung der Schiedsinstanz oder „spätestens ein Jahr nach der Abgabe des Schlussberichts der österreichischen Historikerkommission" schriftlich beim Fonds einzubringen sind. Unter dem Titel „Prüfungsgrundlagen" bestimmt § 30, dass die Schiedsinstanz ihre Empfehlungen auf Grundlage der vom Antragsteller vorgelegten Beweise und des Vorbringens der österreichischen Bundesregierung „sowie auch allfälliger relevanter Befunde der österreichischen Historikerkommission" abgibt.

Im Bericht des Verfassungsausschusses heißt es zur Rolle der Historikerkommission, dass diese „in ihrer weiteren Arbeit vorrangig den Entzug und Verbleib von Liegenschaften und Gebäuden aus dem früheren Besitz von Opfern des Nationalsozialismus und von Vermögen von Vereinigungen, insbesondere jüdischer Vereine, untersuchen" wird.

Die Historikerkommission ist im Begriff einerseits im Gang befindliche Projekte auf diese neue – viel stärker einzelfallbezogene – Aufgabenstellung hin zu focussieren, andererseits ein neues, spezielles Projekt zu definieren und zu vergeben.

3. Ich habe vorhin davon gesprochen, dass man von der Historikerkommission eine „große" Darstellung erwarten kann. Ich muss dies aber nun insoweit relativieren,

als auch die Kommission bestimmte forschungsstrategische Abgrenzungen finden musste. Es kann nicht alles in der gleichen Tiefe erforscht werden. Weder stehen der Historikerkommission unbegrenzte Geldmittel zur Verfügung, noch darf sich das Unternehmen jahrzehntelang dahinziehen.

Die Historikerkommission hat bei der Auswahl der Projekte darauf Bedacht genommen, solche Vorhaben in Angriff zu nehmen, die voraussichtlich von keiner anderen Stelle durchgeführt werden können. Die Historikerkommission findet ja eine Situation vor, in der in mehreren öffentlichen und privaten Bereichen Kommissionen oder einzelne Experten tätig sind. Nach unserem Verständnis bleibt davon der Auftrag an die Historikerkommission unberührt. Im Sinne des Grundsatzes „komplementärer Forschung" kann und will die Historikerkommission auf die Ergebnisse dieser Forschungen, so sie publiziert sind, verweisen oder sie sonst zum Bestandteil ihres Schlussberichts machen. Dies bedingt freilich, dass sich die Historikerkommission die kritische Bewertung der Ergebnisse dieser Forschungen im Hinblick etwa auf Ergänzungen vorbehalten muss. Insbesondere darf hier auf den nunmehr rechtsgültigen Bank Austria-CA – Vergleich hingewiesen werden, der abgesehen von den Kompensationen auch eine Forschungsgruppe vorsieht. Wenngleich die Historikerkommisssion auf etwaige Berichte dieses Teams in ihrem Schlussbericht verweisen wird, entbindet dieser Vergleich die Historikerkommision nicht, selbst aktiv in den Archiven der CA Nachschau zu halten, um die eigenen Forschungen um weitere relevante Befunde anzureichern. In ähnlicher Weise werden auch die Forschungsberichte der PSK, der ERSTE Bank oder etwa des Dorotheums genützt werden können. Angesichts der Weite des Auftrags kann das ganze Vorhaben nur mit einer gemeinsamen Anstrengung in Staat und Gesellschaft gelingen.

Allerdings droht hier die Gefahr, dass Forschungsprojekte zur Thematik gerade unter Hinweis auf die Historikerkommission abgelehnt werden. Ich möchte daher an alle staatlichen und privaten Stellen appellieren, in ihren Wirkungsbereichen Forschungen anzuregen und zu unterstützen. In diesem Sinn möchte ich die heute präsentierte Studie bewerten.

Univ.-Prof. Stiefel hat sehr bereitwillig seine Forschungen mit der Historikerkommission besprochen. Ohne eine endgültige Bewertung durch die Kommission vorwegnehmen zu können, hat Univ.-Prof. Stiefel die Abläufe in der Versicherungswirtschaft im NS-Staat minutiös erarbeitet und die Arten der Wiederberechtigung der geschädigten Versicherungsnehmer nach 1945 treffend aufgezeigt. Für diese wichtige bis dato vernachlässigte wissenschaftliche Arbeit muss ihm gedankt werden, sie wird für die weiteren Arbeiten der Historikerkommission in diesem Bereich von Bedeutung sein. Die sich in diesem Zusammenhang aber nun auch stellenden Fragen einer Bewertung der Rückkäufe der Versicherungspolizzen oder der Auszahlungen der Versicherer an die NS-Stellen bedürfen einer eingehenden juristischen

Analyse, welche die Historikerkommission zu erbringen haben wird, will sie ihrem Mandat gerecht werden.

IV. DAS ARBEITSPROGRAMM

Das Arbeitsprogramm der Historikerkommission und die bereits veröffentlichten Berichte liegen im vollen Wortlaut im Internet vor und sind daher allgemein zugänglich. Ich bin im Rahmen dieses Vortrages nicht in der Lage, im Einzelnen darauf einzugehen und möchte mich auf ganz wenige Bemerkungen beschränken:

Im Arbeitsprogramm wird versucht, möglichst vollständig alle Phänomene der wirtschaftlichen Verfolgung durch das NS-Regime und das ganze Restitutions- und Entschädigungsthema darzustellen. Die Historikerkommission meint, dass schon das öffentlich präsentierte Arbeitsprogramm selbst damit eine wichtige Information über die österreichische Zeitgeschichte darstellt. Der Kommission war es wichtig, möglichst vollständig alle Opfergruppen zu erfassen, also etwa auch die Euthanasieopfer, Homosexuellen und Regimegegner. Dazu tritt eine Aufschlüsselung nach Vermögens- und Einkommensbestandteilen, die Suche nach den Tätern und Gewinnern, die Analyse der Formen des Vermögensentzuges und anderes mehr.

Von besonderer Wichtigkeit ist der zeitliche Rahmen: Die Kommission soll bis etwa Mitte 2002 tätig sein, die in Auftrag gegebenen Forschungsprojekte sollen Ende 2001 abgeschlossen sein. Die reine Projektdauer beträgt ca. 2 1/2 Jahre, die restliche Zeit wird für die redaktionelle Bearbeitung des Schlussberichts benötigt werden. Danach wird die Historikerkommission allenfalls im Zusammenhang mit der Naturalrestitution tätig bleiben.

Für die Ablieferung und Veröffentlichung der Gutachten ist folgendes Verfahren vorgesehen:

Die Historikerkommission wird das Gesamtgutachten nach Fertigstellung den Auftraggebern papiermäßig und elektronisch übermitteln. Die Auftraggeber können innerhalb von vier Wochen gegenüber der Historikerkommission erklären, dass durch das vorgelegte Gesamtgutachten das angenommene Arbeitsprogramm erfüllt worden ist. Die Historikerkommission wird das Gesamtgutachten auf Ersuchen der Auftraggeber allenfalls ergänzen.

Die Historikerkommission hat nach Verstreichen der Frist ohne Abgabe einer Erklärung für die Auftraggeber das Gesamtgutachten der Öffentlichkeit auf geeignete Weise zugänglich zu machen und nach wissenschaftlichem Standard allenfalls auch in Übersetzungen zu veröffentlichen; vorher ist dies nur mit der Zustimmung der Auftraggeber zulässig.

Diese Regelungen, die sich in den Werkverträgen mit den Mitgliedern der Historikerkommission finden, sind sehr detailliert, weil sie die besonders sensible Phase der Beendigung der Tätigkeit der Historikerkommission und damit die klare Geltendmachung der politischen Verantwortlichkeit betreffen. Die Historikerkommission muss sich dagegen absichern, dass ihr Schlussbericht dankend zur Kenntnis genommen wird und in den Schubladen verschwindet. Deshalb muss für die Reaktion der Auftraggeber eine Frist gesetzt werden. Andererseits ist der Standpunkt der Auftraggeber verständlich, dass sie eine gewisse Zeitspanne benötigen, sich mit dem Inhalt des Berichtes vertraut zu machen, bevor die Medien die politischen Funktionäre nach den Konsequenzen befragen.

Ich möchte weiters festhalten, dass bis dato alle rechtspolitischen Akte, die für die Historikerkommission wichtig sind, gesetzt wurden. Dazu zählen zB das Datenschutzgesetz, das Denkmalschutzgesetz oder etwa das Bundesarchivgesetz. In diesem Zusammenhang darf ich auch erwähnen, dass für die Arbeiten der Historikerkommission wichtige Aktenbestände von bestimmten Wirtschaftsunternehmen insbesondere auch der Versicherungswirtschaft seit 12. März 2001 per Verordnung des Österreichischen Staatsarchivs unter Denkmalschutz gestellt sind.

All dies ist vor dem Hintergrund dessen zu sehen, dass etwa in der Schweiz eine sehr weit gezogene Pflicht über Gewährung von Akteneinsicht für die dort tätige Bergier-Kommission aufgestellt wurde. Wir sind hier von vornherein nicht so weit gegangen. Zum einen sollte die Historikerkommission nicht als Behörde auftreten – was zu zusätzlichen Komplikationen geführt hätte – zum andern muss man sich darüber im Klaren sein, dass bei Dokumenten, von deren Existenz kaum jemand etwas weiß, Zwangsmaßnahmen von vornherein nicht sehr effektiv sein können.

Die Historikerkommission hat nunmehr alle Projekte, die zuvor in mehreren in- und ausländischen Tageszeitungen ausgeschrieben wurden, vergeben.

Durch die Arbeit der Historikerkommission sind in den letzten beiden Jahren zum Teil umfangreiche Aktenbestände gefunden und zugänglich gemacht worden, Akten, von deren Existenz nichts bekannt war. Daher war es notwendig die laufenden Forschungen zu ergänzen um wesentliche Bereiche nicht außer Acht zu lassen, so gibt es z. B. Projekte zur Erarbeitung der Aktenbestände der Finanzlandesdirektion für Wien, Niederösterreich und Burgenland oder der sehr interessanten Akten der Finanzprokuratur.

V. SCHLUSSBEMERKUNG

Ich komme damit an das Ende meiner Ausführungen. Der Komplex „Versicherungen" bringt uns in ein besonders schwieriges, aber auch wichtiges Gebiet des Wirtschaftslebens. Für viele kleine Leute waren die Lebensversicherungen eine übliche Form der Zukunftssicherung. Gerade der Entzug dieser aus heutiger Sicht vielleicht geringfügigen Vermögenswerte hat sie tief getroffen. Aber auch auf einem anderen Gebiet der Versicherungswirtschaft schlägt der Vermögensverlust deutlich zu Buche: Tausende Geschäfte – vielfach von kleinen Gewerbetreibenden wie Flickschustern, Weißnäherinnen, Miedermacherinnen, Uhrmachern etc. – wurden in der so genannten Reichskristallnacht zerstört oder beschädigt, Leistungen aus den abgeschlossenen Feuer- und/oder Glasbruchversicherungen wurden aber, weil die Besitzer Juden waren, versagt. Auf diesem Gebiet sollte für die Betroffenen – dh in guter Sternfeld'scher Diktion „Ex-38er"- endlich eine gerechte Handlung gesetzt werden. Das Entschädigungsfondsgesetz nennt im Übrigen ganz allgemein in § 14 Z 5 „Versicherungspolizzen" als eine Vermögenskategorie, die zurückgefordert werden kann. Betreffend die Kompensation von entzogenen Lebensversicherungspolizzen wird der Entschädigungsfonds auf die grundlegende Arbeit von Univ.-Prof. Stiefel zurückgreifen können.

Es war Univ.-Prof. Stiefel, der vor einigen Wochen in einem Interview im ORF die grundsätzliche Problematik klar auf den Punkt gebracht hat: Der „Versicherungsraub" erfolgte zu einem Zeitpunkt, in dem auf dem Gebiet der heutigen Republik Österreich Frieden herrschte, das Geschehen erfolgte inmitten einer – im Übrigen ihren Weg normal gehenden – Wirtschaft. Dass es später in Folge der spezifischen Kriegspolitik der Nationalsozialisten zu schweren wirtschaftlichen Nachteilen gekommen ist, die auch die Versicherungswirtschaft betrafen, ist evident. Die Schlüsselfrage geht aber dahin, ob in diese Kollektivhaftung auch die Opfer von 1938 einbezogen werden können. Aus persönlicher Sicht kann ich diese Frage bejahen. Es ist aber keine juristische, und auch keine historische, sondern eine moralische Frage.

Dieter Stiefel

DIE ÖSTERREICHISCHEN LEBENSVERSICHERUNGEN UND DIE NS-ZEIT

A Aufgabenstellung

Im März 1999 regte der Verband der Versicherungsunternehmen Österreichs eine wissenschaftlich-historische Studie zum Thema: „Die Konfiskation von Lebensversicherungspolizzen in Österreich nach dem Anschluß an das Dritte Reich und die Maßnahmen zur Wiederberechtigung der geschädigten Versicherungsnehmer nach 1945" an. Unmittelbarer Anlaß waren die wieder erhobenen Forderungen im Bereich der jüdischen Lebensversicherungen. Das Anliegen des Versicherungsverbandes war es, das zeitgeschichtliche Umfeld, die relevanten rechtlichen Regelungen und die wirtschaftshistorischen Rahmenbedingungen dieses Problembereichs aufzuzeigen. Die Studie hatte damit die Aufgabe, die allgemeinen Grundlage für unternehmensgeschichtliche Forschungen bereit zu stellen. Die spezifische Darstellung der Verhältnisse in den einzelnen Unternehmen sollte diesen selbst überlassen bleiben. Allerdings besteht das Ganze aus seinen Teilen und die Versicherungsbranche besteht aus Einzelunternehmen. Deshalb war es oft notwendig, beispielhaft Entwicklungen oder Problemstellungen auch an einzelnen, namentlich genannten Versicherungsunternehmen aufzuzeigen. Dies umso mehr, als keine umfassende Gesamtdarstellung der Versicherungsbranche dieser Zeit vorliegt. Die Studie wurde daher in der Hauptsache aus archivarischen Quellen erarbeitet. Die wissenschaftliche Vorgangsweise war dementsprechend über weite Strecken induktiv, indem auf einzelne Beispiele aufbauend generelle Aussagen formuliert wurden.

Um die Problemstellung zu erfassen war es notwendig, zuerst die Entwicklung der österreichischen Versicherungswirtschaft in dieser Zeit darzustellen, ihre Situation in den 1930er Jahren, die Folgen des Anschlusses 1938, der deutsche Einfluß auf Kapital und Geschäftsführung, die Situation 1945 und der lange andauernde, schwierige Wiederaufbau. Da Versicherungspolizzen in nominalen Geldwerten ausgedrückt werden, ist auch auf die Währungsentwicklung mit den zahlreichen Währungsänderungen und Abwertungen einzugehen. Und schließlich bildet die Rechtsgeschichte eine wichtige Komponente. Denn Versicherungsunternehmen produzieren keine Waren, sondern ein Netz von rechtlich und vertraglich festgelegten Forderungen und Ansprüchen. Mehr als andere Wirtschaftsbereiche unterliegen sie daher den jeweiligen staatlichen Regelungen (Versicherungsaufsicht), deren Interpretationsspielraum beschränkt ist.

Danach war allgemein auf die wirtschaftliche Komponente der politischen Verfolgung durch das Dritte Reich einzugehen und auf die Bemühungen der Republik

Österreich nach 1945, die wirtschaftlichen Verfolgungsmaßnahmen rückgängig zu machen. Erst auf dieser breiten Basis konnte das Schicksal der jüdischen Lebensversicherungen untersucht werden, die rechtlichen und tatsächlichen Maßnahmen des Dritten Reiches und die Bedingungen, nach denen die österreichischen Versicherungsunternehmen beschlagnahmte Polizzen nach 1945 zu behandeln hatten. Ein besonderes Problem – das sich durch die ganze Arbeit zieht – war die zahlenmäßige Erfassung aller dieser Vorgänge. Es wird daher nicht verwundern, daß es sich bei dieser Studie um eine der komplexesten Materien handelte, die der Autor je behandelt hat.

Die vorliegende Studie geht auf die Vorgänge in Österreich ein und beschäftigt sich nur am Rande mit jenen, welche das nationalsozialistische Regime im Altreich bzw. während des Krieges in den besetzten Gebieten durchführte.[1] Bei der Terminologie mußte zeitweise das NS-Vokabular übernommen werden, was vor allem durch die Arbeit mit den Quellen bedingt war. Begriffe wie „Entjudung" oder „Arisierung" sollte man nicht umschreiben, da sie die Irrationalität und Rücksichtslosigkeit ausdrücken, mit der das Dritte Reich gegenüber Minderheiten vorging. Die Bezeichnung „Österreich" wird für das Gebiet in den jeweiligen Grenzen verwendet, also mit den Gebietsausdehnungen, welche die „Gaue" in der NS-Zeit erfahren hatten. Für die Zeit von 1938 bis 1945 „Ostmark" zu verwenden wäre willkürlich, da ab 1939/40 eine Gesamtbezeichnung für Österreich nicht mehr verwendet wurde. War dies dennoch notwendig, so sprach man von „Alpen- und Donaugauen".

Der Schwerpunkt der Studie liegt auf den Maßnahmen gegen die österreichischen Juden, die Ex–38er wie sich Albert Sternfeld ausdrückte.[2] Sie waren im Gebiet der Republik Österreich bei weitem die größte Gruppe, die der Verfolgung ausgesetzt waren und stehen daher zu Recht im Mittelpunkt. Und die Studie konzentriert sich auf die wirtschaftlichen Maßnahmen des Dritten Reiches gegen die diskriminierte Bevölkerung. Die wirtschaftliche Seite des Holocaust hat in letzter Zeit eine enorme Beachtung gefunden. Allein das Findbuch des National Archives in Washington bezüglich der wirtschaftliche Belange der „Holocaust-Era" betreffenden Akten umfaßt 1.166 Seiten[3]. Die angeschlossene Literaturliste über „Nazi-Gold", Kunstraub etc. führt 472 Titel an, zumeist neueren Datums. Das wirtschaftliche Moment der Judenverfolgung kann in seiner Bedeutung kaum unterschätzt werden.[4] In An-

---

1 Mit der Ausnahme der in die Gaue Steiermark, Kärnten, Ober- und Niederdonau angegliederten Gebiete.

2 Albert Sternfeld, Die Entdeckung der Verantwortung. Die Zweite Republik und die vertriebenen Juden, Wien 1988

3 Greg Brodsher, Holocaust-Era Assets. A Finding Aid to Records at the National Archives at College Park, Maryland, National Archives and Records Administration 1999

4 Dieter Stiefel, Die Fische und das Wasser. Der ökonomische Ansatz zur Erklärung des Verlaufs der

lehnung an den Nobelpreisträger für Wirtschaftswissenschaften, Gary S. Becker, kann man das Verhalten der Nationalsozialisten und ihrer Sympathisanten durchaus als wirtschaftlich rational verstehen, als „homo oeconomicus", der seinen materiellen Vorteil verfolgt, ohne durch moralische Hemmnisse gehindert worden zu sein.[5] In Österreich jedenfalls fand in dieser Zeit die größte Eigentums- und Einkommensumverteilung aller Zeiten statt.

Als wesentliche Grundlagen der Arbeit stand das Archivmaterial des Versicherungsverbandes und das von sechs Versicherungsunternehmen zur Verfügung. Es sind jene Lebensversicherungsunternehmen oder ihre Nachfolgeunternehmen, die bereits in der Zeit des Dritten Reiches in Österreich tätig waren.

Der Anker Allgemeine Versicherungs-Aktiengesellschaft
Axa-Nordstern-Colonia Versicherungs-Aktiengesellschaft
Generali Versicherung AG
UNIQA Versicherungen AG
Victoria-Volksbanken Versicherungsaktiengesellschaft
Wiener Städtische Allgemeine Versicherungs-Aktiengesellschaft

Die Allianz Elementar Versicherungs-Aktiengesellschaft, früher als Wiener Allianz bezeichnet (nicht zu verwechseln mit Allianz & Gisela), hatte 1938 kein Lebensversicherungsgeschäft. Allerdings läßt die deutsche Muttergesellschaft ihre Geschichte in der NS-Zeit durch Professor Gerald D. Feldman, University of California, Berkeley, aufarbeiten. Über Vermittlung der Wiener Allianz war eine intensive Zusammenarbeit möglich, so daß auch das Archivmaterial der Allianz in München eingesehen werden konnte. Gerald D. Feldman ist für zahlreiche Hinweise zu danken. Bei der Axa-Nordstern-Colonia sammelt die Muttergesellschaft in Köln das historische Material. In Köln wurde eine historische Abteilung mit 15 Mitarbeitern errichtet, um die neu erhobenen Ansprüche zu prüfen. Colonia Wien hat einen Fragebogen bekommen, auf Grund dessen das eigene Archiv durchgesehen und ein Unternehmens-Stammbaum für Nordstern und Colonia in Österreich erstellt wurde. Laut Auskunft der Gesellschaften war sie 1938 nur Generalagentur und hatten zu dieser Zeit kein Lebensversicherungsgeschäft. Im Archiv finden sich die ersten Lebensversicherungspolizzen erst ab 1959. Bisher hat es keine Ansprüche an die Nordstern-Colonia Österreich in Sachen Holocaust gegeben, was bestätigt, daß tatsächlich kein Lebensversicherungsgeschäft 1938 bestanden hatte. Die historische Abteilung in Köln hat ihre Arbeit praktisch beendet, ihre Resultate wurden von einer

---

Entnazifizierung in: Caludia Kuretsidis-Haiser/Winfried R.Garscha (Hrsg), Keine „Abrechnung". NS-Verbrechen, Justiz und Gesellschaft in Europa nach 1945, Akademische Verlagsanstalt, Wien 1998

5   Becker, Gary S., The Economics of Discrimination, Chicago 1957

internationalen Unternehmensberaterfirma überprüft, die Mitte Juni 1999 auch nach Wien kam, um hier die Auskünfte im Archiv zu überprüfen. Bei der UNIQA (Altbestand der Lebens-Phönix/ÖVAG) gab es mehrere hundert Anfragen in den letzten Jahren, aber die meisten kamen von außerhalb Österreichs (CS, Ungarn etc.). Im Archiv liegen nur die Karteikarten für die österreichischen Versicherungsnehmer der ehemaligen Lebens-Phönix, für die ausländischen besteht keine Zuständigkeit. Das Gebäude der Anker Allgemeine Versicherungs-AG in Wien wurde bei Kriegsende durch einen Brand schwer beschädigt, bei dem an die 90 % der Geschäftsunterlagen vernichtet worden sind. Vorhanden sind nur Unterlagen nach 1945 und einzelne allgemeine Darstellungen vor 1945, wie etwa Geschäftsberichte, die gerettet werden konnten. Die Generali Versicherung AG war bis 1978 eine Zweigniederlassung von Triest und keine österreichische Gesellschaft. Es gibt ein Verzeichnis der von 1938 bis 1945 beschlagnahmten Lebensversicherungspolizzen. Außerdem sind noch auf 5 Mikrofilmen schlecht lesbaren Karteikarten über vor 1938 abgeschlossenen Lebensversicherungen vorhanden. In Triest besteht eine Datenbank auf EDV und ein Policy Information Center, das diese Sache behandelt. Bei einem Besuch in Triest konnte die umfangreiche Tätigkeit der italienischen Muttergesellschaft auf diesem Gebiet bestätigt werden. Für die Victoria Volksbanken VersicherungsAG liegt das Archivmaterial bei der Mutter in Düsseldorf. Wien hat einen unternehmensgeschichtlichen Überblick erarbeitet und es liegt eine Liste mit „Altansprüchen" vor. Bei der Wiener Städtische Allgemeine Versicherung AG wurden bei einem Brand 1945 alle in Arbeit befundenen Akten zerstört, übrig blieb nur, was zu dieser Zeit im Keller lag. Das Archiv weist dennoch wertvolle Unterlagen, vor allem für die Zeit nach 1945 auf. Im Archiv des Verbandes der Versicherungsunternehmen Österreichs liegen Unterlagen über die Verbandstätigkeit während des Krieges und in der Nachkriegszeit. Da es nicht die Aufgabe war, die spezielle Situation der einzelnen Versicherungsunternehmen darzustellen, sondern die Entwicklung, die alle gemeinsam betraf, gab es Beschränkungen in der Verwertung des Archivmaterials. Nicht veröffentlichte Dokumente durften nicht weiter gegeben werden, das Geschäftsgeheimnis und der Datenschutz waren zu beachten und der Rückschluß auf die Person der Versicherungsnehmer mußte stets ausgeschlossen bleiben.

Die Zusammenarbeit mit den Versicherungsunternehmen gestaltete sich durchaus kooperativ. In jedem Unternehmen gab es leitende Persönlichkeiten, die mit der Problematik eng vertraut waren und das noch vorhandene Archivmaterial wurde zur Verfügung gestellt. Insgesamt ist die Archivlage in den Unternehmen aber eher dürftig und nirgendwo auch nur annähernd komplett. Das hängt nicht nur mit Kriegseinwirkungen zusammen, sondern auch damit, daß man nach den Maßnahmen auf Grund des Staatsvertrages (Versicherungswiederaufbaugesetz, Entschädigungsgesetz, Sammelstellen) diesen Problemkreis als erledigt ansehen konnte und daher – etwa beim Umzug in ein neues Gebäude – die Akten vielfach nicht mehr aufbewahrt wurden. Die mangelhafte Quellenlage ist kein österreichisches Spezifikum. Auch Arno Surminski hob hervor, daß die europäischen Versicherungsunternehmen angesichts der amerikanischen Millionenklagen überrascht feststellten, daß es kaum Material gab. „Große Teile der Unterlagen waren während des Krieges vernichtet worden, nur wenige Gesellschaften hatten ein Archiv aufgebaut, das ihr Wirken in der NS-Zeit beinhaltete. Die meisten nahmen erst die Diskussion über die Holocaust-Polizzen zum Anlaß, sich um diesen Teil ihrer Geschichte zu kümmern."[6]

Zusätzlich wurde das Thema lange Zeit verdrängt. Alle Zeitzeugen, mit denen im Rahmen dieser Studie gesprochen wurde, bestätigten „das Schweigen der Fünfzigerjahre" – über dieses Thema wurde nach dem Krieg nicht geredet. Auch die publizierten Unternehmensgeschichten – zumindest bis Anfang der 1980er Jahre – blendeten diese Zeit entweder völlig aus oder behandelten sie fragmentarisch und beschwichtigend. Surminski spricht daher von „einer Tabuisierung geschichtlicher Vorgänge, so lange Täter und Opfer leben, beide Seiten schweigen beschämt und betroffen."[7]

Allerdings waren die öffentlichen Archive zum Teil sehr ergiebig, jedoch nicht immer geordnet, so daß ein enormer Suchaufwand zu bewerkstelligen war. In Ergänzung zu den österreichischen Unternehmensarchiven erfolgten daher Archivstudien im:

Archiv der Republik, Wien
Archiv der Stadt Wien
Bundesarchiv, Berlin
Landesarchiv Berlin
Bundesarchiv Koblenz
National Archives, Washington
Public Record Office London
Sonder-Archiv, Moskau

Die etwa 30.000 Akten des Oberfinanzpräsidenten Wien/Niederdonau, an den die beschlagnahmten Polizzen häufig ausbezahlt worden waren, waren während dieser Arbeit noch ungeordnet und konnten nicht verwendet werden.

Mitarbeiter waren Dr. Peter Eigner, Dr. Charlotte Natmessnig, Mag. Ingrid Fraberger und Mag. Eva-Maria Sedlak. Herr Dr. Christian Karsch, der selbst historische

---

6 Arno Surminski, Versicherungen unterm Hakenkreuz, Zeitschrift für Versicherungswesen, Nr.15/16 1998, S. 423
7 ebenda

Studien zu diesem Thema verfaßt hat, stand dem Projekt von Seiten des Versiche-
rungsverbandes unermüdlich beratend und unterstützend zur Seite. Von Seiten des
Versicherungsverbandes haben Frau Angelika Hollmayer und Herr Mag. Wolfgang
Fels Statistiken er- und bearbeitet und der Versicherungsmathematiker und ehemalige Präsidenten der Aktuarvereinigung Österreichs, Eduard Wimmer, hat uns in
Fachfragen beraten. Zu danken habe ich auch den Mitgliedern der österreichischen
Historikerkommission für zahlreiche Anregungen, Unterstützung und kollegiale Kritik. Zu danken ist auch den Archivaren/inne, die mit unendlicher Geduld und Zu-
vorkommenheit den zahlreichen, stets unter Zeitdruck stehenden Anforderungen
entgegen gekommen sind.

Die alleinige Verantwortung für die Studie liegt beim Autor. In der Zusammenarbeit mit dem Versicherungsverband als Auftraggeber dieser Studie war ausdrücklich
die vertragliche Bestimmung festgelegt: „Die Studie soll nach den wissenschaftlichen Kriterien einer objektiven historischen Sachverhaltsdarstellung erarbeitet werden. Der Auftraggeber verpflichtet sich, keinen Einfluß auf das Ergebnis der Studie
zu nehmen." Der Auftraggeber hat sich stets an diese Vertragsbestimmung gehalten.

B Die Entwicklung der Versicherungswirtschaft 1938 bis 1945

1. Rückblick: Die wirtschaftliche Situation in der Zwischenkriegszeit

Der Erste Weltkrieg, die Desintegration der Habsburger Monarchie und die Inflation der 1920er Jahre brachte die österreichische Volkswirtschaft in ein weitgehendes Chaos. Der Wert der Krone verminderte sich vom letzten Friedensjahr 1913 bis zum Jahr 1922 auf 1/15.000. Für die Lebensversicherungen stellte die Inflation eine besondere Gefährdung dar. Zwar legten die Versicherungsunternehmen einen Teil des Vermögens in Fremdwährungen und Sachwerten an, aber ein wesentlicher Teil blieb in Kronenwährung gebunden, ganz abgesehen von den Kriegsanleihen, die völlig an Wert verloren hatten. Ebenso stiegen die Regiekosten, deren Aufwertung stets dramatisch hinter der Geldentwertung her hinkten. Doch auch die Versicherungsnehmer erlitten bedeutende Verluste, da ihre Polizzen auf Nominalwerte lauteten und es nur teilweise gelang, sie mit Wertsicherungsklauseln abzusichern.[8] Durch die galoppierende Inflation und die Langfristigkeit von Versicherungsverträgen kamen diese Maßnahmen in der Regel zu spät. Wer 1912 einen zwanzigjährigen Lebensversicherungsvertrag abgeschlossen hatte, mußte hinnehmen, daß er die Hälfte der Zeit umsonst eingezahlt hatte. 1922 erfolgte mit Hilfe der Völkerbundanleihen die Sanierung der österreichischen Währung. 1925 wurde der Schilling zum Wert von 10.000 Kronen eingeführt, der bis 1938 eine der stabilsten Währungen Europas war und gern als „Alpendollar" bezeichnet wurde. Die Schillingeröffnungsbilanz 1925 zog den Inflationsschleier weg und zeigte die tatsächliche Situation der Versicherungsunternehmen. Sie brachte aber wieder eine reale Grundlage für die Weiterentwicklung der Branche.

Entwicklung der Versicherungswirtschaft in Österreich
Lebensversicherungen Prämien direktes inländisches Geschäft

Jahr	Schilling in Mio.	Jahr	Schilling in Mio	Jahr	Schilling in Mio.	Jahr	Schilling in Mio.	Jahr	Schilling in Mio.
1929	67,078	1931	90,943	1933	82,945	1935	79,467	1937	61,337
1930	76,109	1932	92,439	1934	78,136	1936	61,135	1938	57,395

Quelle: Angelika Hollmayer, Makrodaten der österreichischen Assekuranz 1875–2000, in: Versicherungsgeschichte Österreichs, Band VI, S.1405/6. Bis 1936 direktes inländisches Geschäft, ab 1937 direktes Gesamtgeschäft

---

8 Gerhard Schneider, Geschichte der österreichischen Privatversicherung, Wien 1988, S. 114/5

MARKTANTEIL LEBENSVERSICHERUNGEN IN ÖSTERREICH 1935[10]
Prämieneinnahmen total in Prozent
Gesamteinnahmen 235,59 Mio Schilling

Unternehmen	Marktanteil
Inländische Gesellschaften	
Lebens-Phönix	62,0
Der Anker	7,5
Donau	5,7
Bundesländer	5,1
Wiener Städtische	4,1
Allianz und Giselaverein	3,6
Janus	2,9
Internationale Unfall	1,3
Union	0,5
Versicherungs AG	0,4
Wiener Rück	1,1
Ausländische Gesellschaften	
Victoria	2,1
Generali	1,8
Riunione	1,4
Merkur	0,2
Nordstern	0,1
Concordia	0,05
Erste Ungarische	0,03
Foncière	0,04
Franco-Hongroise	0,01
Instituto Nazionale	0,01
Prager Union	0,01
Slavische	0,01
Summe	100

Der langsame wirtschaftliche Erholungsprozeß in der zweiten Hälfte der 1920er
Jahre erfuhr durch die Weltwirtschaftskrise ab 1929 einen neuerlichen Rückschlag.
Die eigentliche Krise der österreichischen Versicherungswirtschaft kam aber erst mit
dem Zusammenbruch der Versicherungsgesellschaft Lebens-Phönix im Jahr 1936.

---

9 nach Herbert Egl, Marktstrukturen der österreichischen Versicherungswirtschaft zwischen 1925 und
   1938, in: Versicherungsgeschichte Österreichs Band III, S. 613

Im Jahr 1926 lag über 60 % des Prämienaufkommens der Lebensversicherungen bei der Lebens-Phönix, einem österreichischen Versicherungsunternehmen, das 1889 gegründet worden war.[10] Die Lebens-Phönix expandierte ständig und galt als Wirtschaftswunderkind der Ersten Republik. Durch den aufgeblähten Akquisitionsapparat und Unzulänglichkeiten in der Gebarung brach die viel gepriesene Gesellschaft jedoch 1936 völlig überraschend zusammen. Es wurde eine Unterdeckung der inländischen Prämienreserven von 250 Mio Schilling festgestellt. Von 1935 bis 1937 ging die Versicherungssumme der Lebensversicherungen im österreichischen Bestand um 14 % und im Gesamtbestand (Österreich, Ausland und Rückversicherung) um 54 % zurück. Die Veränderung des Gesamtbestandes war so dramatisch, da 1937 das Auslandsgeschäft der Lebens-Phönix bis auf einen geringfügigen Bestand nicht mehr darin enthalten war. Die Phönix-Krise war eine Krise der gesamten österreichischen Lebensversicherungswirtschaft, da die Sanierung des Lebens-Phönix-Bestandes zulasten sämtlicher Versicherungsunternehmen und Versicherungsnehmer ging. Es wurden nicht nur die Ansprüche der Lebens-Phönix-Versicherten geschmälert, sondern auch die Versicherungsnehmer anderer Versicherungsunternehmen wurden belastet. Das Lebensversicherungsgeschäft ab 1936 stagnierte daher und kam erst nach dem „Anschluß" wieder in Schwung.

PRÄMIEN IN DER LEBENSVERSICHERUNG 1936[11]
Prozentanteil der Versicherungsunternehmen

Unternehmen	Gesamtgeschäft 94,533 Mio S	direktes inländisches Geschäft 61,135 Mio S
ÖVAG	25,3	40,8
Der Anker	17,9	7,1
Bundesländer	14,6	20,4
Donau	14,4	5,1
Wiener Städtische	11,8	15,7
Allianz und Gisela	9,0	9,1
Union	1,1	1,8
In.Unfall u. Schaden	3,2	-
Wiener Rück	2,3	-
Janus	0,4	-
	100	100

10 Wolfgang Rohrbach, Vor 40 Jahren …, Die Tragödie der Lebensversicherungsgesellschaft aus heutiger Sicht, Wien 1976, S. 3
11 Angelika Hollmayer, Makrodaten der österreichischen Assekuranz 1875–2000, in: Versicherungsgeschichte Österreichs, Band VI, S. 1385

Die Lebens-Phönix selbst wurde unter Verwaltung der Österreichischen Kontrollbank für Industrie und Handel gestellt, die dieses Unternehmen zu liquidieren hatte.
Der ausländische Versicherungsbestand ging samt Deckung an die jeweilige nationale Auffanggesellschaft über. Der inländische Bestand an Lebensversicherungen
samt der noch vorhandenen Deckung wurde der neu gegründeten Österreichische
Versicherungs AG (ÖVAG) zur Abwicklung übertragen. Es gab daher keinen Rechtsnachfolger der Lebens-Phönix, da diese liquidiert wurde. Das Aktienkapital der neu
gegründeten ÖVAG betrug 5 Mio Schilling – 50.000 Stück zu 100 Schilling – und
wurde von folgenden Instituten übernommen.[12]

AKTIONÄRE DER ÖVAG 1936

Institut	Stück
Wiener Städtische Versicherung	18.570
Generali	7.430
Creditanstalt	5.570
Österreichisches Creditinstitut	5.570
Bundesländer	3.008
Inter Unfall	1.866
Münchner Rück	1.785
Allianz & Gisela	1.785
Anglo Elementar	1,263
Der Anker	750
Donau	750
Erste N.Ö.Brandschaden	472
Versicherungsverein Montanwerke	465
Wechselseitige Brandschaden Janus	379
Steirer	185
Versicherungsverband Papierindustrie	107
Globus	45

Das Aktienkapital wurde mit einem Agio von 120 % voll eingezahlt. Der ÖVAG
stand damit das Aktienkapital von 5 Mio Schilling und eine Agioreserve von 6 Mio
Schilling zur Verfügung. Zusätzlich stellten die Aktionäre dem Liquidator der Lebens-Phönix, der Kontrollbank, 3 Mio Schilling für die Abfertigung der Angestellten
der Lebens-Phönix zur Verfügung. Die neuen Aktionäre hatten also 14 Mio Schil-

---

12 Dr.Friedrich Wegner, Wien Oktober 1946, Österreichische Versicherungs Aktiengesellschaft, Sonderprüfung 1936–1945, Band 1, S. 120

ling zur Bewältigung des Phönix-Problems und zur Errichtung der neuen Gesellschaft zur Verfügung gestellt.

Die ÖVAG übernahm 241.358 Lebensversicherungs-Polizzen der ehemaligen Lebens-Phönix mit einer Versicherungssumme von 868,3 Mio Schilling und 4.164 Rentenversicherungen über eine jährliche Rente von 3,59 Mio Schilling. Dies war der sogenannte „Altbestand". Das Unternehmen war aber nicht nur zur Abwicklung des
Altbestandes gegründet worden, sondern konnte auch eine neue Geschäftstätigkeit
entwickeln, der als „Neubestand" bezeichnet wurde. Für den Altbestand ergaben sich
eine Reihe von Einschränkungen. Die Vertragsdauer wurde um 2, 3 bzw. 5 Jahre hinausgeschoben, je nachdem ob es sich um laufende Prämienzahlung, prämienfreie Polizzen oder Einmalzahlungen handelte. Zusätzlich wurden die Abfindungswerte neu
fest gesetzt, durch alle diese Maßnahmen ergab sich eine Reduzierung von 91,31 Mio
Schilling bei der Kapitalversicherung und von 1,01 Mio Schilling bei der Rentenversicherung.[13] Außerdem wurde das Rückkauf- und Belehnungsrecht allgemein aufgehoben, doch hat die ÖVAG auf diese ihr zustehende Erleichterung häufig verzichtet.[14]
Dies vor allem, da die ÖVAG den Inhabern von alten Lebens-Phönix-Polizzen anbot,
neue ÖVAG-Verträge abzuschließen. Dies war für die ÖVAG nicht ungünstig, da hierbei die Werbekosten weitgehend weg fielen und sie zusätzlich auf eine erfolgreiche
neue Geschäftstätigkeit verweisen konnte. Dem erfreulichen Anstieg im Neugeschäft
stand daher ein hohes Ausmaß an Rückkäufen der alten Lebens-Phönix-Polizzen in
den Jahren 1936/7 gegenüber. Das Ziel der ÖVAG war, die drohende Reduktion des
Geschäftes aufzuhalten und wieder Vertrauen in das österreichische Versicherungswesen herzustellen. Sie lief auch recht erfolgreich an, drei Viertel der Lebens-Phönix
Versicherten zahlten ihre Prämien weiter und die Neuproduktion an Kapitalversicherung betrug 1936 3,446 Mio S und 1937 17,297 Mio S.

Dank dieser finanziellen Ausstattung wurde die ÖVAG nun generell zu einem Auf-
fanginstitut für notleidende Versicherungsunternehmen und übernahm 1936 auch den
inländischen Lebensversicherungsbestand bzw. Rentenversicherungsbestand der:

- „Wechselseitige Brandschaden" und „Janus"
  allgemeine Versicherungsanstalt auf Gegenseitigkeit
- Allgemeine Rentenanstalt
- Versicherungs-Aktiengesellschaft für Handel, Industrie und Gewerbe

---

13 Hans Thür, Die „Österreichische Versicherungs AG" und „Deutscher Ring Österreichische Lebensversicherung AG der Deutschen Arbeitsfront" 1936–1945, in: Wolfgang Rohrbach, Versicherungsgeschichte Österreichs Band III, Das Zeitalter des modernen Versicherungswesens, Wien 1988, S. 710
14 Dr.Friedrich Wegner, Wien Oktober 1946, Österreichische Versicherungs Aktiengesellschaft, Sonderprüfung 1936–1945, Band 1, S. 8

1938, als die ÖVAG bereits unter der Kontrolle der Versicherungsgesellschaft „Deutscher Ring" stand, wurde noch der österreichischen Lebensversicherungsbestand der

- Instituto Nazionale delle Assicurazioni, Rom
- Slavische Versicherungsanstalt

übernommen. Da die Lebens-Phönix bereits Anfang der 1920er Jahre – im Zusammenhang mit dem Zerfall der Monarchie und den Problemen der Inflation – den österreichischen Lebensversicherungsbestand einiger ausländischer Gesellschaften übernommen hatte, darunter:

- 1921: New Yorker Lebensversicherungsgesellschaft
- 1923: Star Life Assurance Society London
- 1923: Gresham Life Assurance Society Ltd. London
- 1923: Niederländische Lebensversicherungsgesellschaft

kam der ÖVAG damit eine dominierende Stellung in dieser Versicherungssparte zu. Damit die ÖVAG ihre Sanierungsaufgaben erfüllen konnte wurde ein Versicherungsfonds errichtet, der 4 1/5 %ige Schuldverschreibungen auf 30 Jahre in der Höhe von 250 Mio Schilling ausgab, um die Prämienreserven der Lebensversicherungen des Lebens-Phönix wieder zu ergänzen. Der Versicherungsfonds übergab der ÖVAG die 250 Mio Schuldverschreibung zur Abdeckung der Prämienreserven, war dafür aber u. a. am Gewinn beteiligt. Es stellte sich aber heraus, daß diese Schuldverschreibung mit einer $4^1/_5$ %igen Verzinsung zum Kurs von 100 am Markt nicht unterzubringen waren und die Belastung der österreichischen Versicherungsgesellschaften bei einer 30jähriger Laufzeit zu hoch war. 1937 wurde daher diese Anleihe in eine auf 60 Jahre in der Höhe von 280,4 Mio Schilling umgewandelt und bei einer 4,5 %igen Verzinsung zum Emissionskurs von 85 % ausgegeben. Der Fonds war berechtigt zur Erfüllung seiner Aufgaben eine Umlage von den Versicherungsunternehmen einzuheben, die nach Sparten unterschiedlich war, bei den Lebensversicherungen 5 % betrug und von den Versicherungsunternehmen und den Polizzeninhabern zu tragen war. Die Überwälzbarkeit der Umlage auf die Versicherungsnehmer wurde jährlich gesetzlich festgelegt und wurde 1936/7 mit zwei Drittel vorgeschrieben. Die Sanierungsmaßnahmen boten neben der Regelung des Phönixproblems die Gelegenheit zu einer ganzen Reihe von strukturellen Maßnahmen.[15] 3.500 Außendienstangestellte und 1.100 Innendienstangestellte der ehemaligen Lebens-Phönix wurden entlassen, die

---

15 Es handelte sich vor allem um das Bundesgesetz über Maßnahmen auf dem Gebiet der Vertragsversicherung, das Bundesgesetz über das Prämienreserveregister, das Bundesgesetz betreffend die Personallasten der Versicherungsanstalten und das Versicherungsfondsgesetz

ÖVAG konnte lediglich 200 von ihnen übernehmen. Am 30.Juni 1936 wurden die Gehaltstarife aller Versicherungsangestellten generell um 5 % bis 14,5 % gekürzt, und die von der ÖVAG übernommenen österreichischen Angestellten der Lebens-Phönix mußten noch zusätzliche Gehaltsreduktionen auf sich nehmen.

Das Geschäftsgebiet der österreichischen Versicherungsunternehmen vor 1918 war in der Regel das gesamte Gebiet der Monarchie. Die Desintegration 1918 hatte demnach schwerwiegende Folgen.[16] Wenn sie ihre Tätigkeit nicht radikal auf den verkleinerten Markt der Republik Österreich reduzieren wollten, waren sie genötigt, unter erschwerten politischen und wirtschaftlichen Bedingungen ihre Versicherungsbestände in den Nachfolgestaaten entweder als direktes Auslandsgeschäft zu betreiben, oder die Bestände an nationale Gesellschaften zu übertragen und sich kapitalmäßig und/oder durch Rückversicherung zu beteiligen. Dadurch spielte bei vielen österreichischen Gesellschaften – besonders bei der Sachversicherung – das Auslandsgeschäft eine bedeutend größere Rolle als etwa im Deutschen Reich.

AUSLANDSANTEIL IN PROZENT DER GESAMTEN BRUTTOPRÄMIEN[17]

Sachversicherungen 1937:

Erste Allgemeine	84 %
Internat. Unfall	81 %
Phönix Elementar	76 %
Anglo Elementar	72 %
Donau	72 %
Bundesländer	64 %
Wiener Städtische	41 %

Noch 1937 verfügten die österreichischen Versicherungsunternehmen über ein Auslandsvermögen in der Höhe von 396,3 Mio Schilling, darunter 64,3 Mio Schilling im Deutschen Reich, das nach der Tschechoslowakei (116,4 Mio Schilling) den zweiten Platz einnahm.[18]

---

16 Wilhelm H. Hemerka/Kurt Winsauer, Rechshistorischer Abriß der österreichischen Versicherungswirtschaft zwischen 1918 und 1938, in: Wolfgang Rohrbach, Versicherungsgeschichte Österreichs, Band III, Das Zeitalter des modernen Versicherungswesens, Wien 1988, S. 58 ff

17 Ausschuß zur Prüfung der Verhältnisse der österreichischen Versicherungswirtschaft, Bericht Nr 14, Die österreichischen Sachversicherungen, Wien 2.August 1938, S. 29

18 Vermögen österreichischer Versicherungsanstalten im Ausland am 31.Dezember 1937, Staatsamt für Finanzen 22.11.1945, AdR.BMF. 9969/45

AUSLANDSVERMÖGEN VON 20 ÖSTERREICHISCHEN VERSICHERUNGSUNTERNEHMEN IM
AUSLAND 1937
in Mio Schilling

Kassa und Bank	16,846
Häuser	58,056
Hypotheken	17,600
Wertpapiere	109,493
Beteiligungen an Versicherungsgesellschaften	9,136
Rückversicherungs Saldi	20,268
Sonstige Forderungen	16,065
Bestandswert Elementar	135,831
Bestandswert Leben	11,003
Summe	396,298

Die Auslandsverflechtung der österreichischen Versicherungsunternehmen zeigte
sich auch deutlich bei den Zweigniederlassungen und Rückversicherungen. Sie geben ein Bild über die Internationalität des Versicherungswesens. Die Zweigniederlassungen konzentrierten sich vor allem auf die Nachfolgestaaten der ehemaligen
österreichisch-ungarischen Monarchie, während die Rückversicherungsbeziehungen
weit darüber hinaus gingen.

Alle Länder hatten zwischen 1938 und 1945 einen Rückgang des Aktienbesitzes
an den österreichischen Versicherungsunternehmen zu verzeichnen mit Ausnahme
des Deutschen Reiches, das seinen Anteil deutlich vermehren konnte. Nachdem in
der cisleithanischen Reichshälfte der Monarchie die großen Versicherungsunternehmen ihren Sitz neben Triest vor allem in Wien hatten, war das Versicherungswesen
für die 1918 entstandene Republik Österreich überdimensioniert. Nach dem Zusammenbruch der Donaumonarchie setzte daher ein scharfer Wettbewerb der österreichischen Versicherungsunternehmen um den reduzierten Heimatmarkt ein, in
den sich auch die Unternehmen der Nachfolgestaaten einschalteten. Erst nachdem
dieser Wettbewerb „auf die Spitze" getrieben worden war, konnte man sich auf einheitliche Tarife einigen, die eine wesentliche Entspannung des Wettbewerbs brachten, der aber durch den „Anschluß" 1938 neuerlich gefährdet erschien. „Teilweise
sind die Bemühungen zur Erreichung einer straffen Tarifdiszipin erst in letzter Zeit
von Erfolg gewesen und in den Kreisen der österreichischen Versicherer befürchtet
man ernstlich, daß bei Aufhebung der zur Zeit noch bestehenden Sperre die in der
Vergangenheit geleistete Arbeit umsonst gewesen sein könnte."[19]

---

19 Ausschuß zur Prüfung der Verhältnisse der österreichischen Versicherungswirtschaft, Bericht Nr 14,
   Die österreichischen Sachversicherungen, Wien 2.August 1938, S. 5

AUSLANDSINTERESSEN VON 21 ÖSTERREICHISCHEN VERSICHERUNGSUNTERNEHMEN[20]
Anzahl der Länder mit Zweigniederlassungen bzw. Rückversicherungsbeziehungen Stand 31. Dezember 1937

	Zweigniederniederlassungen	Rückversicherung
Deutsches Reich	3	12
Polen	-	8
Tschechoslowakei	4	10
Ungarn	8	9
Jugoslawien	2	7
Rumänien	1	6
Bulgarien	-	4
Griechenland	2	1
Türkei	1	1
Italien	2	11
Schweiz	-	15
Holland	2	4
Belgien	-	4
Frankreich	1	6
Britisches Reich	-	10
Skandinavien	-	11
Estland	-	1
Spanien	1	3
Portugal	-	1
USA	-	4
Brasilien	-	1
Syrien	1	–
Palästinia	2	2
Ägypten	2	2

---

20 Bundesministerium für Finanzen, Staatsvertrag der Alliierten mit Österreich – Versicherungsfragen, 24.November 1946, AdR.BMF., 4849/46

AUSLÄNDISCHE KAPITALBETEILIGUNG AN ÖSTERREICHISCHEN VERSICHERUNGS-AKTIEN-
GESELLSCHAFTEN
in Prozent[21]

	13. März 1938	1. Mai 1945
England:		
Bundesländer	2,5	2,5
Anglo-Elementar	53,4	0
Anglo Danubian Lloyd	20,0	23,27
Internationale Unfall	0	5,0
Schweden:		
Wiener Rück	90,0	12,0
Dänemark:		
Donau Concordia	10,0	0,25
Schweiz:		
Der Anker	87,0	0
Donau Concordia	15,16	15,15
Kosmos	95,0	99,0
Tschechoslowakei:		
Volksfürsorge	50,0	0
Bundesländer	7,0	7
Heimat	30,0	0
Italien:		
Volksfürsorge	44,3	0
Bundesländer	15,0	7,5
Erste Allgemeine	85,0	66,0
Heimat	30,0	0
Internationale Unfall	70,0	61,0
Wiener Allianz	38,8	17,55
Deutschland:		
ÖVAG	3,57	100
Volksfürsorge	1,3	96,7
Wiener Allianz	36,3	79,3
Wiener Rück	0	78,0

---

21 ebenda

Internationale Unfall	0	10,0
Der Anker	0	92,5
Bundesländer	16,0	23,5
Donau-Concordia	50,0	59,82
Anglo Elementar	0	82,9
Erste Allgemeine Unfall	0	20,0
Heimat	40,0	100

2. Die Bewertung der österreichischen Versicherungsunternehmen beim „Anschluss" 1938

Im Gefolge des Anschlusses wurde der „Ausschuß zur Prüfung der österreichischen Versicherungswirtschaft" des Reichsaufsichtsamtes für Privatversicherung in Berlin mit Sitz in Wien etabliert, der in insgesamt 15 Berichten das österreichische Versicherungswesen detailliert untersuchte. Er baute dabei nicht nur auf die publizierten Unterlagen (Geschäftsberichte) auf, sondern ihm standen auch die verpflichtenden Auskünfte der beaufsichtigten Unternehmen zur Verfügung. Der Bericht Nr. 7 vom 2.August 1938 behandelte die sieben großen österreichischen Gesellschaften, die sich mit Lebensversicherungen befaßten:

Die österreichischen Lebensversicherungen zum 31. 12. 1937

	Anteil an der gesamten Versicherungssumme[22]	Personal
ÖVAG	35 %	493
Der Anker	17 %	250
Wiener Städtische	15 %	368
Bundesländer	14 %	463
Donau	12 %	276
Allianz & Gisela	5 %	-
Union	2 %	-

Neben den sieben österreichischen Unternehmen gab es noch 12 ausländische Institute, die das Lebensversicherungsgeschäft betrieben. Sie wurden in der Untersuchung nicht berücksichtigt. Die gesamte Versicherungssumme der sieben österreichischen Unternehmen betrug 1.872 Mia Schilling, die Prämienreserven machten mit 568 Mio Schilling durchschnittlich etwa 30 % der Versicherungssumme aus.[23]

---

22 Der Anteil der ÖVAG war noch größer, da hier die Auslandsversicherungen aus den alten Beständen des Lebens-Phönix und der Janus nicht berücksichtigt wurde.

23 Dem entsprechen in etwa auch die Angaben von Christian Karsch, der für 1936 im direkten öster-

Alle Gesellschaften betrieben neben dem direkten auch das indirekte Geschäft, also die vertragsmäßige Rückdeckung von Versicherungen anderer Gesellschaften. Dies machte zum 31.Dezember 1937 bei den sieben Gesellschaften aus (in 1.000 Schilling):

Selbst abgeschlossene Versicherungen	Versicherungssumme	Prämienreserve
– in Österreich	1.477.376	458.293
– im Ausland	394.820	108.847
Summe	1.872.196	568.140
Rückdeckungsgeschäft	233.749	54.223
Gesamtbestand	2.105.945	622.363

Die Bestandsbewegung war seit 1936 stark rückläufig, was vor allem auf den Zusammenbruch der Lebens-Phönix zurückzuführen war.

VERSICHERUNGSSUMME DER ÖSTERREICHISCHEN GESELLSCHAFTEN
Zum 31.Dezember des Jahres in 1.000 Schilling

Jahr	in Österreich	Insgesamt abgeschlossen Österreich, Ausland und Rückversicherung
1931	1.624.509	4.378.025
1932	1.582.220	4.117.872
1933	1.677.357	4.590.937
1934	1.659.094	4.465.280
1935	1.725.128	4.517.866
1936	1.532.547	2.159.438
1937	1.477.376	2.105.946

Die Versicherungssumme bei den sieben österreichischen Versicherungsunternehmen ging daher von 1935 bis 1937 in Österreich um 14,4 % und insgesamt um 53,4 % zurück. Die praktische Halbierung des Gesamtbestandes ist im wesentlichen

reichischen Geschäft (also ohne Ausland) die Reserven der Kapitallebensversicherungen mit 519,5 Mio Schilling und die gesamte Versicherungssumme mit 1.833,1 Mio Schilling angibt. Christian Karsch, Die versicherungswirtschaftlichen Verhältnisse in Österreich während der NS-Zeit. Die Schädigung jüdischer Lebensversicherter im Dritten Reich und ihre Entschädigung nach dem Krieg, Die Versicherungsrundschau, Wien 1999, S. 97

auf den Verlust des Auslandsgeschäfts der zusammengebrochenen Lebens-Phönix zurück zu führen. Doch auch andere Gesellschaften hatten hohe Auslandsanteile. Der Anker hatte 72 % und die Donau 67 % ihrer Versicherungssumme im Ausland abgeschlossen und 71 % bzw. 69 % ihrer Prämienreserven im Ausland.[24] Die anderen Versicherungsunternehmen hatten – mit geringen Ausnahmen bei der ÖVAG – keine ausländischen Bestände, ihr Geschäftsgebiet war ausschließlich Österreich. Allianz & Gisela und die ÖVAG betrieben nur das Lebensversicherungsgeschäft, die übrigen umfaßten auch andere Versicherungszweige. Da nach den deutschen Vorschriften Lebensversicherung und Sachversicherung nicht von einer Gesellschaft betrieben werden durfte, mußten diese Sparten in der Folge entflochten werden, was den deutschen Gesellschaften eine Gelegenheit mehr zum Eindringen in die österreichischen Versicherungsunternehmen bot. Zusätzlich betrieben alle Unternehmen auch das Rückdeckungsgeschäft. Am 31.12.1937 waren 234 Mio Schilling Versicherungen in Rückdeckung übernommen worden, so daß sich der Gesamtbestand auf 2,106 Mia Schilling erhöhte. Zieht man die 578 Mio Schilling, die in Rückdeckung gegeben wurden ab, so ergibt sich ein Selbstbehalt von 1,528 Mia Schilling.

Das Vermögen der österreichischen Lebensversicherungsgesellschaften betrug Ende 1937 insgesamt 658 Mio Schilling und setzte sich wie folgt zusammen:

Wertpapiere	58 %
Grundbesitz	17 %
Hypotheken	7 %
Polizzendarlehen	7 %
Guthaben/Einlagen	11 %

Nimmt man die ÖVAG heraus, da bei ihr durch die Versicherungsfondsobligationen eine besondere Situation vorlag, so ergaben die langfristigen Kapitalanlagen der Lebensversicherungen allerdings ein etwas anderes Bild:

Wertpapiere	36 %
Grundbesitz	35 %
Polizzendarlehen	10 %
Hypotheken und sonstig	19 %

Der Anteil an Grundbesitz war daher deutlich größer als im Deutschen Reich üblich und überschritt z.T. das dort zulässige Maß erheblich. „Es wird auf diesem Gebiete

---

24 Der Anker war die einzige internationale Versicherung, die auch im Altreich tätig war, Donau arbeitete im Ausland, aber bis dahin nicht im Deutschen Reich.

ein baldiger Übergang zu den deutschen Bedingungen und Vorschriften eingeleitet werden müssen."[25]

Der Jahresgewinn aus dem selbst abgeschlossenen österreichischen Geschäft der untersuchten Versicherungsunternehmen (Leben und Sach) betrug 1937 952 Mio Schilling, der durch die Verluste aus dem Rückversicherungsgeschäft auf 511 Mio Schilling reduziert wurde.

FINANZIELLES ERGEBNIS DER ÖSTERREICHISCHEN LEBENSVERSICHERUNGSGESELL-SCHAFTEN
im selbstabgeschlossenen österreichischen Geschäft 1937 (in 1.000 Schilling)

Kosten Neuabschluß	6.065	
Gedeckt durch Zillmerung	1.967	4.098
Verwaltungskosten	10.165	
Gedeckt durch Kostenzuschuß auf Bruttoprämie	8.474	1.691
Durch Prämien nicht gedeckte Kosten		5.789
Versicherungstechnischer Gewinn		
(durch Untersterblichkeit, Zinsgewinn, Stornogewinn)		10.945
Technischer Gewinn		5.156
Fondsumlage (Lebens-Phönix)		4.065
Summe		1.091
Sonstige Ausgaben		139
Jahresgewinn		952
Verlust Rückversicherung		441
Ergebnis		511

Von den 16 untersuchten Versicherungsaktiengesellschaften (Sach und Leben) verteilten 1937 nur 7 eine Dividende. Die Ursachen für dieses schlechte Ergebnis wurde in den hohen Anwerbungs- und Verwaltungskosten gesehen und in der starken Belastung für die Fondsumlage für die Deckung des Lebens-Phönix-Defizits. Nur dem Umstand, daß die österreichischen Gesellschaften fast ausschließlich Versicherungen ohne Gewinnbeteiligung der Versicherten hatten und ihnen dafür die versicherungstechnischen Gewinne (Sterblichkeitsgewinn, Zinsgewinn und Stornogewinn) verblieben, war es zuzuschreiben, daß sie die notwendigen Reserven stellen und die Bilanzen im Gleichgewicht halten konnten.[26] Die Versicherung mit Gewinnbeteiligung

---

25 Ausschuß zur Prüfung der Verhältnisse der österreichischen Versicherungswirtschaft, Bericht Nr 11, Die Kapitalanlagen der österreichischen Versicherungsgesellschaften, Wien 2.August 1938, S. 9

26 Ausschuß zur Prüfung der Verhältnisse der österreichischen Versicherungswirtschaft, Bericht Nr 7, Wien 2.August 1938, S. 4

war in Deutschland schon lange üblich, ihre Einführung stellte eine schwierige Frage
für die Wettbewerbsfähigkeit der österreichischen Versicherungsunternehmen dar,
die durch eine Reduzierung der Abschlußkosten und einen raschen Abbau der Verwaltungskosten erreicht werden mußte. Dies wurde erleichtert, da die Fondsumlage
für den Lebens-Phönix-Altbestand nun von allen Versicherungsunternehmen des
Deutschen Reiches getragen werden mußte und damit den Anteil der österreichischen deutlich senkte. Die Gewinnbeteiligung wurde in Österreich erst ab September 1939 schrittweise eingeführt.

Tatsächlich begann der „Anschluß" 1938 mit einer äußerst positiven Meldung für
die österreichischen Versicherungsunternehmen. Bereits im April 1938 kündigte
Reichswirtschaftsminister Funk bei einer Kundgebung in Wien die Übernahme der
Lebens-Phönix-Verpflichtungen an. Die ostmärkische Versicherungswirtschaft bedurfte erst einmal „der großzügigen kameradschaftlichen Hilfeleistung. Es war ein
starker Ausdruck des Gemeinschaftsgedankens der gesamten großdeutschen Versicherungswirtschaft, daß als eine der ersten versicherungsrechtlichen Maßnahmen
nach der Rückkehr der Ostmark die Übernahme der zur Deckung des Versicherungsfonds von 280 Millionen Schilling erforderlichen Mittel auf die gesamte deutsche Versicherungswirtschaft angeordnet wurde."[27] Nach mehreren Anordnungen
und Novellen des österreichischen Versicherungsfondsgesetzes erfolgte die endgültige Regelung durch die Verordnung über die Errichtung des Versicherungsfonds
vom 10. März 1939 (RGBl I/569). Damit ergaben sich ganz wesentliche Reduktio-
nen der Zahlungen der österreichischen Versicherungsunternehmen.

Der österreichische Versicherungsfonds wurde aufgelöst. Durch die Verordnung
vom 10. 3. 1939 RGBl. I.S.569 wurde ein Versicherungsfonds mit Sitz in Berlin
errichtet, der zur Erfüllung seiner Aufgaben 4,5 % verzinsliche, in 32 Jahren zu til-
gende, mündelsichere Schuldverschreibungen in der Höhe von 180 Mio RM emit-
tierte. Die alten Schuldverschreibungen des österreichischen Fonds wurde eingezogen. Der neue Fonds übernahm die Verpflichtungen aus Lebensversicherungen
notleidend gewordener ehemaliger österreichischer Versicherungsunternehmen, wie
sie vorher die Österreichische Versicherungs AG übernommen hatte. Die zur Verzinsung und Tilgung erforderlichen Beträge wurde nun durch eine Umlage auf alle
im Deutsche Reich arbeitenden Versicherungsunternehmen (mit Ausnahme des Sudetenlandes) aufgebracht. Die ursprüngliche Höhe der Versicherungsumlage wurde
1940 um 30 % gekürzt.[28] Die Nachfolgeorganisationen der Lebens-Phönix, die
ÖVAG (Deutscher Ring) und im Altreich die Isar Lebensversicherungs AG, wurden

---

27 Theodor Süss, Die Privatversicherung im Kriege, Berlin 1940, S. 51. Professor Dr. Süss war Direktor
   des Berliner Hochschulinstituts für Versicherungswirtschaft
28 Compass Finanzielles Jahrbuch Deutsches Reich: Ostmark, Wien 1944, S. 837

von der Umlage befreit. Die Versicherungsnehmer durften, anders als vorher in Österreich, nicht für die Umlage herangezogen werden, was durch die wesentlich größere Anzahl der nun an der Umlage beteiligten Versicherungsunternehmen ermöglicht wurde. Die Umlage diente der Abwicklung der Bestände, welche für diesen Zweck von der ÖVAG verwaltet wurden. Daneben konnte das Unternehmen frei am Markt einen eigenen Versicherungsbestand, den Neubestand, aufbauen. Damit wich die reichsdeutsche von der vorherigen österreichischen Regelung ab, denn sie diente nicht der Ergänzung der Prämienreserven der ÖVAG, sondern der Abwicklung der Bestände. Dadurch war bei der ÖVAG ab nun eine getrennte Verwaltung der Alt- und Neubestände notwendig.

Es war nicht zu übersehen, daß die Verwaltungskosten der österreichischen Gesellschaften und insbesondere der Lebensversicherungen im Vergleich zum Altreich wesentlich höher lagen.[29] Der Ausschuß zur Prüfung der Verhältnisse der österreichischen Versicherungswirtschaft wies daher darauf hin, daß zur Lösung der schwierigen Frage der Wettbewerbsfähigkeit der österreichischen Versicherungsgesellschaften in erster Linie und mit aller Energie die hohen Abschlußkosten und die laufenden Verwaltungskosten so weit und so schnell als möglich abzubauen waren. Der durchschnittliche Personalaufwand pro Angestellten/Jahr betrug 4.650 RM während er im Altreich 3.553 ausmachte, was allerdings zum Teil auf die Währungsumstellung zurückzuführen war, durch die ja der Schilling gegenüber der Reichsmark aufgewertet worden war[30] Die österreichischen Versicherungsunternehmen mußten daher die Gehaltsaufwendungen reduzieren. „Allerdings wird die Einführung des deutschen Tarifs für die Versicherungsgesellschaften zunächst keine Entlastung für sie bringen, da man den Angestellten, die bisher höhere Bezüge erhielten als nach dem deutschen Tarif, aus allgemeinen und politischen Erwägungen heraus eine Kürzung ihrer Bezüge nicht zumuten kann, zumal sie erst 1936 eine solche über sich ergehen lassen mußten."[31] Jüngere Angestellte oder Neueinstellungen mußten hingegen sofort den deutschen Tarif akzeptieren. Auch die Ausdehnung der in Österreich bei den Versicherungsunternehmen üblichen 42,5 Wochenarbeitsstunden auf die 48 Stunden im Deutschen Reich sollte eine Erleichterung bringen. Um mit den reichsdeutschen Versicherungsunternehmen in Konkurrenz treten zu können mußten die österreichischen Versicherungsunternehmen in jedem Fall Einsparungen machen, wofür auch der Bericht eine Übergangszeit bis Anfang 1940 vorschlug. Der Leiter der Bezirks-

29 Ausschuß zur Prüfung der Verhältnisse der österreichischen Versicherungswirtschaft, Bericht Nr 12, Die Personalaufwendungen der österreichischen Versicherungsgesellschaften, Wien 30.7.1938

30 a.a.O., S. 3/4; Gehälter einschließlich Überstunden, Sozialabgaben, Pensionslasten mit Einschluß der Vergütung für die Vorstandsmitglieder.

31 ebenda

stelle der Reichsgruppe Versicherungen, Dr. H. Sittenberger, erwähnte daher neben zahlreichen anderen Konkurrenzbenachteiligungen der österreichischen Versicherungsunternehmen: „Die stärkere Kapitalkraft und Wettbewerbsfähigkeit der Altreichsanstalten, die 6 Jahre politischer und wirtschaftlicher Aufbauarbeit hinter sich haben, während die ostmärkischen Anstalten im gleichen Zeitraum politische Schwierigkeiten im Auslande und wirtschaftlichen Niedergang im Inlande mitmachen mußten."[32] Der Wunsch, die Gebietsschutzbestimmungen auf mehre Jahre auszudehnen, wurde jedoch abgelehnt und man hatte sich mit der Verlängerung der Frist bei den Lebensversicherungen bis zum 31. Dezember 1939 zufrieden zu geben.

3. Der deutsche Einfluss

Durch die Verordnung des Beauftragten für den Vierjahresplan vom 6. Juni 1938 (RGBl. I/626) war der Reichswirtschaftsminister ermächtigt worden, gegebenenfalls auch unter Abweichung von Reichs- und Landesrecht alle erforderlichen Maßnahmen zur zweckmäßigen Gestaltung der Versicherungswirtschaft in Österreich zu treffen.[33] Der Reichswirtschaftsminister konnte demnach auch Versicherungsunternehmen auflösen, zusammenlegen oder neu begründen. Er konnte auch die Stellen bestimmen, auf welche die Aufgaben von solchermaßen veränderten Versicherungsverhältnissen überzugehen hatten. „Diese Bestimmungen bildeten die gesetzliche Handhabe zu einer wesentlichen Vereinfachung des ostmärkischen Versicherungswesens."[34] Das betraf in Österreich eine ganze Reihe von Fonds, Vereinen und anderen Organisationen, welche bisher der staatlichen Kontrolle entgangen waren, da sie als gegenseitige Hilfsorganisationen nicht unter die Bestimmungen der Versicherungsunternehmen fielen. Das waren vor allem Vorsorgevereine nach dem Vereinspatent von 1852, sogenannte kleine Versicherungsvereine auf Gegenseitigkeit, welche einklagbare Rechtsansprüche boten und der Versicherungsaufsichtsbehörde unterstanden und die Unterstützungsvereine nach dem Vereinsgesetz von 1867, die gegenseitige Hilfe der Mitglieder boten, die aber nicht einklagbar waren. Diese Vereine, die vielfach von Umlagen und Abgaben befreit waren und nur sehr geringe Beiträge erforderten, waren vor allem am Land sehr zahlreich. In der „vereinsfreundlichen Ostmark" bestanden auf der Grundlage des Vereinsgesetzes von 1867

---

32 Schreiben des Herrn Generaldirektor der Donau, Allgemeine Versicherungs-Aktien-Gesellschaft, Dr. Hans Sittenberger, Wien, an Pg. Regierungsrat Ernst, Wien, 29.April 1939, AdR, Materie Bürckel, Mappe 2170/0, Karton 94

33 Theodor Süss, Die Privatversicherung im Kriege, Berlin 1940, S. 53

34 ebenda

etwa 1.400 Sterbekassenvereine mit einem Mitgliederstand von 1.650.000 Personen, also etwa einem Viertel der Bevölkerung. Trotz dieser zahlenmäßigen Bedeutung entsprach die Geschäftsführung dieser Einrichtungen nicht den versicherungstechnischen Anforderungen. Es gab keinen Rechtsanspruch auf die Versicherungsleistungen und die Deckungsrücklagen wurden allgemein nicht gestellt, so daß das gesamte Vermögen dieser Vereine nicht mehr als 16,5 Mio Schilling betrug. Durch das Gesetz über die Überleitung und Eingliederung von Vereinen, Organisationen und Verbänden vom 14. Mai 1938 (Österr.GBl. 136/38) und die Anordnungen des „Stillhaltekommissars" wurden diese Sterbegeldeinrichtungen und Unterstützungsvereine bis Ende 1939 aufgelöst. Sie wurden nun weitgehend durch eine Überleitungsstelle in die regulären Versicherungsunternehmen übergeführt.[35] Die Versicherungsbestände wurden von einem Übernahmekonsortium von sieben Versicherungsgesellschaften (Allianz, Der Anker, Deutscher Ring, Donau, Ostmark-Versicherung, Ostmärkische Volksfürsorge, Wiener Städtische) übernommen. Vom Aufsichtsamt wurde hierbei ein „Überleitungstarif" vorgeschrieben, der die Bedingungen festlegte, unter denen alle Gesellschaften einheitliche Polizzen auszustellen hatten. Auch die unter Versicherungsaufsicht gestandenen privaten Pensions- und Sterbekassen (Firmenpension etc.) wurden vom Beauftragten des Staatskommissars überprüft und in vielen Fällen aufgelöst.

Mit der „Verordnung zur Einführung von Vorschriften über die Beaufsichtigung der privaten Versicherungsunternehmungen im Lande Österreich" vom 28. Februar 1939 (RGBl 1929 I, S. 365) ging die Versicherungsaufsicht in Österreich mit Wirkung vom 1. März 1939 vom Bundeskanzleramt Wien auf das Reichsaufsichtsamt für Privatversicherung in Berlin über, wo eine eigene Abteilung VII mit Sitz in Wien für die Überwachung der ostmärkischen Versicherungsunternehmen zuständig war.[36] Bis zum 1. 1. 1941 galt in Österreich grundsätzlich noch das frühere österreichische Versicherungsvertragsrecht mit einigen Veränderungen zur Rechtsangleichung. Mit Verordnung vom 19. 12. 1939 RGBl. I.2443 wurde das im Deutschen Reich seit 1908 in Kraft stehende, 1911, 1924 und 1939 novellierte Gesetz über den Versicherungsvertrag in zahlreichen Paragraphen neu gestaltet. Gleichzeitigkeit wurde die Gültigkeit des geänderten Gesetzes unter Aufhebung des österreichischen Gesetzes über den Versicherungsvertrag aus dem Jahr 1917 auf die Ostmark ausgedehnt. Das in dieser Weise vereinheitlichte Gesetz trat am 1. 1. 1941 in Kraft und wirkte teilweise

---

35 Peter Ulrich Lehner, Österreichs Versicherungswirtschaft im dritten Reich, in: Wolfgang Rohrbach (Hrsg.), Versicherungsgeschichte Österreichs, Band III, Das Zeitalter des modernen Versicherungswesens, S. 683 ff

36 Präsident war Dr. Skrobanek, Vizepräsident Dr. Kerver und Mitglieder Dr. Bowman, Dr. Loewenstein und Dr. Boehde

auf bestehende Verträge zurück. Das neue deutsche Versicherungsvertragsgesetz von 1941 hatte auch einige österreichische Bestimmungen mit aufgenommen und es wurde später auch von alliierter Seite anerkannt, daß die Verschmelzung der beiden Versicherungsgesetze auf einer objektiven und wissenschaftlichen Weise erfolgt war und eine grundlegende Verbesserung für beide Länder darstellte. Es hatte schon in der Zwischenkriegszeit Bemühungen gegeben, die höchst unterschiedlichen Versicherungsbestimmungen in den europäischen Ländern anzugleichen und das neue deutsche Gesetz baute auf diese Diskussion auf. Wenige der Bestimmungen trugen politischen Charakter und europäische Rechtsexperten stimmten darin überein, daß dieses Gesetz zu den besten gehörte.[37]

Man muß vor allem dem Reichwirtschaftsministerium – und damit auch der Versicherungsaufsicht – zugute halten, daß sie versuchten die österreichischen Versicherungsunternehmen an den reichsdeutschen Markt heranzuführen und Österreich keineswegs wie ein besetztes Gebiet behandelten. Dem diente neben dem Härteausgleich das Gesetz zum Schutz der österreichischen Wirtschaft.[38] Der Übergang zu dem neuen Versicherungsvertragsrecht wurde in Österreich durch Sondervorschriften geregelt. Danach bestanden bis zum 1. 1. 1940 noch Gebietsschutzbestimmungen für die Betätigung der Altreichs-Versicherungsgesellschaften in Österreich. In diesem Zeitraum war es nur in Ausnahmefällen möglich, Niederlassungen oder Neugründungen in Österreich zu errichten. Einer besonderen Genehmigung bedurfte nicht nur die Neugründung eines Versicherungsunternehmens, sondern auch die Veräußerung von bestehenden Anteilsrechten. Die Ausnahmegenehmigung war vom Reichstatthalter zu erteilen, der zuständige Reichsminister konnte verlangen, daß diese Befugnisse nur mit seiner Zustimmung ausgeübt werden konnten. Mehrere Versicherungsunternehmen, vor allem auch die unter dem Einfluß der Deutschen Arbeitsfront stehende deutschen Volksfürsorge, versuchten unter anderem mit politischen Argumenten eine solche Ausnahmegenehmigung zu erlangen. Diese wurde aber vom Reichswirtschaftsministerium in der Regel abgelehnt, nur sieben deutsche Versicherungsunternehmen erhielten vor dem Juni 1939 eine Zulassung.

---

37 War Department, Military Government Guide, Austrian private insurance and its corporate ties with Germany, War Department Pamphlet No. 31–223, August 1945, S. 6/7, National Archives Washington, USFA-USACA, RG 338, Box 162

38 Dieser Schutz wurde durch die Verordnung über die Beschränkung der Errichtung von gewerblichen Unternehmungen und Betrieben im Lande Österreich vom 19.März 1938 (RGBl I/264), durch das Gesetz zum Schutze der österreichischen Wirtschaft vom 14.April 1938 (Österr.GBl. Nr. 82/38), die Anordnung über die Beschränkung der Errichtung gewerblicher Unternehmungen und Betriebe im Lande Österreich vom 30.September 1938 (DRA Nr. 229) und durch die zweite Anordnung zur Beschränkung der Errichtung gewerblicher Unternehmungen und Betriebe im Lande Österreich vom 28.Dezember 1938 DRA Nr. 304) gewährleistet.

„Die Verhältnisse auf dem Gebiet der Versicherungswirtschaft liegen im Lande
Österreich wesentlich anders als im übrigen Reichsgebiet. Es bedarf daher vor der
Zulassung von bisher reichsdeutschen Versicherungsgesellschaften im Lande Österreich zunächst einer näheren Klärung, in welcher Weise die österreichische Versicherungswirtschaft in die bisherige reichsdeutsche Versicherungswirtschaft eingegliedert werden kann. Anderenfalls besteht die Gefahr, daß die österreichische
Versicherungswirtschaft und damit die österreichischen Versicherungsnehmer
schwer beeinträchtigt werden."[39] Die Gebietsschutzbestimmung war ursprünglich
mit 31. Dezember 1938 begrenzt, wurde dann aber auf 30. Juni 1939 verlängert.
Lediglich der Bereich Lebensversicherungen erhielt eine noch weitergehende Verlängerung bis zum 31.Dezember 1939. Dies war aber nicht unumstritten. Die Reichsgruppe Versicherungen (Fachgruppe Lebensversicherungen, Pensionskassen, Sterbekassen) trat in einer umfangreichen Stellungnahme für eine sofortige Aufhebung
der Sperrfrist ein.[40] Sie wies darauf hin, daß die Mindestprämien der Lebensversicherungen ohne Gewinnbeteiligung in der Österreich etwa gleich hoch waren wie
jene mit Gewinnbeteiligung in Deutschland und damit praktisch um 15 % bis 20 %
höher waren. Diese Vorteile könnten „den ins Reich zurückgekehrten Volksgenossen der Ostmark nicht länger vorenthalten werden." Es ginge nicht an, daß einzelne
Unternehmensinteresse zum Nachteil der dortigen Volksgenossen geschützt werden.
„Wenn die in der Ostmark arbeitenden Lebensversicherungsunternehmen nicht in
der Lage sein sollten, den Volksgenossen in der Ostmark den Lebensversicherungs-
schutz ebenso preiswert zu bieten wie die Lebensversicherungsunternehmen im Altreich, dann müssen sie das Neugeschäft einstellen und die alten Bestände Liquidieren oder anderen Unternehmungen übertragen." Außerdem wurde es von den
deutschen Gesellschaften als unbillig und ungerecht empfunden, daß sie unverzüglich zur Versicherungsfondsumlage (Lebens-Phönix) herangezogen wurden, aber
von der Geschäftätigkeit in Österreich für geraume Zeit ausgeschlossen waren.
Schließlich sei es auch eine Ungerechtigkeit, daß einige deutsche Gesellschaften
durch schon vor dem „Anschluß" bestandenen Konzessionen und Geschäftsverbindungen in Österreich arbeiten konnten, während die übrigen zuwarten mußten. Neben den 7 inländischen Gesellschaften waren 1937 12 ausländische Gesellschaften
tätig, darunter 2 deutsche. Man forderte daher „zum Segen der Volksgenossen in der
Ostmark" von der Verlängerung der Sperrfrist Abstand zu nehmen. Die Vertreter des

---

39 Schreiben des Reichswirtschaftsministeriums an die Herrn Leiter der Zentralstelle für die Finanzwirtschaft der Deutschen Arbeitsfront vom 25.4.1938, Sonderarchiv Moskau 1458-2-191/49
40 Schreiben der Fachgruppe Lebensversicherung, Die Beschränkung der Errichtung von gewerblichen
Unternehmungen und Betrieben im Lande Österreich vom 19.März 1938 (RGBl I/264), an den
Reichswirtschaftsminister vom 24.10.1938, Sonderarchiv Moskau 1458-2-194/48

ostmärkischen Versicherungsgewerbes argumentierten jedoch, daß sie ohne eine Verlängerung der Sperre für die Lebensversicherungen bis Ende 1939 nicht auskommen konnten. Durch die „Wiedervereinigung" seien eine Fülle von Aufgaben auf sie zugekommen, die ihnen in erheblichem Umfang zusätzliche Arbeit bereite. Da auch das Wirtschaftsministerium und die Reichaufsicht für Privatversicherung diese Meinung teilte, blieb es bei der Verlängerung des Gebietsschutzes für Lebensversicherungen bis Ende 1939.

Die Gebietssperre sollte auch den „Fusionsdruck" zeitweise abwehren, dem die deutschen Versicherungsunternehmen im NS-Staat schon unterlagen. Der Nationalsozialismus war gegenüber dem Konkurrenzgedanken in der Versicherungswirtschaft ablehnend eingestellt und sah darin eine Verzettelung der Kräfte. Die Versicherungsaufsicht hatte daher eine Abneigung gegenüber Neugründungen, welche sie als Zersplitterung auffaßte. Allerdings ermutigten gerade diese Bestimmung die deutschen Versicherungsunternehmen, sich in die bestehenden österreichischen Versicherungsunternehmen direkt einzukaufen. Der von den deutschen Unternehmen ausgehende „Vereinigungsdruck" war daher in Richtung Österreich nach dem „Anschluß" besonders stark.[41] Allerdings war der Vorteil für die schon bestehenden bzw. sich einkaufenden deutschen Unternehmen nur beschränkt, da sie nur nach den bestehenden österreichischen Bedingungen arbeiten konnten und mit der Einführung reichsdeutscher Tarife warten mußten. So beschwerte sich etwa die Nordstern Versicherung, daß sie vor 1938 unter recht erheblichen Zuschüssen der Zentrale eine Vorpostenstellung für die deutschen Lebensversicherungen gehalten habe. Es wäre daher nur recht und billig, wenn ihr ein Vorsprung gegenüber den anderen reichsdeutschen Gesellschaften eingeräumt werden würde und sie Tarife mit Gewinnbeteiligung schon vor Ende der Gebietssperre einführen könnte.[42] Die Nordstern und die Victoria hatten bereits Anfang 1939 den Antrag auf Einführung ihrer Altreichsgeschäftspläne in Österreich gestellt. Dieses wurde jedoch vom Reichsaufsichtsamt am 16. 3. 1939 abgelehnt, da man vorher den österreichischen Lebensversicherungsgesellschaften die Gelegenheit geben wollte, ihre Tarife denen des Altreichs anzupassen. Der Antrag der Nordstern war daher „durchaus unerwünscht", da ab 1. September 1939 die altreichsdeutschen Geschäftspläne ohnehin Schritt für Schritt eingeführt wurden und ein Nebeneinander von nichtgewinnberechtigten und gewinnberechtigten Tarifen nach Möglichkeit vermieden werden sollte.[43]

---

41 Arno Surminski, Versicherungen unterm Hakenkreuz, Zeitschrift für Versicherungswesen, 24 1998, S. 747

42 Nordstern Lebensversicherungs-Aktiengesellschaft Berlin an das Reichsaufsichtsamt für Privatversicherung, 18.9.1939, Bundesarchiv Koblenz B 280/6664

43 Reichsaufsichtsamt für Privatversicherung an die Abteilung VII Österreich, 22.3.1939, Bundesarchiv Koblenz, B 280/6664

Die zeitweisen Gebietsschutzbestimmungen erschienen notwendig, da die österreichischen Gesellschaften durch die Fondsumlage, die schlechte Wirtschaftslage, den kleinen Inlandsmarkt und die Höhe der Verwaltungskosten ins Hintertreffen geraten waren. Die Einengung des Heimatmarktes auf die Republik Österreich hatte eine Überbesetzung in der Zahl der Gesellschaften und zu einer Überhöhung der Werbekosten geführt. Einwohnermäßig machte das Land etwa zehn Prozent des Deutschen Reiches aus, die Zahl der Versicherungsunternehmen im Verhältnis zu Deutschland betrug aber 35 zu 322 und einschließlich der ausländischen Niederlassungen 67 zu 431. „Dieser Zustand würde durch die sofortige Hereinlassung der Gesellschaften aus dem Altreich noch verschärft werden. Wenn also eine Gesundung der österreichischen Versicherungswirtschaft erreicht werden soll, so muß den Gesellschaften eine gewisse Zeit zur Umstellung gelassen werden." Die österreichischen Mitglieder des Ausschusses waren für eine Sperre bis zum 1.Jänner 1941, die deutschen fanden den Termin 1.Jänner 1940 ausreichend, bei dem es schließlich auch blieb. Ob bis zu diesem Zeitpunkt alle österreichischen Unternehmen nach deutschen Begriffen leistungsfähig geworden waren, konnte nicht sicher gesagt werden. „Die Möglichkeit, diesen Beweis zu erbringen, muß ihnen aber gegeben werden, da die Erhaltung der leistungsfähigen österreichischen Gesellschaften im allgemeinen volkswirtschaftlichen Interesse erwünscht ist."[44] Wenn die Umstellung nicht mit Erfolg verlief, „so bleibt immer noch die Zeit, in Ruhe eine Sanierung etwa durch Zusammenlegung oder durch „Anschluß" an eine reichsdeutsche Gesellschaft in der einen oder anderen Form durchzuführen, was übrigens zum Teil schon in die Wege geleitet ist."[45] Insgesamt erhielten 66 deutsche Versicherungsunternehmen nach dem „Anschluß" die Zulassung zum Geschäftsbetrieb in Österreich, fünf deutsche Unternehmen, die schon vorher in Österreich tätig waren, erweiterten ihren Geschäftsbereich. Von 52 dieser Unternehmungen war das Datum ihrer Zulassung feststellbar:

ZULASSUNG DEUTSCHER VERSICHERUNGSUNTERNEHMEN IN ÖSTERREICH[46]

Jahr	Zahl
1939	27
1940	23
1941	1
1942	1

44 Ausschuß zur Prüfung der Verhältnisse der österreichischen Versicherungswirtschaft, Bericht Nr 15, Schlußbericht, Wien 2.August 1938, S. 5/6
45 a.a.O., S. 7
46 Bundesministerium für Finanzen, Liste der deutschen Versicherungsgesellschaften, die nach der Annexion zum Geschäftsbetrieb in Österreich zugelassen wurden, 21.Juli 1947, AdR.BMF. 33536/47

Der Druck auf den österreichischen Markt mit Beendigung des Gebietsschutzes wird darin deutlich, daß von den 27 im Jahr 1939 zugelassenen Unternehmen 15 im November dieses Jahres – also mit Ablauf der Gebietsschutzbestimmungen – ihre Geschäftsgenehmigung erhielten. 14 deutsche Lebensversicherungsunternehmen kamen im Jahr 1940 hinzu, sie erhielten ihre Zulassung zumeist im Mai dieses Jahres. Die österreichische Versicherungsaufsicht sprach 1946 rückblickend sogar von 100 reichsdeutschen Versicherungsgesellschaften, die in Österreich nach der Zulassungssperre zum Geschäftsbetrieb zugelassen wurden, 46 Schadens-, 25 Lebens-, 19 Kranken- und 10 Pensionsversicherungsanstalten. Diese 100 kamen zu den 65 Versicherungsunternehmen (davon 36 österreichische Gesellschaften) hinzu, die schon vor 1938 hier tätig waren. Zusätzlich konnten reichsdeutsche Versicherer auch eine fallweise Genehmigung zur Ausdehnung ihrer Tätigkeit auf Österreich erhalten, etwa bei der Gruppenversicherung. Das österreichische Aufsichtsamt sprach daher von der „Bedrängnis der österreichischen Versicherungsunternehmungen durch diese Überflutung des österreichischen Versicherungsmarktes".[47]

AUSLÄNDISCHE VERSICHERUNGSUNTERNEHMEN IN ÖSTERREICH 1945[48]

Bereits vor 1938 zum Geschäftsbetrieb zugelassen:
Schweizer Gesellschaften
- Eidgenössische Versicherungs-A.G.
- „Zürich" Allgemeine Unfall- und Haftpflicht-Versicherungs-A.G.
- Basler Transport-Versicherungs-Gesellschaft
- Basler Versicherungsgesellschaft gegen Feuerschaden
- Allgemeine Versicherungs-Gesellschaft Helvetia

Italienische Gesellschaften
- Assicurazioni Generali
- Riunione Adriatica di Sicurtà

Tschechoslowakische Gesellschaften
- Donau-Concordia Lebensversicherungs-A.G.
- Assekuranzverein der Zuckerindustrie Prag

Ungarische Gesellschaft
- Erste Ungarische Allgemeine Assekuranz-Gesellschaft

---

47 Beitrag des Departement 19 zum Rotbuch, Bundesministerium für Finanzen, 15.April 1946, AdR.BMF. 26984/46
48 Bundesministerium für Finanzen, Ausländische Versicherungsgesellschaften in Österreich, 3.März 1946, AdR.BMF., 15586/48

Reichsdeutsche Gesellschaften
- Albingia Versicherungs-A.G.
- Agrippina" See-, Fluß- und Landtransport Versicherungs-Gesellschaft
- Mannheimer Versicherungs-AG.
- Nordstern Allgemeine Versicherungs-A.G.
- Nordstern Lebensversicherungs-A.G.
- Thuringa Versicherungs-A.G.
- Victoria Allgemeine Versicherungs-A.G.
- Würtenbergische und Badische Vereinigte Versicherungs-Gesellschaft

ZWISCHEN 1938 UND 1945 HINZUGEKOMMEN
Schweizer Gesellschaft
- Helvetia Schweizerische Feuer-Versicherungs Gesellschaft

Reichsdeutsche Gesellschaften
- Aachener und Münchner Feuerversicherungs-Gesellschaft
- „Agrippina" Allgemeine Versicherungs-A.G.
- „Agrippina" Lebensversicherungs-A.G.
- Allgemeine Rentenanstalt Stuttgart
- Allianz Lebensversicherungs-A.G.
- Alte Leipziger Lebensversicherungs-Gesellschaft
- „Altersschutz" Versicherungsverein
- Berlinische Feuerversicherungsanstalt
- Berlinische Lebensversicherungs-A.G.
- Berliner Verein Krankenversicherung
- Ceres Hagelversicherungs-A.G.
- Concordia Lebensversicherungs-A.G.
- Deutsch Anwalts- und Notar-Versicherung
- Deutsche Beamtenversicherung Versicherungsverein
- Deutsche Beamtenversicherung öffentlich-rechtliche Lebens- und Rentenver-
  sicherung
- Deutsche Hagel-Versicherungs-Gesellschaft A.G.
- Deutsche Krankenversicherungs-A.G.
- Deutsche Mittelstands-Krankenkasse Volkswohl
- Deutsche Reichsbahn Sterbekasse
- Deutsche Sachversicherungs-A.G.
- Deutscher Bauerndienst Allgemeine Versicherungs-A.G.
- Deutscher Bauerndienst Tierversicherungs-Gesellschaft
- Deutscher Ring Transport-, Fahrzeug-Versicherungs-A.G.

– Die Hanse-Krankenschutz Versicherungsverein
– Dresdner Allgemeine und Transatlantische Güterversicherungs-A.G.
– Elektra Versicherungs-A.G.
– Europäische Güter- und Reisegepäck-Versicherungs-A.G.
– Gerling-Konzern Allgemeine Versicherungs-A.G.
– Gerling-Konzern Leben
– Gladbacher Feuerversicherungs-A.G.
– Gothaer Allgemeine Versicherungs-A.G.
– Gothaer Feuerversicherungsbank
– Gothaer Lebensversicherungsbank
– Gothaer Transport- und Rückversicherungs-A.G.
– Haftpflichtverband der Deutschen Industrie
– Hamburg-Bremer Feuerversicherungs-A.G.
– Hamburg-Mannheimer Versicherungs-A.G.
– Hermes Kreditversicherungs-A.G.
– Isar Lebensversicherungs-A.G.
– Karlsruher Lebensversicherungs-A.G.
– Leipziger Feuerversicherungs-Anstalt
– Leipziger Verein-Barmania Krankenversicherung
– Leipziger Verein-Barmania Lebensversicherung
– Mittelstandshilfe Krankenversicherungsanstalt
– Münchner Verein Krankenversicherungsverein
– Münchner Verein Lebens- und Altersversicherungsanstalt
– „National" Allgemeine Versicherungs-A.G.
– „National" Lebensversicherungs-A.G.
– Nothilfe" Krankenversicherungsverein
– Oldenburger Versicherungs-Gesellschaft
– Schlesische Feuerversicherungs-Gesellschaft
– Sterbekasseverein für Reichspostbeamte
– Süddeutsche Krankenversicherung Versicherungsverein
– Union und Rhein Versicherungs-A.G.
– Vereinigte Krankenversicherungs-A.G.
– Victoria Feuerversicherungs-A.G.
– Volks-Feuerbestattung Versicherungsverein
– Würtembergische Feuerversicherungs-A.G.

Während es nach dieser Aufstellung im Jahr 1938 19 ausländische Versicherungsunternehmen in Österreich gab, wobei die 8 deutschen Anstalten etwa die Hälfte ausmachten, war die Zahl der ausländischen Institute bis 1945 auf 78 angewachsen, da-

von 66 oder 84 % deutsche. Während der NS-Zeit waren damit – neben einem schweizer – 58 deutsche Versicherungsunternehmen hinzugekommen, 14 davon beschäftigten sich mit Lebensversicherungen.

Die Zulassung erfolgte über einen Antrag beim Reichsstatthalter in Österreich, sie war zu begründen und eine Satzung und der Geschäftsbericht (Rechenschaftsbericht) des Jahres 1937 beizulegen. Als Beispiel sei das Vorgehen der „Gothaer Lebensversicherungsbank auf Gegenseitigkeit" angeführt. Die 1827 gegründete Gothaer war die älteste Lebensversicherungsgesellschaft Deutschlands und nach dem Bestand der Kapitalversicherungen auch die größte Versicherungsgesellschaft auf Gegenseitigkeit mit 5,5 % am Gesamtversicherungsbestand der deutschen Großlebensversicherungen. Am 4. Juli 1938 beantragte sie, auch im Lande Österreich Vertretungen zu errichten und mit Angehörigen dieses Landes Versicherungen abschließen zu dürfen.[49] Vorsichtshalber bat man, den Zeitpunkt der Genehmigung selbst zu bestimmen und das Gesuch nicht abschlägig zu bescheiden, falls im Augenblick eine Genehmigung noch nicht erteilt werden konnte. Das Gesuch argumentierte mit der bisherigen Tätigkeit in Österreich und mit der politischen und wirtschaftlichen Zuverlässigkeit. Die Gothaer war bereits von 1873 bis 1923 in Österreich zum Geschäftsbetrieb zugelassen gewesen, sah sich aber „infolge der veränderten wirtschaftlichen Verhältnisse" (Inflation, Auflösung des Wirtschaftsgebietes der Monarchie) gezwungen ihren Geschäftsbetrieb einzustellen. Nach der „Heimführung Österreichs ins Reich" wollte man die Tätigkeit möglichst bald wieder aufnehmen, da man dort aus früherer Zeit noch Versicherungen zu verwalten hatte und noch über zahlreiche geschäftliche Beziehungen verfügte. Außerdem wollte sie „das durch eine Fülle von Anfragen bekundete Bedürfnis zahlreicher österreichischer Volksgenossen befriedigen." Dem Erlaß des Reichs- und Preussischen Wirtschaftsministers vom 24.3.1938 entsprechend machte man noch folgende Ausführungen:

„1. Wir beschäftigen gegenwärtig im Innendienst 492 Angestellte, die geschlossen der Deutschen Arbeitsfront angehören....

2. Sämtliche Vorstandsmitglieder, leitende Herren und sonstige Angestellte sind arischer Abstammung.

3. Die politische Zuverlässigkeit unseres Unternehmens ergibt sich aus der Person des Betriebsführers. Generaldirektor Dr. Hans Ullrich ist Parteigenosse und SS-Hauptsturmführer beim Stabe des SS-Abschnitts XXVII in Weimar. Seit Gründung der Akademie für Deutsches Recht ist er deren Mitglied und seit fast ebenso langer Zeit durch das Vertrauen des Herren Reichsministers und Reichsleiters der NSDAP,

---

49 Schreiben der Gothaer Lebensversicherungsbank auf Gegenseitigkeit an den Herrn Reichsstatthalter in Österreich vom 4. Juli 1938, Bundesarchiv Koblenz, B 280/4681

Dr. Frank, zum Vorsitzenden der drei versicherungsrechtlichen Ausschüsse berufen worden. Als solcher steht er in ständiger Verbindung mit der Reichsleitung der Partei und mehreren Ministerien der Reichsregierung."

Bezüglich der wirtschaftlichen Zuverlässigkeit verwies man auf den Rechenschaftsbericht 1937. Die Zulassung zum Geschäftsbetrieb in Österreich sollte auch dazu dienen, „zu unserem Teil an der Beseitigung der Arbeitslosigkeit in Österreich in gleichem Maße mitzuhelfen, wie wir das in Deutschland getan haben. Hierzu möchten wir noch darauf hinweisen, daß wir bei der Anlegung unseres Vermögens in den letzten Jahren unser besonderes Augenmerk auf den Geldbedarf des Reiches gerichtet und durch Ankauf großer Posten von Staats- und anderen Wertpapieren tatkräftig an der Konsolidierung schwebender Reichsschulden und an der Finanzierung der Reichsautobahn mitgewirkt haben."

Einen solchen „NS-Musterbetrieb" konnte man wohl kaum ablehnen. Dennoch hatte auch die Gothaer das Ende der Gebietssperre bis zum Jänner 1940 abzuwarten. Anfang Dezember 1939 erkundigte sich die Gothaer noch telefonisch beim Reichsaufsichtsamt und bekam mündlich eine zustimmende Auskunft. Sie traf daher personelle und räumliche Vorbereitungen für eine Geschäftsaufnahme. Schon 1938 hatte man ein Haus in Wien für die Hauptgeschäftsstelle gekauft und Räume für die Mitarbeiter freigemacht und hergerichtet. Zu ihrer Überraschung wurde ihr jedoch Ende Dezember 1939 mitgeteilt, daß sich die Zulassung noch um einige Wochen verschieben würde. Als Grund wurde angegeben, daß die „Goldschillingfrage" noch nicht geklärt sei und die österreichischen Versicherungsgesellschaften fürchteten, dies könnte von den Gesellschaften des Altreiches im Wettbewerb ausgenutzt werden. Dr. Ullrich konnte sich jedoch des Eindrucks nicht erwehren, „daß die österreichischen Gesellschaften die Goldschillingfrage als einen ihnen willkommenen Anlaß benutzen wollen, um nochmals die Zulassung der anderen Lebensversicherungsunternehmen hinauszuzögern."[50] Den österreichischen Versicherungsunternehmen war es daher zumindest teilweise gelungen, den Gebietsschutz nochmals um vier Monate zu verlängern. Erst am 1. Mai 1940 erfolgte die Zulassung der Gothaer – zusammen mit 15 anderen Versicherungsunternehmen – für den Geschäftsbetrieb in Österreich.[51] Bei der Zulassung erwartete das Reichsaufsichtsamt, „daß

---

50 Dr. Ulrich, Gothaer Lebensversicherungsbank auf Gegenseitigkeit an den Herrn Präsidenten des Reichsaufsichtsamtes für Privatversicherung, Gotha, 28.12.1939, Bundesarchiv Koblenz, B 280/4681
51 Reichsaufsichtsamt für Privatversicherung, Tgb.Nr. A I 4294, Berlin 13. April 1940. Die anderen Versicherungsunternehmen waren die Deutsche Ärzteversicherung, Alte Leipziger, Allianz und Stuttgarter, Deutsche Anwalts- und Notarversicherung, Gerling-Konzern, Concordia, Allgemeine Rentenanstalt, Agrippina, National, Großdeutsche Feuerbestattung, Münchner Verein, Volkswohl-Bund, Leipziger-Verein Barmania und Deutsche Reichsbahn-Sterbekasse, Bundesarchiv Koblenz, B 280/4681

Sie es vermeiden, z. Zt. mit unverhältnismäßigen Kosten eine Organisation in der Ostmark aufzubauen und daß sich der Wettbewerb in den anständigsten Grenzen abspielt. Jede Ausspannung von Agenten ist zu unterlassen."[52] Zusätzlich war eine „Allgemeine geschäftsplanmäßige Erklärung für Altreichs-Versicherungsuntenehmungen (Lebensversicherungen)" zu unterfertigen. Darin verpflichteten sich die Unternehmen,

- den Versicherungsnehmern in Österreich die im Altreich geltenden Versicherungsbedingungen auszuhändigen und sie darauf aufmerksam zu machen, daß bis zum Inkrafttreten des neuen Versicherungsvertragsgesetzes etwaige günstigere österreichische Vorschriften anzuwenden waren.
- Das Versicherungsgeschäft nach Altreichstarifen zu betreiben und keine Kampftarife anzuwenden, selbst wenn diese im Deutschen Reich zulässig waren. Die Grenze zwischen Groß- und Kleinlebensversicherungen war mit 2.000 RM festgesetzt.
- die geschäftsplanmäßigen Erklärungen für Versicherungen in Österreich abzugeben,
- die Rundschreiben des Reichsaufsichtsamtes für das Altreich auch in Österreich zu beachten,
- den in Österreich bestehenden Fachstellen der Versicherungswirtschaft und insbesondere der „Vereinigung der in der Ostmark tätigen Vertrags-Versicherungsanstalten" beizutreten und keine höheren Provisionen zu bezahlen, als bisher in Österreich üblich waren,
- und schließlich die in Österreich bestehenden Gesetze, Verordnungen und Anordnungen zu beachten.

Allerdings wurden gleichzeitig bei 35 Lebensversicherungsunternehmen die Zulassung in Österreich „aus grundsätzlichen Erwägungen" nicht statt gegeben.[53] Die Behörde behielt sich eine Nachprüfung der Entscheidung nach Ablauf des Jahres 1940 vor, die jedoch kaum mehr gegeben wurde. Der Druck der reichsdeutschen

---

52 Reichsaufsichtsamt für Privatversicherung, Geschäftsbetrieb in der Ostmark, 13.April 1940, Bundesarchiv Koblenz B 280/4681

53 Es betraf dies die Magdeburger, Nürnberger, Friedrich Wilhelm, Braunschweigische, Hamburg-Mannheimer, Versicherungsverein Deutsche Eisenbahn, Müllerei-Pensionskasse, Würtenbergische, Münchner Begräbnisverein, Bayrische Beamten, Witwen und Waisenkasse Reichs- und Staatsdienst, Volksfürsorge, Mannheimer, Deutsche Herold, Atlas, Deutscher Bauerndienst, Aachener und Münchener, Rothenburger, Deutscher Lloyd, Gisela, Harmonie, Eos und Excelsior, Nord-Deutsche, Münchner, Magdeburger, Volkshilfe, Vorsorge, Vaterländische, Iduna-Germania, Terra, Isar, Basler, Vita, Winterthur, Bundesarchiv Koblenz, B 280/4681

Versicherungsunternehmen auf Österreich – und auf das Sudetenland, der Antrag
auf Geschäftszulassung wurde häufig gleichzeitig gestellt – war daher noch wesentlich größer und die Reichsbehörden wirkten als eine Art Filter. Nicht alle Unternehmungen hielten sich unbedingt an die Bestimmungen und versuchten die Vorschriften durch Korrespondenzverträge und Werbung in der Hoffnung auf eine baldige
Zulassung zu umgehen. Das Reichsaufsichtsamt ging aber streng gegen eine solche
Vorgangsweise vor. So machte sie die Hannoverische Lebensversicherung, die 1942
noch immer nicht zugelassen war, 1939 und nochmals 1941 eindringlich darauf aufmerksam, daß das Werbeverbot in den angegliederten Gebieten (vor allem Ostmark
und Sudetenland) streng zu befolgen sei, sah aber von weiteren Maßnahmen auf
Grund der geringen Zahl an Verträgen ab.[54] Der „Deutsche Anwalt- und Notar-
sicherung Lebensversicherungsverein auf Gegenseitigkeit zu Halle" mußte jedoch
vom 27. Juni bis 9. Juli 1938 eine Prüfung des Reichsaufsichtsamtes über sich ergehen lassen. Das Unternehmen hatte sofort nach dem „Anschluß" ein „Begrüßungs-
schreiben" an alle in Österreich ansässigen „Rechtswahrer" versendet, nach Be-
kanntwerden des Werbeverbots diese Aktion jedoch eingestellt. Allerdings konnte
sie bis dahin schon zahlreiche Verträge abschließen und eine Organisation von eh-
renamtlichen Vertrauensleuten aufbauen und einen „führenden nationalsozialistischen Rechtsanwalt", in ihren Aufsichtsrat bestellen. Diese Tätigkeit stellte sie
zurück, da sich die Wirtschaftsgruppe Versicherung in einem Rundschreiben vom
21. 4. 1938 auf den Standpunkt stellte, daß diese Tätigkeit, wenn auch nicht unmittelbar gegen die Verordnung verstoßend, so doch unerwünscht sei. Allerdings war
man der Ansicht, daß der Abschluß von Versicherungsverträgen auf dem Korres-
pondenzweg nicht unter dieses Verbot fiel. „Dementsprechend haben wir in der Fol-
gezeit in größerem Umfange in Österreich im Korrespondenzwege Versicherungen
abgeschlossen und auf diesem Wege bereits einen bemerkenswerten Bestand aufgebaut."[55] Dieser Einzelfall veranlaßte die Aufsichtsbehörde zu einem Rundschreiben,
bei dem sie auf die unbedingte Beachtung der aufsichtsrechtlichen Vorschriften hinwies. Die Ausdehnung des Geschäftsbetriebes war unbedingt an die behördliche Genehmigung gebunden. „Zum Beginn des Geschäftsbetriebes gehören nicht erst die
Übernahme von Wagnissen und der Abschluß von Versicherungsverträgen, sondern
bereits solche Tätigkeiten, die auf die Erzielung von Versicherungsabschlüssen gerichtet sind, also das Versenden von Versicherungsverträgen und Werbeschriften, die
Veröffentlichung von Werbeanzeigen, die Anwerbung von Versicherungsagenten
u.dergl. vorbereitende Maßnahmen dieser Art sind daher vor der Genehmigung der

---

54 Bundesarchiv Koblenz, B 280/5097
55 Deutsche Anwalt- und Notarversicherung an das Reichsaufsichtsamt für Privatversicherung, 28. 3. 1940,
   Bundesarchiv Koblenz, B 280/4980

Betriebsausdehnung auf die Ostmark untersagt." Die Grundsätze galten sinngemäß auch für den Reichsgau Sudetenland.[56] Für die Deutsche Anwalt- und Notarversicherung löste sich schließlich das Problem mit der Zulassung zum 1. Mai 1940. Einen anderen Weg fand die National Lebensversicherungs-Aktiengesellschaft. Sie konnte 1938 den österreichischen Versicherungsbestand der Fonciére Budapest übernehmen. „Es handelt sich zwar um einen verhältnismäßig geringfügigen Bestand." berichtete der Vorstand, „Wir haben jedoch durch diese Übernahme mit besonderer Genehmigung der Behörden die Möglichkeit, unter unserem Namen in der Ostmark zu arbeiten."[57]

4. Die Währungsumstellung 1938

1938 erfolgte die Währungsumstellung auf der Basis von 1 Reichsmark zu 1,50 Schilling, was einer Aufwertung des Schillingss um 44 % gleich kam (Mittelkurs Wien 1937: 1 RM = 2,16 Schilling). Während 1937 ein Schilling 0,46 RM wert war, bekam man 1938 für einen Schilling 0,67 RM. Auf Grund der staatlichen Devisenbewirtschaftung in beiden Ländern war der Außenwert der beiden Währungen ein unrealistischer Maßstab zur Integration Österreichs in das Reichsmarkgebiet. Nach dem Außenwert war der Schilling im Verhältnis zum inneren Wert der beiden Währungen überbewertet, allerdings nicht in diesem Ausmaß. Colin Clark hat versucht, auf der Basis von „International Unit" (IU) zu realistischeren Austauschverhältnissen für die weltweit von Devisenkontrollen verzerrten 1930er Jahre zu kommen. Dieser IU basierte auf „the quality of goods exchangable in the United States for one Dollar over the average of the decade 1925–1934". Das Verhältnis des IU zwischen Österreich und dem Deutschen Reich betrug 1937 demnach 2,01, was nur 7,5 % unter dem tatsächlichen offiziellen Wechselkurs lag.[58] Dagegen lag das Verhältnis der Arbeitsproduktivität nach Angus Madison zwischen Deutschland und Österreich im Jahr 1938 bei 1,44. Randall Hinshaw kommt auf Grund von Clarks Daten zu einer Kaufpreisparität zwischen Deutschland und Österreich von 1,47.[59] Helen Junz geht auf Grund dieser drei Ansätze davon aus, daß ein nach der Kaufkraft berichtigter Wechselkurs bei 1 Reichsmark zu 1,74 Schilling gelegen haben müßte, also etwa 15 % von

---

56 Rundschreiben des Reichsaufsichtsamtes für Privatversicherung, Tgb.Nr.A I 1863, Berlin 11.Juli 1939, Bundesarchiv Koblenz, B 280/4980

57 National Lebensversicherungs-Aktiengesellschaft, Stettin, Bericht des Vorstandes, Rechnungsabschluß für das 15.Geschäftsjahr 1938, Bundesarchiv Koblenz, B 280/22902

58 Colin Clark, The Conditions of Economic Progress, London 1957, p.18

59 R.Hinshaw, World Income 1929–1937, Board of Governers of the Federal Reserve System document, June 1945, National Archives, Washington, RG 82/B0x 87

dem verordneten Kurs nach dem „Anschluß" abwich.[60] Den Behörden in Berlin war die übermäßige Aufwertung des Schillings auf der Basis der Fremdwährungskurse durchaus bewußt. Der Außenwert spielte aber bei der währungsmäßigen Integration Österreichs in das Reichsmarkgebiet nicht die vorrangige Rolle. Mit dem überhöhten Wechselkurs sollte das österreichische Lohnniveau auf das deutsche angehoben, die Preise von Verbrauchsgütern und Produktionsmitteln lagen etwas darüber. Das Problem der Preis- und Lohnanpassung versuchte man durch tarifliche und steuerliche Kostensenkungen zu lösen.[61] Unter normalen wirtschaftlichen Bedingungen wäre der überhöhte Wechselkurs für die österreichische Wirtschaft eine Katastrophe gewesen. Ihre ohnehin wesentlich geringere Produktivität hätte sich durch die Aufwertung des Schillings noch so weit verschlechtert, daß sie kaum mehr wettbewerbsfähig gewesen wäre. Dem wirkten aber neben der Rüstungskonjunktur die staatliche Lenkungs- und Schutzmaßnahmen entgegen, welche die negativen Folgen der Währungsumstellung weitgehend aufhoben.

Einigen Aufwand erforderte es, die sehr differenzierten österreichischen Währungsbestimmungen im Versicherungsbereich auf reichsdeutsche Verhältnisse umzustellen. Als Folge der Inflation bis 1922 war es üblich geworden, bei langfristigen Forderungen mit Goldklauseln zu arbeiten. Diese Tendenz hielt auch nach der Einführung des Schillings im Jahr 1925 an und wurde selbst bei staatlichen Anleihen praktiziert. Auf Grund der negativen Erfahrung der Inflation war es bei Lebensversicherungen daher zu zahlreichen Fremdwährungs- und Goldklauselversicherungen gekommen. Dabei wurden entweder echte Fremdwährungsversicherungen abgeschlossen, wo sowohl Prämien als auch Versicherungsleistung in Fremdwährung erfolgte, zumeist US-Dollar oder Schweizer Franken, zum anderen gab es Versicherungen auf Goldschilling oder Goldkronen. Nach dem Versicherungsregulativ von 1921 mußten die Prämienreserven in derselben Währung angelegt werden, in der die Versicherungsurkunde ausgestellt war. Diese „kongruente" Deckung sollte einer Entwertung der Reserven vorbeugen. Denn bis dahin mußten auch die Reserven der Fremdwährungspolizzen in inländischer Währung angelegt werden, was sich bei der Entwertung der österreichischen Krone nach dem I. Weltkrieg als fatal herausstellte.

Mit der Bankenkrise des Jahres 1931 wurde jedoch in Österreich die Devisenbewirtschaftung eingeführt, von der auch die Fremdwährungsversicherungen betroffen waren. Dadurch wurde es für die Versicherungsnehmer schwierig, ihre Prämienzahlungen weiterhin in Fremdwährungen zu leisten. Demnach waren ab Stichtag 25. März 1933 mit Verordnung des Finanzministers diese Versicherungen entspre-

---

60 Junz, Helen B., Report on the Pre-War Wealth Position of the Jewish Population in Nazi-Occupied Countries, Germany and Austria, Independent Committee of Eminent Persones, o.J., p.152
61 Felix Butschek, Die österreichische Wirtschaft im 20.Jahrhundert, Wien 1985, S. 60

chend dem Privatclearing- und Goldkurs der Wiener Börse in Schilling umzurech-
nen.[62] Dies war für die Versicherungsnehmer unter den gegebenen Umständen nicht
ungünstig, da der Schilling kurz darauf abgewertet wurden und sich die Prämienzahlungen dadurch erhöht hätten. Bei Pfandbriefen, Kommunalsschuldverschrei-
bungen und Wohnbauanleihen wurde die Goldklausel beseitigt, doch wurde den
Gläubigern eine Entschädigung in Form von Staatsschuldverschreibungen gewährt.
Anläßlich des Zusammenbruchs der Lebensversicherungsgesellschaft Phönix wurden die auf Golddollar lautenden Lebensversicherungen auf Grund des Gesetzes
BGBl.Nr. 216/1936 zum Kurs von 1 Golddollar = 7 Schilling umgerechnet. Die
Dollarpolizzen wurden auf Grund des gleichen Gesetzes mit 1 Dollar = 5,4032 Schil-
ling umgerechnet. Alle Goldschillingverpflichtungen wurden zum Kurs von 100
Schilling Gold zu 128 Schilling Papier und Goldkronen zu 1 Goldkrone zu 1,44
Goldschilling und daher 1,84 Schilling Papier umgewandelt. Demnach gab es 1938
folgende Fälle an Goldschilling, zw. Goldkronen:

– Versicherungsverträge mit Ausnahme der Lebens-Phönix
– die österreichische Teilausgabe der internationalen Bundesanleihe 1930
– Goldschillingverpflichtungen, die nach dem 25.März 1933 entstanden sind.

Obwohl auch öffentliche Anleihen in Goldschilling begeben wurden, war eine kongruente Bedeckung der versicherungstechnischen Reserven vor 1938 kaum möglich.
Dies vor allem deshalb, da durch die Devisenbewirtschaftung Fremdwährungen
schwer zu bekommen waren. Man behalf sich mit Bedeckung in fremder Währung
und auch in Schillingen. Solange der Goldschilling dem Schilling gleich stand, zahlten die Versicherungsnehmer ihre Prämien in Schilling zum Kurs von 100. Nachdem
1933 der Schilling abgewertet wurde, stellte man den Versicherten auf Grund des
Bundesgesetzes BGBlNr. 216/1936 einen Goldschilling mit 1,28 Schilling in Rechnung und auch die Versicherungsleistungen wurden zu diesem Kurs umgerechnet.
    Soweit die Versicherungsunternehmen ihre Bedeckung schon vorher in Papier-
schilling zu 1,28 umgewandelt hatten gab es auch nach der Umstellung auf die
Reichsmark 1938 keine Probleme, da nun Umstellung wie bei Papierschillingen erfolgte. Hatten sie aber kongruent gedeckt entstanden erhebliche Fehlbeträge. Fi-
nanzpolitisch und rechtlich wäre nun die Umstellung der noch bestehenden Goldschilling und Gold-Kronenpolizzen auf Grund des Berliner Börsenkurses nahe
liegend gewesen. Demnach wäre 1 Goldschilling 0,59 RM oder 0,88 Schilling gewesen. Damit wäre aber der Goldschilling niedriger bewertet worden, als der Pa-

---

62 Der Stichtag für Dollar und Pfundversicherungen war der 30.Juni 1933, für die übrigen Fremd-
   währungs- und Goldklauselversicherungen der 22.Juli 1933

pierschilling, der ja bei der Währungsumstellung aufgewertet worden war. Dies wäre aber bei den österreichischen Versicherten auf wenig Verständnis gestoßen, „obwohl im Altreich ganz ähnliche Verhältnisse bei den Goldmarkversicherungen auf Dollarbasis vorlagen. Wer eine Versicherung abschließt, muß auch das Risiko der nach seiner Wahl zugrundegelegten Währung tragen."[63]

Die österreichischen Versicherungsgesellschaften kamen daher überein, Goldschilling-Versicherungen wie Papierschilling-Versicherungen auszuzahlen und taten das auch in den ersten Monaten nach dem „Anschluß". Das bedeutete einen beachtlichen Umrechnungsgewinn für die Versicherungsunternehmen. Der Anker gab etwa an, daß bei dieser Umrechnung (Goldschilling = Papierschilling und Goldkrone = 1,35 Papierschillinge) ein Umrechnungsgewinne von 910.000 RM erzielt würde, während die Umrechnung zum alten Goldkurs (Goldschilling = 1,28 Papierschilling und Goldkrone = 1,84 Papierschilling) ein Verlust von 1,58 Mio RM entstehen würde[64] Bei den anderen Versicherungsunternehmen lagen die Verhältnisse ähnlich. Diese Veränderung blieb den Versicherungsnehmern natürlich nicht verborgen. Vor allem bei den Rentenzahlungen machte sie sich unmittelbar bemerkbar. Bekam jemand vorher eine Rente von 100 Schilling Gold, was 128 Schilling Papier und damit 85 Reichsmark entsprochen hatte, so bekam er nun den Gegenwert von 100 Schilling Papier und damit 67 Reichsmark, was einer Entwertung von 22 % entsprach. Die Frage der Umstellung von Goldschilling in Reichsmark hatte daher eine erhebliche politische Bedeutung und man stellte eine Beunruhigung und Unzufriedenheit in der österreichischen Bevölkerung fest. Dabei berief man sich auf Görings Rede zur Volksabstimmung 1938, daß durch die Eingliederung Österreichs in das Reich niemand materiell geschädigt werden soll.[65] Auch der „Führer" habe einmal gesagt, „daß das Volk nie wieder durch eine valutarische Maßnahme um sein Spargut geprellt und im Vertrauen auf die Staatsführung getäuscht werden darf."[66] Denn es handle sich nicht nur um materielle Fragen, „sondern um fundamentale Grundsätze und Zusagen der Partei und das Vertrauen des Volkes zu diesen, ganz abgesehen von der Auslandshetze."[67] Bei der Gleichstellung von Goldschilling waren alle jene begünstigt, bei denen schon vor dem „Anschluß" die Umrechnung aus 128 Pa

---

63 Ausschuß zur Prüfung der Verhältnisse der österreichischen Versicherungswirtschaft, Bericht Nr 7, Die Lebensversicherungen in Österreich, Wien 2.August 1938, S. 8

64 Bericht es Vorstandes über das III. Quartal 1938, S. 1, Archiv Der Anker

65 Dr.R. Günther Wien an den Reichsminister des Inneren Berlin, 12.September 1938, AdR Materie Bürckel/Karton 81/Mappe 2130/5

66 Dr.R. Günther an den Gauleiter in Wien, 1.September 1938, AdR Materie Bürckel/Karton 81/Mappe 2130/5

67 Dr.R.Günther an das Amt des Reichskommissars für die Wiedervereinigung, Wien 25.Juli 1938, AdR Materie Bürckel/Karton 81/Mappe 2130/5

pierschilling vorgenommen worden war, vor allem die Polizzen-Inhaber der zusammengebrochenen Lebens-Phönix Versicherung, für welche die anderen Versicherungsnehmern noch dazu laufende Sanierungsabzüge hinzunehmen hatten. Zusätzlich warf man den Versicherungsunternehmen vor, auch noch einen Profit zu machen, da für die Auszahlung von Goldschillingrenten die Abwertung von 128 auf 100 Papierschilling (bzw. 86 RM auf 66 RM) vorher Prämien auf der Goldschillingbasis, also 128 Schilling einbezahlt worden war.

Eine Aufwertung zu 1,28 wurde daher als „das äußerste Entgegenkommen" angesehen. Gegenüber der Gleichstellung 1 Goldschilling = 1 Papierschilling war damit für die österreichischen Lebensversicherungen ein zusätzlicher Aufwand von 10,8 Mio RM zur berücksichtigen. Letztlich wurde aber – nicht zuletzt auf Intervention des österreichischen Landesministeriums für Finanzen – vom Reichsaufsichtsamt für Privatversicherung mit Anordnung vom 16. 4. 1940 ein einheitlicher Umrechnungssatz von

1 Goldschilling = 0,80 RM = 1,2 Schilling alt
1 Goldkrone   = 1,15 RM = 1,725 Schilling alt

für Versicherungen aller Art, die nach dem 17. 3. 1938 fällig geworden sind, festgesetzt. Wurden durch den Versicherungsnehmer 1938 und 1939 Leistungen zu einem höheren Kurs erbracht, so waren diese samt einer 4 %igen Verzinsung zurückzuzahlen. Diese relativ großzügige Umrechnung war auf die frühere Regelung der Phönix Krise zurück zu führen. Bei der Übernahme des Lebens-Phönixbestandes durch die ÖVAG wurden alle Goldschillingversicherungen zum Kurs von 1,28 umgerechnet, obwohl die Deckung weitgehend verloren war und diese Belastung durch die Versicherungsfondsumlage von allen übrigen Versicherungsunternehmen getragen werden mußte. Wären nun die Goldschilling-Versicherungen der übrigen Gesellschaften nicht mit 1,28 aufgewertet worden, so wären die Versicherten eines völlig zusammen gebrochenen Unternehmens auf Kosten der übrigen Versicherungsunternehmen besser gestellt gewesen, als deren eigene Versicherte.

Ebenso wurden mit dem „Gesetz über die Umwandlung inländische Fremdwährungsversicherungen" vom 26. 8. 1938 (DRGBl I/S.1062) alle Valutaversicherungen auf Reichsmark umgestellt. Im Deutschen Reich gab es schon lange einen Druck auf die Umstellung der Fremdwährungs- und Goldversicherungen. Viele Versicherungsnehmer hatten einer freiwilligen Umstellung zugestimmt, vor allem nachdem die USA 1934 den Dollar um 40 % und die Schweiz den Franken 1936 um 35 % abgewertet hatten. Ab 1937 war das Reichswirtschaftsministerium aber entschlossen, die Frage der Fremdwährungsversicherungen generell und im Sinne der Devisenknappheit des Deutschen Reiches zu lösen. Die Umwandlungspflicht galt für inländische Versicherungsnehmer und inländischen Versicherungsgesellschaften (bzw.

deutschen Zweigniederlassungen ausländischer Versicherungsgesellschaften). Durch die Umwandlung frei werdende Fremdwährungen waren der Reichsbank anzubieten. Insgesamt wurde geschätzt, daß von den 81,6 Mio RM, welche die gesamte reichsdeutsche Versicherungswirtschaft an Fremdwährungen abzutreten hatte, 20 bis 25 Mio RM auf die österreichischen Versicherungsunternehmen entfielen,[68] was auf die starke Ausstattung der österreichischen Unternehmen mit Fremdwährungen hinwies. Die Ablieferung war für das Reich umso lukrativer, als die Versicherungsunternehmen für ihre Fremdwährungen lediglich Reichsanleihen erhielten. Die Ablieferungspflicht galt auch für Österreicher, die das Land verlassen hatten. „Der Umwandlung unterlagen in der Ostmark auch Fremdwährungsversicherungen von Personen, die zur Zeit der Wiedervereinigung Österreichs mit dem Deutschen Reich die österreichische Bundesbürgerschaft besessen haben, seit dem 12. 3. 1938 jedoch ihren Wohnsitz oder gewöhnlichen Aufenthalt aus dem Gebiet des Deutschen Reiches in das Ausland verlagert haben."[69] Die Umwandlung inländischer Fremdwährungsversicherungen erfolgte rückwirkend zum 17. März 1938 auf Grund des amtlichen Mittelkurses der Berliner Börse. Enthielt die Versicherung noch weitere Wertsicherungen, etwa Feingoldgrundlage, so entfielen diese. Für Ausländer und für Österreicher, die vor dem 12. 3. 1938 das Land verlassen hattten, galt diese Bestimmung erst ab 1940.

In der ersten Anordnung des Reichsaufsichtsamts für Privatversicherung über die Umwandlung der inländischen Fremdwährungsversicherungen vom 9. 9. 1938 waren folgende Kurse festgelegt:[70]

Währung	Reichsmark
100 belgische Belga	42,14
100 dänische Kronen	54,22
100 Danziger Gulden	47,05
1 englisches Pfund	12,145
100 französische Francs	6,81
100 holländische Gulden	135,80
100 italienische Lire	13,10
100 jugoslawische Dinar	5,70
100 norwegische Kronen	61,02

68 Beitrag des Departement 19 zum Rotbuch, Bundesministerium für Finanzen, 15.April 1946, AdR.BMF. 26984/46
69 Compas Finanzielles Jahrbuch 1944 Deutsches Reich: Ostmark, Wien 1944, S. 838
70 Assekuranz Jahrbuch, Band 58, Leipzig 1939, S. 235

Währung	Reichsmark
100 polnische Zloty	47,05
100 schwedische Kronen	62,60
100 schweizer Franken	56,94
100 tschechische Kronen	8,62
1 US Dollar	2,495

Um die Folgen der Währungsumstellung tragen zu können wurde den Versicherungsunternehmen ein „Härteausgleich" gewährt. Denn die Währungsumstellung 1 RM = 1,5 Schilling bedeutete für die Versicherungsunternehmen durch den Unterschied der Wiener zu den Berliner Devisenkurse in ihrem Fremdwährungsgeschäft einen beachtlichen Verlust. Die Folgen der Aufwertung des Schillings betrafen vor allem das in Fremdwährung oder mit Goldklausel versehene Auslandsgeschäft, Beteiligungen und Rückversicherungen. Die Bezirksstelle Wien der Reichsgruppe Privatversicherungen forderte daher vom Finanzministerium 10 Mio RM als „Härteausgleich" um einen Bilanzausgleich der österreichischen Versicherungsunternehmen zu ermöglichen.[71] Das Finanzministerium gewährte schließlich am 16.2.1940 einen Härteausgleich, allerdings nur in bezug auf den Umtausch der österreichischen Staatsschuldverschreibungen in der Höhe von 3.216.102,01 RM. Da man sich aber bewußt war, daß damit der Gesamtverlust noch nicht abgedeckt war, wurden zusätzlich 1,1 Mio RM bewilligt, aufgeteilt auf die Versicherungsunternehmen Der Anker (241.000 RM), Donau (382.000 RM), Wiener Allianz (400.000 RM) und sonstige (77.000). Der Härteausgleich erfolgte aber nicht in Bar, sondern in Form von $4\frac{1}{2}$%igen Anleihen des Deutschen Reiches 1938. Die verbliebenen Währungsverluste in Höhe von 3.769.332 RM hatten die Unternehmen selbst zu tragen. Der Härteausgleich stand nicht nur Unternehmen, sondern auch Privatpersonen für ihre Fremdwährungspapiere zu, Juden waren davon ausgenommen.

Die Aufstellung der Versicherungsunternehmen (Sach und Leben), die einen Härteausgleich beantragt hatten, gibt einen Ausschnitt über die Internationalität des Geschäfts der in Österreich tätiger in- und ausländischer Versicherungsunternehmen zum Zeitpunkt des Anschlusses.

---

71 1937 waren 100 Goldschilling 128 Papierschilling oder etwa 100 Schweizer Franken (Kurs 1937 123,3), diese waren zum Berliner Kurs aber nur 56,5 RM, was einer Abwertung von mehr als 20 % entsprach.

BEANTRAGTER HÄRTEAUSGLEICH 1939/40[72]

Firma	RM
Riunione Adriatica	1.940.110
Wiener Städtische (Janus/Union)	1.041.610
Donau	1.022.971
Generali	661.742
Deutscher Ring	664.907
Der Anker	664.188
Allgemeine Elementar	570.533
Victoria zu Berlin	262.112
Ostmark	163.716
Internationale Unfall	159.419
Kosmos	147.859
Ostmärkische Volksfürsorge	84.180
Wechselseitige Südmark Graz	72.286
Erste Allgemeine Unfall	69.295
Versicherungsverein Montanwesen	66.271
Instituto	52.577
Sud.Union	48.917
Globus	43.273
Papierindustrie	41.315
Concordia	34.607
Merkur	29.570
Erste Ungarische Allgemeine	25.623
Wiener Rückversicherung	23.393
National (Foncière)	24.954
Sterbekasse öffentl.Angestellter	15.438
Erste NÖ Branschaden	10.090
Domus	9.113
Wiener Allianz	8.927
Mannheimer	7.570
Nordstern Leben	7.403
OÖ Branschaden	6.313
Basler Transport	5.042
Anglo Danubia Lloyd	4.776

---

72 Reichswirtschaftsminister an das Reichsaufsichtsamt für Privatversicherung, Berlin 29.Juni 1940, Sonderarchiv Moskau 1458–2–201/42

Basler Feuer	4.206
Albingia	4.077
Tiroler Brandschaden	3.502
Ostmärkische Feuerbestattung	3.027
Erste Wiener Spiegelglas	2.736
Slavische	1.110
VersVerband Industrie	1.009
Salzburger Landesbrandschaden	225
Heimat	-
Agriuppa Köln	-
Allianz und Stuttgarter	-
Nordstern Allgem.(Erste Ungarische Elementar)	-
Summe	8.009.992

5. „Entjudung"

Wie in anderen kaufmännischen Berufen war der jüdische Anteil in der Versicherungsbranche relativ hoch, sowohl im Innen- wie im Außendienst. In Österreich haben wir hierfür keine genauen Zahlen, da bei den Berufszählungen Juden nicht gesondert erfaßt wurden. Der jüdische Anteil an der erwerbstätigen Bevölkerung im Deutschen Reich betrug 1933 bei der Berufszählung 0,79 %. Bei den privatwirtschaftlichen Versicherungsunternehmen betrug ihr Anteil an den leitenden Angestellten 2,22 % und bei den sonstigen Angestellten 1,35 %.[73] Dieser Personenkreis wurde schon im Verlauf des Jahres 1933 weitgehend entlassen, um nicht als „jüdisches Unternehmen" zu gelten, was als geschäftsschädigend galt. Vor allem die Deutsche Arbeitsfront ging scharf gegen jüdische Angestellte vor, allerdings blieben diese lange dem allgemeinen Arbeitsrecht unterworfen. Die Versicherungsunternehmen hatten oft ein spezielles Dienstrecht, Betriebsvereinbarungen und einzelvertragliche Abmachungen. Teilweise wurde den jüdischen Vorständen – im Gegensatz zu Österreich ab 1938 – in der Anfangszeit noch ausgesprochen hohe Abfindungssummen für eine vorzeitige Vertragsauflösung geboten. Trotz der formalen Gleichbehandlung ging der Abbau des jüdischen Personals aber in den Jahren nach der Machtergreifung kontinuierlich weiter, in jedem Fall wurden bei Personalabbau zuerst jüdische Angestellte entlassen. Dieser Prozeß beschleunigte sich mit dem „Anschluß" Österreichs. Bereits im Oktober 1938 konnte der DAF-Reichsführer Ley verkünden, daß der Innendienst der Versicherungsunternehmen im gesamten Deutschen Reich „judenfrei" war. Bei

---

73 Andre Botur, Privatversicherung im Dritten Reich, S. 89/90

der Volkszählung im Mai 1939 enthielt die Statistik nur mehr 71 jüdische Arbeitnehmer bei den Versicherungsunternehmen, die weitgehend im Außendienst beschäftigt waren.[74] Ihre Behandlung regelte die – vom Leiter der Reichsgruppe Versicherungen Hilgard unterzeichnete – „Anordnung zur Bereinigung des Versicherungsaußendienstes" vom 27. Juli 1939.[75] Auf der Grundlage der Ersten Verordnung zur Durchführung des „Gesetzes zur Vorbereitung des organischen Aufbaues der deutschen Wirtschaft" vom 27.November 1934 wurde angeordnet, daß die Übernahme von Personen im Versicherungsaußendienst untersagt werden kann, die

- wegen eines Verbrechens oder vermögensrechtlicher Straftaten rechtskräftig bestraft worden sind,
- bei ihrer Tätigkeit im Versicherungsaußendienst die Pflicht, Anstand und Sitte eines ehrbaren Vertreters gröblichst verletzt haben,
- wegen politischer Unzuverlässigkeit als nicht tragbar angesehen werden müssen,
- Juden nach dem Reichsbürgergesetz sind.

Diese durften nicht nur nicht aufgenommen werden, sondern waren zum nächstmöglichen Termin zu kündigen.[76] Zwar wurde dieser politisch motivierte Personalabbau auf der einen Seite – ganz abgesehen von menschlichen Überlegungen – bedauert, da sich zahlreiche Fachleute darunter fanden, die man ungern missen wollte. Generell schien aber die „Entjudung" nicht unbedingt abgelehnt worden zu sein, da man vor allem in den Bundesländern eine starke Abneigung gegen die Zentralisierungsbestrebungen Wiens fest stellte, „die in der Hauptsache bei der starken Verjudung Wiens durch die Rassenfrage bedingt war."[77]

In einem vertraulichen Rundschreiben an die Mitgliedsunternehmen stellte der Leiter der Wirtschaftsgruppe Privatversicherungen im Oktober 1938 fest, daß sich durch die Maßnahmen der Reichsregierung gegen die Juden auch für die Versicherungsunternehmen selbst in bezug auf ihren Außendienst eine neue Situation ergeben hatte. „Wir müssen dem Rechnung tragen und unsere vertragliche Beziehung zu jüdischen Vertretern nunmehr aufgeben, sofern das noch nicht geschehen ist. Dies

---

74 a.a.O., S. 92

75 Anordnung zur Bereinigung des Versicherungsaußendienstes vom 27.Juli 1939, AdR.BMF., 1567/39

76 Der Druck gegen Juden im Versicherungswesen schlug in den unter deutschem Einfluß stehenden Niederlassungen in Österreich zum Teil schon vor dem Anschluß durch. So mußte etwa auf Betreiben des deutschen Wirtschaftsministeriums und des Außenamtes bei der Nordstern Versicherung in Wien schon 1937 der Direktor der Zweigniederlassung für Österreich und der Prokurist der Zweigniederlassung Wien wegen ihrer jüdischen Herkunft beurlaubt, bzw. entlassen werden. Sonderarchiv Moskau, Reichswirtschaftsministerium, Mai 1937, 1458-1-137/11

77 Ausschuß zur Prüfung der Verhältnisse der österreichischen Versicherungswirtschaft, Bericht Nr 14 Die österreichische Sachversicherung, Wien 2.August 1938, S. 29

ist umso mehr geboten, als gegebenenfalls die zuständigen Stellen geneigt sein würden, unter besonderer Hervorhebung der Versicherungswirtschaft eine gesetzliche Regelung zu treffen. Dies liegt aber nicht im Interesse der Gesellschaften, wie auch nicht des ganzen Gewerbes. Mit Lösung der bestehenden Verbindung zu Juden wird ferner möglich sein zu verhindern, daß das Versicherungsgewerbe in Presseveröffentlichungen usw. zu den Wirtschaftskreisen gerechnet wird, die noch als Domäne des Judentums angesprochen werden müssen."[78] Ein jüdisches Mitglied in der Geschäftsleitung konfrontierte das Unternehmen mit einer Negativwerbung als jüdisches Unternehmen.

Die „Entjudung" wurde bei den einzelnen Versicherungsunternehmen mit recht unterschiedlicher Intensität betrieben, am schärfsten bei jenen, die direkt unter die Kontrolle der Partei gelangt waren, am wenigsten bei Versicherungsunternehmen mit ausländischen Mehrheiten, die manchmal versuchten, ihre jüdischen Angestellten zu halten oder zumindest auf Positionen im Ausland zu versetzen.[79] Einzelne Versicherungsunternehmen versuchten die von der Partei erlassenen Instruktionen zumindest zu verzögern. Unter besonderen politischen Druck war das Versicherungsunternehmen Der Anker geraten, dessen Zwangslage deshalb etwas ausführlicher dargestellt werden soll. So beeinspruchte das Versicherungsunternehmen die Forderung des „kommissarischen Leiters für personelle Angelegenheiten auf dem Gebiete des Versicherungswesens", die zwei „nichtarischen" Mitglieder des Verwaltungsrates zu entfernen.[80] Das Unternehmen käme dadurch in größte Verlegenheit, da der Verwaltungsrat die in den Statuten vorgesehene Mindestzahl von sieben Mitgliedern nicht mehr erreichen und demnach aktionsunfähig werden würde. Geeignete Persönlichkeiten innerhalb kürzester Frist zu finden, sei sehr schwer und es müsse auch auf die große jüdische Kundschaft des Anker im In- und besonders im Ausland Rücksicht genommen werden. Nachdem schon die jüdische Direktion ausgeschieden war, müsse ein Ausscheiden auch der jüdischen Verwaltungsräte größte Bedenken erregen. „Es sei Pflicht, zu vermeiden, das jüdische Geschäft des Anker einfach zu zerschlagen."[81] Mayrhofer zeigte für diese Lage Verständnis, bestand jedoch darauf, daß die Mitarbeit von Juden nur in Form einer beratenden Tätigkeit in Frage komme. Der Generaldirektor des Versicherungsunternehmens, Emil Bebler,

---

78 Vertrauliches Rundschreiben Andreas Brass vom 7.Oktober 1938, zitiert bei: Gerald D. Feldman, Allianz in der NS-Zeit, Manuskript Kapitel 2, S. 105

79 So hatte etwa die Erste Allgemeine 1938 zwei jüdische Vorstandsmitglieder, einem ermöglichte sie die Emigration nach Südamerika, dem anderen eine neue Tätigkeit in einer eigens dafür gegründeten Rückversicherungsgesellschaft in Amsterdam. Arno Surminski, Versicherungen unterm Hakenkreuz, Zeitschrift für Versicherungswesen Nr.1 1999, S. 26

80 Diese Funktion hatte der Generalrepräsentant des Nordstern Berlin, Direktor Mayrhofer, inne.

81 Protokoll der Sitzung des Verwaltungsrates vom 5.April 1938, S. 3, Archiv Der Anker

drückte sein Bedauern über diese Entwicklung aus und bat die betroffenen Verwaltungsratmitglieder von einer sofortigen Demission abzusehen. Auch der Präsident des Verwaltungsrates, Dr.Martin Ritter von Kink, schloß sich den anerkennenden Worten über die Tätigkeit der beiden „nichtarischen" Herren im Verwaltungsrat an. „Man stehe vor einer geschichtlichen Entwicklung, der man sich beugen müsse."[82] Dem Problem im Verwaltungsrat begegnete man schließlich pragmatisch, in dem im Juni 1938 die Mindestzahl der Verwaltungsratmitglieder von sieben auf drei verringert wurde.[83] 1940 mußte auch diese Versicherungsgesellschaft den vollständigen Vollzug dieser Maßnahmen melden: „Eine der ersten Aufgaben, vor die die neue Leitung der Gesellschaft im Frühjahr 1938 gestellt wurde, war die Ausschaltung rassenfremder Personen aus dem Betriebe in Österreich. Die auf diesem Gebiete getroffenen Maßnahmen waren bereits im Sommer 1938 abgeschlossen ... Durch die Arisierung des Unternehmens im Jahr 1938 hat sich in der Gefolgschaft eine Umschichtung ergeben. Das Ausscheiden nichtarischer Angestellter und die Aufnahme neuer Kräfte macht sich sowohl in der Alterszusammensetzung wie in der Dienstzeit der Belegschaftsmitglieder deutliche bemerkbar."[84] Beim Anker wurden in den ersten Monaten nach dem „Anschluß" mit 75 Angestellten fast ein Drittel des Personals entlassen.[85]

„Arisch" oder „judenfrei" zu sein, wurde für jede weitere Geschäftsmöglichkeit als unumgänglich angesehen, konfrontierte die Versicherungsunternehmen jedoch mit beachtlichen vertraglichen Pensions- und Abfertigungsverpflichtungen. Der „Ausschuß zur Prüfung der Verhältnisse der österreichischen Versicherungswirtschaft" stellte aber 1938 beruhigend fest, daß durch den Abbau „nichtarischer" Gefolgschaftsmitglieder im Gegenteil eine bedeutende Kostenersparnis eintreten könne.[86] „Bei der vielfach starken Besetzung der leitenden und oberen Stellen durch Personen der genannten Gruppe und bei der Übung, in den Anstellungsverträgen für den Fall der Nichtverlängerung hohe Abkehrgelder oder Pensionen zu vereinbaren, schien zunächst eine außerordentlich hohe geldliche Belastung den meisten Gesellschaften zu drohen. Durch eine Verfügung der Partei wurden aber sämtliche Versicherungsgesellschaften angewiesen, ihre nicht-arischen Angestellten, auch solche mit Sonderverträgen, ohne Rücksicht auf Kriegsdienste und dergl. zum 30. Juni 1938 fristlos zu entlassen. Als Abfindung für vertragliche Pensionsansprüche konnten Be-

82 a.a.O., S. 4

83 Protokoll der Sitzung des Verwaltungsrats vom 16. Und 17. Juni 1938, S. 3, Archiv Der Anker

84 Der Anker, Rechenschaftsbericht über das Geschäftsjahr 1938, S. 2, Wien Juni 1940, Archiv Der Anker

85 Bericht des Vorstandes über das III.Quartal 1938, S. 2, Archiv Der Anker

86 Ausschuß zur Prüfung er Verhältnisse der österreichischen Versicherungswirtschaft, Bericht Nr 7, Die Lebensversicherungen in Österreich, Wien 2.August 1938, S. 7

träge bis 10.000 RM gezahlt werden. Diese Verfügung wurde in allen Versicherungsbetrieben in Österreich durchgeführt. Hierdurch ist die geldliche Belastung erträglich geworden."[87] Die Unternehmungen boten daher ihren gekündigten jüdischen Angestellten nur einen geringen Teil der ihnen nach dem geltenden Angestellten-Gesetz zustehenden Abfertigungen an. Es war daher nicht verwunderlich, daß zahlreiche gerichtliche Klagen auf höhere Abfertigungen eingebracht wurden. Nachdem die Kündigung auf Grund der bestehenden Gesetze zu erfolgen hatte, wurde in der Regel im Kündigungsschreiben darauf hin gewiesen, daß es sich die Gesellschaft vorbehält, die Lösung des Dienstverhältnisses zukünftigen gesetzlichen oder behördlichen Vorschriften anzupassen. Weiters wurde die Auflage gemacht, daß vor allem die leitenden Angestellten bis zum Ablauf der Kündigungsfrist sich zur Verfügung der Gesellschaft zu halten hatten und auf Bedarf im Büro zu erscheinen hatten, auch wenn an eine weitere Mitarbeit nicht gedacht war.[88] In manchen Fällen wurde die Kündigung auch mit der Begründung hinausgeschoben, die zu erwartenden günstigeren gesetzlichen Regelungen abwarten zu wollen.

Die „Entjudung" bedeutete für die Versicherungsunternehmen vorerst einmal eine Geschäftsstörung, da sie wichtige Mitarbeiter verloren. Nachdem diese Diskriminierung aber einmal akzeptiert wurde, konnte sie auch zu Einsparungen führen, da die Abfertigungsansprüche auf einen Bruchteil der ursprünglich eingegangenen Verpflichtungen reduziert werden konnte. Zusätzlich waren sie auch zum Vorteil der verbliebenen „arischen Gefolgschaft". Zum einen wurde ihr Arbeitsplatz sicherer, wie dies die Fachgruppe Lebensversicherung feststellte: „Der Personalabbau der österreichischen Gesellschaften dürfte durch das Ausscheiden der nichtarischen Angestellten eine merkliche Verminderung erfahren haben, so daß die vorhandenen Kräfte zur Lösung der verbleibenden Aufgaben benötigt werden."[89] Zum zweiten wurden die eingesparten Pensionsreserven von manchen Unternehmen zugunsten der weiter beschäftigten Belegschaft verwendet. So etwa bei der Ostmärkische Volksfürsorge (vorher Allianz & Giselaverein): „Die früheren Pensionsreserven der jüdischen Vorstandsmitglieder wurden, soweit sie frei geworden sind, als Grundstock für eine Altersversorgung der jetzt noch aktiven Gefolgschaftsmitglieder verwen-

---

87 Ausschuß zur Prüfung der Verhältnisse der österreichischen Versicherungswirtschaft, Bericht Nr 2, ÖVAG Schlußbericht, Wien 18.Juli 1938, S. 4

88 Protokoll über die Sitzung des Verwaltungsrates des Anker vom 5. April 1938, S. 7/8, Archiv Der Anker

89 Schreiben der Fachgruppe Lebensversicherung, Pensionskassen, Sterbekassen in der Wirtschaftsgruppe Privatversicherung der Reichsgruppe „Versicherungen" der Gesamtorganisation der gewerblichen Wirtschaft an den Reichswirtschaftsminister vom 24.10.1938, Sonderarchiv Moskau 1458-2-194/48

det."[90] Dieser „gemeinnützige Raub" war eine Form nationalsozialistischer Sozialpolitik. Und schließlich eröffnete die Entlassung der jüdischen Geschäftsleitung und Angestellten auch zahlreiche Aufstiegsmöglichkeiten für politisch genehme Personen, welche diesen ansonsten nicht oder zumindest nicht zu diesem Zeitpunkt offen gestanden wären.

Dementsprechend sahen sich die jüdischen Versicherungsangestellten in dieser Zeit auch persönlichen Intrigen ausgesetzt. Hier sei besonders auf die Versicherungsgesellschaft Der Anker verwiesen, die in Österreich und in Ungarn versuchte ihre jüdischen Versicherungsnehmer und Angestellten so lange als irgend möglich zu halten. Doch war sich selbst ein Carl-Egon Prinz Hohenlohe nicht zu schade, im November 1938 gegen den Generaldirektor der Budapester Niederlassung der Versicherungsgesellschaft Der Anker, der gleichzeitig der Leiter der Anker Tochterfirma Turul war, beim Reichswirtschaftsministerium zu intervenieren. „Der derzeitige Generaldirektor der „Anker"-Filiale wie des „Turul" in Budapest ist der Jude Waldner, der sich nach dem Anschluß schleunigst taufen ließ. Durch verschiedene, ganz üble Dinge (u. a. Paßfälschung etc.) ist dieser Mann ganz unmöglich geworden und die Wiener Direktion wird ihn in den allernächsten Tagen fallen lassen müssen." Er selbst empfahl sich daher für diese Position: „Ich würde diese Betrauung gerne übernehmen und gewissenhaft erfüllen, brauche aber hierzu die energische Unterstützung seitens des deutschen Reichswirtschaftsministers resp. der Reichsstelle für Privatversicherung und der Partei. Ein kategorisch geäußerter Wunsch von den beiden Seiten würde in Wien wie auch hier unverzüglich befolgt und respektiert."[91] Der zuständige Beamte im Reichswirtschaftsministerium stellte zwar fest, daß an sich die Möglichkeit bestünde, auf die Leitung des „Anker" in Wien einzuwirken, wenn ein allgemeines Interesse an der Person des Prinzen Hohenlohe bestehen würde. Er ließ aber über die Deutsche Gesandtschaft in Budapest eine Stellungnahme einholen, nach der es aber dann nicht angezeigt erschien, sich für den Prinzen in gewünschter Weise einzusetzen.

Somit kamen gerade Unternehmungen, die vor dem „Anschluß" besonders „judenfreundlich" waren, in Schwierigkeiten. Schon 1938 stellte der Vorstand des Anker fest: „Besondere Sorge bereitet in Ungarn die Judenfrage. Leider ist die ganze Leitung in Ungarn (mit Ausnahme zwei neu ernannter Prokuristen) jüdisch. Auch der ständige Rechtsberater, der engen Kontakt mit der Leitung hat, wird, trotzdem

---

90 Ostmärkische Volksfürsorge, Bericht über das Geschäftsjahr 1937, Bericht an den Aufsichtsrat, S. 5, Wien 4.Oktober 1938, Bundesarchiv Berlin-NS 5 III/19

91 Schreiben Carl-Egon Hohenlohe an Dr.Lauts, Wirtschaftsgruppe Groß-, Ein- und Ausfuhrhandel Abteilung Außenhandel des Reichswirtschaftsministeriums vom 26.11.1938, Sonderarchiv Moskau, 1458-2-207/61

er getauft ist, in den Zeitungen als Jude angegriffen. So macht sich zur Zeit in Budapest eine Unsicherheit in der Geschäftsführung geltend, die uns zwingt, bald an eine Veränderung bzw. Ergänzung der Leitung zu denken.[92] „Die Folgen der Judenfrage" verursachten in Ungarn einen Bestandsrückgang von 767.631 RM, wobei befürchtet wurde, daß sich die Auswirkungen auf das Geschäft 1939 noch verschlimmern würden.[93] Die ungarisches Geschäftsleitung des Anker war über das Schicksal des bedeutenden jüdischen Geschäfts sehr besorgt. „Sie wird alles tun, um die in Kreisen der jüdischen Versicherten bestehende Beunruhigung zu überwinden."[94] Direktor Waldner als Repräsentant der Gesellschaft „war wohl der gegebene Mann, aber heute sind die Verhältnisse in bezug auf die Judenfrage so, daß Waldner von verschiedenen Seiten angegriffen wird. Der Anker kann in Ungarn schwer Geschäfte machen, weil ihm einerseits von den Juden vorgeworfen wird, er sei eine nationalsozialistische Wiener Gesellschaft, man ihm aber andererseits von arischer Seite vorwirft, er sei jüdisch, weil der Leiter, Herr Waldner, sowie seine ersten Stellvertreter Juden sind." Man überlegte daher eventuell ihm einen „Arier" in der Geschäftsleitung beizugeben.

Die Auseinandersetzung um den geschäftsführenden Direktor in Budapest, ging aber bis 1941 weiter. Denn auch in Ungarn begann sich die Judengesetzgebung zu verschärfen. Als sich die Auswirkungen abzeichneten, wurden ihm im April 1940 pro forma ein zweiter Geschäftsführer zur Seite gestellt. Dieser Schachzug wurde jedoch rasch durchschaut und es wurde zur Durchsetzung der „Judengesetze" ein Unternehmensleiter dem Anker/Turul von Amts wegen aufgezwungen. „Diese Maßnahme wurde zunächst begründet mit dem Vorhandensein eines übergroßen Prozentsatzes jüdischer Angestellter und mit der Tatsache, daß bei der gesetzlich vorgeschriebenen laufenden Anmeldung der Verhältniszahlen der jüdischen und christlichen (die Bezeichnung „christlich" entspricht in Ungarn der in Deutschland üblichen Bezeichnung „arisch") Angestellten Fehler vorgekommen wären."[95] Dies führte zu einem Strafverfahren auf Grund dessen Direktor und drei weitere höhere Angestellte zu erheblichen Geldstrafen verurteilt wurden. Der nun eingeleitete Abbau der jüdischen Angestellten führte jedoch zum Vorwurf des Kommissars, „bei dem Judenabbau unsozial vorgegangen zu ein; wir hätten zunächst die gering bezahlten Angestellten entlassen, die besser bezahlten, insbesondere Herrn Direktor Waldner, aber beibehalten und dadurch den Zustand geschaffen, daß das Unterneh-

---

92 Bericht des Vorstandes über das III. Quartal 1938, S. 22/3, Archiv Der Anker

93 Bericht des Vorstandes über das IV. Quartal 1938, S. 21, Archiv Der Anker

94 Protokoll des Verwaltungsrats vom 5. April 1938, Archiv Der Anker

95 Bericht des Vorstands an den Aufsichtsrat. Betrifft: Direktor Waldner, Budapest, Wien 4. 11. 1941, Archiv Der Anker, Korrespondenz mit dem Aufsichtsrat

men nach wie vor in jüdischem Geiste geführt würde." Beim Anker hatte man den Eindruck, daß der Kommissar seine Abberufung selbst hintertrieb. „Nach uns gewordenen Informationen soll er indes bereit sein, gegen eine Anstellung oder 2–3 jährige Rente seine Abberufung zu befürworten."[96] Im November 1940 wurde die Forderung gestellt, Waldner innerhalb eines halben Jahres zu entlassen. Dem entgegnete Der Anker, daß dies nicht nur wegen der Kündigungsgebühren, sondern auch wegen der langjährigen Erfahrung untragbar war. Nach zeitraubenden Verhandlungen gelang es schließlich mit Waldner eine Gehaltsreduktion und die Niederlegung des Titels Generaldirektor zu vereinbaren. Er wurde einem anderen Mitarbeiter unterstellt. Daraufhin wurde der „Judenkommissar" abberufen, nicht ohne darauf hinzuweisen, daß man dafür Sorge zu tragen hatte, daß der „jüdische Einfluß" des Herr Waldner tatsächlich gebrochen würde. Der Leiter des „Judenkommissariats" soll erklärt haben, „daß der Geist des Herrn Waldner erst mit ihm selbst verschwinden würde. Der Waldner'sche Geist würde seinen Einfluß selbst dann geltend machen, wenn er auf die Stelle eines Portiers zurück gedrängt würde."[97] Ungarn verschärfte seine Judengesetze jedoch weiter. Im Oktober 1941 teilte der Leiter des „Judenkommissariats" Anker mit, daß ein gekündigter „christlicher" Rechtsanwalt innerhalb von 48 Stunden wieder einzustellen war, da Herr Waldner sonst in ein Internierungslager überführt werden würde. Gleichzeitig waren Juden aus wirtschaftliche Schlüsselpositionen bis spätestens 1942 zu entfernen. Zusätzlich wurden gesetzliche Grundlagen zur Reduktion der Kündigungsbezüge und der Abfertigungen geschaffen. Die Reduktion war von den Unternehmungen bei der Behörde zu beantragen und mußte mit der wirtschaftlichen Lage des Unternehmens begründet werden. Die Betriebsführung entschloß sich nun, 20 weitere jüdische Angestellte zu kündigen und ihnen und den bereits gekündigten das Betreten der Geschäftsräume zu untersagen.

Letztlich gab auch Der Anker den Widerstand gegen die Entlassung seines Direktors auf. „Es ist unerheblich, wie die Qualitäten des Herrn Waldner sind. Die Lage erfordert es, daß wir uns von ihm trennen. Wir würden sonst dem in Budapest schon jetzt umlaufenden Gerücht, daß wir immer noch eine Judengesellschaft seien, die beste Nahrung geben und uns damit auch hier in Deutschland außerordentlich schaden. Dies wollen wir im eigenen Lebensinteresse vermeiden, aber auch aus loyaler Einstellung der Schweizerischen Rückversicherungs-Gesellschaft gegenüber, umso mehr, als in Budapest in Fachkreisen die Auffassung herrscht, daß der Anker

---

96 Schreiben des Vorsitzenden des Vorstands, Wilhelm Lehmann, an Werner Freiherr von Rheinbaben, Staatssekretär a.D., Berlin, Wien 15.November 1940, Archiv Der Anker, Korrespondenz Aufsichtsrat
97 Bericht des Vorstands an den Aufsichtsrat. Betrifft: Direktor Waldner, Budapest, Wien 4.11.1941, Archiv Der Anker, Korrespondenz mit dem Aufsichtsrat

Herrn Waldner auf Betreiben der SRG schützt."[98] Direktor Waldner wurde mit einer einjährigen Frist gekündigt und man beurlaubte ihn ab dem Zeitpunkt der Kündigung. Auf Grund der schon vorher reduzierten Bezüge war das Kündigungsgeld bereits auf die Hälfte des ursprünglichen Betrags verringert und man beabsichtigte die endgültige Feststellung den zuständigen Behörden zu überlassen.

Die ungarischen Probleme des Anker erregten auch in Wien Aufsehen. In einem Zeitungsartikel im Neuen Wiener Tagblatt vom 15. 11. 1941 – von dem unklar war, wer ihn lanciert hatte – wurde zwar festgestellt, daß Der Anker in Budapest eine Personalbereinigung durchgeführt hatte. „Somit ist in der ungarischen Anker Versicherung heute kein einziger Angestellter mehr tätig, der sogar nach den Nürnberger Gesetzen als Jude zu gelten hätte."[99] Gleichzeitig wurde aber eine Aussage von Direktor Lehmann zitiert, daß man bei der Turul zwar die Aktienmehrheit, aber als deutsche Gesellschaft keinen Einfluß auf die Personalpolitik habe. Am selben Tag rief das Versicherungsaufsichtsamt, Abteilung 7, Wien, bei dem Unternehmen an und bat um Aufklärung, ob der Bericht so aufzufassen war, „daß der Anker zwar die Juden entlasse, aber beim Turul unter Hinweis darauf, daß er nur Aktionär sei, in der Judenfrage sich auf seine Einflußlosigkeit berufe, mit dem Ergebnis, die Juden zu schützen."[100] Denn nach den Angaben des ungarischen Aufsichtsamtes seien die übrigen deutschen Versicherungsgesellschaften bereits seit längerer Zeit „judenrein".

In einem Antwortschreiben an das Reichsaufsichtsamt für Privatversicherung rechtfertigte sich Der Anker damit, daß der Personalkörper des Anker Budapest schon von jeher stark „jüdisch durchsetzt" gewesen sei. „Bei der von uns bereits nach dem Umbruch ins Auge gefaßten Bereinigung kamen uns die sogenannten ungarischen Judengesetze entgegen."[101] Diese sahen einen sukzessiven Abbau vor, der auch schneller und in weiter gehendem Maße vorgenommen worden sei, als es nach dem Gesetz notwendig war. Es wurden nicht nur die Angestellten nach den ungarischen „Judengesetzen" entlassen, sondern auch jene, die nach deutschen Vorschriften als Juden galten. So etwa die Sekretärin des ehemaligen leitenden Direktors, die nach ungarischen Gesetzen nicht als Jüdin galt, aber trotz ihrer bereits 18jährigen Dienstzeit entlassen wurde.[102] Auf die Geschäftspolitik der Turul nehme

98 Vorstand Der Anker an Herrn Hofrat Ernst Drumm, Generaldirektor a.D., München, Wien 28.11.1941, Archiv Der Anker, Korrespondenz Aufsichtsrat

99 Neues Wiener Tagblatt, 4.11.1941

100 Vorsitzender des Vorstandes Wilhelm Lehmann an die Mitglieder des Aufsichtsrates. Betrifft Herrn Direktor Waldner, Budapest, Wien 19.11.1941, Archiv Der Anker, Korrespondenz Aufsichtsrat

101 Vorstandsdirektoren Lehmann und Christ an das Reichsaufsichtsamt für Privatversicherung in Wien, Wien 15.11.1941, Archiv Der Anker, Korrespondenz Aufsichtsrat

102 Vorstandsdirektoren Lehmann und Christ an das Reichsaufsichtsamt für Privatversicherung in Wien, Wien 19.11.1941, Archiv Der Anker, Korrespondenz Aufsichtsrat

man sehr wohl laufend und nachdrücklich Einfluß. Allerdings ergeben sich hier gewisse geschäftliche Rücksichten, „die ihre Ursache in dem Umstand finden, daß in Budapest – und zwar unserem Empfinden nach in heute noch maßgebenden Kreisen – immer noch ein starker jüdischer Einfluß vorhanden ist."[103] Dennoch wurde auch bei der Turul die Kündigung der letzten jüdischen Angestellten veranlaßt mit drei Ausnahmen, deren Kündigung bis März 1942 erfolgen sollte. „Hierbei handelt es sich lediglich um die Frage der Beschaffung von Ersatz, die bekanntlich in Ungarn nicht leicht zu lösen ist." Denn schon 1940 hatte der Vorstand darauf hingewiesen, „daß die Erfahrung der beiden letzten Jahre gezeigt hätte, daß fachlich brauchbare und charakterlich einwandfreie Bewerber in Ungarn zurzeit nicht zu haben seien."[104]

6. „Unfriendly take over"

Eine gedruckte Studie des US War Department (for the information and guidance of all concerned) aus dem Jahr 1945 beschäftigte sich mit dem deutschen Einfluß auf die österreichischen Versicherungsunternehmen.[105] Dabei war man vor allem an der rechtlichen Vorgangsweise des Deutschen Reiches interessiert. „We are very much interested in the legal methodology by which penetration was accomplished by the German interest infiltration into Austrian companies. This should be minutely investigated."[106] Denn dem Einmarsch der deutschen Truppen in Österreich folgten „die Finanzmänner Deutschlands auf dem Fuße".[107] Für diese Infiltration der deutschen Interessen in die österreichische Wirtschaft verwendeten die Amerikaner den Begriff „Duress", während die Sowjets von „Direct Forcible Action" sprachen.[108]

Ein unfriendly take over erfordert für gewöhnlich zuerst die Sicherung der Aktienmehrheit gegen den Willen der Geschäftsleitung, dann die Einberufung einer außerordentlichen Generalversammlung, welche die Geschäftsleitung weitgehend

---

103 Vorstandsdirektoren Lehmann und Christ an das Reichsaufsichtsamt für Privatversicherung in Wien, Wien 15.11.1941, Archiv Der Anker, Korrespondenz Aufsichtsrat

104 Protokoll des Aufsichtsrates vom 21.9.1940, S. 6, Archiv Der Anker

105 War Department, Military Government Guide, Austrian private insurance and its corporate ties with Germany, War Department Pamphlet No. 31–223, August 1945, National Archives Washington, USFA-USACA, RG 338, Box 162

106 Karasik, Mitglied der Treaty Commission Staff, U.S.Legation, Memorandum der Konferenz vom 15.Juli 1947, USFA-USACAm RG 338, Box 162, National Archives Washington

107 Schreiben der Generaldirektion der Allgemeinen Elementar an den Verband der Versicherungsunternehmen Österreichs vom 24.Mai 1946, Archiv des Versicherungsverbandes

108 Karasik, Mitglied der Treaty Commission Staff, U.S.Legation, Memorandum der Konferenz vom 15.Juli 1947, USFA-USACAm RG 338, Box 162, National Archives Washington

auswechselt. Danach kommt es zur Auflösung von stillen Unternehmensreserven, welche an die neuen Eigentümer ausbezahlt werden, wodurch sich die Übernahme selbst finanziert. Alle diese Merkmale lassen sich für das Vorgehen reichsdeutscher Versicherungsunternehmen 1938/39 bei der Übernahme der österreichischen Versicherungsunternehmen feststellen. Allerdings war die Reihenfolge eine andere. Der „Anschluß" ermöglichte als erstes einen weitgehenden Austausch der obersten Geschäftsleitung, erst dann erfolgte unter politischem Druck der Eigentumsübergang. Die Möglichkeit hierfür bot nicht nur die „Entjudung" sondern in noch größerem Ausmaß die „Gleichschaltung", also die Entlassung von dem Ständestaat nahestehenden Personen und ihre Ersetzung durch Vertreter des NS-Regimes.

In Österreich war die „Gleichschaltung" des Versicherungswesens eine Voraussetzung für die weitgehende Übernahme durch Mitbewerber aus dem Altreich. Im Deutschen Reich war die nationalsozialistische Ausrichtung der Unternehmen und ihrer Leitungsgremien schon 1933/4 erfolgt, die in Österreich mit dem Anschlusses 1938 nachvollzogen wurde. Hier wie dort erfolgte sie zum Teil mit vorauseilendem Gehorsam, zum Teil zögernd, zum Teil erst unter direktem politischem Druck. Hier wie dort gerieten die Versicherungsunternehmen im Eigentum der Gebietskörperschaften durch ihre Nähe zu den politischen Machtträgern sehr früh unter NS-Einfluß und waren leichter gleichzuschalten wie die Aktiengesellschaften. Hier wie dort hat es keinen nennenswerten Widerstand gegen die Gleichschaltung gegeben.[109] Die politische Durchdringung des österreichischen Versicherungswesens stellte im Dritten Reich daher keine Besonderheit dar, sehr wohl aber das Verhalten der deutschen Versicherungswirtschaft, welche Österreich im Großen und Ganzen wie ein erobertes Gebiet behandelten. Dies war noch dadurch besonders begünstigt, da die deutsche Gebietserweiterung in Richtung Österreich noch in Friedenszeiten fiel und damit die ganze Energie in die Geschäftsausdehnung eingesetzt werden konnten. Die politischen Instrumente des Nationalsozialismus – „Enjudung", Nazifizierung und politischer Druck zum Verkauf – erleichterten und ermöglichten diese Vorgangsweise. Auch die privatwirtschaftliche Versicherungsunternehmen hatten keine Bedenken, diese politischen Instrumente zur Wahrung ihrer wirtschaftlichen Interessen einzusetzen. Während das Reichwirtschaftsministerium versuchte, die österreichische Wirtschaft durch Gebietsschutzbestimmungen und dergleichen in die Gesamtwirtschaft des Deutschen Reiches gleichberechtigt zu integrieren, versuchte die deutsche Wirtschaft rücksichtslos sich entscheidende Wettbewerbsvorteile in dem neu angegliederten Gebiet zu sichern. „Die Möglichkeiten des wirtschaftlichen Wachstums" schrieb Surminski über die deutschen Versicherungsunternehmen, „die ihnen das

---

109 Arno Surminski, Versicherungen unterm Hakenkreuz, Zeitschrift für Versicherungswesen, Nr. 18 1998, S. 524

AKTIENBETEILIGUNGEN AN DEN SIEBEN ÖSTERREICHISCHEN LEBENSVERSICHERUNGEN
zum 31. 12. 1937 in Prozent

ÖVAG

Gemeinde Wien	37,14
CA	11,14
Österr.Kreditinsitut	11,14
Assicurationi Generali	14,86
Münchner Rück	3,57
Allianz & Gisela	3,57
Wechselseitige & Janus	0,758
Anglo Elementar	2,526
Der Anker	1,5
Donau	1,5
Internationale	3,732
Steirer	0,37
Bundesländer	6,016
Erste NÖ Brandschaden	0,944
Montanwerke	0,930
Globus	0,09
Vers.Papierindustrielle	0,214

Der Anker

Schweizer Rück	75,6
Sonstige	24,6

Wiener Städtische

Gemeinde Wien	100

Bundesländer

9 Bundesländer	28,6
7 Landesbrandschaden Anstalten	25,4
5 Landwirtschaftskammern	1,32
Bund österr.Gewerbetreibender	2,0
15 deutsche öffentl.Versicherungen	16,0
British Comm.Ins. London	2,5
Erste Ung.Allg.Budapest	7,0
Assicurationi Generali	15,0
Sonstige	2,18

Donau

Magdeburger Feuer&Rück	50,0
Nordog Syd Kopenhagen	10,0

Schweizer Rück	15,2
CA	14
St.	10,8
Allianz & Gisela	
Bundesländer	2,57 %
Münchner Rück	1,35 %
Assicurationi Gen.	44,28
Zentralbank Dt.Spakassen Prag	50,05
Sonstige	1,75
Union	
Gemeinde Wien	100

Dritte Reich durch seine anfangs friedlichen, dann militärischen Eroberungen bot, nahmen sie durchaus wahr."[110] Oder, wie es der Leiter der Reichsgruppe Privatversicherungen, Hilgard, ausdrückte: „Der Fahne folgt der Kaufmann."[111]

Diesem Druck konnten auch die Gebietsschutzbestimmungen bis Ende 1939 nicht wirklich entgegenwirken. Gerade das weitgehend durchgehaltene Verbot von Neuzulassungen hatte dazu geführt, daß altreichsdeutsche Interessen in die bestehenden österreichischen Unternehmungen eindrangen. Der Stand der Beteiligungen wurde von den reichsdeutschen Behörden beim „Anschluß" sorgfältig erhoben.

Im Oktober 1938 gab es sieben österreichische Gesellschaften, die das Lebensversicherungsgeschäft in Österreich betrieben. Dabei waren drei Gruppen zu unterscheiden:
– Die Gesellschaften, die von Gebietskörperschaften gegründet worden waren und – auch wenn sie als Aktiengesellschaft oder in der Form des Gegenseitigkeitsvereins betrieben wurden – als „öffentlich" angesprochen wurden: Bundesländer, Wiener Städtische und Union, eine kleine Tochtergesellschaft der Städtischen.
– die durch die Deutschen Arbeitsfront übernommenen Gesellschaften: ÖVAG (Deutscher Ring) und Allianz&Giselaverein (Volksfürsorge). Der Deutsche Ring als die Versicherung der christlichen Gewerkschaften und die Volksfürsorge als die der sozialistischen Gewerkschaften war im Deutschen Reich nach der nationalsozialistischen Machtübernahme von der Einheitsgewerkschaft Deutsche Arbeitsfront übernommen worden und betrieben nun eine dementsprechend wirtschaftlich aggressive, politisch ausgerichtete Geschäftspolitik.

---

110 Arno Surminski, Versicherungen unterm Hakenkreuz, Zeitschrift für Versicherungswesen Nr. 9 1999, S. 271
111 Arno Surminski, Versicherung unterm Hakenkreuz, Berlin 1999, S. 230

– Aktiengesellschaften, an denen ausländische Versicherungsunternehmen maßgeblich beteiligt waren: Der Anker, Donau

Bei den Versicherungsgesellschaften der Gebietskörperschaften war es ein leichtes
einzudringen. Sie standen bereits im Jahr 1938 unter deutschem und politischem
Einfluß. Ein besonderes Durchsetzungsvermögen bewies die Deutsche Arbeitsfront,
die ihren Versicherungskonzern noch während der Zeit der Gebietssperre ihre Geschäftstätigkeit nach Österreich ausdehnen konnte. Auch einzelnen großen deutschen Versicherungsunternehmen gelang es noch 1938 ihre Beteiligungen auszudehnen. So konnte die Deutsche Arbeitsfront schon 1938 den Aktienanteil der
Generali und der Zentralbank deutscher Sparkassen in Prag an der Allianz&Gisela-
verein übernehmen und erwarb damit 94 % des Kapitals. Und dies obwohl der Gebietsschutz nicht nur Neuniederlassungen betraf, sondern auch den Erwerb von Beteiligungen und Anteilsrechte. Die Ausnahmegenehmigung erfolgte durch ein
kompliziertes Verfahren, in das mehrere Reichsstellen eingebunden waren. Die Anträge waren bei der zuständigen Wirtschaftsgruppe (Privatversicherung oder öffentlich rechtliche Versicherung) zu stellen, diese hatte dazu Stellung zu nehmen und
das Ansuchen an die Reichsstatthalterei in Wien weiter zu geben. Diese leitete das
Ansuchen an die Versicherungsaufsichtsbehörde in Berlin weiter. Stimmte die Aufsichtsbehörde zu „sei es weil ein besonderes hier noch nicht befriedigtes Versiche-
rungsbedürfnis vorliegt, sei es daß andere stichhältige Gründe (z. B. zwecks Sanierung oder Fusion) dafür sprechen" so gab sie ein positive Stellungnahme ab und das
deutsche Finanzministerium erteilte die Genehmigung, der ein entsprechender Ge-
schäftsplan zugrunde zu legen war.[112] Diese Hürde war nur von einflußreichen
großen Versicherungsunternehmen und von politischen Institutionen, wie der DAF,
zu überwinden. Auch eine Reihe von Portfolios österreichischer Unternehmen
wurde übernommen:

Globus	Aachener & Münchner
Krankenschutz	Münchner Verein
Erste Ungarische	Nordstern
Fiume	Nordstern
Fonciere	Nationale zu Stettin

Der Vollzug eines unfriendly take over drückt sich in einem weitgehenden Aus-
wechseln der obersten Unternehmensleitung aus. Dies bestätigt sich für die österreichischen Lebensversicherungen ein eindeutiger Weise. Bis Ende 1939, also in der

---

112 Stellungnahme des Reichswirtschaftsministeriums vom Mai 1938, Sonderarchiv Moskau 1458-2-191/
   49

Zeit, in der noch die Gebietsschutzbestimmungen (Gesetz zum Schutz der österreichischen Wirtschaft) galten, hatte der überwiegende Teil der führenden Persönlichkeiten ihren Posten verloren.

VERÄNDERUNGEN IN DER UNTERNEHMENSLEITUNG DEZEMBER 1937 BIS DEZEMBER 1939

	Zahl 1937	1939	GD	Alt	Neu	Weg	in%
Der Anker							
VWR/AR	9	5		5	0	4	44%
V/D	14	11	nein	9	2	5	36%
ÖVAG/Deutscher Ring							
VWR/AR	14	9		0	9	14	100%
V/D	8	3	nein	0	3	8	100%
Bundesländer/Ostmark							
VWR/AR	14	8		1	7	13	93%
V/D	24	18	ja	11	7	13	54%
Donau							
VWR/AR	11	8		7	1	4	36%
V/D	9	9	ja	4	5	5	56%
Allianz/Gisela/Volksfürsorge							
VWR/AR	12	7		0	7	12	100%
V/D	7	6	nein	1	5	6	86%
Allgem.Phönix/Wiener Allianz							
VWR/AR	14	13		5	8	9	64%
V/D	27	19	nein	12	7	15	56%
Wiener Städtische							
VWR/AR	7	11		0	11	7	100%
V/D	7	6	nein	2	4	5	71%
Wiener Rück							
VWR/AR	6	5		2	3	4	67%
V/D	3	4	nein	1	3	2	67%
Riunione							
VWR/AR	12	9		6	3	6	50%
V/D	11	12	ja	7	5	4	36%

VWR/AR =Verwaltungsrat/Aufsichtsrat; V/D = Vorstand/Direktion, einschließlich Prokuristen; Zahl = Anzahl der Personen 1937 und 1939; GD/ja/nein = ist der Generaldirektor gleich geblieben oder kommt er zumindest aus dem ehemaligen Vorstand; Alt = Anzahl der Personen 1939, die bereits vor dem „Anschluß" in dieser Position waren; Neu = Anzahl der Personen 1939, die erst seit dem „Anschluß" in dieser Position waren; Weg = Anzahl der Personen, die nach dem „Anschluß" nicht mehr in dieser Position waren.
Quelle: Compass 1938 und 1940

Im Durchschnitt wurde der Aufsichtsrat der angegebenen Versicherungsunternehmen 1938/39 zu 73 % ausgewechselt, die Geschäftsführung zu 62 %. Lediglich 27 % der Aufsichtsratsmitglieder und 38 % der Vorstandsmitglieder konnten demnach ihre Position 1938 halten. Von den Generaldirektoren blieb lediglich einer weiterhin auf seinem Posten (Riunione auf Grund der ausländischen Aktienmehrheit), zwei weitere kamen zumindest aus dem alten Vorstand, alle anderen wurden ausgetauscht. Am radikalsten war der Wechsel bei der ÖVAG wo die gesamte Geschäftsleitung ausgewechselt wurde. Ganz ähnlich, nur bei den Vorstandsmitgliedern etwas zurückhaltender war der personelle Austausch bei den Unternehmen, die unter direkten politischen Einfluß gelangte, Allianz&Gisela, Bundesländer und Wiener Städtische.

Die Geschäftsführung in Österreich schien in dieser Zeit etwas aufgebläht gewesen zu sein, so daß die Deutschen – wie in anderen Bereichen auch – die politische Säuberung auch zu einer personellen Reduzierung nutzten. Die Zahl der Aufsichtsratsmitglieder ging um 24 % und die der Vorstandsmitglieder um 23 % zurück. Nimmt man nur die oberste Direktion, Generaldirektor und Direktoren, so wird die Konsequenz des Anschlusses für die österreichischen Versicherungsunternehmen noch deutlicher:

	Anzahl der obersten Geschäftsleitung 1937	davon 1938 Ende noch im Amt
Der Anker	3	0
ÖVAG	2	0
Bundesländer	5	2
Donau	6	3
Allianz/Gisela	4	0
LebensPhönix	4	1
Wiener Städtische	3	1
Wiener Rück	3	1
Summe	29	9

69 % der obersten Geschäftsleitung hatten daher ihre Position nach dem „Anschluß" verloren. Die Zahl der obersten Geschäftsleiter war 1938 um eine Person, auf 28 zurück gegangen, davon waren 19 Personen erst nach dem „Anschluß" in ihre Position gekommen. Wie viele davon deutsche Reichsbürger aus dem Altreich waren, ist schwer festzustellen, ebenso wie ihre Nähe zum Nationalsozialismus. Ein Problem bei diesem Vergleich liegt auch darin, daß es sich hier um z.T. unterschiedliche Rechtsformen (Privatversicherungen, kommunale Versicherungen etc.) handelt und

mit dem „Anschluß" das deutsche Aktiengesetz in Österreich zur Geltung kam und die Gesellschaften rechtlich umgestaltet wurden. Der Verwaltungsrat wird zum Aufsichtsrat und die Direktion zum Vorstand, was aber beides nicht völlig vergleichbar ist. Auch die Bezeichnungen Generaldirektor, Direktor, Direktor-Stellvertreter, Sekretär und Prokurist deuten in den Unternehmen manchmal verschiedene Positionen an. Eine gewisse Unschärfe ergibt sich natürlich aus der normalen Fluktuation, etwa aus Altersgründen. Die personellen Veränderungen hatten daher mehrere Gründe, die sich überlagerten. Die politischen Gründe, der Eigentümerwechsel, das neue Aktienrecht gingen einher mit sonstigen Gründen. Für gewöhnlich zeigte aber das österreichische Versicherungswesen in dieser Zeit eine große personelle Kontinuität in den Positionen des Aufsichtsrates und des Vorstandes. Die starken personellen Veränderungen an der Unternehmensspitze fallen in jedem Fall extrem aus der Reihe.

Wie die politische Zuverlässigkeit bewertet wurde, zeigt das Beispiel der ÖVAG. In einem Bericht an den Präsidenten der ÖVAG, Parteigenosse Hans Strauch (Amtsleiter für die wirtschaftlichen Unternehmungen der Deutschen Arbeitsfront), vom Oktober 1938 wurde die Geschäftsführung nach politischer Zuverlässigkeit durchleuchtet. Der Vorstand bestand neben „Betriebsführer" Josef Mayrhofer aus zwei weiteren Mitgliedern. Der Bericht ist nicht unterfertigt, stammte aber vermutlich von Mayrhofer selbst, schon allein, da er als einziges Mitglied der Geschäftsführung nicht bewertet wurde. Über den einen Vorstandsdirektor wurde festgestellt, daß er Mitglied des Katholischen Studentenverbands und zur ÖVAG als politischer Verbindungsmann zur Regierung Dollfuß-Schuschnigg gekommen sei. Vom Versicherungswesen selbst wäre er ziemlich unberührt geblieben und sein Ausscheiden würde keine Lücke hinterlassen. Seine Entlassung würde nicht nur eine bedeutende Ersparnis bringen, sondern wäre auch aus politischen Gründen anzustreben, „da er – ein geborener Kritiker – auch die Verhältnisse, wie sie im Dritten Reich sind, wiederholt kritisch beurteilt und so zu vermeidbaren Ärgernissen Anlaß gibt und weiter auch nicht unterlassen kann, seine Gesinnungsfreunde bei Vergebung von Aufträgen nach wie vor zu berücksichtigen."[113] Er wurde zwar nicht entlassen, aber in seinen Funktionen zurück versetzt. Der zweite Vorstandsdirektor war zwar auch beim CV, er war aber als Mathematiker ein „ausgesprochener Fachmann und ein sehr fleißiger Arbeiter." Im Gegensatz zu seinem Kollegen beschäftigte er sich nicht mit Politik, sein Verbleiben sei daher „für einige Jahre eine Notwendigkeit."

Von den vorhandenen Prokuristen wurde Dr. Karl Abranowitsch als politisch, sachlich und charakterlich tadellose und einwandfreie Persönlichkeit bezeichnet und

---

113 Bericht für den Präsidenten Pg.Strauch, Beilage zur Niederschrift über eine Aussprache der Österreichischen Versicherungs AG vom 5.Oktober 1938, Bundesarchiv Berlin, NS 5 III/6/12

daher zum Direktor-Stellvertreter und zum stellvertretenden Vorstandsmitglied vorgeschlagen.

Von den übrigen sechs Prokuristen wurde
- einer ohne Angabe von Gründen gekündigt,
- einer als „persönlich, sachlich und politisch einwandfrei" bezeichnet und zum Direktor-Stellvertreter vorgeschlagen.
- einer wurde als sehr guter Fachmann angesehen, der auch wissenschaftlich tätig war und bereit war, sich anzupassen: „Politisch stand er uns nicht nahe, bemüht sich aber, Aufnahme in die Partei zu finden."
- zwei wurden als fachlich sehr gut bezeichnet, mit der Einschränkung, daß sie politisch nicht nahe stehen
- und bei einem Versicherungsmathematiker wurden ausschließlich seine Qualifikationen gesehen: „Politisch steht er uns aller Wahrscheinlichkeit nicht nahe. Er ist eine europäische Kapazität. Ein Verbleiben in der ÖVAG wäre auf alle Fälle sachlich von großem Vorteil."

Fünf Prokuristen wurden neu ernannt.
- Dabei wurde lediglich bei einem, wiederum einem Versicherungsmathematiker, über seine fehlenden politischen Qualifikationen hinweg gesehen. Er sei „ein alter, treuer Beamter, der Auszeichnung der Prokura verdient. Er ist ein ausgesprochener Praktiker."
- drei wurden als politisch und sachlich in jeder Beziehung einwandfrei bezeichnet,
- und bei einem war die Qualifikation außer Frage, da es sich um den Betriebszellenobmann und Stellvertreter von Dr. Abranowitsch handelte. Die Bedeutung dieser Personalmaßnahmen wurde zum Abschluß noch ausdrücklich unterstrichen. „Durch die Beförderung der Genannten würde auch die Anstalt der nationalsozialistischen Richtung weitgehend Rechnung tragen."

Diese Vorgangsweise bei den personellen Veränderungen an der Unternehmensspitze läßt sich auch an zahlreichen Einzelbeispielen belegen. Maurice Beck, der lange Zeit Vorstandsvorsitzender der Allianz & Giselaverein war und als Jude 1938 seine Position verlor und das Land verlassen mußte, stellt 1947 fest, daß dieses Unternehmen nur unter stärkstem Druck verkauft worden war. „The shares were wrongfully acquired during the period of German annexation."[114] Den Vorgang des Eigentumsübergangs stellte er selbst dar:

---

114 Maurice Beck, Statement und Begleitbrief vom 7. Juli 1947, USFA-USACA, RG 260, Box 220, National Archives Washington (Übersetzung durch den Autor)

„Die Allianz & Giselaverein war eines der österreichischen Unternehmen, das den brutalen Griff der Nazis unmittelbar nach dem Einmarsch in Österreich am 12. März spürte. Als Jude wurde ich am nächsten Tag durch einen Mitarbeiter des Unternehmens, Anton Richter, der sich als Mitglied der NSDAP auswies, aus meiner Position entlassen. Ich wurde aufgefordert, täglich im Büro zu erscheinen. Am 16. März erschien Dr. Rudolf Tanner, der mir bis dahin unbekannt war. Auf Grund einer Parteiermächtigung stellte er sich als Unternehmensverwalter vor. Am 21. März forderte er mich unter Druck auf, zurück zu treten. Nachdem ich mich mit meinem Rechtsanwalt beraten hatte, trat ich unter der Bedingung zurück, daß alle meine Rechte aus den schriftlichen Vereinbarungen mit dem Unternehmen gewahrt blieben. Die Forderung nach meiner wohlverdienten Pension (ich habe dem Unternehmen seit 1899 gedient) wurden schroff zurück gewiesen. Herr Tanner bot mir in Anerkennung meiner außerordentlichen Leistungen für das Unternehmen eine Abfertigung von 6.000 RM an. Meine wiederholten Bemühungen, meine vertraglichen Rechte zu retten und der Hinweis auf mein Alter von 64 Jahren wurde mit der Drohung der Gestapo beantwortet. Unter diesem Druck mußte ich nachgeben und die lächerliche Summe akzeptieren. Es war geradezu eine Verspottung, wenn in der ohne meine Aufforderung gegebenen Bestätigung folgendes zu lesen war: „Als Ergebnis der sorgfältigen und korrekten Führung durch Herrn Beck wurde unser Unternehmen zu den anerkanntesten und respektiertesten Institutionen in ganz Österreich. Wir nehmen die Gelegenheit von Herrn Becks durch politische Umstände bedingten Rücktritt wahr, um ihm unseren ausdrücklichen Dank und unsere besondere Anerkennung für seine jahrzehntelange hingebungsvolle und fruchtbare Tätigkeit für unser Unternehmen auszudrücken.“ Alle jüdischen Mitarbeiter des Unternehmens wurden in derselben Weise behandelt. Nicht-jüdische Mitarbeiter in führenden Positionen, die nicht der Nazi-Partei angehörten, wurden ebenso entlassen und durch Parteimitglieder aus Deutschland ersetzt …“

Zusammen mit seinem Freund und Kollegen, Richard Stellwag, Vorsitzender des Vorstandes des Giselavereins, war sich Maurice Beck der Gefahr für das Unternehmen bewußt. „Wir wußten, daß die Unabhängigkeit beider Unternehmen in Gefahr war und es zweifelhaft war, ob diese weiterhin auf einer rein wirtschaftlichen Basis und in demselben Geist weiter arbeiten könnte, welche diese seit Jahrzehnten geleitet hatte. Stellwag machte in engem Kontakt mit mir geradezu heroische Anstrengungen, den Verkauf der AGV Aktien an mit uns befreundete Unternehmen in die Wege zu leiten. Wir versuchten, beide Unternehmen davon zu bewahren, unter direkten oder indirekten Einfluß der Nazis zu gelangen. Denn in diesem Falle wäre es mit der unpolitischen Geschäftsführung vorbei gewesen. Wir waren in unserem Bemühen nicht erfolgreich, denn unser Gegner war der mächtige ‚General Manager' Mayerhofer – Hitlers Halbbruder[115] – und wir hatten auch die Opposition von Dr. Hans Fischböck zu gewärtigen, der bis zum 12.März 1938 Leiter der ÖVAG war und dann österreichischer Wirtschaftsminister. Die Volksfürsorge Versicherungs AG in Hamburg hatte mit Unterstützung dieser beiden Männer und unter rücksichtsloser Ausnutzung ihrer Parteiverbindungen ein leichtes Spiel, die Aktien der AGV 1938 zu erwerben, ohne Rücksicht darauf, daß es zwischen den beiden Unternehmen bisher keine wie immer geartete Verbindung gegeben hatte. Die Ausdehnung ihrer Macht in Österreich war hierbei der einzige Zweck. Für die AGV markierte dieser Zeitpunkt den Anfang der rücksichtslosen und systematischen Unterdrückung." – „If there will be any restitution by law for Nazi atrocities, it has to be applied to both our companies as typical victims of economic Nazi terror …"

Nach dem „Anschluß" kamen daher die Anteile der Generali (44,28 %) und der Zentralbank deutscher Sparkassen Prag (50,05 %) an Allianz & Gisela in die Hand der Deutschen Arbeitsfront, mit der Hamburger Volksfürsorge als Muttergesellschaft. Um die erforderliche Zustimmung des Reichsaufsichtsamtes zu erlangen, wurde das Reichswirtschaftsministerium eingeschaltet. „Eine Berechnung des Kaufpreises sei nicht möglich, da der Kauf aus überwiegend politischen Gründen erfolgte, um die ausländische Versicherungswirtschaft in der Ostmark zu verdrängen und den österreichischen Versicherungsmarkt zu bereinigen."[116] Die Geschäftsleitung wurde mit Reichsdeutschen besetzt, lediglich ein österreichisches Vorstandsmitglied (der oben erwähnte Dr. Tanner) wurde bis 1940 gehalten, da er „als Ostmärker aus Gründen psychologischer und taktischer Art"[117] erhalten bleiben müsse. Die wichtigsten Positionen im Außendienst wurden ebenfalls mit reichsdeutschen Führungskräften besetzt. Da die Wiener Volksfürsorge ein Monopol auf die Lebensversicherung von allen Mitgliedern der Deutschen Arbeitsfront in Österreich hatte, stieg sie von einem mittleren Unternehmen vor 1938 zu einer der großen Lebensversicherungsgesellschaft bis Ende des Krieges auf. Die Volksfürsorge, die in Deutschland aus der Übernahme der Gewerkschaftsversicherung hervorgegangen war und hauptsächlich im Kleinlebengeschäft tätig war, übernahm von der Allianz & Giselaverein einen Bestand von 61 Mio RM Versicherungssumme, den sie bis 1943 etwa verdoppeln konnte (123 Mio RM). Darin war allerdings die Übernahme des Kleinlebengeschäfts des Anker und der Donau-Concordia mit 14 Mio RM ent-

---

115 Josef Mayrhofer war nicht der Halbbruder, sondern sein Vater war Vormund Hitlers. Er selbst war Mitglied der NSDAP seit 1931 und oberster Parteirichter in Österreich.

116 Protokoll der Vorstandssitzung vom 6. März 1939, zitiert bei: Ingo Böhle, Die Volksfürsorge Lebensversicherungs-A.G. im Dritten Reich, Magisterarbeit, Hamburg 1996, S. 116

117 Bericht Geheim von Franke an Pollman und Strauch vom 24.September 1939, zitiert in: Ingo Böhle, Die Volksfürsorge Lebensversicherungs-A.G. im Dritten Reich, Magisterarbeit, Hamburg 1996, S. 116

halten. Allerdings gelang es nicht, die Arbeiter in einem ähnlichen Ausmaß wie im Altreich anzusprechen, wofür u. a. die antideutsche Haltung verantwortlich gemacht wurde. „Der Ostmärker und insbesondere der Wiener ist nach wie vor partikularistisch eingestellt. Er wird sich sicher erst unter dem Eindruck des Geschehens dieser Tage (Höhepunkt der Kriegserfolge A.d.A.) ändern, wenn ihm diese Wandlung nicht später mit Gewalt beigebracht werden soll."[118] Die Vermögensverwaltung der Ostmärkischen Volksfürsorge ging 1940 auf Hamburg über und im Mai 1943 wurde die Fusion mit der Muttergesellschaft in Hamburg beschlossen. Benutzt wurde die Wiener Gesellschaft unter anderem auch für die Expansion in die Slowakei und nach Jugoslawien.

Am härtesten war das Vorgehen daher dort, wo Parteiinstitutionen ihre wirtschaftlichen Interessen durchzusetzen trachteten. Nur wenige Tage nach dem „Anschluß" rief Dr. Neubacher alle Mitglieder des Verwaltungsrates der ÖVAG zusammen und ersetzte sie durch österreichische Nazis. Dies ermöglichte die ÖVAG zu kontrollieren und andere genehme Personen auf wichtige Positionen im Unternehmen zu setzen. Der Präsident der ÖVAG wurde durch das Parteimitglied Josef Mayrhofer ersetzt. Mit diesen Leuten in den leitenden Positionen des Unternehmens war es der Deutschen Arbeitsfront ein leichtes, die Aktionäre zum Verkauf ihrer Anteile an die Holding der Deutschen Arbeitsfront zu bringen.[119] Damit hatte sie zumindest ein Drittel der Lebensversicherungsverträge in Österreich an sich gezogen. Der Kauf wurde mit Hilfe des beschlagnahmten Vermögens der österreichischen Gewerkschaften durchgeführt.[120] Nachdem die Deutsche Arbeitsfront „auf Grund der unter dem 15. 6. '38 von Herrn Generalfeldmarschall gegebenen Genehmigung" 81,9 % des Kapitals der ÖVAG erworben hatte und ihr auch die restlichen Aktien jederzeit zur Verfügung standen, fand am 16.Juni 1938 eine außerordentliche Generalversammlung statt, die folgenden neuen Verwaltungsrat der ÖVAG wählte:[121]

---

118 Schreiben Frankes an Alfred Pollmann vom 22.April 1941, Archiv der Volksfürsorge Hamburg, zitiert
    bei: Ingo Böhle, Die Volksfürsorge Lebensversicherungs-A.G. im Dritten Reich, Magisterarbeit,
    Hamburg 1996, S. 118
119 H.H. Schroeder, Memorandum „Investigation on „Oevag" an Hal Houston, 20. August 1947, USFA-
    USACA, RG 338, Box 162, National Archives, Washington
120 Allied Commission for Austria, British Element, Finance Division, Commercial Insurance in Austria.
    The Effect of the German Penetration between 1938 and 1945, USFA-USACA, RG 260, Box 220, Na-
    tional Archives, Washington
121 Schreiben des Zentralbüros der Deutschen Arbeitsfront an das Reichwirtschaftsministerium vom
    18. 7. 1938, Sonderarchiv Moskau, Reichswirtschaftsministerium, 1458-2-191

Präsident Hans Strauch
Amtsleiter für die wirtschaftlichen Unternehmungen der DAF, Berlin

Stellvertretender Präsident Generaldirektor Rudolf Kratochwill
Deutscher Ring-Versicherungsgesellschaft, Hamburg

Stellvertretender Präsident Dr. Ludwig Fritscher
Direktor der Österreichischen Creditanstalt-Wiener Bankverein

Generaldirektor Dr. Georg Meindl
Steyr-Daimler Puch AG

Generaldirektor Diedrich Pollmann
Volksfürsorge Lebensversicherung AG Hamburg

Diese Verwaltungsratsmitglieder waren gleichzeitig Mitglieder des Exekutivkomitees, dem Verwaltungsrat gehörten weiters an:

Dr. Gustav Bähren
Leiter des Rechtsamtes der DAF Berlin

Generaldirektor Andreas Brass
Deutsche Lebensversicherung AG, Leiter der Wirtschaftsgruppe Privatversicherung
Berlin

Matthias Mielacher
Gauwirtschaftsberater für den Gau Oberdonau, Linz

Bruno Raueiser
Beauftragter des Leiters der Zentralstelle für die Finanzwirtschaft der DAF Berlin

Dr. Robert Schoepf
Vorstand der Deutschen Bau- und Bodenbank AG, Berlin

Als Vorsitzender des Vorstandes und Betriebsführer wurde Josef Mayrhofer ernannt,
bisher Direktor der Wiener Niederlassung der Nordstern Versicherungsgesellschaft

Die Treuhandgesellschaft für die wirtschaftlichen Unternehmen der Deutschen Arbeitsfront m.b.H. Berlin übernahm nun folgende Aktien der ÖVAG:

Datum	Stück
19. 8. 1938	40.950
10. 11. 1939	3.008
13. 11. 1939	72

zum Kurs von 166,67 RM (250 Schilling). Der Deutsche Ring übernahm die restlichen 5.570 Stück der Creditanstalt zum Kurs von 186,67 RM (280 Schilling). Daher entsprach nur der Verkauf von der Creditanstalt dem Gründeraufwand, alle übrigen Verkäufe erfolgten unter pari. Der Gesamtaufwand der österreichischen Gründer betrug 9,3 Mio (14 Mio S), während sich der Verkaufswert auf 8,4 Mio RM belief, so daß sich für die Verkäufer ein Verlust von 0,9 Mio RM ergab. Doch damit nicht genug. Durch Beschluß der Hauptversammlung am 30. September 1941 wurde das Aktienkapital durch Heranziehung von Agioreserven auf 9,4 Mio Reichsmark erhöht. In der gleichen Hauptversammlung wurde „mit Rücksicht darauf, daß das Grundkapital der Gesellschaft im Verhältnis zum sonstigen Umfang ihrer Verpflichtungen und mit Rücksicht auf die Übernahme der Gefahrentragung für den Altbestand durch den Versicherungsfonds wesentlich überhöht war"[122] das Aktienkapital auf 2 Mio RM herabgesetzt. Die frei gewordenen Kapitalien wurden den Aktionären zurück bezahlt, d.h. sie haben die Agioreserven der Gesellschaft zu ihren Gunsten eingezogen. Der Kaufpreis von ehemals 8,4 Mio RM reduzierte sich damit für die Deutsche Arbeitsfront um 7,4 Mio RM, so daß sie letztlich lediglich eine Million RM aufzuwenden hatte.

Die Führungsgremien in der Versicherungswirtschaft unterlagen nicht nur einer Nazifizierung, sondern gleichzeitig einer Germanisierung. Nicht nur die Politik drang in die Geschäftsführung ein, sondern auch die wirtschaftlichen Interessen der deutschen Konkurrenten. Das Ziel der deutschen Wirtschaft war nicht nur die Übernahme der österreichischen Unternehmen, sondern auch das Hinausdrängen der ausländischen Konkurrenz, – auch unter Ausnutzung politischer Mittel. Ausländischen Versicherungsunternehmen unterlagen in bezug auf Konzessionserteilung und -entzug dem freien Ermessen des Reichswirtschaftsministers. Die Begrenzung der Gleichbehandlung lag an der Beteiligung von rüstungswirtschaftlichen Risiken. Versicherungsunternehmen, die unter ausländischem Kapitaleinfluß standen, waren davon ausgenommen. Dadurch entstand ein beachtlicher Druck, diese Versicherungsunternehmen an reichsdeutsche Gesellschaften zu verkaufen. Denn einmal wurden Unternehmen Kriegsschäden, einschließlich Bombardierung, nicht ersetzt, wenn die Gesellschaft zu mehr als 25 % in ausländischem Eigentum stand. Außerdem wurden

---

122 Dr. Friedrich Wegner, Wien Oktober 1946, Österreichische Versicherungs Aktiengesellschaft, Sonderprüfung 1936–1945, Band 1, S. 118/9

Unternehmen mit über 25 % ausländischer Beteiligung vom Oberkommando der Wehrmacht von Versicherungen kriegswirtschaftlicher Unternehmungen ausgeschlossen. Dies betraf bei den Sachversicherungen 1940 noch:

Der Anker
Erste Allgemeine
Internationale Unfall
Kosmos.

Der Anker erhielt im November 1940 die schriftliche Anerkennung der Reichsgruppe Privatversicherung als „deutsches Unternehmen." Dem war die Erklärung der ausländischen Aufsichtsratsmitglieder vorausgegangen, ihre Funktion während der Kriegszeit nicht auszuüben. Zusätzlich mußte die Geschäftsleitung noch die Gewähr und die Verantwortung dafür übernehmen, „daß geheimzuhaltende Tatsachen sowie nach den „Richtlinien für die Beschränkung von Veröffentlichungen im Bereiche der Wirtschaft" und sonstigen Vorschriften nicht bekanntzugebende Angaben nicht zur Kenntnis der ausländischen Aktionäre und ausländischen Aufsichtsratsmitglieder oder ihren Beauftragten oder Bevollmächtigten sowie irgendwelchen ausländischen Betriebsangehörigen gelangen."[123] Mit Fortgang des Krieges genügten diese Maßnahmen aber nicht mehr. Im Juli 1943 verkaufte schließlich die Schweizer Rück 92,245 % des Aktienkapitals an die Victoria zu Berlin, im Oktober 1943 gingen weitere 5 % der Schweizer Rück an die Bayerische Rück, einer mehrheitlichen Tochtergesellschaft (75,94 %) der Schweizer Rück. Nach einer im Aktienbuch der Gesellschaft im Juli 1944 vorgenommenen Eintragung sind jedoch zu diesem Zeitpunkt 50 % des Aktienkapitals von der Victoria zu Berlin auf die Union Rückversicherungsgesellschaft in Zürich übergegangen.[124] Die Transaktion, die als treuhänderisch erfolgter Kauf von 1 Mio RM Aktiennominale (mit Rückkaufsrecht der Victoria) für einen Kassenzuschuß von 100.000 Schweizer Franken zur Erfüllung von Versicherungsverpflichtungen gedacht war, ist jedoch nicht mehr zustande gekommen.[125] Der Anker blieb daher ein deutsches Unternehmen.[126]

---

123 Schreiben Generaldirektion Der Anker an Werner Freiherr von Rheinbaben, Staatssekretär a. D. Berlin, Wien 15.November 1940, Archiv Der Anker, Korrespondenz Aufsichtsrat

124 Bundesminsiterium für Finanzen, Österreichische Versicherungsgesellschaften. Übergang von Aktienpaketen aus österreichischem in deutschen Besitz, 23. 6. 1947, AdR.BMF., 27993/47

125 Schreiben der Union Rückversicherungs-Aktiengesellschaft Zürich an die Schweizerische Verrechnungsstelle Zürich vom 31. Oktober 1946 und vom 17. Januar 1947, Archiv Der Anker

126 Als Deutsches Eigentum kam der Anker 1945 unter öffentliche Verwaltung (Bescheid des Staatsamtes für Finanzen vom 17.8.1945). Die damit im Eigentum der Republik Österreich befindlichen 92,5 % der Anker Aktien wurden 1962 an Schweizer Versicherungsnehmen verkauft.

Bezüglich der Ersten Allgemeinen und der Internationalen Unfall wurde „unter Berücksichtigung der besonderen Umstände" nichts veranlaßt.[127] Diese standen unter italienischem Einfluß und Italien war das einzige Land, das – solange es auf Seiten des Deutschen Reiches stand – bevorzugt behandelt wurde. Die ausländischen Aufsichtsratmitglieder der beiden anderen Unternehmen hatten aber zu erklären, daß ihre Funktion während des Krieges ruhte, um nach dem Erlaß des Reichswirtschaftsministeriums vom 2. 3. 1940 als „deutsches Unternehmen" anerkannt zu werden. Welcher Druck hier ausgeübt wurde zeigt der Fall der Kosmos Allgemeine Versicherungs-AG, an deren Kapital die Zürich Allgemeine Unfall- und Haftpflichtversicherungs AG mit mehr als 50 % beteiligt war. Diese beklagte, daß sie durch die Einreihung als ausländisches Unternehmen in ihrer wirtschaftliche Entwicklung schwer gehemmt war. Die Schweizer Aufsichtsratmitglieder hatten daher die Verzichtserklärung unterschrieben und bezüglich des Vorstandsdirektors hob man hervor, daß er als Frontoffizier des Ersten Weltkrieges und Anwärter der NSDAP „gewiß volle Gewähr dafür bietet, daß das Unternehmen nach rein deutschen Grundsätzen und nur im Sinne der wehrwirtschaftlichen Richtlinien der Vorschriften des Oberkommandos der Wehrmacht geführt werde."[128] Die Eingabe der Kosmos hatte jedoch keinen Erfolg, da das Oberkommando der Wehrmacht bei einem gleichartigen Antrag der Schweizer Rück bezüglich eines ihr nahestehenden deutschen Unternehmens bereits ablehnend entschieden hatte. Eine Änderung wäre nur möglich, wenn nicht nur die ausländischen Aufsichtsratmitglieder ausscheiden, „sondern auch die „Zürich" ihre Beteiligung am „Kosmos" an deutsche Reichsangehörige oder an ein nicht unter ausländischem Einfluß stehendes deutsches Unternehmen veräußert." Das Reichsaufsichtsamt für Privatversicherungen empfahl daher vertraulich und in mündlicher Form der Geschäftsleitung „anheim zu stellen, von sich aus die erforderlichen Schritte zu unternehmen, damit der „Kosmos" als rein deutsches Unternehmen anerkannt werden kann. Diese Anerkennung wird nicht nur im Kriege, sondern künftig auch in Friedenszeiten für den „Kosmos" von wesentlicher Bedeutung sein."[129]

Unter ähnlichem Druck wurde die Anglo Elementar gesetzt, deren Aktienmehrheit seit 1921 bei der Commercial Union Assurance Company Lt. London lag. Diese lehnte das Angebot der Colonia vom Mai 1938 auf die Übernahme ihres Aktienan-

---

127 Schreiben der Reichsgruppe Versicherung an den Reichswirtschaftsminister vom 4. 9. 1940, Sonderarchiv Moskau, Bestand Reichswirtschaftsministerium, 1458-1-106

128 Schreibend Kosmos (Dr.Gü/Te) an das Oberkommando der Wehrmacht Berlin vom 21. Dezember 1940, Sonderarchiv Moskau, Bestand Reichswirtschaftsministerium, 1458-1-106

129 Schreiben des Reichsaufsichtsamtes für Privatversicherungen an den Reichswirtschaftsminister vom 13. Juni 1941, Sonderarchiv Moskau, Bestand Reichswirtschaftsministerium, 1458-1-106

teils ab, da der Großteil des Geschäftes im Ausland lag, vor allem in der Tschechoslowakei. Die Colonia ließ sich aber nicht abschrecken und richtete an das Reichswirtschaftsministerium ein Memorandum in dem es hieß: „Die Anglo Elementar, die bis 1937 unter dem beherrschenden Einfluß der Commercial Union zu den potentesten Gesellschaften unter den privaten Versicherungsunternehmen Österreichs ausgebaut worden ist, ist mit ihren zahlreichen, sehr wertvollen Konzessionen in Jugoslawien, Ungarn, Italien und der Tschechoslowakei sowie mit den in Polen und Rumänien vorzüglich arbeitenden Tochtergesellschaften vor allen anderen österreichischen Gesellschaften geeignet, die wirtschaftliche Tendenzen des Reiches im Südosten zu unterstützen."[130] Durch die Angliederung des Sudetenlandes im September 1938 und der damit veränderten außenpolitischen Stellung der Tschechoslowakei, in der die Gesellschaft 40 % ihres Geschäftes betrieb, waren aber die Geschäftsinteressen der Anglo Elementar unmittelbar betroffen. Der Generaldirektor der Colonia, Dr. Christian Oertel, reiste daraufhin persönlich nach London und machte klar, welche Nachteile weiterhin eine englische Aktienmehrheit bedeuten würde. Die Commercial Union sah sich daher genötigt, ihr Aktienpaket abzutreten, wobei der Kaufpreis bei 169 % lag, während der Kurswert im Freihandel 260 % und der Schmelzwert mit 440 % angegeben wurde. Dr.Cristian Oertel konnte daher in seinem Bericht von einem Gewinn von 4,94 Mio RM sprechen. In einer Darstellung aus dem Jahr 1945 sprach daher die Allgemeine Elementar von einem „finanziellen Manöver", durch welches die Colonia die Mehrheit erworben hatte. Der gesamte Bestand an Fremdwährungen des übernommenen Unternehmens wurde dazu benützt, um einen Teil des Kaufpreises von 246.000 britischen Pfund zu aufzubringen, wofür dieses lediglich Reichsmark zum schlechteren offiziellen Kurs erstattet bekam. Die Übernahme finanzierte sich daher zu einem wesentlichen Teil von selbst.

Von den 83,75 % des Aktienkapitals der Wiener Rück, welche bis 1938 im Besitz der Svea Göteborg waren, wurden im Herbst 1938 der größte Teil an die zur Nordsterngruppe gehörende Rückversicherungs-Aktiengesellschaft Berlin verkauft. „Nach einer seinerzeitigen Angabe des ehemaligen Leiters der Gesellschaft, Herrn Fürer-Haimendorf, soll die Svea den ausdrücklichen Vorbehalt auf Rückgabe der Aktien für den Fall einer politischen Änderung gemacht haben. Im Kaufvertrag ist, wie inzwischen festgestellt wurde, darüber nichts enthalten."[131]

In der umfangreichen Darstellung der Geschichte der Wiener Phönix/Wiener Allianz beschreibt Marita Roloff die Eigentumsveränderungen 1938. Die Gesellschaft

---

130 Schreiben der Generaldirektion der Allgemeinen Elementar an den Verband der Versicherungsunternehmen Österreichs vom 24.Mai 1946, Archiv des Versicherungsverbandes

131 Bundesministerium für Finanzen, Österreichische Versicherungsgesellschaften. Übergang von Aktienpaketen aus österreichischem in deutschen Besitz, 23. 6. 1947, AdR.BMF., 27993/47

war erst 1936 in ihrer Aktienstruktur neu ausgerichtet worden, so daß das Kapital zu über 90 % von einem Syndikat aus der Creditanstalt, Münchner Rück und Generali gehalten wurde. 1938 mußte der Vorstandsvorsitzende Dr. Eberhard von Reininghaus. aus politischen Gründen zurück treten. Er wurde durch Dr. Hans Schmidt-Polex ersetzt, der vormals Generaldirektor der zum Allianz-Konzern gehörenden Bayrischen Versicherungsbank gewesen war.[132] Am 23. Mai 1938 trafen sich die leitenden Herren der Generali und der Münchner Rück, die durch ihren neuen Generaldirektor, Reichsminister a. D. Dr.Kurt Schmitt vertreten war, um über das künftige Schicksal ihrer Tochter zu beraten. Die österreichische Creditanstalt wurde erst gar nicht eingeladen, da man beabsichtigte, ihren Aktienanteil von 16,56 % in jedem Fall zur Verteilung zu bringen. Dies war möglich, ohne die Creditanstalt selbst um Zustimmung fragen zu müssen, was ein deutliches Licht auf die deutsche Vorgangsweise in Österreich wirft. Schmitt brachte die Allianz Deutschland ins Gespräch und schlug vor, „daß die Allianz einen tüchtigen Mann in die Leitung setzen, der die in Deutschland üblichen Methoden kenne und zur Durchführung bringe und daß die Allianz Namen, Leitung und Verantwortung liefere …"[133] Man überließ der Generali zunächst die Entscheidung, ob sie neben der Münchner Rück und der Allianz zu einem Drittel beteiligt bleiben, oder die Aktien abgeben wollte. Roloff stellt die Frage, wie frei die Generali wirklich in ihrer Entscheidung war, die letztlich zu einer Trennung von ihrer österreichischen Beteiligung führte. „Die äußeren politischen Umstände müssen einerseits unwillkürlich Druck erzeugt haben, besonders hinsichtlich der Einbindung Österreichs in die deutsche Interessensphäre, sowie der Rassengesetze, die der jüdischen Geschäftsführung der Generali entgegen standen; andererseits ist das Versicherungsgeschäft international und überwindet zwangsläufig politische Grenzen. Aus den erhaltenen Quellen, in denen die Aktionäre persönlich zu Wort kommen, ist jedenfalls kein Druck seitens der Münchner Rück auf die Generali ablesbar. Im Gegenteil, es herrschte ein überzeugend freundschaftliches Klima …"[134] Dagegen schreibt Gerald D. Feldman: „Nevertheless, the takeover of Phönix by Allianz und Münchner Rück was as complete as it could be, and it cannot be said that the Austrians were treated with equal friendliness. Thus, the Austrian Creditanstalt was actually compelled to sell its shares in Phönix and other enterprises by the German Government and the chief Austrian shareholder was thus eliminated."[135] Das österreichische Aktienpaket ging schließlich an die Allianz bei einem Kaufpreis von 213,33 RM je Ak-

---

132 Schmidt-Polex war auch Leiter der Fachgruppe Schadensversicherung der Reichsgruppe Versicherungen
133 Marita Roloff/Hans Mosser, Wiener Allianz gegründet 1860, Wien 1991, S. 241
134 ebenda
135 Gerad D. Feldman, Allianz in der NS-Zeit, Manuskript Kapitel 5, S. 21

tien bei einem inneren Wert laut Reichsmarkeröffnungsbilanz von 245 RM je Aktien.[136] Die Unterbietung des inneren Wertes scheint für diese Zeit durchaus typisch gewesen zu sein. 1947 haben die österreichischen Versicherungsgesellschaften den inneren Wert aller in deutsche Hände übergegangenen Aktien mit einem Betrag von 37 Mio RM angegeben, gegenüber einem Kaufpreis von 24 Mio RM.[137]

Auch das von der österreichischen Regierung herausgegebene Rot-Weiß-Rot-Buch beschäftigte sich mit der wirtschaftlichen Durchdringung Österreichs durch das Deutsche Reich.[138] Die Dokumentation sollte den österreichischen Standpunkt der Opferthese unterstützen. „Zweck dieser Darstellung ist es, die Tatsache zu erhärten und ihre allgemeine Kenntnis zu festigen, daß Österreich durch Gewaltmaßnahmen und Terror überwältigt und als jeder freien Willensäußerung beraubtes, besetztes Gebiet in den Dienst der nationalsozialistischen Aggressions- und Kriegspolitik gezwungen wurde und daher, so wie alle anderen besetzten Staaten, nicht für die Handlungen und Auswirkungen dieser Politik verantwortlich gemacht werden kann."[139] Der Versicherungsverband hat auf Grund der Informationen der Mitgliedsgesellschaften eine eingehende Darstellung vorgelegt. Die amtliche Publikation schöpfte dann aber vorwiegend aus anderen Quellen und man bezweifelte, ob die getroffene Auswahl und die gegebene Darstellung in allen Punkten gelungen war.[140] Die Darstellung des Versicherungsverbandes stellte fest, daß die Durchdringung und das Aufsaugung durch die deutsche Wirtschaft und das deutsche Kapital in der Versicherungswirtschaft zum Teil noch intensiver war, als in anderen Wirtschaftszweigen. Es wurden die politisch motivierten, personellen Veränderungen und der Aktienerwerb beschrieben, „wobei wirtschaftliche und politische Pression unbedenklich in weitgehendem Ausmaß angewendet wurde. Es kam in einem Fall sogar zur Verhaftung von Funktionären österreichischer Unternehmungen, um ihren Widerstand gegen die Überleitung in die deutsche Interessensphäre auszuschalten. Absonderlich waren auch die Methoden der Finanzierung derartiger Transaktionen. Eine Wiener Aktiengesellschaft wurde beispielsweise genötigt, den Kaufpreis für den Übergang aus englischem in deutschen Besitz aus ihren eigenen Devisenbeständen zu finanzieren."[141]

---

136 Bundesministerium für Finanzen, Österreichische Versicherungsgesellschaften. Übergang von Aktienpaketen aus österreichischem in deutschen Besitz, 23. 6. 1947, AdR.BMF., 27993/47
137 Bundesministerium für Finanzen, Deutsches Eigentum, 30. Juni 1947, AdR.BMF. 29658/47
138 Rot-Weiß-Rot-Buch. Gerechtigkeit für Österreich. Darstellungen, Dokumente und Nachweise zur Vorgeschichte und Geschichte der Okkupation Österreichs, Wien 1946
139 Schreiben des Präsidiums des Bundesministeriums für Handel und Wiederaufbau an den Leiter der Sektion VI, Herrn Sektionschef Dahlen, Wien 16. April 1946, Archiv des Versicherungsverbands
140 Protokoll über die ordentliche Mitgliederversammlung des Verbandes der Versicherungsunternehmen Österreichs vom 29. April 1947, S. 7, Archiv des Versicherungsverbandes
141 Beiträge des Verbandes der Versicherungsunternehmen Österreichs zu dem vom Bundeskanzleramt

1945 gab es sieben österreichische Versicherungs-Aktiengesellschaften mit einer deutschen Mehrheit, während es vor dem „Anschluß" nur eine war.

DEUTSCHES AKTIENKAPITAL[142]

	12. März 1938	8. Mai 1945	
ÖVAG	4 %	100 %	Deutsche Arbeitsfront (89 %)
			Deutscher Ring (11 %)
Ö. Volksfürsorge(Allianz&Gisela)	1 %	97 %	Volksfürsorge Hamburg (95 %)
Wiener Allianz	36 %	97 %	Münchner Rück (48 %)
			Allianz Stuttgart (48 %)
Der Anker	0 %	92 %	Victoria Berlin (92 %)
Donau/Concordia	50 %	84 %	Münchner Rück
Anglo Elementar	0 %	78 %	Colonia
Wiener Rück	0 %	77 %	Berliner Re (76 %)
Bundesländer	16 %	24 %	Verschiedene
Erste Allgemeine	0 %	8 %	italienische Mehrheit
Internat.Unfall	0 %	3 %	italienische Mehrheit

Der Anteil des deutschen Aktienkapitals an den österreichischen Versicherungsunternehmen war von 1938 bis 1945 von 14 % auf 56 % angestiegen[143], der Anteil wäre aber noch viel größer, wenn man die Wiener Städtische und die Bundesländer berücksichtigt, die auf andere Weise von den Nazis übernommen wurden. Sie wird außerdem durch die beachtliche Kapitalerhöhung der beiden italienisch kontrollierten Versicherungsunternehmen rechnerisch gemindert. Das Eindringen der deutschen Interessen war mit bedeutenden Veränderungen des ausgewiesenen Eigen-

---

herausgegebenen Rotbuch über die deutsche Okkupation Österreichs, 2. Juli 1946, S. 1, Archiv des Versicherungsverbandes

142 Die Darstellung erfolgt nach den Angaben der britischen und amerikanischen Militärverwaltungen, welche Zugriff auf die Unternehmensinformationen (Fragebogen) hatten. War Department, Military Government Guide, Austrian private insurance and its corporate ties with Germany, War Department Pamphlet No. 31–223, August 1945, p. 14, National Archives Washington, USFA-USACA, RG 338, Box 162. Allied Commission for Austria, British Element, Finance Division, Commercial Insurance in Austria. The Effect of the German Penetration between 1938 and 1945, USFA-USACA, RG 260, Box 220, National Archives, Washington. Beim Anker wird in dieser Darstellung noch eine Schweizer Beteiligung (Union/Zürich) von 50 % angegeben, welche die von der US-Behörde aber selbst in Zweifel gezogen wurde. Dies war auf einen versuchten Aktienverkauf Ende 1944 zurück zu führen, der aber nachweislich nicht mehr statt fand.

143 Das Rot-Weis-Rot-Buch gibt den Anstieg der deutschen Kapitalbeteiligung an den österreichischen Versicherungen mit 15,64 % (1938) auf 54,21 % (1945) an, S. 125

kapitals verbunden. Die durch die Umstellungsverordnung (RGBl. I 1938, S.982) vorgenommene Auflösung eines bedeutenden Teils der offenen und stillen Reserven hat bei den sieben Versicherungs-Aktiengesellschaften zu einer Erhöhung des Aktienkapitals von 13,6 Mio RM auf 34,7 Mio RM geführt.[144]

Es gibt in den verschiedenen Quellen etwas unterschiedliche Angaben über die Prozentzahlen des Eindringens des deutschen Kapitals, die aber das Gesamtbild nicht verändern.[145] Die Studie des amerikanischen War Departments stellte daher fest: „At the time Germany collapsed, all Austrian Companies, aside from a few small local enterprises, were controlled by German companies either through stock interest or through reinsurance treaty. Conversely, there are no German companies dependent upon Austrian parent companies ...“[146] Mit der Ausnahme des gesamten direkten Geschäfts der Generali und der Riunione im Altreich, das über die Wiener Tochterfirmen Erste Allgemeine und Internationale Unfall lief. Die Erste Allgemeine kontrollierte auch das Lebensversicherungsgeschäft der Generali in Deutschland über die Deutsche Lloyd Leben in Leipzig. Auch die Beteiligungen der neutralen Länder, der Svea Göteburg und der Schweizer Rück sind an deutsche Konzerne abgegeben worden.

1946 verfaßte das österreichische Finanzministerium auf Verlangen der sowjetischen Besatzungsmacht eine Aufstellung der Firmenänderungen der österreichischen Versicherungsunternehmen. Einmal gab es Änderungen auf Grund der deutschen Gesetzeslage. So mußte die Abkürzung A.G. durch den vollen Wortlaut „Aktiengesellschaft“ ersetzt werden und der Charakter einer Firma als Gegenseitigkeitsverein mußte im Firmenwortlaut ersichtlich sein, zumeist in der Abkürzung a.G.. Daneben wurden folgende Firmenänderungen festgestellt:[147]

---

144 Rot-Weis-Rot Buch, S. 125

145 Siehe etwa Peter Ulrich Lehner, Das Versicherungswesen in der Zweiten Republik, in: Wolfgang Rohrbach (Hrsg.), Versicherungsgeschichte Österreichs, Band III, Das Zeitalter des modernen Versicherungswesens, Wien 1988, S. 828–832

146 War Department, Military Government Guide, Austrian private insurance and its corporate ties with Germany, War Department Pamphlet No. 31–223, August 1945, p. 15, National Archives Washington, USFA-USACA, RG 338, Box 162

147 Bundesministerium für Finanzen, Österreichische Versicherungsanstalten: Änderung im Firmenwortlaut seit 1938, 1.Februar 1946, AdR.BMF., 7413/46

vor 1938	nach 1938
Anglo-Danubia Lloyd Allgemeine Versicherungs A.G.	Danubia Allgemeine Versicherungs- Aktiengesellschaft

„Im Hinblick auf die durch die Annexion geänderte Lage hat die Anstalt den Hinweis auf die englische Aktienbeteiligung in ihrem Firmenwortlaut fallen lassen, trotzdem der englische Aktionär seine Aktien behalten hat und auch heute noch besitzt."

Anglo-Elementar Versicherungs-A.G.	Allgemeine Elementar Versicherungs- Aktiengesellschaft

„Durch den Übergang der Aktienmehrheit, die sich bis zur Annexion in englischem Besitz befand, in deutsche Hände war eine Firmenänderung erforderlich."

Österreichische Versicherungs-A.G.	Deutscher Ring Österreichische Lebensversicherung Aktiengesellschaft der Deutschen Arbeitsfront

„Wegnahme des Aktienbesitzes zu Gunsten der Deutschen Arbeitsfront bzw. des Deutschen Ring Hamburg" 1945 wurde der vorherige Namen wieder eingeführt.

Donau Allgemeine Versicherungs-A.G.	Donau-Concordia Allgemeine Versicherungs-Aktiengesellschaft

„Die Donau hat nach der Annexion den Sachversicherungsbestand der Concordia Reichenberg übernommen und gleichzeitig den Großteil ihres Lebensgeschäfts an die Concordia abgegeben. Im Zuge dieser Transaktion wurde der Firmenwortlaut in Donau-Concordia geändert."

Europäische Güter- und Reisegepäck-Versicherungs- Aktiengesellschaft	aufgegangen in: Europäische Güter- und Reisegepäck- Versicherungs-Aktiengesellschaft Berlin
Versicherungs-Aktiengesellschaft Globus	aufgegangen in: Aachener und Münchner Feuerversicherungsgesellschaft
Allianz und Giselaverein Versicherungs-A.G.	Ostmärkische Volksfürsorge Lebensversicherungs-Aktiengesellschaft der Deutschen Arbeitsfront

„Wegnahme des Aktienbesitzes zu Gunsten der Deutschen Arbeitsfront." 1945 Änderung des Firmenwortlauts in: Österreichische Volksfürsorge (ehemals Allianz und Giselaverein) Lebensversicherungs-A.G.

Versicherungsanstalt der Österreichischen Bundesländer Versicherungs-A.G.	Ostmark Versicherungs-Aktiengesellschaft

„Mit der Annexion hörten die österreichischen Bundesländer zu bestehen auf, daher war eine Änderung der Firma notwendig." 1945 Wiedereinführung des vorherigen Namens.

Sterbekasse der öffentlich Angestellten Österreichs	Ostmärkische Beamtenversicherungsanstalt Versicherungsverein auf Gegenseitigkeit

„Die Bezeichnung „Österreich" mußte, da es nach der Annexion ein „Österreich" nicht mehr gab, eliminiert werden…. Nach der Befreiung mußte selbstverständlich die Bezeichnung „Ostmärkische" beseitigt werden." 1945 Frimenänderung in Österreichische Beamtenversicherungsanstalt V.V.a.G.

Union Allgemeine Versicherungs-A.G.	Union Versicherungs-Aktiengesellschaft

„Die Anstalt, welche früher im gesamten Sachgeschäft gearbeitet hat, behielt nach Übernahme in den Konzern der Wiener Städtischen nur noch das Transportgeschäft, daher Entfall des Wortes Allgemein."

Allgemeine Versicherungs-Gesellschaft Phönix	Wiener Allianz Versicherungs-Aktiengesellschaft

„Wegnahme des Aktienbesitzes zu Gunsten der deutschen Allianz."

Wechselseitige Bandschaden und Janus Allgemeine Versicherungsanstalt auf Gegenseitigkeit	aufgegangen in: Wiener Städtische und Wechselseitige-Janus Allgemeine Versicherungsanstalt a.G.

Wechselseitige Brandschaden Versicherungsanstalt in Graz	Wechselseitige Versicherungsanstalt Südmark

„Die Hinzufügung des Wortes „Südmark" sollte zum Ausdruck bringen, daß die Anstalt ihr Hauptarbeitsgebiet in den südlichen Ländern Österreichs hat."

Salzburger Landesbrandschaden-Versicherungsanstalt	Salzburger Brandversicherungsanstalt

„Firmenwortlaut wurde im Jahre 1939 durch Verordnung des Landeshauptmannes für Salzburg geändert."

Krankenschutz Erste allgemeine Krankenversicherungsanstalt	aufgegangen in: Münchner Verein Krankenversicherungsanstalt a.G.
Krankenhilfe hervorgegangen Aus der Krankenkasse Collegialität	Deutscher Ring Österreichische Krankenversicherungsanstalt

„*Übergang in den Konzern des Deutschen Ring.*" 1945 Firmenwortlaut in Collegialität Krankenversicherung auf Gegenseitigkeit geändert.

Vereinigte Krankenversicherungs-Anstalt	Wiener Wechselseitige Krankenversicherungsanstalt a.G.

„*Übergang in den Konzern der Wiener Städtischen*"

Die deutsche Durchdringung des österreichischen Versicherungswesens spielt eine wichtige Rolle bei der Frage nach der Verantwortung für die Maßnahmen in dieser Zeit. „Nach allgemein anerkannten zwischenstaatlichen Grundsätzen" wird die Staatsangehörigkeit einer juristischen Person nicht nach ihrem Sitz, „sondern nach der Staatsangehörigkeit derjenigen Personen beurteilt, in deren Händen sich die Mehrheit des Kapitals der betreffenden Gesellschaft befindet. Dieser Rechtsgrundsatz hat sich im angelsächsischen Recht ausgebildet und wird seit den Verträgen von Versaille und St.Germain auf dem europäischen Festlande anerkannt."[148] Dies wies fast die gesamte österreichische Versicherungswirtschaft zwischen 1938 und 1945 als deutsche Unternehmen aus und würde die Verantwortung auf die Muttergesellschaften übertragen. Auf die Regelung dieser Frage wird später noch eingegangen.

7. Wien als Filiale für Südosteuropa

Eine Studie der US Militärbehörde über die österreichischen Versicherungsunternehmen während der NS-Zeit geht auf das deutsch-italienische Verhältnis in bezug auf ihre Interessen in Österreich ein. Die beiden einflußreichen Versicherungsgesellschaften mit Sitz in Triest, Assicurazioni Generali und Riunione Adriatica waren in der Zeit der Monarchie gegründet worden und hatten ein internationales Geschäft vor allem am Balkan, der Levante und im Nahen Osten aufgebaut. Nach dem Zerfall der Monarchie wurde Triest italienisch, die Gesellschaften hatten aber nach wie vor bedeutende Interessen in der nunmehrigen Republik Österreich. Da sie

---

148 Schreiben des Bundesministers für Auswärtige Angelegenheiten an Ministerialrat Dr.Kerber, Bundesministerium für Finanzen, vom 14.Februar 1946, AdR, 8820/46

ihren Sitz in der ehemaligen österreichisch-ungarischen Monarchie hatten, wurden
sie auf Grund der Friedensverträge von 1919 den einheimischen österreichischen
Gesellschaften gleich gestellt und konnten ihren bis 1918 in Österreich erworbenen
Versicherungsbestand ungestört weiter aufbauen.[149] Dies änderte sich jedoch 1938.
Die Zeit zwischen dem „Anschluß" und dem Beginn des Zweiten Weltkrieges „was
marked by regrouping, reduction and Germanisation of Austrian insurance, clearly
designed to shout out the Triest companies' interests which still were the largest fac-
tors in Austrian insurance. After 1939 the trend war reversed and, by German grace,
the Austrian companies, particulary the Vienna subsidaries and affiliates of Italian
companies, worked with the Germans in insurance penetration and looting."[150]

Am 7. März 1941 hielt der Leiter der Bezirksstelle Wien der Reichsgruppe Versicherungen, Generaldirektor Parteigenosse Dr. Hans Sittenberger, einen Vortrag über
ostmärkische Versicherungen im Ausland, wo er auf die grundsätzliche Haltung der
Wirtschaft zur Eroberungspolitik des Dritten Reiches hinwies. Als Vorbild hierfür
wurde das Beispiel England genannt. „Die weltumspannende Entwicklung der englischen Auslandsversicherung sei nicht zu denken „ohne die Weltherrschaftsstellung,
die sich England erworben hat. Die englische Auslandsversicherung folgt überall dort
nach, wo die englische Macht Fuß gefaßt hatte. Und es ist eine geschichtlich kluge,
aber auch rücksichtslose Ausnützung von gegebenen Machtpositionen, die die Entwicklung des englischen Versicherungswesens im Ausland charakterisiert."[151] Die
englischen Gesellschaften hätten in ihren Dominions und Kolonien „Hausherrn-
rechte", wie sie nun Deutschland in Kontinentaleuropa zustehen sollten. Hier waren
die Engländer – die er als Marktstörer, und wüste Konditionenschleuderer bezeichnete, die sich die Rosinen aus dem Kuchen herausgesucht hatten ohne auf die Bedürfnisse des betreffenden Marktes Rücksicht zu nehmen – mit den machtpolitischen
Mitteln des Deutschen Reiches zu verdrängen. Das „kleine, wirtschaftlich verelende-
ten Österreich" wurde mit dem „Anschluß" in diese neue Zielsetzung eingebettet.
„Die ostmärkische Versicherungswirtschaft hat ihre natürliche Blickrichtung nach Sü-
den und Osten. Alle Gegebenheiten weisen auf diesen Aufgabenkreis – ich erwähne
nur die langjährigen Erfahrungen, die vielen persönlichen Beziehungen, welche be-

---

149 Das gleiche galt für die anderen Nachfolgestaaten, deren Versicherungsunternehmen in Österreich
jederzeit zugelassen werden mußten. Neben den italienischen Versicherungen waren daher auch ungarische und tschechoslowakische Gesellschaften in Österreich in der Zwischenkriegszeit tätig.

150 War Department, Military Government Guide, Austrian private insurance and its corporate ties with
Germany, War Department Pamphlet No. 31–223, August 1945, p. 14, National Archives Washington, USFA-USACA, RG 338, Box 162

151 Hans Sittenberger, Ostmärkische Versicherungen im Ausland, Veröffentlichung des Arbeitskreises für
wirtschaftliche Forschung, Planung und Wirtschaftsaufbau im Reichsgau Niederdonau, Heft 3, Wien
1941, S. 5

reits gesammelt wurden, des weiteren die Kenntnis der in Frage kommenden Sprachen und das Einfühlungsvermögen in das fremde Denken und die fremde Lebensart dieser Länder, das dem Ostmärker besonders eignet und ihn zum Auslandsversicherer besonders befähigt.[152] Der Südostraum sollte daher als das bevorzugte Arbeitsgebiet der Ostmärker angesehen werden. Als besonders interessant erwähnte er die polnischen Gebiete, die Slowakei, Ungarn und Rumänien, während er in Jugoslawien zwar große Entwicklungsmöglichkeiten sah, doch hatten „die inneren politischen Spannungen des Landes zu recht unerfreulichen Verhältnissen geführt, so daß die Tätigkeit bis jetzt in Jugoslawien mehr Schatten- als Lichtseiten gezeigt hat."

Auch bei der Allianz wurde festgestellt, „daß die Wiener Allianz die gegebene Gesellschaft für die Bearbeitung des engeren Ostraums (Balkan) sei und daß infolge dessen die Allianz nicht von Berlin aus, sondern von Wien aus Ungarn, Jugoslawien, Slovakei, Rumänien und Griechenland bearbeite, zunächst auch das Protektorat."[153] Wien sollte daher auf diese Weise das Zentrum für das Versicherungsgeschäft in Südosteuropa werden. Ebenso wie im Bankgeschäft zogen es die deutschen und italienischen Konzerne aus psychologischen und historischen Gründen vor, die Kontrolle über ihre südosteuropäischen Markte eher ihren Niederlassungen und Tochterfirmen in Wien zu überlassen, als diese direkt von München, Berlin, Triest oder Rom auszuüben. Diese Ausdehnung der Geschäftstätigkeit im Gefolge der deutschen Eroberungen erfolgten nicht durch Plünderungsmethoden. Im Verständnis des Versicherungsgeschäftes erfolgte die Eindringung und Ausbeutung durch unterschiedlichere Techniken, als in anderen Wirtschaftsbereichen. Die deutschen und österreichischen Versicherungsunternehmen verstanden sehr wohl, daß der Gewinn und nicht die Prämieneinnahmen der wesentliche Faktor war, was sie zu äußerster Vorsicht in bezug auf neue Akquisitionen anhielt. „The pace of penetration was accordingly slow, legalistic, and conservative. There was little overt interference by military or political elements."[154] Für Anfang 1944 konnte man folgende Elemente der Durchdringung feststellen:

- Britische Versicherungsinteressen am Balkan wurden weitgehend durch österreichische Versicherungsunternehmen und zu einem geringeren Teil durch italienische übernommen. In der Untersteiermark und den besetzten Gebieten Kärn-

---

152 a.a.O., S. 15

153 Besprechung Hess, Schmitt, Schmidt-Polex, Wien im Oktober 1940, zitiert bei: Gerald D. Feldman, Allianz in der NS-Zeit, Manuskript, Kapitel 5, S. 102

154 War Department, Military Government Guide, Austrian private insurance and its corporate ties with Germany, War Department Pamphlet No. 31–223, August 1945, p. 14, National Archives Washington, USFA-USACA, RG 338, Box 162

tens und Krains erloschen sämtliche Zulassung zum Betrieb von Versicherungsgeschäften mit April 1941. Damit wurde die französische und andere ausländische Konkurrenz aus den besetzten jugoslawischen Gebieten verdrängt. Einer Anzahl deutscher Versicherungsgesellschaften wurde die Erlaubnis zum Geschäftsbetrieb durch den „Chef der Zivilverwaltung" erteilt. Für die Versicherungsbestände einiger Gesellschaften wurden Treuhänder bestellt, die Versicherungsbestände einer größeren Anzahl von Gesellschaften wurden samt den Deckungsmitteln Versicherungsgesellschaften übertragen, die ihren Sitz im Deutschen Reich haben.

– Einheimische Gesellschaften wurden nur in wenigen Gebieten (Polen, Teilen Serbiens und in Weißrußland) aus rassischen und politischen Gründen geschlossen.

– Kollaboration, ein wesentlicher Faktor in der Strategie der Versicherungsgesellschaften besonders bei den Satellitenstaaten des Balkans, nahm als bedeutender Faktor während des Jahres 1943 ab. So wurde etwa der Wiener Einfluß in Rumänien durch die Rumänisierungsgestimmungen ernsthaft verringert und die Versicherung weitgehend ein rumänisches Regierungsmonopol.

– In Übereinstimmung mit dem Prinzip, „insurance falls where ownership falls" brachten die umfangreichen Eigentumsveränderungen in der europäischen Kriegswirtschaft durch die Achsenmächte natürlich auch ein bedeutendes Anwachsen der Portfolios der österreichischen Versicherungsunternehmen

– Die Aufteilung des Geschäfts in den besetzen Gebieten zwischen den deutschen, österreichischen und italienischen Partnern folgte nicht einer einzelnen Linie. In manchen Ländern wurden die Anteile gleichmäßig verteilt, aber für gewöhnlich akzeptierte Berlin und München einen geringeren Anteil und überließen den Löwenanteil den Wiener und Triestiner Gesellschaften.

– Zusätzlich zur Errichtung von Einflußsphären in den besetzten Gebieten kooperierte die österreichische und italienische Versicherungsbranche durch Geschäftsverbindungen und gemeinsame Tochterfirmen. Es wurde der Austausch von Informationen über Geschäftsdaten, Inkasso Erfahrungen und Geschäftsgeheimnisse durchgeführt und als wesentlicher Beitrag zur „Neuen Ordnung" hervorgehoben.

Allerdings wurde die Ausdehnung der deutschen Versicherungsunternehmen in die besetzten und abhängigen Gebiete und das Hinausdrängen der ausländischen Konkurrenten mit dem fast völligen Abbruch der bisherigen internationalen Geschäftstätigkeit bezahlt. „Die deutsche Versicherungswirtschaft beherrschte ein paar Jahre Mitteleuropa, war aber vom Rest der Welt isoliert."[155] Zusätzlich war das Geschäft

---

155 Arno Surminski, Versicherungen unterm Hakenkreuz, Zeitschrift für Versicherungswesen Nr. 8 1999, S. 241

vor allem in den Balkanstaaten nicht nur kriegsbedingt eher verlustbringend.[156] „Vereinzelte Versuche" die Tätigkeit „in den Süd-Ost-Staaten, die dem großdeutschen Reich hörig geworden waren" auszubauen, blieben im Anfangsstadium stecken.[157]

---

156 Beitrag des Departement 19 zum Rotbuch, Bundesministerium für Finanzen, 15.April 1946, AdR.BMF. 26984/46. Darauf weist auch Gerald Feldman in seiner Allianz-Geschichte hin.
157 Bundesministerium für Finanzen, Österreichisches Jahrbuch 1946, Beitrag Vertragsversicherung, 15.Juli 1947, AdR.BMF. 33525/47

C Die Vermögensverluste der jüdischen Bevölkerung Österreichs

Bei der letzten Volkszählung in Österreich, im Jahr 1934, wurden 191.481 Glaubensjuden gezählt, was 2,8 % der Wohnbevölkerung ausmachte. Davon lebten allein in Wien 175.099 Juden, die etwa 10 % der Einwohner stellten. 1938 war Wien damit im ganzen Deutschen Reich die Stadt mit dem höchsten Anteil an jüdischer Bevölkerung. Jüdische Gemeinden mit über 1.000 Personen gab es noch in Baden, Mödling, Sankt Pölten, Wiener Neustadt, Linz und Graz. Dazu kamen noch in ganz Österreich 12.587 „Stammesjuden", also keine Glaubensjuden, die aber nach den Nürnberger Gesetzen auch als Juden behandelt wurden und 16.938 „Mischlinge" ersten und 7.391 zweiten Grades (1939).

Nach dem „Anschluß" haben 67 % der österreichischen Juden das Land verlassen, 126.000 bis zum 15. September 1939 und 2.000 noch nach Ausbruch des Krieges, so daß sich die Zahl der zurück gebliebenen auf etwas über 60.000 reduziert hatte.[158] Am stärksten war die Verminderung in Tirol, Salzburg, Kärnten und Oberösterreich, wo der Rückgang mehr als 90 % ausmachte, am relativ geringsten in Wien, wo sie sich etwa halbierte, was aber zum Teil auf den nun erfolgten Zuzug aus den Bundesländern zurück zu führen war. Ein Teil der vertriebenen österreichischen Juden wurden in ihren europäischen Fluchtländern von den militärischen Eroberungen des Dritten Reiches wieder eingeholt. 65.459 österreichische Juden sind ermordet worden.[159] 1941 war die Zahl der Juden in Österreich auf 43.013 gesunken, 1944 auf 5.799 und beim Zusammenbruch des Dritten Reiches lebten noch 2.228 Glaubensjuden in Österreich. 1947 hatte die Israelitische Kultusgemeinde 8.769 Mitglieder.

Österreich war 7 Jahre lang Teil des Deutschen Reiches, während der Nationalsozialismus im „Altreich" 12 Jahre an der Macht war. Die meisten Verfolgungsmaß-

---

158 Dr. Bruno Blau, Zur Statistik der Juden in Österreich während der Nazizeit, 1951, National Archives Washington, DO 853/100; Levine, Itamar, The Fate of Stolen Jewish Properties. The Cases of Austria and the Netherlands, p.6, Institute of the World Jewish Congress, Policy Study No.8, Jerusalem 1997. Der Unterschied in der Zahl der in Österreich zurück gebliebenen und derjenigen der ermordeten jüdischen Österreicher ergibt sich vor allem dadurch, daß manche in ihren Fluchtländern wieder von der deutschen militärischen Expansion eingeholt wurden.

159 Jonny Moser, Österreich, in: Wolfgang Benz (Hrsg.), Die Dimension des Völkermords. Die Zahl der jüdischen Opfer des Nationalsozialismus, München 1991, S. 67 ff.

nahmen waren in Deutschland schon praktiziert und erprobt worden, bevor sie mit dem „Anschluß" auch in Österreich angewendet wurden.[160] Von dem Sonderrecht für die Juden im NS-Staat waren – rein zahlenmäßig – 54 % der Gesetze und Bestimmungen im März 1938 schon in Kraft und wurden dann schlagartig auf Österreich angewendet[161]. Das begann bereits mit den Reichsbürgergesetzen, die zwischen „Staatsangehörigen" und „Reichsbürgern" unterschieden. „Reichsbürger ist nur der Staatsangehörige deutschen oder artverwandten Blutes ..."[162] Nur der Reichsbürger war „der alleinige Träger der vollen politischen Rechte." Damit waren die Juden bereits als wesentlichster Teil der diskriminierten Bevölkerungsgruppe definiert und die folgenden Gesetze und Bestimmungen konnten hier in immer umfassender Weise ansetzen. Die Verfolgungsmaßnahmen bauten sich daher in Österreich nicht wie im Deutschen Reich kontinuierlich auf, sondern überrollten die österreichische jüdische Bevölkerung wie eine Lawine. Sie waren dementsprechend intensiver, schon allein da sie in einem kürzeren Zeitraum erfolgten. Die österreichische jüdische Bevölkerung hatte daher weniger Zeit, dem Verfolgungsdruck persönlich und wirtschaftlich auszuweichen, der Zugriff auf ihr Vermögen war konsequenter und umfassender, wie auch Helen Junz feststellte: „... the swiftness and thoroughness with which the Jewish population in Austria was stripped of its livelihood and posessions ... were extraordinary."[163] Der „Anschluß" Österreichs verschärfte allerdings die Verfolgungsmaßnahmen insgesamt und wirkte auf das gesamte Deutsche Reich zurück.

Die materielle Bedrohung war ein wesentlicher Bestandteil der jüdischen Erfahrung während der NS-Zeit. Zuerst versuchte das Dritte Reich das Leben der Juden wirtschaftlich so zu erschweren, daß sie zum Verlassen des Landes gezwungen waren.[164] Dazu beschränkten sie die wirtschaftliche Tätigkeit der Juden durch Berufsverbote und Enteignungen. Dieser Prozeß der Pauperisierung der jüdischen Bevölkerung als Vorstufe ihrer Vertreibung oder Vernichtung wurde von den Nazis in allen europäischen Ländern vollzogen, über die sie die Kontrolle erlangten. Österreich

160 Avraham Barkai, Vom Boykott zur „Entjudung". Der wirtschaftliche Existenzkampf der Juden im Dritten Reich 1933–1943, Frankfurt 1989; Wolfgang Benz (Hrsg.), Die Juden in Deutschland 1933–1945. Leben unter nationalsozialistischer Herrschaft, München 1988; Saul Friedländer, Das Dritte Reich und die Juden. Die Jahre der Verfolgung 1933–1939, München 1998

161 Joseph Walk (Hrsg.), Das Sonderrecht für die Juden im NS-Staat. Eine Sammlung der gesetzlichen Maßnahmen und Richtlinie – Inhalt und Bedeutung, Heidelberg 1996

162 Reichsbürgergesetz vom 15. September 1935, RGBl. I S. 1146

163 Junz, Helen B., Report on the Pre-War Wealth Position of the Jewish Population in Nazi-Occupied Countries, Germany and Austria, Independent Committee of Eminent Persones, o.J., p.132

164 Levine, Itamar, The Fate of Stolen Jewish Properties. The Cases of Austria and the Netherlands, p.3, Institute of the World Jewish Congress, Policy Study No.8, Jerusalem 1997

spielte hierbei eine wichtige Rolle. Es war das erste Land, über das die Nazis außerhalb des Altreiches die Kontrolle erlangten, es hatte eine bedeutende jüdische Bevölkerung, die Herrschaftsausweitung erfolgte noch in Friedenszeiten, so daß die ganze politische und personelle Energie auf den „Anschluß" konzentriert werden konnte, und die heimische Bevölkerung kooperierte in hohem Maße mit dem deutschen Regime. Es ist vielleicht übertrieben von einem „österreichischen Modell" zu sprechen, aber die wirtschaftlichen Verfolgungsmaßnahmen wurden in Österreich 1938/9 so weit perfektioniert, daß sie auch auf andere europäische Gebiete angewendet werden konnte.

Nach dem Krieg gab es einige Versuche, die materiellen Verluste der jüdischen Bevölkerung Österreichs festzustellen.[165] Auf Grund der Verordnung vom 26. April 1938 mußten alle Juden mit einem Vermögen von über 5.000 RM bis zum 30. Juni ihr Eigentum mit Stand 27. April bei der „Vermögensverkehrsstelle" anmelden. Es kam zu 47.768 Anmeldungen. Bienenfeld/Kapralik gehen davon aus, daß die Vermögensanmeldung nach Familien erfolgte, obwohl dies entsprechend dem Anmeldeformular nicht vorgesehen war und wir auch Anmeldungen von Ehefrauen haben. Die Autoren sprechen von etwa 180.000 Juden, die Anfang März 1938 in Österreich lebten und setzten diese mit 61.000 Familien gleich.[166] 16.400 Personen – oder etwa 5.500 Familien – haben vor Ende Juni 1938 das Land verlassen und man kann annehmen, daß sie ihr Vermögen nicht mehr angemeldet hatten. Von den noch verbliebenen 163.600 Juden oder 55.500 Familien haben 47.768 eine Vermögenserklärung abgegeben, so daß nur 7.732 jüdische Familien verblieben wären, deren Vermögen weniger als 5.000 RM betragen haben mußte.[167]

Helen Junz hat in einer Stichprobe der Vermögensanmeldungen feststellen können, daß der Anteil von Ehefrauen, die selbst eine Erklärung abgegeben hatten, relativ groß war. Dies erklärt sie nicht nur mit der hohen weiblichen Beschäftigungsrate der jüdischen Bevölkerung, sondern auch mit der Tradition jüdischer Frauen, ihr Vermögen bei Eheschließung weiterhin separat zu behandeln. Außerdem dürf-

---

165 Dr. Bruno Blau, Zur Statistik der Juden in Österreich während der Nazizeit, 1951, National Archives Washington, DO 853/100; Dr. Franz Rudolf Bienenfeld, Claims of Jews from Austria, 1952, National Archives DO 854/106; Dr. F. R. Bienenfeld and Dr. C. Kapralik, Draft Memorandum on Losses of Austrian Jewry, 1953, National Archives DO/854/106; und vor allem der Bericht des späteren Leiters der Sammelstellen, Dr. Georg Weis, Bericht über jüdisches erbloses Vermögen in Österreich, 1952, Bibliothek Dokumentationsarchiv des österreichischen Widerstands; Ein erweiterter und ausführlicher Bericht von Dr. Georg Weis liegt auf Englisch vor: Report on Jewish Heirless Assets in Austria, 1953, National Archives USFA-USACA RG 338/Box 161

166 Levine spricht von 70.000 Familien: Levine, Itamar, The Fate of Stolen Jewish Properties. The Cases of Austria and the Netherlands, p. 7, Institute of the World Jewish Congress, Policy Study No. 8, Jerusalem 1997

ten manche Ehepartner die Vermögenserklärung getrennt ausgefüllt haben, um unter die 5.000 RM-Grenze zu fallen. Karl Schubert, vermutlich ein Mitarbeiter der Vermögensverkehrsstelle, spricht in seiner 1940 verfaßten Dissertation ebenfalls von der Anmeldung durch den „Familienvorstand", weist aber 7.268 Hausfrauen (15 % der Gesamtanmeldungen) mit einem angemeldeten Vermögen von 268,1 Mio RM (11 % der Gesamtanmeldungen) aus.[168]

Helen Junz geht von 217.500 jüdischen Österreichern Anfang des Jahres 1938 aus. Bei einer durchschnittlichen Familiengröße von 2,3 wären dies 94.565 Familien gewesen. Mit den 47.768 Vermögensanmeldungen wären demnach 41.767 Familien erfaßt worden, wenn ein Achtel der Anmeldungen (12,5 %) von Ehefrauen getrennt ausgefüllt worden war. Damit hätten 44 % der jüdischen Familien 1938 eine Vermögenserklärung abgegeben. Da aber 63 % der Mitglieder der Kultusgemeinden an diese vor 1938 Steuern bezahlen konnten, schätzt Junz den Anteil der wohlhabenden jüdischen Bevölkerung in Österreich auf 55 %.[169] Damit hätten 11 % oder 23.925 jüdische Österreicher, die an sich unter die Bestimmungen der Vermögenserklärung gefallen wären, diese nicht ausgefüllt, in der Hauptsache, da sie vor dem Stichtag Österreich verlassen hatten.

Die Vermögensverkehrsstelle war außerordentlich effizient. Sie arbeitete bereits mit Lochkartenmaschinen, dem Vorläufer der Datenverarbeitung und konnte rasch detaillierten Ergebnisse vorlegen, die sie 1939 in einer Ausstellung in Wien präsentierte.[170] Der Bericht der Vermögensverkehrsstelle gab das jüdische Eigentum im Jahr 1938 mit 2.041.828.000 RM an, davon 27 % Immobilien, 15 % Betriebsvermögen, 13 % Wertpapiere und 43 % sonstiges Vermögen einschließlich Bankkonten, Schmuck etc. Das entsprach 3.062.742.000 Schilling alt. Nur ein geringer Teil konnte von den Betroffenen gerettet werden, die meisten Werte sind vom Deutschen Reich enteignet worden. Auf Grund dieser erzwungenen jüdischen Vermögensanmeldung ist die Datenlage in Österreich wesentlich besser als in den meisten anderen Ländern. Die genaue Berechnung der Vermögensverluste gestaltete sich aber dennoch schwierig. Das liegt nicht nur an Bewertungsproblemen, der Frage der Vollständig-

---

167 Dr. F.R. Bienenfeld and Dr. C. Kapralik, Draft Memorandum on Losses of Austrian Jewry, 1953, S. 1, National Archives DO/854/106; Gustav Jellinek, Die Geschichte der österreichischen Wiedergutmachung, in: Josef Fraenkel, The Jews of Austria, London 1967, S. 395. Jellinek war Präsident der American Federation of Jews from Austria

168 Karl Schubert, Die Entjudung der ostmärkischen Wirtschaft und die Bemessung des Kaufpreises im Entjudungsverfahren, Diss. Hochschule Für Welthandel, Wien 1940, S. 17/8

169 Junz, Helen B., Report on the Pre-War Wealth Position of the Jewish Population in Nazi-Occupied Countries, Germany and Austria, Independent Committee of Eminent Persones, o.J., p. 141–151

170 Vermögensverkehrsstelle, Katalog der Ausstellung: Die Entjudung der österreichischen Wirtschaft, Berlin 1938

keit der Angaben, der Berücksichtigung von Steuer- und anderen Schulden, sondern vor allem auch daran, daß vieles in die Anmeldungen nicht eingegangen war.

Bei den erfaßbaren Werten kommt Georg Weis – Geldwert 1938 – auf 2,5 Milliarden Reichsmark oder 1,008 Milliarden US$ zum Kurs von 1938. Bienenfeld und Kapralik kommen auf 2,3 Milliarden Reichsmark oder 920 Millionen US$. Die jüdischen Verluste wurden von den jüdischen Organisationen im Jänner 1954 mit 2,265 Mia Schilling festgelegt, wobei 1.265 Mio Schilling gefordert wurden:[171]

665 Mio Schilling für entfallene Pensionszahlungen, Schaden in der beruflichen Tätigkeit, entfallene Zahlungen aus der Sozialversicherung, Verlust von Mietrechten bei Wohnungen und Geschäftslokalen und gesundheitliche Schäden
600 Mio Schilling für beschlagnahmtes bewegliches Eigentum.
1.000 Mio Schilling für erbloses jüdisches Vermögen.

Auf Grund der Vermögensentziehungs-Anmeldungsverordnung des Bundesministeriums für Vermögenssicherung und Wirtschaftsplanung betrug das vorläufige Ergebnis der Anmeldungen zwischen dem 5. September 1946 und dem 15. März 1947 3,014 Mia Schilling Wert 13. März 1938, also 2,009 RM, 72 % davon entfielen auf Wien.[172] Helen Junz kommt auf noch höhere Werte, da sie versuchte, nicht nur das angemeldete, sondern das tatsächliche Vermögen der österreichischen Juden 1938 feszustellen. Sie berücksichtigte daher neben dem nicht angegebenen Vermögen im Ausland vor allem die Bewertungsprobleme. Neben Nicht-Anmeldung spielte sicherlich eine bewußte Unterbewertung eine Rolle. Dies betraf nicht nur den Zeitpunkt der Anmeldung selbst, sondern auch die in Österreich übliche Steuervermeidung. Helen Junz schätzte, daß Österreich in dieser Zeit in der Steuermoral zwischen Frankreich (65 % Steuervermeidung) und den Niederlanden (20 % Steuervermeidung) lag und eine steuerlich bedingte niedrigere Bewertung von Vermögen zwischen 30 % und 40 % damals allgemein üblich war. Demnach wäre das Vermögen der österreichischen Juden Anfang 1938 bei 2,9 bis 3,3 Mia RM gelegen. Allerdings versuchte Helen Junz auch das Ausmaß des Fluchtkapitals festzustellen, das sie mit 21,3 % oder 550 Mio RM schätzte, so daß die Vermögensverluste der österreichischen Juden zwischen 1,95 Mia RM und 2,35 Mia RM gelegen haben mußte.[173]

---

171 Levine, Itamar, The Fate of Stolen Jewish Properties. The Cases of Austria and the Netherlands, p. 9, Institute of the World Jewish Congress, Policy Study No.8, Jerusalem 1997
172 Bundesministerium für Vermögenssicherung und Wirtschaftsplanung, Auswertung der VEAV-Anmeldung, 15. März 1947, AdR, Nachlaß Klein, Karton 1
173 Junz, Helen B., Report on the Pre-War Wealth Position of the Jewish Population in Nazi-Occupied Countries, Germany and Austria, Independent Committee of Eminent Persones, o.J., p. 151–152

Feststellung der jüdischen Vermögenswerte:
In Milliarden

	RM	US$ Kurs 1938
Vermögensverkehrsstelle	2,042	0,817
Weis	2,5	1,0
Bienenfeld/Kapralik	2,3	0,92
Junz	2,9–3,3	1,16–1,32

Feststellung der jüdischen Vermögensverluste:
In Milliarden

Jüdische Organisationen	2,265	0,906
BM Vermögenssicherung	2,008	0,804
Junz	1,95–2,35	0,78–0,94

Die Werte von Zabludoff können hier nicht ganz verglichen werden. Er kommt auf ein jüdisches Vermögen in Österreich in der Höhe von 2,1 Mia Schilling, was 1,4 Mia RM und nach dem offiziellen Dollarkurs von 2,5 Reichsmark im Jahr 1938 560 Mio Dollar entsprechen würde. Dabei berücksichtigt er, daß die österreichischen Juden durchschnittlich nicht so wohlhabend waren, wie die deutschen. Österreich hatte weniger jüdische Finanziers und Industrielle und die jüdische Mittelklasse war schmaler als in Deutschland. Durch die wirtschaftliche Stagnation der 1930er Jahre waren in Wien im Jahr 1935 etwa ein Drittel der Juden von Hilfszahlungen abhängig.[174] Auf Grund der Annahme, daß die jüdische Bevölkerung in Europa um 25 % wohlhabender war als der Durchschnitt der Bevölkerung stellte er fest, daß das pro-Kopf Vermögen der jüdischen Bevölkerung in Deutschland zwischen 3,500$ und 5.200 $ betrug, während es in Österreich bei 2.200$ bis 3.300 $ lag. Insgesamt liegen aber alle Schätzungen der Vermögensverluste der jüdischen Bevölkerung Österreichs bei etwas über 2 Milliarden Reichsmark.

---

174 Sidney Zabludoff, „And it all but disappared": The Nazi Seizure of Jewish Assets, p.15, Institute of the World Jewish Congress, Policy Forum No. 13, Jerusalem 1998

1. Die Erfassung der jüdischen Lebensversicherungen durch die Vermögensverkehrsstelle

Die Konfiskation von Lebensversicherungspolizzen während der Zeit des National-sozialismus war ein Teilaspekt der Verfolgung von Juden, anderen Minderheiten und Regimegegnern im Dritten Reich. Die Enteignung von Lebensversicherungen ist daher ein Mosaikstein im Gesamtbild der umfangreichen Maßnahmen der Ent-rechtung, Enteignung, Vertreibung, Internierung, Zwangsarbeit und Ermordung. Um gegen Juden und „versippte Arier" wirtschaftlich vorgehen zu können, hatten – wie bereits erwähnt – jene mit einem Vermögen von mehr als 5.000 RM ein „Ver-zeichnis über das Vermögen von Juden nach dem Stand vom 27. April 1938" bis spä-testens 30. Juni 1938 bei der „Vermögensverkehrsstelle" abzugeben.[175] Die Vermö-gensanmeldung galt für alle Juden im Deutschen Reich, vorher hatte es noch keine vollständige Erfassung gegeben. In Österreich erfolgten 47.768 Meldungen. Die An-zahl der darin angemeldeten Lebensversicherungspolizzen wird mit 20.815 angege-ben,[176] mit einer Gesamtsumme von 50.656.800 RM, davon 49.142.100 RM für Ju-den und 1.514.700 RM für „versippte Arier".[177] Die Lebensversicherungen machten danach 2,48 % des angemeldeten Gesamtvermögens aus. Lebensversicherungen wa-ren daher unter der jüdischen Bevölkerung Österreichs weit verbreitet, was unter anderem darauf zurück zu führen war, daß es sich fast ausschließlich um eine städti-sche Bevölkerung handelte, die gewohnt war, mit Geldanlagen umzugehen. 90 % der angemeldeten Lebensversicherungen entfielen auf Wien, 2 % auf jüdische Bür-ger im Ausland oder Altreich und nur 8 % auf die übrigen Bundesländer.

---

175 Verordnung vom 26. April 1938, RGBl.I/414

176 Die Zahl stammt von Walch, Dietmar, Die jüdischen Bemühungen um die materielle Wiedergutma-chung durch die Republik Österreich, Wien 1971, der sich auf eine Auskunft von Dr. Georg Weis, dem Leiter der Sammelstellen beruft.

177 Der Staatskommissar für die Privatwirtschaft, Abteilung Vermögensanmeldung, Gruppe Zahlen- und Wertmäßige Statistik, Untergruppe Sonstige Vermögen, insbesondere Kapitalvermögen, Tabelle Nr. 7, Wien 27. April 1938, Bibliothek der Kammer der Gewerblichen Wirtschaft Wien

„Auszugsweise Abschrift aus der Statistik des Staatskommissärs in der Privatwirtschaft auf Grund der Anmeldung über das Vermögen von Juden nach dem Stande vom 27. April 1938 bezüglich Lebens-, Kapital- u. Rentenversicherung"[178]

Wert in RM

	Juden	versippte Arier
Klagenfurt	108.800	3.100
Lienz	600	
Spittal a. d. D.	8.800	
St. Veit a. d. G.	1.700	3.300
Villach	33.400	
Völkermarkt	3.800	800
Wolfsberg	18.500	
Summe Kärnten	175.600	7.200
Amstetten	23.800	
Baden	211.600	10.700
Bruck a. d. L.	33.600	2.300
Eisenstadt	42.400	
Gänserndorf	162.700	
Gmünd	122.600	
Hollabrunn	67.200	
Horn	24.700	
Korneuburg	6.700	100
Krems	23.300	
Lilienfeld	18.000	
Melk	10.000	600
Mistelbach	83.800	
Neunkirchen	78.500	1.300
Oberpullendorf	30.500	
Scheibbs	47.400	
St. Pölten	260.000	2.000
Stockerau	32.500	
Tulln	41.900	1.600
Waydhofen/T.	60.600	400
Wr. Neustadt	269.900	5.700
Zwettel	11.400	
Summe Niederdonau	1,662.800	24.700

---

178 Bundesministerium für Finanzen, Versicherungsaufsicht allgemein, AdR.BMF., 21815/58

Braunau		
Gmunden	23.900	4.700
Linz-Land	11.500	
Linz-Stadt	335.400	22.500
Perg	300	
Rohrbach	8.600	
Schärding/I.	2.500	
Steyr	22.100	
Vöcklabruck	22.400	600
Wels	4.800	2.500
Summe Oberdonau	431.500	30.300
Bischofshofen	45.400	
Hallein	2.800	
Salzburg	370.300	100
Tamsweg	–	
Summe Salzburg	378.500	100
Bruck a. d. M.	40.600	
Feldbach	5.500	
Fürstenfeld	1.200	
Graz-Land	145.600	1.100
Graz-Stadt	690.100	23.700
Judenburg	52.100	
Leoben	88.700	
Liezen		1.900
Mürzzuschlag	12.800	500
Murau	2.200	
Mureck	4.000	
Oberwarth	10.100	
Summe Steiermark	1, 052.900	27.200
Dornbirn	7.600	
Feldkirch	1.000	
Innsbruck	271.000	14.200
Kufstein	1.200	
Reutte	14.400	
Summe Tirol	295.200	14.200

Wien,	Kreis 1	17,792.000	510.100
	Kreis 2	5,398.700	61.100
	Kreis 3	8,480.700	295.100
	Kreis 4	421.200	26.700
	Kreis 5	243.000	11.200
	Kreis 6	2,717.400	129.100
	Kreis 7	1,455.700	75.500
	Kreis 8	7,617.900	284.700
	Kreis 9	260.700	17.500
Summe Wien		44,377.300	1,411.000
Summe Ostmark		48,373.800	1,514.700
Ausland u. Altreich		768.300	
Ges. Summe		49,142.100	1,514.700

Die Akten der Vermögensverkehrsstelle liegen heute im Archiv der Republik in Wien.[179] Das Formular: „Verzeichnis über das Vermögen von Juden nach dem Stand vom 27. April 1938" enthält auf Seite 3 unter der Ziffer IV. „Sonstiges Vermögen, insbesondere Kapitalvermögen" unter e.

„Noch nicht fällige Ansprüche aus Lebens-, Kapital- oder Rentenversicherungen, zu berechnen mit 2/3 der eingezahlten Prämien oder Kapitalbeiträge oder mit dem Rückkaufwert".

Die Rückkaufwerte waren im Versicherungsvertrag entweder angegeben, oder aber aus einer beiliegenden Tabelle zu errechnen. Um einen ersten Einblick in die Details der Vermögensanmeldung zu bekommen, wurde eine Stichprobe erstellt. Im Archiv liegen 180 Kartons mit Akten. Es wurden 9 Kartons bearbeitet, was 2.206 Akten entsprach.[180] Da 47.768 Vermögensanmeldungen abgegeben wurden, wurden 4,6 % bearbeitet. Nachdem nicht alle Formulare vollständig erhalten sind, entspricht dies ziemlich genau 5 % der erfaßbaren Akten. Bei den 2.206 Anmeldungen befanden sich 492 oder 22,3 % mit Angaben über eine oder mehrerer Lebensversicherungen. Die Gesamtzahl der erfaßten Polizzen belief sich auf 793, so daß auf eine Person, die eine Lebensversicherungen angab, durchschnittlich 1,6 Polizzen entfielen. Die Polizzen verteilten sich auf:

---

179 V.V.St.VA AdR.BMF..
180 Es wurden die Kartons 1, 10, 20, 30, 80, 90, 100, 15, 160 und 170 herangezogen.

	Polizzen	in %	Summe in RM	in %
ÖVAG	422	53,2	1.173.984	57,1
Der Anker	77	9,7	112.190	5,5
Generali	46	5,8	137.264	6,6
Victoria	45	5,6	269.159	13,1
Wiener Städtische	45	5,6	75.512	3,7
Riunione Adriatica	44	5,5	100.735	4,9
Donau	33	4,2	44.783	2,2
Bundesländer	12	1,6	10.743	0,5
Union	12	1,6	9.555	0,5
Allianz & Gisela	10	1,3	4.900	0,2
Sonstige	47	5,9	116.330	5,7
Summe	793	100	2.055.155	100

Die durchschnittliche Rückkaufsumme betrug daher 2.591,60 RM oder 3.887,40 Schilling alt. Die ÖVAG allein hat über die Hälfte (53 %) der Lebensversicherungen gehalten.

Die wertgesicherten bzw. Fremdwährungspolizzen waren relativ gering. Die Beträge waren insgesamt:

SFR	5.084
US $	19.548
Goldschilling (0,8 RM)	5.478
Goldkronen (1,15 RM)	16.000

und wurden nach den Kursen bzw. Umrechnungsbestimmungen ab 1938 umgerechnet und in die Gesamtsummen mit einbezogen.

Betrachtet man die Streuung des Rückaufswertes, so ergibt sich folgendes Bild:

RM	Anzahl der Polizzen	in %
Bis 1.000	312	39 %
1001–2000	189	24 %
2001–3000	106	13 %
3001–4000	53	7 %
4001–5000	45	6 %
5001–10.000	61	8 %
über 10.000	27	3 %
Summe	793	100 %

63 % der Polizzen hatten daher einen Rückaufwert bis 2.000 RM und 76 % bis 3.000 RM.

Die Stichprobe konnte nur ein erster Schritt sein, um das Material kennen zu lernen. Bei der Erfassung der Gesamtmenge ist uns Helen Junz zuvorgekommen, die im Jahr 1999 mit einem Team die Akten der Vermögensverkehrsstelle nach sämtlichen Vermögenswerten hin ausgewertet hat und dabei auch die Lebensversicherungspolizzen berücksichtigt hat. Die Arbeit erfolgte im Auftrag der „International Commission on Holocaust Era Insurance Claims" (ICHEIC).[181] Wir haben daher ihren Datensatz übernommen und ausgewertet. Die von uns vorgenommene statistische Überarbeitung diente der graphischen Darstellung und der Formulierung von zusätzlichen Kennziffern.[182] Außerdem waren Verwechslungen und Unklarheiten zu beseitigen, wie sie bei einer so umfassenden Datenerstellung zwangsläufig entstehen mußten. So wurden etwa von den jüdischen Versicherungsnehmern sowohl Lebens-Phönix- wie auch ÖVAG-Polizzen angegeben und in der Junz-Studie getrennt übernommen, obwohl die ÖVAG 1936 gegründet wurde, um den Altbestand der Lebens-Phönix abzuwickeln. Die Lebens-Phönix-Polizzen waren daher der ÖVAG zuzurechnen. Ebenso wurden Allianz-Polizzen angegeben, obwohl die Allianz in Österreich 1938 kein Lebensversicherungsgeschäft hatte. Hier mußte es sich daher weitgehend um die Versicherungsgesellschaft Allianz&Gisela handeln, die 1938 von der Volksfürsorge übernommen wurde, oder aber um die Stuttgarter Allianz.

Helen Junz hat alle in Wien noch vorhandenen 46.900 Akten der Vermögenserklärungen erfaßt, davon enthielten 8.810 oder 18,8 % eine oder mehrere Versicherungspolizzen. Die Zahl der angemeldeten Polizzen belief sich auf 16.772, wovon ein Teil keine Polizzennummern oder Rückaufwert angaben, Doppelmeldungen oder sonst nicht verwertbar waren, so daß sich eine Datenbasis von 14.562 Polizzen ergab. Diese Datenbasis entspricht in hohem Maß jener der Sammelstellen in den Jahren 1958/9, die 14.886 jüdische Polizzen erfaßt hatten.

Nach den offiziellen Angaben des für die Vermögensverkehrsstelle zuständigen Staatskommissars für die Privatwirtschaft hat der durchschnittliche Rückkaufwert der jüdischen Polizzen 2.434 RM (3.651 Schilling) betragen. Nach Helen Junz belief sich der Rückkaufwert der von ihr erfaßten 14.562 Polizzen auf 41.320.262 RM, so daß sich ein Durchschnitt pro Polizze von 2.769 RM ergab. Im Durchschnitt hielten Inhaber von Lebensversicherungen 1,7 Polizzen mit einem Rückkaufwert von 4.690 RM.

---

181 Junz, Helen, B., Report of the Insurance data in the Census of Jewish Assets conducted by the Nazis in Austria in April 1938, prepared for ICHEIC, December 9, 1999
182 Die Bearbeitung erfolgte durch Wolfgang Fels, Datensatz über Vermögenserklärungen von H.B.Junz (1999), Verband der Versicherungsunternehmen Österreichs, Wien 2000

Anzahl der Polizzen	Häufigkeit
1	5.499
2	1.907
3	789
4	348
5	129
6	78
7	40
8	25
9	16
10	5
11	7
12	3
13	1
14	2
15	1
mehr als 15	14
Summe	8.810

Erwartungsgemäß waren die jüngeren Jahrgänge bei den Lebensversicherungspolizzen nur gering vertreten:

Altersverteilung der Versicherungsnehmer:
In Prozent

Unter 20	1,0 %
20–29	1,0 %
30–39	6,5 %
40–49	25,7 %
50–59	39,0 %
60–69	23,4 %
70–79	2,7 %
80 und mehr	0,7 %

91,5 % der jüdischen Versicherungsnehmer waren daher über 40 Jahre alt, das Durchschnittsalter aller Versicherungsnehmer lag bei 51 Jahren.

Ein besonders schwieriges Kapitel ist die Verteilung auf die einzelnen Versicherungsunternehmen. Die Angaben bei der Vermögensanmeldung waren vielfach ungenau und verwirrend. Es wurden Abkürzungen verwendet, manchmal für mehrere

Polizzen bei verschiedenen Versicherungsunternehmen nur eine einzige Rückkaufsumme angegeben oder eine geringere Anzahl von einzelnen Rückkaufsummen
als Polizzen angegeben. Einigermaßen feststellbar war die Verteilung der jüdischen
Kunden auf die verschiedenen Versicherungsunternehmen, die wertmäßige Zuord-
nung ist aber mit vielen möglichen Fehlerquellen behaftet. Helen Junz hat dies dennoch versucht und die zehn wichtigsten Versicherungsunternehmen nach ihren Berechnungen aufgelistet. Die Summe der Versicherungsnehmer ist mit 10.569 größer
als die Anzahl der Polizzeninhaber (8.810), da Kunden bei verschiedenen Versicherungsunternehmen mehrfach aufscheinen. Bei den „Sonstigen" handelt es sich im
wesentlichen um eine Vielzahl von ausländischen Versicherungsunternehmen.

Versicherungs-unternehmen	Rückkaufwert		Versicherungsnehmer	
	In Mio RM	in %	Anzahl	in %
ÖVAG	23,2	56,2	6.151	58,2
Riunione	2,7	6,2	645	6,1
Victoria	2,4	5,7	529	5,0
Generali	2,3	5,4	645	6,1
Anker	2,2	5,7	867	8,2
Wr.Städtische	1,0	2,4	951	9,0
Union	0,6	1,5	116	1,1
Donau	0,4	0,9	169	1,6
Allianz&Gisela	0,2	0,5	-	-
Janus	-	-	106	1,0
Sonstige	6,3	16,0	390	3,7
Summe	41,3	100,0	10.569	100,0

Die allgemeine starke Marktstellung der ehemaligen Lebens-Phönix kommt auch
hier bei der ÖVAG zum Ausdruck, die über die Hälfte der jüdischen Polizzen gehalten hat. Auf der Basis des Junz-Datensatzes konnten wir für 15.696 Polizzen eine Zu-
ordnung zu den Versicherungsunternehmen vornehmen, wo dies noch deutlicher
zum Ausdruck kommt.

Allerdings ergaben sich Probleme bei der Abgrenzung des Versicherungsbestandes,
da zwischen in- und ausländischem Bestand österreichischer Versicherungsunternehmen und dem Bestand ausländischer Versicherungsunternehmen nicht unterschieden wurde. Auch kommen interne Berechnungen der betroffenen Versicherungsunternehmen auf Grund der Listen der Sammelstellen, die weitgehend ident
mit dem Junz-Datensatz sein sollten, sowohl in bezug auf die Anzahl der Polizzen
als der Rückkaufsumme zu niedrigeren Ansätzen.

Versicherungsunternehmen	Anzahl der jüdischen Polizzen	
	insgesamt	in %
ÖVAG	9.301	59,3
Anker	1.340	8,5
Generali	1.022	6,5
Riunione	1.006	6,4
Wiener Städtische	943	6,0
Victoria	861	5,5
Donau	254	1,6
Union	180	1,2
Allianz&Gisela	35	0,2
Sonstige	745	4,8
Summe	15.696	100,0

Bei den Fremdwährungsversicherungen waren (nach Junz) die beiden italienischen Zweigniederlassungen – Riunione und Generali – führend, gefolgt von ÖVAG und Anker. 897 Polizzen wiesen solche Wertklauseln auf oder 8,8 % des Gesamtbestandes. Ihr Wert war 3.772.193 RM oder 9,1 % der Gesamtsumme. Der Rückkaufwert der Fremdwährungsversicherungen war in der Regel höher als jener in Schilling und betrug im Durchschnitt 4.205 RM pro Polizze und 6.256 RM pro Polizzeninhaber. (Schillingpolizzen 2.838 RM pro Polizze und 4.490 RM pro Inhaber). Die häufigste ausländische Währung war mit zwei Drittel der US-Dollar gefolgt vom Schweizer Franken mit 11 % der Fremdwährungspolizzen. Allerdings waren die Angaben der jüdischen Versicherungsnehmer bei der ÖVAG nicht ganz korrekt. Die von der ÖVAG zur Abwicklung übernommenen Lebens-Phönix-Polizzen – und nur um diese konnte es sich handeln – waren schon beim Zusammenbruch der Lebens-Phönix schon im Jahr 1936 (vor dem „Anschluß") generell und für alle Österreicher von Fremdwährungen auf Schilling umgestellt worden.

1936 gab es im direkten österreichischen Geschäft 1.472.184 Lebensversicherungsverträge auf eine Summe von 1.833,1 Mio Schilling (1.222,1 Mio RM), was eine durchschnittliche Versicherungssumme von 1.245 Schilling oder 830 RM ergibt. Nach dem Statistischen Jahrbuch des Deutschen Reiches (Ostmark) hatte im Jahr 1939 die durchschnittliche Versicherungssumme bei Kapitalversicherungen 1.300 Schilling (867 RM) betragen. Der Treuhänder der Lebens-Phönix nannte als durchschnittliche Versicherungssumme knapp 2.500 Schilling (1.667 RM).

Da die damaligen Prämienreserven der Lebensversicherungen 28,3 % der Versicherungssumme betrugen (519 Mio Schilling oder 346 Mio RM), hätte der durch-

schnittliche Rückkaufwert 352 Schilling oder 235 RM betragen.[183] Allerdings waren
die Verhältnisse bei den einzelnen Versicherungsgesellschaften recht unterschiedlich.
Die sieben österreichischen Versicherungsgesellschaften, die 1938 vom „Ausschuß
zur Prüfung der österreichischen Versicherungswirtschaft" untersucht worden sind,
hatten im direkten österreichischen Geschäft eine Versicherungssumme von
1.477,376 Mio Schilling (984,9 Mio RM) und Prämienreserven von 458,293 Mio
Schilling (305,5 Mio RM). Die Einzeldarstellung zeigt aber, daß lediglich die ÖVAG
alte Bestände hatte, ansonsten waren diese recht jung und der Rückkaufwert dementsprechend gering.

Bestand und Prämienreserven im direkten österreichischen Geschäft zum 31.De-
zember 1937
In Schilling

Versicherungsunternehmen	Prämienreserve in %
ÖVAG	46 %
Der Anker	32 %
Allianz&Gisela	29 %
Donau	24 %
Bundesländer	17 %
Union	17 %
Wiener Städtische	13 %
Gesamtdurchschnitt	31 %

Bei der ÖVAG betrug (entsprechend den Prämienreserven) der durchschnittliche
Rückkaufwert bei Kapitalversicherungen 739 RM.[184]

---

183 Entsprechend der Versicherungssumme nach dem Statistischen Jahrbuch 1939 und unter der verein-
   fachten Annahme, daß die Deckungsrücklagen den Rückkaufwerten entsprechen.
184 Dr. Friedrich Wegner, Vorbericht über die bei der Österreichischen Versicherungs Aktiengesellschaft
   durchgeführte Sonderprüfung, Wien 1946, S. 147

Um es übersichtlich darzustellen:

Österreich Bevölkerung 1934	6.759.062
Jüdische Bevölkerung 1934	191.481
Jüdischer Anteil	2,8 %
Lebensversicherungsverträge Anzahl	
Österreich insgesamt 1936	1.472.184
jüdische Polizzen 1938 (VVSt)	20.185
jüdischer Anteil	1,4 %
jüdische Polizzen 1938 (Junz)	14.562
jüdische Polizzen 1938 (Sammelstellen)	14.886
jüdischer Anteil	1,0 %
Lebensversicherungsverträge Versicherungssumme	
Österreich insgesamt 1936	1.222,1 Mio RM
Durchschnittliche Versicherungssumme pro Polizze	
Österreich insgesamt 1936	830 RM
Österreich insgesamt 1939	867 RM
Durchschnittlicher Rückkaufwert pro Polizze Lebensversicherung	
1936 österreichisches Geschäft	235 RM
1937 ÖVAG	739 RM
1938 jüdische Polizzen nach Junz	2.769 RM
1938 jüdische Polizzen nach Fels	2.735 RM
1938 jüdische Polizzen nach Vermögensverkehrsstelle	2.434 RM

Die jüdische Bevölkerung hatte daher nur halb so viele Versicherungspolizzen, wie der österreichische Durchschnitt, aber mit wesentlich höheren Rückkaufwerten und damit wohl auch Versicherungssummen. Diese beachtlichen Unterschiede, insbesondere zum gesamten österreichischen Geschäft, verlangen jedoch nach einer Interpretation. Auch Helen Junz versuchte auf das Versicherungsverhalten aller jüdischer Österreicher zu schließen, indem sie die Werte der in Wien angemeldeten jüdischen Versicherungen mit dem österreichischen Durchschnitt insgesamt vergleicht. Sie kommt dabei zu dem Ergebnis, daß auf die jüdische Bevölkerung Wiens – also sämtliche Einwohner und nicht nur jene, die tatsächlich eine Versicherungspolizze hielten – eine durchschnittliche Versicherungssumme von 725 RM bis 742 RM pro Kopf entfiel[185], und damit etwa das Vierfache des Durchschnitts der gesamten österreichischen Bevölkerung von 180 RM.

---

185 Ihre Werte sind niedriger, da sie von den 75 % der jüdischen Polizzen ausging, die sie nach den Akten der Vermögensverkehrsstelle erfassen konnte und nicht wie hier von der Gesamtsumme, die von der Vermögensverkehrsstelle selbst veröffentlicht worden war.

Die durchschnittlichen Versicherungssummen pro Polizze waren bei den einzelnen Versicherungsunternehmungen aber sehr unterschiedlich.

Versicherungsbestand auf Grund der Geschäftsberichte
Kapitalversicherungen Ende 1937 in RM

Versicherungsunternehmen	Stück	Summe	Durchschnittliche Versicherungssumme Pro Polizze
ÖVAG/Deutscher Ring	274.161	438.221.162	1.598
Der Anker	114.923	377.464.563	3.285
Wiener Städtische	488.088	210.435.770	431
Bundesländer/Ostmark	483.969	183.880.008	380
Generali	26.588	58.120.884	2.186
Riunione	8.411	40.583.384	4.825

		Anzahl der jüdischen Polizzen	
		Insgesamt	in % des Gesamtbestandes
ÖVAG/Deutscher Ring	274.161	9.301	3,4 %
Der Anker	114.923	1.340	1,2 %
Wiener Städtische	488.088	943	0,2 %
Bundesländer/Ostmark	483.969	-	-
Generali	26.588	1.022	3,8 %
Riunione	8.411	1.006	12,0 %

Bei den Versicherungsunternehmen in öffentlichem Eigentum (Wiener Städtische/ Bundesländer), die über einen großen Anteil sehr niedriger Versicherungspolizzen verfügten, waren die jüdischen Polizzen kaum vertreten. 87 % der bei der Vermögensverkehrsstelle angegebenen jüdischen Polizzen (nach Junz) waren den großen privatwirtschaftlichen Versicherungsunternehmen – ÖVAG, Der Anker und den beiden italienischen Versicherungsgesellschaften – zuzuordnen, wo die Versicherungssummen von vornherein um das zwei- bis fünffache höher waren, als im österreichischen Durchschnitt. Die niedrigen Werte des österreichischen Gesamtdurchschnitts waren ein Spezifikum und kamen vor allem durch die damals sehr verbreiteten Volksversicherungen, Versicherungs- und Sterbegeldvereinen und dgl. zustande, die dazu dienten, die Begräbniskosten abzudecken, um die Familien bei einem Todesfall nicht in finanzielle Schwierigkeiten zu bringen. Die wesentlich höheren Versicherungssummen der jüdischen Österreicher zu dieser Zeit, war noch zusätzlich darauf zurückzuführen, daß es sich um eine großstädtische Bevölkerung handelte, die zu 90 % in Wien lebte. In Österreich waren 1934 noch 37 % der Berufstätigen in der Landwirtschaft beschäftigt. Die landwirtschaftlichen Arbeiter/innen waren jedoch so schlecht bezahlt, daß eine Lebensversicherung für sie nicht in Frage kam und die Bauern selbst hatten zwar häufig Hagel- oder Feuerversicherungen, ihre Lebensversicherung war aber in der Regel ein Stück Wald. Man müßte daher das Versicherungsverhalten der jüdischen Österreicher mit dem der Wiener Bevölkerung vergleichen, um eine sinnvolle Relation zu haben. Hierbei würde sich der Unterschied deutlich verringern, allerdings liegen solche Daten nicht vor. Zusätzlich wurde der Durchschnitt der Versicherungssummen durch einzelne Polizzen mit sehr hohen Summen verzerrt. Die mittlere Anzahl der Polizzen pro jüdischem Versicherungsnehmer betrug 1,7. Wolfgang Fels zeigte auf Grund der Daten von Helen Junz, daß 50 % aller erfaßten jüdischen Versicherungsnehmer Polizzen weniger als 1.967 RM Rückkaufwert hatten. Auf Grund weniger sehr hoher Polizzen, ein Prozent war über 37.733 RM Rückkaufwert, war der Polizzenwert je Person mit 4.652 RM Rückkaufwert (Junz 4.690 RM) aber wesentlich höher.

Der Wert der Arbeit von Helen Junz liegt vor allem darin, daß sie 81,6 % des Rückkaufwertes, der bei der Vermögensanmeldung angegeben wurden, erfaßt hat. Da dies weitgehend identisch ist mit dem Datensatz, der 1959 von den Sammelstellen erfaßt worden war, kann man annehmen, daß diese mit den gültigen Eintragungen der Vermögensverkehrsstelle 1938 weitgehend übereinstimmen. Trotz aller Ungenauigkeiten des Datenmaterials und verbleibender Unsicherheit haben wir damit eine quantitative Grundlage mit scheinbar hoher Zuverlässigkeit. Scheinbar, denn es bleiben einige Fragen offen:

- Für sämtliche österreichische Lebensversicherungen kennen wir nur die Versicherungssumme und nicht den Rückkaufwert, den wir nur unzulänglich aus der Deckungsrücklage ermitteln können.
- Bei den Lebensversicherungspolizzen der jüdischen Österreicher kennen wir wiederum nur den bei der Vermögensanmeldung 1938 angegebenen Rückkaufwert und nicht die Versicherungssumme, die eindeutig nicht feststellbar ist.
- Zusätzlich besteht die Frage, welcher Anteil der jüdischen Polizzen durch die Vermögensanmeldung wirklich erfaßt wurde?
- und wie weit man von der Verteilung der Versicherungspolizzen für die „reiche" auf die „arme" österreichische jüdische Bevölkerung schließen kann?
- Und schließlich ist der Rückkaufwert durch Polizzendarlehen und Kreditbesicherung zu reduzieren, da gerade sehr hohe Lebensversicherungspolizzen mit der Fremdfinanzierung von jüdischen Selbstständigen in Zusammenhang stand. Denn bei der Vermögensanmeldung 1938 war nur der aktuelle Rückkaufwert der Lebensversicherungspolizze (Aktivvermögen) anzumelden, die Verschuldung (Passivvermögen) war in dem Formular erst eine Seite später anzugeben. Die Summe der Rückkaufwerte wäre dementsprechend zu verringern.

Die weitaus schwierigste Frage ist aber, was nun ab 1938 mit diesen Lebensversicherungspolizzen geschah.

2. Rückkauf und Beschlagnahmung

Ab 1938 gab es zwei Arten von verfolgungsbedingten Veränderungen von Lebensversicherungsverträgen, solche:
- die von den jüdischen Österreichern unter dem Druck der politischen und wirtschaftlichen Diskriminierung selbst vorgenommen wurden.
- die von den Stellen des Deutschen Reiches direkt durchgeführt wurden.

Die erstere umfaßte Rückkauf, Beitragsfreistellung, Polizzendarlehen und Zession. Wieweit dies ganz allgemein eine Schädigung der Versicherungsnehmer darstellte, ist schwer darzustellen, da hierfür eine Reihe von Annahmen notwendig sind. Geht man davon aus, daß keine Verfolgung statt gefunden hätte, so wären die Versicherungsprämien in der Regel weiter bezahlt worden, der Versicherungsschutz wäre über die Vertragsdauer erhalten geblieben und der Versicherungsnehmer/Begünstigte hätte nach Vertragsablauf die Versicherungssumme erhalten. Durch die vorzeitige Auflösung des Versicherungsvertrages ist daher der Versicherungsschutz und die Möglichkeit der Kapitalbildung entfallen. Allerdings müßte man bei der Annahme „keine Verfolgung" auch alternative Verwendungsmöglichkeiten des Einkommens/Vermögens in Betracht ziehen. Die Rückkaufsumme und die ersparten Prämienzahlungen wären sehr wohl anderweitig angelegt worden. Dieser alternative Gewinn wäre dann von dem Verlust der Nichtweiterführung des Versicherungsvertrages abzuziehen um zum konkreten Ausmaß der Schädigung zu kommen, das unter solchen fiktiven Annahmen nicht mehr feststellbar ist.

Unter den tatsächlich gegebenen Bedingungen der Verfolgung und Diskriminierung konnte aber der ausbezahlte Rückkaufwert von entscheidender Bedeutung sein, etwa um letztlich doch noch die Flucht ins Ausland zu ermöglichen. Für das Überleben war daher die 1938/9 ausbezahlte Rückkaufsumme in jeder Beziehung von wesentlich höherem Wert, als die Ausbezahlung der gesamten Versicherungssumme nach Vertragsablauf. Aber nicht nur das! Die Rückkaufsummen der Jahre 1938/9 hatten in der Regel eine wesentlich höhere Kaufkraft als der durch Währungsreform und Inflation drastisch verringerte Realwert der Versicherungssummen nach 1945. Wer etwa 1938/9 die Hälfte seiner Versicherungssumme als Rückkaufwert ausbezahlt bekam hatte zwei Drittel mehr Kaufkraft in der Hand, als wenn er die gesamte Versicherungssumme zehn Jahre später im Jahr 1949 ausgehändigt bekam. Mit solchen Spekulationen läßt sich daher jede Position belegen. Grundlegend in unserem

Zusammenhang ist, daß die selbstständige Vertragsveränderung des Versicherungsnehmers selbst keinen unmittelbaren Verfolgungstatbestand darstellte, sondern erst eine der Folgen der wirtschaftlichen und politischen Diskriminierung war.

Der Rückkauf von Versicherungspolizzen war die bei weitem häufigste Veränderung der Lebensversicherungsverträge der jüdischen Bevölkerung Österreichs. Durch die wirtschaftlichen Diskriminierungsmaßnahmen, wie Berufsverbote und dergleichen, waren sie zumeist nicht mehr in der Lage, die Versicherungsprämien zu leisten. In vielen Fällen war der Rückkauf erforderlich, um diskriminierende Sonderabgaben wie die Reichsfluchtsteuer bezahlen zu können. Insgesamt hatten die österreichischen Juden Reichsfluchtsteuer in der Höhe von 181 Mio RM und Judenvermögensabgabe in der Höhe von 147,3 Mio Reichsmark an die Finanzbehörden abzugeben.[186] Der große Andrang an Rückkaufgesuchen brachte es mit sich, daß bei den Versicherungsgesellschaften zeitweise große Liquiditätssorgen entstanden.[187] Bei einzelnen Unternehmen stiegen die Rückkäufe 1938 auf beinahe das Vierfache des Vorjahres. Die Versicherungsunternehmen hatten jedoch ohne Verzögerung und Einschränkung auszuzahlen. Die Versicherungsaufsichtsbehörde in Berlin erlaubte keine Rücksicht auf eventuelle Liquiditätsprobleme.

Ein besonderes Problem ergab sich bei den alten Lebens-Phönix Polizzen. Bei den Sanierungsmaßnahmen wurde 1936 – also vor dem „Anschluß" – bestimmt, daß auf diese Polizzen das Recht auf Rückkauf und Belehnung nur beschränkt geltend gemacht werden konnte. Damit sollte der Auffanggesellschaft ÖVAG die Möglichkeit gegeben werden, die Bestände langsam abzubauen und einen „Run" zu verhindern. Die jüdischen Versicherungsnehmer wichen dadurch teilweise auf die Zession ihrer Polizzen aus.[188] Dies ging so weit, daß am 18. 7. 1940 im Neuen Wiener Tagblatt ein Inserat erschien: „Phönix Policen werden kulant gekauft. Unter Barzahlung prompt Nr. 11266 a. d. Verlag des Blattes" Hinter dem Inserat stand der Strohmann eines Konsortiums von Privatbanken. Dieser stellte beim Deutschen Ring den Rückkaufwert fest und bezahlte bei einer Polizze, die noch 10 Jahre lief einen Rückkaufwert von 45 bis 47 %. Die Polizze wurde zugunsten des Strohmannes vinkuliert, so daß die Geldgeber nicht in Erscheinung traten. „Soweit festgestellt werden konnte, wurden bereits mehrere größere Policen auf diese Weise verkauft, wobei es sich vornehmlich um Nichtarier handelte, die das Bargeld zur Deckung ihrer Verpflichtungen vor ihrer Abreise benötigten, wobei wir jedoch bemerken, daß

---

186 Dr.Georg Weis, Bericht über jüdisches erbloses Vermögen in Österreich, Nürnberg 4. Dezember 1952, S. 11

187 Bericht des Vorstandes über das III.Quartal 1938, S. 10, Archiv Der Anker

188 Einen solchen Handel mit bestehenden Lebensversicherungspolizzen gibt es heute nur in wenigen Ländern, wie etwa Großbritannien.

sich diese Aktion nicht nur auf Nichtarier beschränkt."[189] Es wurde daher vorgeschlagen, den „unlauteren Handel mit Versicherungsurkunden" durch eine zumindest teilweise Aufhebung der Rückkaufsperre einzustellen, wobei „naturgemäß" die
Rückkaufgesuche von Juden als letzte erledigt werden. Um die Beschlagnahme von
jüdischen Lebensversicherungen zu ermöglichen, ist gegenüber den Finanzämtern
diese Rückkaufsperre schon gegen Ende 1941 für gepfändete oder zedierte Versicherungen vollständig und ohne Rücksicht auf deren Ablauf aufgehoben worden.
Für alle anderen Lebens-Phönix Polizzen wurde die Rückkauf und Belehnungs-
sperre ab 1944 stufenweise aufgehoben.[190]

Der selbständige Rückkauf durch die jüdischen Versicherungsnehmer war den
Nationalsozialisten ein Dorn im Auge. Vor allem die Deutsche Arbeitsfront ließ
nichts unversucht, den Rückkauf oder die Belehnung von Lebensversicherung durch
Juden zu unterbinden. Seit 1934 konnte ein „Emigrant" offiziell nur mehr 2.000 RM
mit über die Grenze nehmen, der – falls noch vorhandene – Rest mußte auf einem
inländischen Sperrkonto verbleiben. Aus der Presse sei bekannt, schrieb die Deutsche Arbeitsfront an das Reichswirtschaftsministerium 1939, „daß die Juden überall
versuchen, bares Geld in die Hand zu bekommen. Es ist anzunehmen, daß mit den
baren Geldern entweder Goldsachen oder Juwelen gekauft wurden um diese Wert-
stücke über die Grenze zu schaffen. Nach Pressenotizen wird auch der Versuch gemacht, bares Geld über die Grenze zu schmuggeln … Bei der Gerissenheit der Juden, bare Gelder mit sich zu schleppen oder verschwinden zu lassen oder über die
Grenze zu bringen, muß meines Erachtens alles getan werden, um solches Vorhaben nach Möglichkeit zu verhüten."[191] Der Versuch, die Auszahlungen der Versicherungen auf 100 RM zu beschränken wurde jedoch vom Reichswirtschaftsminister auf
Ersuchen der Wirtschaftsgruppe Privatversicherungen abgelehnt, da dies „zu einer
erheblichen Erschwerung des Geschäftsbetriebes führen müsse." Lediglich die Auszahlung an Auswanderer war auf ein Sperrkonto der Devisenstelle zu überweisen.
Alle anderen Versicherungsleistungen konnten und wurden ausbezahlt.[192]

Wir haben etwa eine Auszahlungsbestätigung eines bekannten österreichischen
Kabarettisten, dem es gelang im Mai/Juni 1938 noch seine Lebensversicherung mit

---

189 Schreiben des Deutschen Ring Österreichische Lebensversicherungs Aktiengesellschaft Wien an den
     Versicherungsfonds Berlin, Wien, 26. 8. 1940
190 Völkischer Beobachter vom 17. Und 18. Jänner 1944
191 Schreiben des Fachamtes Banken und Versicherungen der Deutschen Arbeitsfront an das Reichs-
     wirtschaftsministerium, Ministerialdirektor Lange, vom 11.Januar 1939, Sonderarchiv Moskau,
     1458-1-98
192 Bescheid des Reichswirtschaftsministers an den Oberfinanzpräsidenten (Devisenstelle) Nürnberg
     vom 9. Januar 1939, Sonderarchiv Moskau, 1458-1-98

einem Rückkaufwert 5.098,95 US$ in Bar ausbezahlt zu bekommen.[193] Und das obwohl in den ersten zwei Monaten nach dem „Anschluß" das Gesetz über Beschränkungen des Auszahlungsverkehrs im Inland Zahlungsbeschränkungen bei Banken und Versicherungsunternehmen verfügte.[194] Das Gesetz wurde erlassen, „um einer allfälligen politischen Kapitalflucht mit der gebotenen Entschiedenheit entgegenzutreten." Der „Anschluß" führte in Österreich tatsächlich zu einer Abhebungswelle bei den Banken, doch schon wenige Tage danach überstiegen die Einlagen wieder die Abhebungen. Das Gesetz war von Anfang an als vorübergehende Maßnahme gedacht, „die nur so lange notwendig war, als die devisenrechtlichen Vorschriften noch Lücken für eine Kapitalflucht boten" Diese Lücken wurden durch das Devisengesetz für das Land Österreich, LGBl.Nr. 13/1938, geschlossen. „Die österreichischen Grenzen sind nun entsprechend abgedichtet."[195] Am 16.Mai 1938 wurden die Beschränkungen daher wieder aufgehoben.

Im Februar 1939 ging aber an die Versicherungsunternehmen die Anweisung, bei Rückkauf oder Polizzendarlehen an jüdische Versicherte von mehr als 500 RM das zuständige Finanzamt zu benachrichtigen. „Zu einer weitergehenden Empfehlung bietet die augenblickliche Rechtslage keine Handhabe, wie auch Anweisungen hierüber außerhalb der bestehenden Befugnisse liegen würde."[196] Dabei ist nicht klar, wie die Versicherungsunternehmen feststellen konnten, daß es sich um jüdische Versicherungsnehmer handelte. Auch der Absicht einzelner Versicherungsunternehmen, nach dem Pogrom vom November 1938 jüdischen Versicherungsnehmern bei Kündigung den Rückkaufwert nicht auszubezahlen, trat des Reichsaufsichtsamt für Privatversicherung entgegen. Ein solches Ansinnen ist von der Isar Versicherungsgesellschaft in München, welche die deutschen Lebens-Phönix Polizzen übernommen hatte, bekannt. Diese gab an, zwischen 20 % und 25 % jüdischer Polizzen zu haben, deren Rückkauf nun so dramatisch sei, daß dadurch die Existenz des Unternehmens gefährdet sei. Sie schlug daher vor, die Auszahlung von jüdischen Polizzen generell zu verbieten, diese prämienfrei zu stellen und dem Unternehmen bis zum Ablauf zu belassen.[197] Die Aufsichtsbehörde stellte jedoch noch im Dezember 1939 in bezug

---

193 Archiv Generali in Triest, Direktion für Österreich. Markus G. Patka und Alfred Stalzer (Hg.), Die Welt des Karl Farkas, Wien 2001. S. 97 und165.
194 Gesetz über Beschränkungen des Auszahlungsverkehrs im Inland BGBl. Nr. 76/1938 und die Durchführungsverordnung BGBl.Nr. 77/1936
195 Begründung zum Gesetz womit das Bundesgesetz über Beschränkungen des Auszahlungsverkehrs im Inland aufgehoben wird, 16. Mai 1938, Für den Reichstatthalter, Jäckl, AdR, Materie Bürckel, 2060/3
196 Schreiben des Reichswirtschaftsministeriums an die Wirtschaftsgruppe Privatversicherung vom 3. 2. 1939, Sonderarchiv Moskau, 1458-1-98
197 Gerald D. Feldman, Manuskript Allianzgeschichte in der NS-Zeit, Kapitel 4, S. 1

auf die jüdischen Polizzen fest, „daß das Kündigungsrecht und der Anspruch auf Auszahlung des Rückkaufwertes nicht versagt werden könne, da ein solches Vorgehen mit den <u>bestehenden</u> gesetzlichen Bestimmungen in Widerspruch stehen würde."[198] Die Isar mußte daher auszahlen. Die Summe ihrer Rückkäufe stieg von 2,43 Mio RM im Jahr 1937 auf 6,41 Mio RM im Jahr 1938. Der gewöhnliche Geschäftsfall, auch mit jüdischen Kunden soweit sie sich im Inland befanden, entsprach daher bis 1941 den Allgemeinen Geschäftsbedingungen auf Grund des Versicherungsvertragsrechts. Rückkauf und Polizzendarlehen waren möglich und bei Vertragsablauf oder Todesfall war die Versicherungssumme fällig und auszubezahlen.

Diese Vorgangsweise der Versicherungswirtschaft entsprach nicht unbedingt den Wünschen der Partei. Dieser „Widerstand" hing nicht nur mit dem administrativen Aufwand zusammen, sondern mit der Verpflichtung der Versicherungswirtschaft, in jedem Fall die rechtlichen Grundlagen ihres Geschäfts zu beachten. Zusätzlich widersprachen die nationalsozialistischen Maßnahmen auch den konkreten materiellen Interessen der Versicherungswirtschaft. In der Lebensversicherung haben beide Vertragspartner für gewöhnlich das gleiche Interesse, den Vertrag bis zu seinem Ende ordnungsgemäß ablaufen zu lassen. Die Versicherungsgesellschaften waren daher daran interessiert, bei allen ihren Kunden eine Auflösung des Vertrages zu verhindern. Immerhin gingen 1937/8 die Prämieneinnahmen bei den österreichischen Lebensversicherungen um 6,4 % oder 2,628 Mio RM zurück. Die Versicherungsunternehmen hatten nichts zu gewinnen aber einiges zu verlieren beim Wegfall ihrer jüdischen Kundschaft. Das war kein wie immer gearteter „Widerstand", sondern schlichtes Eigeninteresse. Massive Rückkäufe, wie sie schon in der Weltwirtschaftskrise der 1930er Jahre vorgekommen waren, dann in der Folge der Phönix-Krise und schließlich während der Judenverfolgung, beeinträchtigten die Geschäftstätigkeit der Unternehmen. Denn starke Rückkäufe verkleinern die Risikogemeinschaft, werfen die Berechnung der Zillmerung über den Haufen, reduzieren die Vermögensanlagen und erhöhen durch die aufwendigen Sonderberechnungen den Betriebsaufwand. Statt dem Rückkauf konnten auch Polizzendarlehen aufgenommen werden, wodurch der Versicherungsschutz aufrecht blieb, allerdings die weitere Prämienzahlung notwendig war. Die Polizzendarlehen konnten bis zur Höhe der Rückkaufsumme gewährt werden, der Zinsfuß lag um ein Prozent über dem geltenden Bankzinsfuß. Im Großen und Ganzen waren aber die ab 1938 erfolgten Polizzendarlehen eine Vorstufe zum Rückkauf.. So stellte etwa Der Anker fest: „Ein großer Teil dieser Darlehen sind einfach getarnte Rückkäufe, die wohl binnen kurzem zum normalen Rückkauf gelangen."[199]

---

198 Schreiben des Reichsaufsichtsamtes für Privatversicherung an den Reichswirtschaftsminister vom 6. 12. 1939, Sonderarchiv Moskau, 1458-1-98/55
199 Bericht des Vorstandes über das III. Quartal 1938, S. 5, Archiv Der Anker

Die zweite Gruppe der Vertragsveränderungen bei den jüdischen Versicherungsnehmer bestand im direkten staatlichen Zugriff. Die Enteignung der Polizzen erfolgte durch Einzelverfügung durch das Deutsche Reich. Damit gingen die Rechte aus dem Versicherungsvertrag auf das Reich über. Dieses kündigte, erhielt den Rückkaufwert und die Lebensversicherung war erloschen. Die „Rechtsgrundlagen" hierfür waren das

- Gesetz über die Einziehung kommunistischen Vermögens vom 26. Mai 1933, RGBl.1933 I, S . 293
- Gesetz über die Einziehung volks- und staatsfeindlichen Vermögens vom 14.Juli 1933, RGBl. 1933 I, S. 479
- Gesetz über den Widerruf von Einbürgerungen und Aberkennung der deutschen Staatsangehörigkeit, RGBl. 1933 I, S. 480
- Verordnung über die Einziehung volks- und staatsfeindlichen Vermögens im Lande Österreich vom 18.November 1938, RGBl.1938 I, S. 1620

Diese Gesetze waren nicht ausschließlich antisemitisch, erfüllten jedoch eine beachtliche Funktion bei der wirtschaftlichen Judenverfolgung. Eine hohe praktische Bedeutung hatte die Pfändung von Kapitalversicherungen im Rahmen der Zwangsvollstreckung von Steuerschulden. Dies war einmal im Zusammenhang mit der „Arisierung" von jüdischen Betrieben zu sehen. Durch die erzwungene Vorgangsweise war vor allem der Wert von Kleinunternehmen so niedrig angesetzt worden, daß die Steuerschulden nicht mehr beglichen werden konnten. Dadurch wurde das Privatvermögen und darunter auch die Versicherungspolizzen vom Finanzamt gepfändet. Steuerpfändungen von Versicherungspolizzen häuften sich auch bei der Flucht von Juden, die dann in Abwesenheit wegen angeblicher Devisenvergehen zu Steuernachzahlungen verurteilt wurden. Dabei ergab sich das Problem, daß das Reich in vielen Fällen die Versicherungspolizze nicht vorlegen konnte. Zahlte das Versicherungsunternehmen ohne Polizze (bzw. Kraftloserklärung im Aufgebotsverfahren), so bestand die Gefahr der nochmaligen Inanspruchnahme, wenn der jüdische Versicherte später die materielle Legitimation des Reiches bestreiten sollte. Die im „Verband der deutschen Lebensversicherungs-Gesellschaften" zusammengefaßten Unternehmen einigten sich jedoch schon 1934 darauf, den Rückkaufwert an das Reich auch ohne Polizze auszubezahlen, wenn die Reichsfinanzbehörde eine Freistellungserklärung erteilte, welche von späteren Zahlungsrisiken befreien sollte. Die Reichsaufsichtsbehörde betonte später, daß auf Grund dieses freiwilligen Schrittes eine aufsichtsbehördliche Regelung unterblieben war.[200] Allerdings war es auch üblich, daß Finanzämter und auch die Gestapo die beschlagnahmten Polizzen an Banken verkauften. „Es sei hierbei zu beden-

---

200 Andre Botur, Privatversicherung im Dritten Reich, S. 118/9

ken, daß die Steuerschulden oft nur einen Bruchteil des Rückkaufwertes ausmachten, so daß bei diesen Stellen kein Interesse an dem Erhalt des vollen Rückkaufwertes vorhanden sei."[201] Die Finanzämter zogen nur den ihren zugesprochenen Anteil ein, die finanzielle Abwicklung und auch den überschüssigen Ertrag aus der rückgekauften Polizze überließen sie den Banken.

Eine Gesetzesbestimmung, wonach alle Versicherungsverträge von Juden als aufgelöst zu gelten hatten, wagte das NS-Regime mit Rücksicht auf das Ausland zunächst nicht, da man befürchtete, daß ausländische Gerichte auf deutsches Vermögen im Ausland zurück greifen könnten. Auch die Rückversicherung über ausländische Versicherungsunternehmen stand einem solchen Vorgehen entgegen. Vor allem aber hätte die Versicherungswirtschaft die Auflösung der jüdischen Polizzen in Eigenregie durchführen müssen, was ihr widerstrebte, „da verbindliche Verträge bestanden, die zu umgehen für eine so dem Rechtspositivismus verpflichtete Branche, wie es die Versicherungswirtschaft war, nicht einfach fiel."[202] Erst die 11. Verordnung zum Reichsbürgergesetz vom 25. 11. 1941 RGBl. I S.722 brachte die sonderrechtlichen Behandlung jüdischen Vermögens im Dritten Reich. Sie stand ohne Zweifel in Zusammenhang mit dem Entschluß zur Ermordung der europäischen Juden. Danach wurde Juden, die ihren gewöhnlichen Aufenthalt im Ausland hatten, die Staatsbürgerschaft entzogen und ihr Vermögen verfiel zugunsten des Reiches. Dies betraf nicht nur jene, die das Land verlassen hatten, sondern auch die in die Konzentrationslager außerhalb des Deutschen Reiches deportierten Personen. Die Verordnung wurde jedoch auch auf die Insassen der Konzentrationslager im Gebiet des Deutschen Reiches selbst angewendet. In einem Schreiben an die Abwicklungsstelle der Vermögensverkehrsstelle Wien stellte die Geheime Staatspolizei Wien dem Einzug des Vermögens aller deportierten Juden fest. „Ich darf bemerken, daß die Vermögenswerte der nach dem Osten evakuierten Juden nach der 11. Verordnung zum Reichsbürgergesetz vom 25. 11. 1941 Eigentum des Deutschen Reiches sind. Die Vermögenswerte der Juden, die innerhalb des Deutschen Reiches umgesiedelt werden, sind gleichfalls nach der Verordnung über die Einziehung volks- und staatsfeindlichen Vermögens vom 18. 11. 1938 eingezogen worden. Für die Verwaltung der Vermögenswerte ist allein der Oberfinanzpräsident Wien-Niederdonau, Wien I, Hanuschgasse 3, zuständig."[203] Die 13. Verordnung zum Reichsbürgergesetz vom

---

201 Dr. Abranowitsch, Prokurist der Deutscher Ring Österreichische Lebensversicherungs AG der Deutschen Arbeitsfront in Wien, Niederschrift über die Sitzung des Beirates des Versicherungsfonds am 26. Und 27. Februar 1942, S. 7, Sonderarchiv Moskau, Reichswirtschaftsministerium, 1458-2-190

202 Arno Surminski, Versicherungen unterm Hakenkreuz, Zeitschrift für Versicherungswesen Nr. 3 1999, S. 78

203 Schreiben der Geheimen Staatspolizei, Staatspolizeileitstelle Wien (gez. Dörhage) an den Reichstatthalter in Wien vom 11. Dezember 1942, AdR, 2143/42

1. Juli 1943 RGBl. 1943 I, S. 372 legte schließlich fest, daß nach dem Tode eines Juden sein Vermögen dem Reich verfiel.

Bis zur 11. Verordnung war die Enteignung jüdischen Vermögens beim Oberfinanzpräsidenten Berlin-Moabit zentralisiert. Die Namen der Enteigneten wurden für gewöhnlich im Reichsanzeiger publiziert und die Gestapo informierte die Versicherungsunternehmen über die Beschlagnahmung. Die Namenslisten wurden als „Serviceleistung" auch von ihrer Interessensorganisation, der Reichsgruppe Versicherungen, an ihre Mitglieder versendet. Ab 1938 nahm der Umfang dieser Listen so zu, daß die Reichsgruppe Privatversicherung die Versendung der Listen einstellte und die Mitglieder auf die offiziellen Veröffentlichungen verwies. Auf Grund des Umfangs wurde mit der 11. Verordnung die Beschlagnahmung dezentralisiert und für Österreich war vor allem der Oberfinanzpräsident Wien-Niederdonau zuständig. Berlin-Moabit führte lediglich eine zentrale Kartei.

Die 11. Verordnung stellte einen Eingriff in bestehende Vertragsverhältnisse dar, sie änderte generell für Juden die Versicherungsbedingungen. Die Lebensversicherungen von Juden waren verfallen und für das Reich beschlagnahmt. Sie durften nicht mehr an die Bezugsberechtigten ausbezahlt werden und galten ab dem 31. Dezember 1941 als gekündigt.[204] Das Reichsaufsichtsamt für das Versicherungswesen regelte mit Rundschreiben R 53/42 vom 29.Juli 1942 entsprechend dem § 81a Versicherungsaufsichtsgesetz, wie der Vermögensverfall zugunsten des Reiches erfolgen sollte. Nach der 11. Verordnung waren die jüdischen Vermögenswerte binnen sechs Monate nach Eintritt des Vermögensverfalls unter Strafandrohung dem Oberfinanzpräsidenten Berlin zu melden. Das war aber den Versicherungsunternehmen so rasch nicht möglich, da sie ihren Versicherungsbestand nicht nach „rassischen" Gesichtspunkten erstellt hatten. 1941 gab es im Deutschen Reich 85 inländische Lebensversicherungsunternehmen, die ein Prämieneinkommen von mehr als einer Million Reichsmark aufwiesen. Diese verwalteten 29,375 Millionen Polizzen mit einer Versicherungssumme von 27,8 Milliarden Reichsmark. Alle diese Polizzen durchzukämmen war ein umfangreiches Unterfangen, insbesondere auf Grund der Personalknappheit durch den Krieg. Die Frist wurde daher um weitere sechs Monate verlängert und danach eine wohlwollende Berücksichtigung der berechtigten Wünsche der Versicherer zugesagt, sofern die einzelnen Gesellschaften nachweisen konnten, ihre „Sorgfaltspflicht" nicht verletzt zu haben.[205] Dennoch galten jüdische Lebensversicherungen mit dem 31. 12. 1941 generell als gekündigt,[206] was bei den

204 Rundschreiben des Reichsaufsichtsamtes für Privatversicherungen R 50/42, vom 29. Juli 1942
205 Andre Botur, Privatversicherung im Dritten Reich, S. 127/8
206 Detlef Kaulbach, Versicherungsschäden außerhalb der Sozialversicherungen (§§127–133 BEG), in: Bundesministerium für Finanzen in Zusammenarbeit mit Walter Schwarz, Die Wiedergutmachung

Versicherungsunternehmen ein entsprechendes Verhalten auslösen mußte. Sie hatten einen zwar definierten, aber noch nicht festgestellten Versicherungsbestand, der gesetzlich aufzulösen war. Bei Rentenversicherungen, für die ein Rückkauf nach den Versicherungsbedingungen an sich nicht vorgesehen war, beanspruchte das Reich 75 % des berechneten Deckungskapitals zuzüglich der bis zum 31. Dezember 1941 noch nicht ausgezahlten Rentenleistungen, mit der Begründung: „Es ist hierbei maßgebend, daß die Rentenverträge durch gesetzliche Maßnahmen aufgehoben und die Versicherer vorzeitig von der Tragung des weiteren Wagnisses befreit sind."[207] Diese Pauschallösung verfolgte den Zweck, das Reich von der Pflicht zur Beibringung von Lebensbescheinigungen für die deportierten Juden zu befreien. Der Staat verwendete die ihm zufallenden Mittel „zur Förderung aller mit der Lösung der Judenfrage im Zusammenhang stehenden Zwecke"[208], also letztlich für den Holocaust.[209]

Für die Auszahlung des Rückkaufwertes an das Reich genügte der amtliche Hinweis, daß ein Jude seinen Aufenthalt außerhalb des Reiches hatte. Die Versicherung schuldete dem Reich den zum beanspruchten Zeitpunkt festgestellten Rückkaufwert, vermehrt um die 4 %ige Verzugszinsen seit dem 31. 12. 1941.[210] Mit der Überweisung an das Reich erlosch der Versicherungsvertrag. Die Versicherer erhielten aber keine Deportationslisten.[211] Obwohl der Vermögensverfall nach der 11. Verordnung erst mit der Deportation erfolgen sollte, wurden in der Praxis alle jüdischen Vermögen mit Inkrafttreten dieser Besitmmungen zum 31. 12. 1941 als beschlagnahmt behandelt. Mit der 11. Verordnung war daher der Versicherungsschutz aller jüdischen Polizzeninhaber aufgehoben. Den Versicherungsunternehmen entstand hieraus keine Verpflichtung mehr, sie verfügten aber weiterhin bis zur tatsächlichen Bezahlung an die Reichsstellen über die Deckungsreserven. Da der Versicherungsschutz erloschen war, entfiel das Risikoelement der Deckung. Hier wird der Deckungsstock zu einer reinen Kapitalbildung, daher waren auch Verzugszinsen an das Reich zu leisten. Auch die 11. Verordnung führte aber nicht zur vollständigen Erfassung der jü-

nationalsozialistischen Unrechts durch die Bundesrepublik Deutschland, Band V, Das Bundesentschädigungsgesetz, München 1983, S. 325

207 Rundschreiben des Reichsaufsichtsamtes für Privatversicherungen 53/42 vom 29. Juli 1942 III c

208 § 3 Abs. 2 der 11. Verordnung zum Reichsbürgergesetz

209 Peter Präve, Versicherungen und der Holocaust, Versicherungswirtschaft, Heft 3 1997, S. 902

210 Christian Karsch, Holocaust-Information – Geltendmachung von Spätschäden von NS-Opfern, Information des Versicherungsverbandes vom 30. 8. 1999

211 Christian Karsch, Die versicherungswirtschaftlichen Verhältnisse in Österreich während der NS-Zeit. Die Schädigung jüdischer Lebensversicherter im Dritten Reich und ihre Entschädigung nach dem Krieg, in: Die Versicherungsrundschau 5/199, S. 98

dischen Lebensversicherungen. Sie waren zwar generell gesetzlich beschlagnahmt aber noch keineswegs ausbezahlt.[212]

So wurde etwa vom österreichischen Bestand der Generali vom „Anschluß" bis zum Kriegsende lediglich 126 Polizzen mit einem Betrag von 371.170 RM an die Reichsstellen überwiesen. Die Wiener Städtische gab an, daß sie an Lebensversicherungen, die im Zusammenhang mit der nationalsozialistischen Gesetzgebung beschlagnahmt wurden, 475.360,52 RM an Reichsdienststellen abgeführt hatte,[213] und Der Anker schätzte die Gesamtsumme dieser Zahlungen auf knapp 400.000 RM.[214]

Die Wiener Städtische verfügt über zwei mit dem Titel „Judenvermögen" überschriebene Listen mit 1.632 Eintragungen zwischen Ende 1941 und Anfang 1945 und über eine Liste IV mit der Bezeichnung „Juden noch nicht ausgewandert, noch in Wien" (undatiert) mit 23 Eintragungen. Die letzte Eintragung erfolgte am 27. 3. 1945, praktisch in den letzten Kriegstagen in Wien, als der Kanonendonner der Roten Armee schon zu hören war. Geführt wurden die Listen von einem namentlich genannten Mitarbeiter. Sie umfaßten eine laufende Listennummer, die Polizzennummern, den Namen und das Datum der Listeneintragung. Zum Teil war auch der Rückkaufwert eingetragen. Wenn eine Auszahlung erfolgte stand unter „Scheckkontrolle" der RM-Betrag des Schecks und das Datum der Ausstellung. Zum Teil war auch der Betrag der 4%igen Verzinsung angegeben, welche die Versicherungsunternehmen vom Stichtag der Beschlagnahmung durch die 11. Verordnung bis zur tatsächlichen Auszahlung zu leisten hatten. Daß es sich bei den Listen um die Aufzählung der Polizzen handelt, welche unter die 11. Verordnung fielen, wird auch dadurch deutlich, daß einige Eintragungen mit dem Vermerk gestrichen wurden: „fällt nicht unter die 11. Verordnung". Insgesamt wurden 163 Listennummern gestrichen mit Vermerk wie:
- deutschblütig
- arisch
- gestrichen laut Bescheid der Gestapo Wien
- gestrichen laut Bescheid des Oberfinanzpräsidenten Innsbruck
- vom Oberfinanzpräsidenten Wien mittels Ansuchen freigegeben
- Vermögen eingezogen
- vor allem aber da es sich um Polizzeninhaber ausländischer Staatsangehörigkeit handelte.

212 Niederschrift über die Sitzung des Beirates des Versicherungsfonds am 26. und 27. Februar, 1942 S. 4, Sonderarchiv Moskau, Reichswirtschaftsministerium, 1458-2-190
213 Schreiben der Wiener Städtischen Wechselseitigen Versicherungsanstalt an den Verband der Versicherungsanstalten Österreichs vom 6. 5. 1957, Archiv der Wiener Städtischen. Sie betont jedoch, daß sie für die Richtigkeit der Angaben keinerlei Haftung übernehmen könne, da ein Teil der Akten durch einen Brand im April 1945 vernichtet worden war.
214 Schreiben Der Anker an die Sammelstelle A vom 3. 7. 1959, Archiv Der Anker

In einem Vermerk wurden noch 565 „offene Fälle" angegeben, so daß insgesamt 927 Polizzen offensichtlich „erledigt" waren. Am ausführlichsten ist die Liste I „Judenvermögen" mit 902 Eintragungen, 103 davon wieder gestrichen, also 799 gültigen Eintragungen. Von diesen ist bei 251 Eintragungen eine Auszahlung vermerkt, so daß 548 oder 69 % nicht ausbezahlt worden sind. Auf die 251 Polizzen wurden 363.177,07 Reichsmark ausbezahlt. Im Durchschnitt war dies eine Auszahlungssumme von 1.447 RM, allerdings gibt dies nur indirekt einen Hinweis auf die ursprüngliche Höhe der Versicherung oder der bereits getätigten Prämienszahlungen, da diese in der Regel durch Prämienfreistellung und Darlehen verringert worden war, zum anderen durch die 4 % Verzinsung vom Zeitpunkt der Beschlagnahmung bis zur Auszahlung wieder etwas erhöht wurde. Die Auszahlung erfolgte entweder wenige Monate, zum großen Teil aber mehr als ein Jahr nach der Eintragung in die Liste. Diese Unterlagen belegen, daß Versicherungsunternehmen sehr wohl imstande und willens waren, ihre jüdischen Versicherungspolizzen ausfindig zu machen und die beschlagnahmten Werte an das Reich zu überweisen. Auch Der Anker stellte in einem Aktenvermerk 1949 fest: „Die 1941–45 angelegte Kartei über diese Versicherungen mit den Anmeldungsdaten, die an das Oberfinanzpräsidium Berlin und an die Gestapo erstattet werden mußten, sind verbrannt."[215] Diese Kartei hat also existiert. Lediglich beim Deutschen Ring (ÖVAG) dürfte durch die hohe Zahl an betroffenen Polizzen der Aufwand während der Kriegszeit zu groß gewesen zu sein, weshalb sie sich auf eine Vorauszahlung einließ. So stellte die ÖVAG rückblickend fest, daß „durch die außerordentliche Masse der Fälle und die personellen Schwierigkeiten mit Fortschreiten des Krieges bedingt, die individuelle Abrechnung und Überweisung der Rückkaufwerte zurück gestellt" wurde. „Wir wurden dann gezwungen, für diese Ansprüche einen Globalbetrag von RM 6.000.000,– zu überweisen, auf den alle zur Einziehung übergebenen Fälle anzurechnen waren."[216]

Dies widerspricht nur scheinbar die Haltung des Verbandes der Versicherungsunternehmen Österreichs nach 1945, der von der individuellen Anforderung der Polizzen durch das Deutsche Reich ausging. „Der Gegenwert der verfallenen Versicherungen wurde in den meisten Fällen von den hierfür zuständigen Oberfinanzpräsidenten Berlin-Brandenburg, Vermögensverwaltungsstelle, oder von den durch ihn beauftragten Stellen bei den Versicherungsgesellschaften angefordert."[217] Die Gesellschaften

---

215 Aktenvermerk: Leistungsverpflichtungen zu Lebensversicherungen, die unter die 11.V.O. zum RBG. v. 26. 11. 1941 fallen, Wien 23. 5. 1949, Archiv Der Anker

216 Dr.Schm./Z, Aktennotiz betrifft: Behandlung der 11. Verordnung unterliegenden Versicherungsansprüche, Wien 29. März 1957, Archiv Versicherungsverband

217 Schreiben des Verbandes der Versicherungsanstalten Österreichs an das Bundesministerium für Finanzen, Versicherungsaufsichtsbehörde, vom 2. März 1946, Archiv Versicherungsverband

wären daher weder willens noch in der Lage gewesen, den jüdischen Teil ihres Versicherungsbestandes zu erfassen.[218] Doch kann es technisch kein so großes Problem gewesen sein, die jüdischen Versicherungsnehmer festzustellen, da die Vermögensverkehrsstelle über die meisten Polizzennummern und die Namen der Versicherungsnehmer und -unternehmen verfügte. Wir haben zwar bisher kein Dokument gefunden, wo eine Reichsstelle solche Namens- oder Polizzenlisten an die Versicherungsunternehmen übermittelt hätte, aber die Feststellung des jüdischen Bestandes war ohne allzu großen Aufwand machbar. Aufwendig war nicht die Feststellung, sondern die Überprüfung und Berechnung der zahlreichen Polizzen, was den zeitlichen Rahmen erklärt. Allerdings konnten die Versicherungsunternehmen keineswegs von sich aus tätig werden, da der jüdische Bestand nicht erkennbar war, sondern sie waren auf die Information der Reichsstellen oder der Partei angewiesen, auf die sie entsprechend zu reagieren hatten.

Der Versicherungsverband setzte 1946 das gesamte Ausmaß der Überweisungen durch die 11.Verordnung mit 1,45 Mio RM an (ohne die Vorauszahlung der ÖVAG).[219] Die Reichsgruppe Versicherungen hatte sich zwar 1939 mit dem Finanzminister geeinigt, daß die aus der Beschlagnahme jüdischer Versicherungen erwachsenen Ansprüche des Reiches durch eine Pauschalabfindung erledigt werden sollte.[220] Dazu kam es aber nicht. Lediglich ein Versicherungsunternehmen, der zum Konzern der Deutschen Arbeitsfront gehörende Deutsche Ring (ÖVAG), machte eine Ausnahme. Der Altbestand des Deutschen Ring Wien, also jene Polizzen, die aus der Lebens-Phönix stammten, enthielten eine erhebliche Zahl von jüdischen Polizzen. Dem Deutschen Ring waren daher von den verschiedenen Finanzpräsidenten zahlreiche Mitteilungen über Polizzenbeschlagnahmungen zugegangen. Die Gesamtsumme der Rückkaufbeträge wurde vom Oberfinanzpräsidenten Berlin mit etwa 20 Mio RM geschätzt. Der Oberfinanzpräsident forderte daher wiederholt die Auszahlung der Rückkaufsummen. Der Deutsche Ring konnte aber die Abrechnung hinauszögern, da eine Einigung über den Modus der Abrechnung nicht zustande kam. Ursprünglich hatte der Deutsche Ring (ÖVAG) sogar gehofft, die beschlagnahmten jüdischen Polizzen im Unternehmen zu belassen. Er machte eine Eingabe über die Wirtschaftsgruppe Privatversicherungen für eine Sonderbehandlung der „alten Judenversicherungen", die jedoch am 21. 7. 1944 abgelehnt wurde. Das Auf-

---

218 Verband der Versicherungsanstalten Österreichs an das Bundesministerium für Finanzen, Versicherungsaufsichtsbehörde, vom 16.September 1946, S. 2, Archiv Versicherungsverband

219 Verband der Versicherungsanstalten Österreichs an die Österreichische Nationalbank, Forderungen an Deutschland, 26. Mai 1946, AdR.BMF. 9728/46. Allerdings ist diese Zahl nicht ganz exakt, da bei zwei Versicherungsunternehmen in Wien die Unterlagen zumindest teilweise durch Kriegseinwirkungen zerstört worden waren.

220 Reichswirtschaftsministerium, Berlin den 17. November 1939, Sonderarchiv Moskau, 1458-1-98

sichtsamt erklärte daher „Der Deutsche Ring müsse endlich zahlen.“[221] Deshalb verlangte der Oberfinanzpräsident Berlin über das Aufsichtsamt Berlin, daß der Deutsche Ring vorläufig eine a-conto Zahlung von 6 Mio RM leistete.[222] Diese Zahlung brachte das Unternehmen in ziemliche Schwierigkeiten. Es verwendete hierfür die am 1. 8. 1944 zur Einlösung gelangten Kupons der Versicherungsfonds-Schuldverschreibung, wo 5 Mio RM direkt vom Versicherungsfonds an den Oberfinanzpräsidenten Berlin überwiesen wurden, die restliche Million RM hatte der Deutsche Ring Hamburg vorzustrecken. Durch diesen Vorgang wurde der Deutsche Ring Wien praktisch illiquid. Der Altbestand (alte Lebens-Phönix-Polizzen) mußte hierfür nicht nur seine gesamten Kassabestände und Bankguthaben opfern, sondern auch einen Barvorschuß beim Neubestand nehmen, also jenen Versicherungsbeständen, die nach der Phönixkrise durch die ÖVAG (Deutscher Ring) neu aufgebaut worden war. Der Neubestand war dadurch genötigt, beim Deutschen Ring Hamburg eine erhebliche Kassastärkung anzufordern, so daß die Gesamtschuld an den Deutschen Ring Hamburg Ende des Jahres 1944 etwa 2,2 Mio RM betrug.[223] Zum Ausgleich dieser Forderung wurde vom Deutschen Ring Wien am 15. Dezember 1944 an den Deutschen Ring Hamburg österreichische Wertpapiere in der Höhe von 2,566 Mio RM verkauft. Die Wertpapiere wurden vom Depot des Deutschen Ring Wien bei der Creditanstalt in das Depot des Deutschen Ring Hamburg bei der gleichen Bank übertragen. Die Maximalforderung von 20 Mio RM scheint auf den ersten Blick überhöht. Durch die Vermögensanmeldung 1938 wußten die Reichsstellen aber, daß der Rückkaufwert der jüdischen Versicherungen in Österreich 50,66 Mio RM betragen hatte. Ging man von etwa 20 % Verminderung durch individuellen Rückkäufen und Prämienfreistellungen aus und davon, daß die ÖVAG (Deutscher Ring) etwa die Hälfte der jüdischen Versicherungspolizzen hielt, so war die Forderung von 20 Mio RM nicht ganz unlogisch.

Wir können daher drei große Wellen an Rückkäufen von Lebensversicherungen feststellen, die mit der Verfolgung der jüdischen Österreicher in Zusammenhang stehen, die erste nach dem „Anschluß“ 1938, die zweite nach der „Reichskristallnacht“ 1939 und die dritte im Jahr 1942 mit Inkrafttreten der 11. Verordnung. Das drückte sich auch bei der ÖVAG (Deutscher Ring) deutlich aus, die allerdings bereits 1936/37 als Folge der Phönix-Krise bedeutende Rückkäufe hatte hinnehmen müssen.

---

221 Aktennotiz Besprechung im Aufsichtsamt wegen Hingabe von 20 Millionen RM für beschlagnahmte Judenversicherungen, Berlin, den 2. August 1944; Dr. Friedrich Wegner, Wien, Österreichische Versicherungs Aktiengesellschaft, Sonderprüfung 1936–1945, 1. Band, S. 100

222 Reichswirtschaftsministerium, Erlaß vom 6. Juni 1944, Sonderarchiv Moskau, 1458-2-352

223 Dr. Friedrich Wegner, Wien, Österreichische Versicherungs Aktiengesellschaft, Sonderprüfung 1936–1945, Band 1, S. 91 und 97

Zahlungen für Versicherungsverpflichtungen[224]
ÖVAG/Deutscher Ring, Alt- und Neubestand

Jahr	Rückkäufe In Mio RM	in Prozent der gesamten Zahlungsverpflichtungen
1936	4,8	34 %
1937	4,9	30 %
1938	6,6	33 %
1939	6,6	37 %
1940	2,7	20 %
1941	2,5	14 %
1942	4,6	25 %
1943	1,7	10 %
1944	1,4	8 %

Der Wirtschaftsprüfer, Dr. Friedrich Wegner, erklärte die hohe Summe der Jahre 1938/9 „aus der großen Zahl von Versicherungen, die von jüdischen Versicherungsnehmern rückgekauft wurde. Das Anschwellen der Rückkäufe von 2,5 Millionen im Jahre 1941 auf 4,6 Millionen im Jahre 1942 erklärt sich daraus, daß damals die Finanzämter zahlreiche ihnen verpfändete Polizzen zum Rückkauf präsentierten. Solche Präsentierungen gab es in allen Jahren, aber 1942 wurden augenscheinlich die Bestände gepfändeter Polizzen bei den Finanzämtern ausgekehrt, was auch das starke Absinken der Rückkäufe im folgenden Jahre auf rund 1,7 Millionen, also erheblich unter dem Durchschnitt der Jahre 1940 und 1941, erklärt."[225]

Für die deutsche Allianz Versicherung gibt Gerald Feldman an, daß 67 % der jüdischen Lebensversicherungen rückgekauft wurden, während nur 17 % prämienfrei gestellt wurden, die zumeist später auch zurück gekauft wurden. Nachdem in Österreich 67 % der jüdischen Bevölkerung das Land verlassen hatten, erscheint dieser Wert auch für Österreich realistisch. Denn die Lebensversicherungen der geflüchteten jüdischen Österreicher wurden in jedem Fall aufgelöst. Bei der deutschen Allianz wurde die Revisionsfirma Andersen beauftragt, eine Untersuchung über jüdische Polizzen vorzunehmen.[226] Dabei wurden 67.336 Polizzen bearbeitet, 35.538 systematisch ausgewählt und 31.336 zufallsgestreute. Von 6.338 konnte angenommen werden, daß sie Juden gehörten. Die Allianz Leben wurde erst 1923 gegründet, aller-

---

224 Dr.Friedrich Wegner, Wien Oktober 1946, Österreichische Versicherungs Aktiengesellschaft, Sonderprüfung 1936–1945, Band 1, S. 235

225 a.a.O. S. 234

226 Die Darstellung folgt Gerald D. Feldman, Die Allianz in der NS-Zeit, Manuskript, 5. Kapitel, S. 15 ff

dings wurde der Versicherungsstock von anderen Gesellschaften übernommen, so daß auch ältere Polizzen vorhanden waren. Die durchschnittliche Versicherungssumme von allen Polizzen betrug im Jahr 1933

5.902 RM bei Großleben
1.025 RM bei Kleinleben

Beim Andersen Sample für jüdische Polizzen war sie jedoch wesentlich höher:

15.235 RM bei Großleben
1.812 RM bei Kleinleben

Während die Versicherungssumme aller Polizzen von 1928 bis 1939 um 240 % gestiegen war, ist jene der jüdischen Kunden um 90 % gesunken, der Rückkaufwert um 80 %. In diesen 11 Jahren ist natürlich ein Teil der Polizzen fällig und ausgezahlt worden. Feldman geht auf 1.708 Lebensversicherungs-Polizzen ein, die eindeutig Juden zugeschrieben werden konnten. Davon wurden 80 % rückgekauft und 30 % prämienfrei gestellt. Die Summe ist mehr als 100 %, da die Prämienfreistellung vielfach eine Vorstufe für den Rückkauf war. Bei 91 % der rückgekauften Polizzen erfolgte dies vor 1940. Insgesamt wurden 92 % durch den Versicherungsnehmer selbst rückgekauft.

Bei der „Vereinte" wurden 5.715 jüdische Polizzen untersucht. Zwischen 1928 und 1945 wurden 69 % (3.969) rückgekauft und 17 % (970) prämienfrei gestellt.

Jahr	Rückkauf	Prämienfreistellung
1933	90	170
1934	99	145
1935	93	122
1936	357	93
1937	406	69
1938	1213	140
1939	1100	60
1940	91	14
1941	50	7
1942	66	8
1943	58	2
1944	21	1
1945	14	2

Die Zahlen zeigen den Höhepunkt der Verfolgung – wie auch in Österreich – in den Jahren 1938/9, danach war nicht mehr viel übrig. Bis 1939 wurden 95 % dieser Polizzen von Inhaber selbst rückgekauft, nach 1939 nur mehr 44 %. Mit 80 % bei Allianz und 69 % bei Vereinte war der Rückkauf daher bei weitem dominierend. Die Enteignung des jüdischen Vermögens aus Lebensversicherungen fand daher überwiegend nicht direkt sondern indirekt durch den persönlichen Rückkauf des Versicherungsnehmers statt. „If one wishes to understand what happened to Jewish inurance assets, then it is a mistake to concentrate attention on the problem of unclaimed insurance policies since the ultimate goal of the National Socialists was to make sure that there were no unclaimed policies ... Unhappily, the record suggests that the National Socialists were highly successful in Germany and the areas annexed to the Reich before 1940 in achieving this purpose."[227]

Für die jüdischen Versicherungsnehmer war daher ab 1938 der Rückkauf, die Prämienfreistellung oder die Belehnung ihrer Lebensversicherung weit verbreitet. Bis zum Ausbruch des Krieges 1939 waren die Enteignungsmaßnahmen weitgehend indirekt. Der wachsende wirtschaftliche Druck und die Berufsverbote machten es vielen unmöglich, weiterhin ihre Prämien zu bezahlen oder zwangen sie zum Rückkauf. Wenn sie das Land verließen benötigten sie ihre Guthaben, schon alleine um die Reichsfluchtsteuer zu bezahlen, die ein Viertel ihres Vermögens ausmachte. Die Reichsfluchtssteuer war eines der Beispiele, wie der Nationalsozialismus Gesetze und Bestimmungen, die für andere Zwecke geschaffen wurden, für die Verfolgung einsetzte. Die Reichsfluchtssteuer war genuin nicht antisemitisch, sie wurde 1931 während der Weltwirtschaftskrise beschlossen, um die Kapitalflucht zu verhindern. Alle Personen mit einem Vermögen von mehr als 200.000 RM oder einem jährlichen Einkommen von 20.000 RM hatten bei Auswanderung eine Abgabe von 25 % zu entrichten. 1934 wurde die Vermögensgrenze auf 5.000 RM herabgesetzt, mit dem ausgesprochenen Ziel, die Juden zu einer letzten großen Abgabe als Entschädigung für künftig verlorene Steuereinnahmen zu veranlassen.

Die Situation verschlimmerte sich noch nach dem Progrom („Reichskristallnacht") vom November 1938 wo Juden als Sühneleistung eine Judenvermögensabgabe (Juva) auferlegt wurde. Die Beträge der von den jüdischen Versicherten selbst aufgelösten Versicherungen standen ihnen häufig nicht zur Verfügung, sondern wurden – etwa wenn sie das Land verlassen wollten – auf Devisensperrkonten übertragen oder direkt an die Finanzämter überwiesen. Und selbst wenn sie ihre finanziellen Mittel in die Hand bekamen, machte es ihnen die Devisenkontrolle kaum möglich, mehr als nur eine sehr begrenzte Summe ins Ausland mit zu nehmen. In

---

227 Gerald D. Feldman, Manuskript Allianzgeschichte in der NS-Zeit, Kapitel 4, S. 9

jedem Fall war die indirekte Beschlagnahmung in ihrer Wirksamkeit für die Betroffenen von der direkten kaum zu unterscheiden.

3. Haben die Versicherungsunternehmen an den Verfolgungsmassnahmen verdient?

Generell kann man feststellen, daß die politische Verfolgungsmaßnahmen kein Vorteil für die Versicherungsunternehmen waren, in jedem Fall verloren sie die jüdische Kundschaft.[228] Sobald die jüdische Minderheit jedoch als verfolgte Gruppe definiert war, verschlechterte sich das Risiko für die Versicherungsunternehmen. Verschlechterten sich die Risiken, blieben sie sehr wohl versicherbar, doch wären Zuschläge erforderlich gewesen. Durch die NS-Verfolgung entstanden für die Versicherer sogenannte „minderwertige" Risiken und damit eine „adverse Selektion". Das mußten die Versicherer wissen und es bleiben ihnen zwei mögliche Strategien, entweder Prämienzuschläge oder Bestandsbereinigung. In beiden Fällen bedurfte es einer gesetzlichen Grundlage und der Zustimmung der Aufsichtsbehörde. Denn dem Versicherungsnehmer selbst steht zwar das Recht zu, einen Vertrag vorzeitig aufzulösen, die Versicherungsunternehmen verfügen aber nur über beschränkte Kündigungsmöglichkeiten. Prämienzuschläge andererseits stellen einen Eingriff in bestehende Verträge dar, die der Genehmigung der Versicherungsaufsicht bedürfen. Die Verfolgungsmaßnahmen des Dritten Reiches brachten daher die Versicherungsunternehmen auch rein wirtschaftlich in eine schwierige Lage.

Das drückte etwa der Versicherungsfonds in Berlin deutlich aus. Bei der Sitzung im Februar 1942 war ihm ein Antrag von der Reichsgruppe Privatversicherung zugegangen, die beschlagnahmten Judenpolizzen auch einzulösen. Im Versicherungsfonds wurde jedoch angeregt, die nach der 11. Verordnung beschlagnahmten Versicherungen beim Deutschen Ring nicht einzulösen, da hier die Verhältnisse völlig anders gelagert waren, als bei den übrigen Versicherungsgesellschaften. Generaldirektor Dr. Pomplitz (Nordstern Lebensversicherungs-AG) hob hervor, daß der Versicherungsfonds geschaffen wurde, „um für die schutzbedürftigen Versicherungsansprüche der Versicherten des ehemaligen Lebens-Phönix einzutreten. Nach der heutigen Auffassung seien jedoch jüdische Versicherungen nicht mehr schutzwürdig." Es müsse deshalb angestrebt werden, daß die Versicherung von Juden von der Sicherstellung durch den Versicherungsfonds ausgeschlossen sind. Auch Generaldi-

---

228 Christian Karsch, Die versicherungswirtschaftlichen Verhältnisse in Österreich während der NS-Zeit.
Die Schädigung jüdischer Lebensversicherter im Dritten Reich und ihre Entschädigung nach dem
Krieg, in: Die Versicherungsrundschau 5/199, S. 97

rektor Dr. Hitzler (Hamburg-Mannheimer Versicherungs AG) äußerte sich in ähnlicher Weise. „Es gehe nicht an, daß arische Versicherte nachträglich die Mittel für die fehlende Bedeckung jüdischer Versicherungen aufbringen müssen."[229]

Jüdische Versicherungsnehmer waren daher ab 1938 als schlechtes Risiko einzustufen. So stellte die Nordstern Lebensversicherung Berlin 1939 für Österreich fest, daß „sich zweifellos auch die Versicherungsmoral durch den Fortfall der jüdischen Kundschaft gehoben hat."[230] Am krassesten war das Vorgehen bei den privaten Krankenversicherungen. Bereits Ende 1935 hatte der Leiter der Fachgruppe „Private Krankenversicherungen" bei der zuständigen Wirtschaftsgruppe Privatversicherungen die Genehmigung beantragt, jüdische Versicherte auszuschließen. „Diese Maßnahme sollte nur einen Zustand legalisieren, der durch das Vorgehen einer großen Anzahl der Fachgruppenmitglieder bereits geschaffen war. Eine ganze Reihe von Unternehmen hat nämlich schon in ihren Versicherungsbedingungen bzw. Satzungen die Bestimmung verankert, daß Juden nicht aufgenommen werden können. Viele andere Unternehmungen haben an ihre Werber interne Weisungen erlassen, demzufolge diesen verboten ist, Anträge jüdischer Personen einzureichen ... Zu diesen Maßnahmen waren die Gesellschaften nicht nur aus weltanschaulichen Gründen, sondern auch deshalb gezwungen, weil sich die jüdischen Versicherten als subjektiv schlechteste Risiken herausstellten und die Versicherungsgemeinschaft zum Schaden der deutschstämmigen Versicherten auf das Gröbste ausnutzen. Es konnte daher den arischen Versicherten nicht mehr zugemutet werden, einer Gefahrengemeinschaft mit jüdischen Versicherten anzugehören."[231] Der Antrag wurde 1938 wiederholt, jedoch bis zu einer gesetzlichen Neuregelung abgelehnt. Die Wirtschaftsgruppe Privatversicherungen unterstützte diesen Antrag. Im Bereich der Lebensversicherungen wurde jedoch vom Reichsaufsichtsamt für Privatversicherungen (im Zusammenhang mit der „Reichskristallnacht", nach der andere Versicherungsansprüche beschlagnahmt worden waren) ausdrücklich festgestellt, daß im Bereich der Lebensversicherungen auch bei jüdischen Versicherten „das Kündigungsrecht und der Anspruch auf Auszahlung des Rückkaufwertes nicht versagt werden könne, da ein solches Vorgehen mit den bestehenden gesetzlichen Bestimmungen in Widerspruch stehen würde.[232]

---

229 Niederschrift über die Sitzung des Beirates des Versicherungsfonds am 26. und 27. Februar 1942, S. 5/6, Sonderarchiv Moskau, Reichswirtschaftsministerium, 1458-2-190

230 Nordstern Lebensversicherungs-Aktiengesellschaft an das Reichsaufsichtsamt für Privatversicherung, Berlin 13. 6. 1939, Bundesarchiv Koblenz, B 280/6444

231 Schreiben des Leiters der Fachgruppe „Private Krankenversicherungen" an den Reichswirtschaftsminister vom 14. November 1938, Sonderarchiv Moskau, 1458-1-98

232 Schreiben des Reichsaufsichtsamtes für Privatversicherungen an den Reichswirtschaftsminister vom 6. Dezember 1938, Sonderarchiv Moskau, 1458-1-98

Für die Lebensversicherungen verschlechterte sich das Risiko in bezug auf die jüdischen Versicherungsnehmer auf Grund der durch die Verfolgung ausgelösten „Übersterblichkeit". Damit wird der Umstand bezeichnet, daß die Sterblichkeit einer Gruppe von Versicherungsnehmern markant jene Rate übersteigt, welche aus den allgemeinen statistischen Sterbetafeln hervorgeht, die der Tarifberechnung zugrunde liegen. Bei einer Lebensversicherung gelten die Risikobedingungen, wie sie beim Abschluß des Vertrages vorliegen, spätere Risikoverschlechterungen können nicht berücksichtigt werden. Auch der Versicherungsausschuß mußte 1938 feststellen, daß der Sterblichkeitsverlauf in Österreich zur Zeit ungünstiger war als in Deutschland, „was in der Hauptsache durch die große Zahl der Selbstmordfälle erklärt wird."[233] Nach dem in Österreich geltenden Versicherungsvertragsgesetz (§ 138) bestand bei Lebensversicherungsverträgen auch bei Selbstmord Anspruch auf die Leistung, wenn der Versicherungsvertrag zumindest zwei Jahre ununterbrochen in Kraft gewesen war. Unter den gegebenen Umständen war der Rückkauf daher nicht nur die günstigste sondern die einzige praktikable Lösung für die Versicherungsunternehmen. Denn eine Prämienerhöhung war bei der durch die Verfolgungsmaßnahmen wirtschaftlich geschwächten jüdischen Versicherungsnehmer kaum durchführbar. Sie hätte auch eine aufwendige Feststellung des jüdischen Vertragsbestandes erfordert, während beim Rückkauf der Verfolgte selbst die Initiative zu ergreifen hatte und die Versicherungsunternehmen von diesem Verwaltungsaufwand befreite.

Zusätzlich kam beim Rückkauf noch der „Stornogewinn" hinzu. Der Stornogewinn ist eine Art Konventionalstrafe für die vorzeitige Auflösung eines Vertrages.[234] Der Rückkaufwert ist der Zeitwert einer Lebensversicherung, also die angewachsene Prämienreserve abzüglich des Stornoabschlags wegen vorzeitiger Kündigung. Heute wird auf Grund anderer Tarife noch der bis zur Kündigung erworbene Gewinnanteil ausbezahlt. Da Lebensversicherungen mit Gewinnbeteiligung in Österreich bis 1938 nicht üblich waren, entfällt dies für unsere Fragestellung. Der Stornogewinn ist in den von der Versicherungsaufsicht genehmigten Vertragsbedingungen geregelt und für die einzelnen Versicherungsunternehmen recht unterschiedlich. Er ist kein unmittelbarer verteilungsfähiger Gewinn, sondern ein Überschuß in der Vertragsabrechnung, der in die jeweilige Abrechnungsgemeinschaft als Ertrag einfließt. Ihm stehen auch Stornoverluste und Aufwendungen gegenüber.[235] Die Prämie der Le-

233 Ausschuß zur Prüfung der Verhältnisse der österreichischen Versicherungswirtschaft, Bericht Nr 2, ÖVAG Schlußbericht, Wien 18. Juli 1938, S. 5

234 Hans Lorenz-Liburnau, Die Lebensversicherung nach dem Währungsschutzgesetz, Versicherungsrundschau 1948, S. 21

235 Ehrenzweig, Albert, Die Rechtsordnung der Vertragsversicherung, Wien 1929

bensversicherung zerfällt in einen Risikoanteil, einen Sparanteil und einen Anteil für die laufenden Kosten. Dabei besteht das rückkauffähige Deckungskapital aus der Summe der Sparanteile. Am Beginn der Laufzeit ist der Risikoanteil höher als der Sparanteil. Zusätzlich zieht der Versicherer die Vertragskosten, vor allem die Abschlußprovision, ab, so daß das Deckungskapital am Anfang einen negativen Wert hat und erst nach etwa drei Jahren langsam ein Rückkaufwert entsteht (Zillmerung). Von dem auf diese Weise ermittelten Rückkaufwert darf der Versicherer einen vom Aufsichtsamt genehmigten Stornoabzug machen, der ihm als Stornogewinn verbleibt.[236]

Wir haben den Versicherungsmathematiker und ehemaligen Präsidenten der Aktuarvereinigung Österreichs, Eduard Wimmer, mit dieser Problemstellung konfrontiert. Dieser stellte fest, daß der „Stornogewinn" als ein prozentueller Abschlag von der geschäftsplanmäßigen Deckungsrückstellung zu bezeichnen ist.[237] Ein solcher Abschlag ist im Falle einer vorzeitigen Kündigung eines Lebensversicherungsvertrages vorzunehmen, da

- die Errichtungskosten des Vertrages über die ganze Versicherungsdauer berechnet ist,
- die vorzeitige Vertragsauflösung die Risikostreuung und die Veranlagungsfristen des Bestandes verändert,
- und einen außerordentlichen Arbeitsaufwand erfordert, der abgegolten werden muß.

Aus diesen Gründen stellen die von der Versicherungsaufsicht zu genehmigenden Abstriche keinen Gewinn dar, sondern im Sinne der Gleichbehandlung aller Versicherungsnehmer einen mittleren Verlustausgleich. Bei mehreren Beispielen mit einer Versicherungsdauer von 20 Jahren kommt Eduard Wimmer zu dem Ergebnis, „daß bis zur Hälfte der Laufzeit ein Vertragsstorno dem restlichen Bestand nur Schulden hinterläßt… „Rückkaufs-Gewinne" waren unter den damaligen Verhältnissen in höchstem Maße unwahrscheinlich – jedenfalls nicht nennenswert, wobei konkrete Ergebnisse natürlich von den individuellen Verhältnissen der Versicherungsgesellschaft bzw. der jeweiligen Vertragslage abhängig sind."

Damit kommen wir bei er Frage des Stornogewinns zu keinem eindeutigen Ergebnis. Der eigentliche Stornogewinn läßt sich trotz aller Unterschiedlichkeit der Vertragsbedingungen der einzelnen Versicherungsunternehmen vielleicht noch eini-

---

236 Andre Botur, Privatversicherung im Dritten Reich, S. 135
237 Eduard Wimmer, Versicherungsmathematiker, Anerkannter Aktuar und Ehrenpräsident der Aktuarvereinigung Österreichs (AVÖ) an den Verband der Versicherungsunternehmen Österreichs, Wien, 6. 10. 2000, Archiv Versicherungsverband

germaßen feststellen, da ihm aber je nach Vertragsart, -dauer und Versicherungsunternehmen unterschiedliche Kosten gegenüber stehen ist generell nicht festzustellen, ob und wie weit ein Versicherungsunternehmen an den Massenstornierungen jüdischer Versicherungspolizzen verdient haben könnte.

Bei der ÖVAG scheint der Stornogewinn allerdings doch beachtlich gewesen zu sein, wie vom Versicherungsausschuß 1938 festgestellt wurde. „Hinsichtlich der Gewinnaussichten aus der Abwicklung der alten Versicherungsbestände steht an erster Stelle der anfallende Stornogewinn, also die Differenz zwischen den Deckungsmitteln (Prämienreserven), die für die zurückgekauften oder in prämienfreie Polizzen umgewandelte Versicherungen vorhanden sind, und den tatsächlich ausgezahlten Rückkaufsbeträgen bzw. den neuen Reserven für die prämienfrei gewordenen Versicherungen. Im Jahre 1937 hat die ÖVAG einen Stornogewinn erzielt von insgesamt S 2.747.446,–, der fast ausschließlich aus den übernommenen Beständen stammt … In 1938 und weiterhin wird der Stornogewinn aus den übernommenen Beständen zunächst noch erheblich steigen, vor allem weil sich unter den Versicherungsnehmern sehr viele Juden befinden, die infolge der politischen Entwicklung ihre Versicherung aufgeben. Für eine Schätzung der voraussichtlichen zukünftigen Stornogewinne ist folgendes zu beachten. Der Stornogewinn bei den einzelnen Versicherungsunternehmen hängt ab von der Dauer der Versicherung und den sehr verschiedenartigen Versicherungsbedingungen (für die Berechnung des Rückkaufwertes und der prämienfreien Versicherungen); er kann aber im Durchschnitt mit mindestens 15 % der verfügbaren Prämienreserve angenommen werden. Am 31. Dezember 1937 betrug die Prämienreserve der übernommenen Bestände in den Lebensversicherungen (also unter Ausschluß der Rentenversicherungen, weil bei diesen kaum ein Stornogewinn eintritt) 272 Millionen Schilling. Nimmt man an, daß 50 % der entsprechenden Versicherungen im Laufe der Zukunft vorzeitig durch Rückkauf oder prämienfreie Umwandlung erlöschen, eine Annahme, die eher zu niedrig als zu hoch gegriffen ist, so würde sich daraus ein Stornogewinn von 15 % von 136 Millionen, also rund 20 Millionen RM ergeben …"[238]

---

238 Ausschuß zur Prüfung der Verhältnisse der österreichischen Versicherungswirtschaft, Bericht Nr. 15, Schlußbericht, Wien 2. August 1938, S. 5/6

DER LEBENS-PHÖNIX ALTBESTAND:[239]

	Stand 1937	Rückgang 1937/1938	1938/1944 (jährlicher Durchschnitt)
Lebensversicherungen			
Stück	267.455	– 28 %	– 8 %
Versicherungssumme	644.123.191	– 53 %	– 9 %
Rentenversicherungen			
Stück	11.467	– 54 %	+ 4 %
Versicherungssumme	44.637.260	– 66 %	+ 8 %
(10fache Jahresrente)			

Auch der Anker gab für 1938 bei 3,24 Mio RM bezahlter Rückkäufe einen Stornogewinn von etwa 500.000 RM an, was den Wert von 15 % bestätigt.[240] Die 15 % Stornogewinn sind eine Annahme, andererseits gibt es auch Hinweise, daß beim direkten Einzug der Polizze durch das Deutsche Reich der Stornogewinn weggefallen ist und die gesamte Prämienreserve auszubezahlen war. Die Nordstern Lebensversicherungs-Aktiengesellschaft Berlin hat 1939 die Einführung einer Reihe von neuen Tarifen für die Ostmark beantragt und hierbei die Allgemeinen Versicherungsbedingungen für die große Todesfallversicherung des Deutschen Reiches beigelegt. Hier war festgelegt, daß bei Kündigung durch den Versicherungsnehmer eine Rückvergütung in der Höhe des vollen Deckungskapitals abzüglich 50 Pfennig für je 100 RM zu bezahlen war, sofern die Beiträge für den zehnten Teil der vereinbarten Vertragsdauer oder aber drei Jahre bezahlt worden sind.[241] Die österreichischen Versicherungsbedingungen sahen vor, daß der Rückkauf (ebenso wie die Beitragsfreistellung) nach mindestens drei Beitragsjahren möglich war. Der Rückkaufwert betrug 91 % der versicherungsplanmäßigen Prämienreserve solange 10 % der Versicherungssumme noch nicht erreicht war, dann stieg er bei jedem weiteren 10 % bezahlter Versicherungssumme um ein Prozent an, bis zu 100 % am Schluß.[242] Das Reichsaufsichtsamt für Privatver-

---

239 Nach den Bilanzunterlagen der Austria Collegialität Wien, Bundesländer Archiv

240 Bericht des Vorstandes über das IV.Quartal 1938, S. 4, Archiv Der Anker. Die Rückkäufe betrugen aber beim Anker 1938 nicht 3,24 Mio RM, sondern 4,9 Mio RM.

241 Nordstern Lebensversicherungs-Aktiengesellschaft, Allgemeine Versicherungsbedingungen für die große Todesfallversicherung; gleicher Wortlaut bei den allgemeinen Versicherungsbedingungen für die Todesfallversicherung ohne ärztliche Untersuchung, § 6

242 Nordstern Lebensversicherungs-Aktiengesellschaft, Allgemeine Versicherungsbedingungen für lebenslängliche Todesfall- und für gemischte Versicherungen sowie für Versicherungen mit festem Auszahlungspunkt, genehmigt 24. August 1937, Artikel 4

sicherung, Abteilung VII, Österreich, stellte dazu fest, daß in Österreich der Grundsatz galt, „wonach der Rückkaufwert mit 90 % des Deckungskapitals, ansteigend bis 98 % oder gleichbleibend mit 95 % zu bemessen ist."[243] In der endgültig genehmigten Fassung der Allgemeinen Versicherungsbedingungen für die Nordstern wurden keine Zahlenangaben mehr gemacht, sondern es hieß: „Auf die gekündigte Versicherung wird eine Rückvergütung gewährt, sofern die Beiträge für den zehnten Teil der vereinbarten Beitragszahlungsdauer oder aber für drei Jahre bezahlt sind. Die Rückvergütung wird nach versicherungstechnischen Grundsätzen berechnet, die dem Reichsaufsichtsamt für Privatversicherung gegenüber festgelegt sind und ohne dessen Zustimmung nicht geändert werden dürfen."[244] Die Angaben der ÖVAG von 15 % sind daher sicherlich hoch gegriffen, was unter anderem darauf zurück geführt werden kann, das der Altbestand der Lebens-Phönix-Polizzen kein Bestand eines am Markt operierenden Unternehmens war. Dadurch fielen entscheidende Aufwendungen, vor allem Werbe- und Vertragsabschlußkosten, weg. Auf Grund der reichsdeutschen Bestimmungen wird man realistischerweise von 5 % Stornogewinn ausgehen müssen, auf Grund der österreichischen Bestimmungen von einer Stornogewinn von 2 % bis 10 % bzw. bei einer solchen Vereinbarung ebenfalls von 5 %. Geht man davon aus, daß 1937 die Prämienreserven der österreichischen Lebensversicherungen etwa ein Drittel der Versicherungssumme ausmachten, so machte die Stornogewinn bei über 30 % getätigter Beitragszahlungen 7 % aus. Da der weitaus überwiegende Teil der jüdischen Rückkäufe vor Ende 1939 erfolgte und damit vor Einführung der deutschen Bestimmungen nach österreichischem Recht, so lag die Stornogewinn zwischen 5 % und 7 %.[245]

Bis zum September 1939 hatten 67 % der österreichischen Juden das Land verlassen. Sie hatten ihre Versicherungen durchwegs rückgekauft und für die finanzielle Abwicklung ihrer Vertreibung verwendet, so daß man den Anteil der Rückkäufe ebenfalls mit zumindest 67 % annehmen kann. Dies ist sicherlich die untere Grenze, da auch die zurück gebliebenen jüdischen Österreicher ihre Versicherungen weitgehend auflösen mußten. Zum anderen war eher den wohlhabenden Juden das Verlassen des Landes möglich und manche hatten schon vor der Erfassung durch die Vermögensverkehrsstelle ihre Versicherungen vorzeitig aufgelöst. Diese wohlhabenden österreichischen Juden hatten ohne Zweifel auch die höhere Lebensversiche-

243 Reichsaufsichtsamt für Privatversicherung Abteilung VII, Österreich, gez. Dr. Baumann, an das Reichsaufsichtsamt für Privatversicherung in Berlin, Wien, 15. August 1939, Bundesarchiv Koblenz, B 280/6444

244 Nordstern Lebensversicherungs-Aktiengesellschaft Berlin an das Reichsaufsichtsamt für Privatversicherung, Abteilung VII Wien, 6. 9. 1939, S. 5, Bundesarchiv Koblenz, B 280/6444

245 Unter der Annahme, daß die jüdischen Lebensversicherungen gleich verteilt waren, wie die gesamtösterreichischen.

rungsverträge, so daß sich die durch Rückkauf aufgelösten Versicherungen sicherlich auf mehr als auf ihren Bevölkerungsanteil beliefen. So stellte etwa Sidney Zabludoff fest, daß das pro-Kopf Vermögen der jüdischen Emigranten in Österreich sich auf etwa 13.000 $ des damaligen Wertes belief, während der Durchschnitt bei 2.200$ bis 3.300$ lag.[246] Nach den offiziellen Angaben der Vermögensverkehrsstelle gab es im April 1938 jüdische Lebensversicherungen zum Rückkaufwert von 49.142.100 RM. Der Rückkaufwert ist aber jene Summe, von der die Stornogewinn bereits abgezogen sind. Wenn man von einem Stornogewinn von 15 % ausgeht, wären diese 49.142.100 RM also 85 % der eingezahlten Prämien von 57.814.235 RM und der Stornogewinn daher 8.672.135 RM. Geht man von einem Stornogewinn von 5 % aus, so hätten die eingezahlten Prämien 51.728.265 RM betragen und der Stornogewinn demnach 2.586.426 RM.

Der Stornogewinn ist – wie nochmals ausdrücklich hervorgehoben werden muß – kein auszahlungsfähiger Gewinn, ihm standen auch Aufwendungen gegenüber, wie die Kosten Vertragsabschlusses (Provisionen etc.) und die der vorzeitigen Abwicklung der Verträge, vor allem die aufwendige – damals händische – Einzelabrechnung der Verträge und die Verringerung des anzulegenden Vermögens. Dies war auch einer der Gründe, warum der Deutsche Ring vom Versicherungsfonds eine Erhöhung des Verwaltungskostensatzes von 13 % auf 16 % forderte. Stichwortartig führe er aus:

„Durch Abfall der großen Judenversicherungen durchschnittliche Versicherungssumme stark gesunken
Anteil des Kleinlebensgeschäftes sehr groß
Auszahlung an Juden wegen der behördlichen Maßnahmen (Devisenstelle) mit großer Mehrarbeit verbunden
Massenhafte Zessionen an Behörden zur Sicherstellung der Juden-Vermögensabgaben und der Juden-Schulden
Weiters Zessionen besonders bei Auswanderern.
Durch Rückkaufsperre ebenfalls sehr erheblicher Schriftwechsel, besonders auch bei Bekanntgabe der Rückkaufwerte für die Vermögensverkehrsstelle.
Beitragseinstellung bei allen Judenversicherungen
außerordentliche Mehrarbeit bei der Berechnung der beitragsfreien Summen und die aktenmäßige Durchführung.
Leistungsauszahlungen an Juden im Hinblick auf die begrenzten flüssigen Mittel oftmals nur in kleinen Raten möglich."[247]

---

246 Sidney Zabludoff, „And it all but disappared": The Nazi Seizure of Jewish Assets, p.15, Institute of the World Jewish Congress, Policy Forum No. 13, Jerusalem 1998
247 Schreiben Deutscher Ring Österreichische Lebensversicherungs AG an den Versicherungsfonds Berlin vom 29. Juni 1939, Sonderarchiv Moskau, Bestand Reichswirtschaftsministerium, 1458-2-189.

Ein Gewinn konnte auch entstehen, wenn die beschlagnahmten Versicherungen während der NS-Zeit nicht mehr ausbezahlt wurden. Die Prämienreserven dieser „nachrichtenslosen" Polizzen verblieb in den Unternehmen und sie konnten zumindest bis 1945 damit arbeiten. Doch auch Gerald Feldman weist darauf hin, daß dem Problem der nicht ausbezahlten jüdischen Lebensversicherungen viel zu viel Augenmerk gewidmet wird. Das Ziel des Deutschen Reiches war es, auch an das in Lebensversicherungen gebundene Vermögen der jüdischen Bevölkerung zu kommen, und die Nazis waren durch direkte oder indirekte Beschlagnahme äußerst erfolgreich in diesem Bemühen.

Dennoch gab es bei den österreichischen Versicherungsunternehmen zu Ende des Krieges „nachrichtenlose" Polizzen in nicht unerheblichem Ausmaß, wie das Beispiel des Altbestandes (Lebens-Phönix-Polizzen) der ÖVAG zeigte. Hier handelte es sich aber um sämtliche nachrichtenlosen Polizzen, von denen die jüdischen nur einen kleinen Teil ausmachten.

Lebensversicherungsbestand der ÖVAG zum 31.12.1945
Altbestand in Schilling[248]

	Stück	Kapital
Beitragspflichtig	51.230	96.788.662
Beitragsfrei	39.521	60.710.688
Gegen Einmalprämie	6.861	38.187.910
Überfällig	10.572	18.602.230
Summe	108.184	214.289.490

9,8 % der Versicherungspolizzen des Altbestandes mit einem Kapitalanteil von 8,7 % waren 1945 daher überfällig. Diese Entwicklung war aber erst gegen Kriegsende dramatisch verlaufen. Die überfälligen Polizzen setzten sich 1945 wie folgt zusammen:[249]

Großlebensversicherungen	15.185.175
Kleinleben- und Sammelversicherungen	3.435.441
Summe	18.602.616

---

248 Dr.Friedrich Wegner, Wien Juni 1947, Österreichische Versicherungs Aktiengesellschaft, Sonderprüfung 1936–1945, Band 2, S. 12
249 a.a.O., S. 65. Der geringe Unterschied ist in den Quellen so enthalten.

Überfällige Lebensversicherungen der ÖVAG
Altbestand in RM[250]

Fälligkeitsjahr	Anzahl	Versicherungssumme
1927–1939	15	5.023
1940	93	46.033
1941	297	427.653
1942	906	1.183.676
1943	1.584	1.958.525
1944	3.726	6.302.315
Summe	6.621	9.923.225

Da die Verjährungsfrist fünf Jahre betrug, müssen 1945 noch 3.936 überfällige Versicherungspolizzen mit einer Summe von 8.673.982 Schilling hinzugekommen sein. Der Wirtschaftsprüfer, Dr. Friedrich Wegner, erklärte diese außerordentliche Höhe der überfälligen Versicherungen „im allgemeinen aus kriegsbedingten Umständen. Viele Polizzen sind zum Teil verbrannt, zum Teil durch Verlagerung verloren gegangen, zum Teil sind die Anspruchsberechtigten noch in Kriegsgefangenschaft u.s.f. Das außerordentliche Anwachsen im Jahre 1945 erklärt sich außerdem noch aus der Maßnahme, wonach im Erlebnisfall fällige Versicherungen des Altbestandes im allgemeinen vorläufig nicht reguliert werden."[251] Die jüdischen Versicherungen werden nicht erwähnt. Durch Kriegs- und Nachkriegswirren und durch die vorläufigen Auszahlungsbeschränkungen ab 1945 sind sicherlich zahlreiche Polizzen nicht präsentiert worden. Allerdings müssen in diesen Zahlen auch die durch die 11. Verordnung beschlagnahmten jüdischen Polizzen erhalten sein, für welche die ÖVAG (Deutscher Ring) jene Vorauszahlung von 6 Mio RM an das Deutsche Reich geleistet hatte. Die ÖVAG bewertete diese 1947 in der Deckungsrücklage mit 4 Mio Schilling.[252]

Und schließlich ist zu fragen, ob den Versicherungsunternehmen nicht ein materieller Vorteil aus dem Unterschied zwischen Rückkaufwert und Versicherungssumme für die jüdischen Polizzen entstanden war, die unter die 11. Verordnung fielen. Mit dieser Verordnung wurde das Risiko der Versicherungsunternehmen für

---

250 Dr. Friedrich Wegner, Wien Oktober 1946, Österreichische Versicherungs Aktiengesellschaft, Sonderprüfung 1936–1945, Band 1, S. 149
251 Dr. Friedrich Wegner, Wien Juni 1947, Österreichische Versicherungs Aktiengesellschaft, Sonderprüfung 1936–1945, Band 2, S. 23/4
252 Dr. Friedrich Wegner, Wien Oktober 1947, Österreichische Versicherungs Aktiengesellschaft, Sonderprüfung 1936–1945, Band 3, S. 17

diese extrem bedrohte Gruppe von Versicherungsnehmern aufgehoben. Das bestätigte auch Dr. Franz Fieger, der während der NS-Zeit die führende Stellung bei der Riunione in Wien tätig war und die Verhältnisse genau kannte. Nach seinen Worten kam das Deutsche Reich den Versicherungsunternehmen entgegen, indem in jedem Fall nur der Rückkaufwert und nicht die Versicherungssumme eingezogen wurde. Die Gesellschaften hatten „zum teilweisen Ausgleich für die ungeheure finanzielle Beanspruchung durch die Masse der zu leistenden Rückkaufsbeträge mit Wissen und mit Zustimmung der Reichsbehörden Rückkaufsummen auch in jenen Fällen zur Auszahlung gebracht ..., wo in der Zeit zwischen dem Verfall der Polizzen an das Reich und der tatsächlichen Durchführung des Rückkaufs infolge Ablebens des Versicherten die Versicherungssummen fällig geworden sind ..."[253]

Man muß davon ausgehen, daß viele jüdischen Versicherungsnehmer, die von der 11. Verordnung betroffen waren, in den Konzentrationslagern umgekommen sind: – Enteignung und Ermordung gingen Hand in Hand. Die Zahlungen an das Reich wurden durch die 11. Verordnung erzwungen, sie standen aber in Widerspruch zu den versicherungsrechtlichen Bestimmungen. Mit der 11. Verordnung war das Deutsche Reich der Begünstigte aus den jüdischen Lebensversicherungsverträgen geworden. Sowohl das deutsche wie das österreichische Versicherungsvertragsrecht sah aber vor, daß bei der Tötung des Versicherungsnehmers durch den Begünstigten jede Zahlung an ihn zu unterlassen und weder Rückkauf- noch Vertragssumme zu leisten war. Es trat eine Anspruchsverwirkung, also „ein Fall der Erwerbsunwürdigeit" auf. Der Anspruch fiel damit in den Nachlaß des Versicherungsnehmers. War der Begünstigte selbst der Erbe, so wurde sowohl nach dem deutschen wie dem österreichischen Bürgerlichen Gesetzbuch Erbunwürdigkeit wirksam. „Nach dem Gesetzesgrund (Erbunwürdigkeit) muß aber die Vorschrift für jeden Dritten gelten, dem der Versicherungsanspruch zufiele oder doch Vorteil brächte." Der Versicherer konnte dort Schadenersatz fordern, „wo der Täter die Schädigung des Versicherers beabsichtigt hat, z. B. wenn er nur darum gemordet hat, damit der Begünstigte die Versicherungssumme erhalte."[254] Das Dritte Reich wich dem aus, indem mit der 11. Verordnung der Vertrag vorzeitig und zu Lebzeiten des jüdischen Versicherten gekündigt worden war. Demnach war tatsächlich nur der Rückkaufwert fällig. Das Dritte Reich hat sich den Versicherungsunternehmen gegenüber nicht zur Ermordung der jüdischen Versicherungsnehmer bekannt. Aber selbst wenn dies der Fall gewesen wäre, normierte die 13. Verordnung zusätzlich, daß beim Tod eines Juden

---

253 Niederschrift über die am 24. 9. 1945 stattgefundene Sitzung des Ausschusses der Sektion Lebens- und Krankenversicherung des Verbandes der Versicherungsanstalten Österreichs, Archiv Versicherungsverband

254 Dr. Albert Ehrenzweig, Versicherungsvertragsrecht, Wien 1935, S. 814–6

sein Vermögen dem Reich verfiel. Es handelte sich dabei nicht um ein Erbrecht des Dritten Reiches, sondern um einen Anspruch sui generis. Da die 13. Verordnung kein Erbrecht statuierte, kamen die Versicherungsvertragsbedingungen nicht zur Anwendung. Dies war auch deshalb rein rechtlich zutreffend, da die Juden keine Wahlmöglichkeit hatten, jemand anderem als dem Dritten Reich ihre Vermögenswerte zu „vererben".

D Der Wiederaufbau des Versicherungswesens

1. DIE BILANZ DES KRIEGES

Die Lebensversicherungen im Deutschen Reich boomten während des Krieges. Die Prämeineinnahmen stiegen von 2,77 Mia RM 1935 auf 4 Mia RM 1941 und erreichten ihren Höhepunkt mit 4,15 Mia RM im Jahr 1942. Von 1939 bis 1942 wuchs der Bestand um durchschnittlich 10 % pro Jahr. Die österreichischen Lebensversicherungen hatten daran aber einen sehr unterschiedlichen Anteil:

DURCHSCHNITTLICHER JÄHRLICHER ZUWACHS DER VERSICHERUNGSSUMME
der österreichischen Lebensversicherungen 1939 bis 1942

Volksfürsorge Wien	23,3 %
Ostmark (Bundesländer)	16,7 %
Deutscher Ring Wien	7,4 %
Wiener Städtische	6,0 %
Der Anker	0,0 %

Allerdings wurde in der Statistik vermerkt, daß bei fast allen ostmärkischen Gesellschaften die vorangegangenen Jahre 1938 und 1939 durch ein starkes Abfallen des jüdischen Geschäftes gekennzeichnet war.[255]

1943 hatten zwei Drittel aller Österreicher Lebensversicherungen und die Portfolios waren ungefähr drei Mal so hoch wie 1932. Durch die Aufhebung der Kriegsklausel ließen sich vor allem auch Soldaten überproportional versichern. Durch das Rundschreiben des Reichsaufsichtsamtes R 44 vom 7. Oktober 1939 war die mittelbare und die unmittelbare Kriegsgefahr bei allen Lebensversicherungen in vollem Umfang mit gedeckt, gleichgültig ob es sich um Kriegsteilnehmer handelte oder nicht. Die Versicherungsunternehmen hatten bis dahin unterschiedliche Vertragsbedingungen, die vom Deutschen Reich nach Kriegsbeginn vereinheitlicht wurden. „Alle Beteiligten waren sich darüber klar, daß der Einschluß des Kriegswagnisses unter Umständen von der Versicherungswirtschaft erhebliche Belastungen erfordern würde. Entsprechend dem Gemeinschaftsgedanken der Versicherung stellte sich die Lebensversicherung

---

255 Hans Reusch, Leiter der Presseabteilung der Reichsgruppe „Versicherungen", Die Deutschen Lebensversicherungen im Zahlenspiegel, Berlin 1944

ENTWICKLUNG DER VERSICHERUNGSWIRTSCHAFT IN ÖSTERREICH[256]
Lebensversicherungen Prämien direktes Gesamtgeschäft
In Mio

	Schilling alt	RM/Schilling neu
1938	57,395	38,263
1939		37,900
1940		41,931
1941		44,565
1942		49,153
1943		–
1944		–
1945		44,0

freudig in den Dienst dieser großen nationalen Aufgabe."[257] Allerdings wurde für die Deckung des erhöhten Risikos eine „Kriegsumlage" eingehoben. Von 1943 an ging die positive Entwicklung aber wieder drastisch zurück. Die Gründe dafür wurden in einem 1943 erlassenen Werbeverbot für Versicherungen gesucht, das zu dem unerwarteten Resultat führte, daß zunehmend „schlechte Risiken" übrig blieben.

Insgesamt hatte die Versicherungswirtschaft durch NS-Herrschaft und den Krieg aber außerordentlich hohe Verluste erlitten. „Eine Bereicherung der deutschen Versicherungswirtschaft in den 12 NS-Jahren hat nicht stattgefunden, vielmehr mußte die Branche das Abenteuer Drittes Reich teuer bezahlen." schreibt Arno Surminski, „Als der Krieg endete, war sie verarmt ... Das Kriegsende verursachte einen so radikalen Schnitt, daß eigentlich nur die Firmennamen erhalten blieben."[258] Die Bilanz des Krieges war auch für das österreichische Versicherungswesen katastrophal. Im Grunde genommen war die ganze Branche bankrott. Ein großer Teil des Vermögens war in wertlosen Reichsanleihen angelegt, etwa 15 % des zinstragenden Häuserbestandes war zerstört, die ausländischen Niederlassungen waren beschlagnahmt, die Rückversicherungen mit dem Ausland waren nicht realisierbar, die erhöhte Sterblichkeit durch den Krieg und seine Folgen brachte die Lebensversicherungen aus dem Gleichgewicht, die Verbindung zu den deutschen Muttergesellschaften war unterbrochen und die Eigentumsverhältnisse ungeklärt (deutsches Eigentum) ebenso wie die Frage, welche Polizzen noch gültig waren.

---

256 Angelika Hollmayer, Makrodaten der österreichischen Assekuranz 1875 – 2000, in: Versicherungsgeschichte Österreichs, Band VI, S. 1405/6, 1943/44 keine Angaben
257 Theodor Süss, Die Privatversicherung im Kriege, Berlin 1940, S. 139
258 Arno Surminski, Versicherungen unterm Hakenkreuz, Zeitschrift für Versicherungswesen Nr. 6 1999,
   S. 167

Das österreichische Versicherungsaufsichtsamt im Finanzministerium faßte 1946 die negativen Auswirkungen der „Annexionszeit" zusammen.[259]

- die Durchsetzung österreichischen Aktienkapitals durch deutsches Kapital
- die Ersetzung österreichischer Funktionäre durch reichsdeutsche
- die Ablieferung österreichischer Devisenbestände an das Reich
- die Konkurrenzierung österreichischer Versicherungsunternehmen durch Zulassung zahlreicher reichsdeutscher Gesellschaften
- die Eingriffe des Preiskommissars und die zwangsweise Angleichung der österreichischen Tarife an die niedrigeren reichsdeutschen
- die Zahlungen an das Reich auf Grund der 11.Verordnung zum Reichsbürgergesetz
- die Verweisung der österreichischen Versicherungswirtschaft nach dem Südosten mit verlustbringenden Ergebnissen
- die Kapitallenkungsvorschriften
- die Geschäftseinschränkung durch Werbeverbot
- die weitgehende Abziehung des Personals für den Kriegseinsatz.

Es ist bemerkenswert, daß die „Entjudung" überhaupt nicht und die unter direktem oder indirektem Zwang aufgelösten jüdischen Versicherungspolizzen nur mit dem Hinweis auf die 11. Verordnung erwähnt wurde. Denn das Versicherungsaufsichtsamt argumentierte rein rechtlich. Bis auf die direkten Beschlagnahmen waren die Versicherungspolizzen von den jüdischen Österreichern selbst zurückgekauft worden und darin war keine Schädigung der Versicherungsnehmer oder Versicherungsunternehmen zu sehen. Dies stimmt mit der generellen Linie des Versicherungswiederaufbaus überein, der nicht unter dem Gesichtspunkt der Entschädigung erfolgt war.

Das Vermögen der österreichischen Vertragsversicherungen wurde Anfang 1945 mit 1.000 Mio Schilling geschätzt. Dem standen Verluste gegenüber:

---

259 Beitrag des Departement 19 zum Rotbuch, Bundesministerium für Finanzen, 15.April 1946, AdR.BMF. 26984/46. Es ist zu bemerken, daß diese Darstellung für das Rot-Weiß-Rot-Buch eine politische Absicht verfolgte. In den Richtlinien des Bundeskanzleramtes für die Resortminister hieß es: „Es handelt sich darum, in möglichst knapper Darstellung, unterstützt durch möglichst eindrucksvolles, dokumentarisches und statistisches Material und fallweiser Einschaltung besonders drastischer und beglaubigter Einzelfälle, den Zweck der Publikation zu erreichen, der darin besteht, der Weltöffentlichkeit die Tatsache der Okkupation Österreichs und des daraus sich ergebenden Mangels an selbstständiger Willensäußerung und daher an Verantwortlichkeit des österreichischen Staates darzutun."

als sicher zu betrachten Verluste:

Kriegsschäden an Häusern 40 Mio S

Reichsanleihen, sonstige Reichswerte
und Obligationen des Versicherungsfonds 500 Mio S

als wahrscheinliche Verluste:

Sonstige Forderungen an deutsche Schuldner 200 Mio S

Wert beschlagnahmter Auslandsbetriebe nicht abschätzbar

Sonstige Verluste:

Entfall Erträgnisse der verlorenen
Werte pro Jahr 20 Mio S

Der eingetretene Verlust macht zweifellos einen Großteil des Gesamtvermögens der in Österreich tätigen Versicherungsgesellschaften aus. Die technischen Reserven in Österreich betrugen nach „sorgfältigen Schätzungen"

In der Lebensversicherung 500 Mio S

In den sonstigen Versicherungen 100 Mio S

Es stand daher außer Zweifel, „daß die Versicherungsgesellschaften in Österreich jedenfalls ihr Aktienkapital und ihre freien Reserven verloren haben und darüber hinaus eine starke Unterdeckung ihrer technischen Verbindlichkeiten aufweisen, was besonders für die Lebensversicherungsunternehmungen, die aus den Prämien ein Sparkapital der Versicherten in Form von Prämienreserven ansammeln müssen, von ausschlaggebender Bedeutung ist."[260]
Die Umlenkung der Kapitalanlagen der österreichischen Versicherungsunternehmen in Reichsanleihen hatte schon ab 1938 begonnen. Bereits mit dem Sperrerlaß des Reichsaufsichtsamtes vom 12. August 1938 war es den Versicherungsunternehmen untersagt, dem Baumarkt Gelder zur Verfügung zu stellen und eigenen Grundbesitz zu erwerben. Alle dadurch frei werdenden Mittel waren in Reichspapiere anzulegen. Am 27. März 1939 erließ das Amt neuerliche Richtlinien für Vermögensanlagen, wonach zwei Drittel allen Vermögenszuwachses und der Kapitalrückflüsse in Reichswerten anzulegen waren. Für das übrige Drittel galt ein Katalog von 16 Punkten, bei denen vor allem wehrwirtschaftlich nützliche Anlagen im Vordergrund standen. Neben der Erwerbsverpflichtung wurde auf die Gesellschaften Druck ausgeübt, die erworbenen Reichsanleihen auch zu halten.[261] Ab 1. September 1942 wa-

---

260 Bundesministerium für Finanzen, Versicherungsaufsicht, Unternehmungen der Vertragsversicherung in Österreich – Stand des Vermögens und der Verbindlichkeiten, 7. März 1947, AdR.BMF. 11575/47
261 Andre Botur, Privatversicherung im Dritten Reich, S. 66/7

ren die Versicherungsunternehmen durch einen Erlaß des Reichswirtschaftsministeriums angehalten worden, drei Viertel ihrer neuen Kapitalanlagen in Reichsanleihen anzulegen. Bis Kriegsende hatte das Dritte Reich auf diese Weise bei einer Gesamtverschuldung von 388 Milliarden Reichsmark etwa 25 Milliarden Reichsmark bei den Versicherungsunternehmen unterbringen können.[262] Den Versicherungsunternehmen waren damit 6,4 % der Reichsschuld aufgebürdet worden.

Das österreichische Rot-Weis-Rot Buch schätzte die so erzwungene Anlage in deutsche Werte bei den österreichischen Versicherungsunternehmen auf 300 Mio RM. Insgesamt wurden alle offenen Forderungen der österreichischen Versicherungsunternehmen gegen Deutschland – gegen die öffentliche Hand und Unternehmungen – mit 710,124 Mio RM beziffert, während Verpflichtungen mit 50,97 Mio RM festgehalten worden, so daß sich ein Saldo zugunsten der österreichischen Versicherungsunternehmen von 659,154 Mio RM ergab. Keine der österreichischen Versicherungsunternehmen verfügten daher 1945 über die Reserven, um ihren Verpflichtungen ordnungsgemäß nachkommen zu können. 69,5 % der Anlagen der am 31. 12. 1944 in Österreich tätigen Versicherungsunternehmen waren in Reichsanleihen angelegt.[263] Der Wert war damit noch höher als der Durchschnitt im Deutschen Reich. Der Buchwert der deutschen Reichsanleihen (ohne sonstige deutsche Anleihen) betrug im Verhältnis zu den Gesamtanlagen:

BUCHWERT DEUTSCHER REICHSANLEIHEN IN % DER GESAMTANLAGEN

ÖVAG	87 %
Donau Concordia	83 %
Wiener Allianz	60 %
Erste Allgemeine Unfall	58 %
Österr. Volksfürsorge	54 %
Heimat	51 %
Der Anker	51 %
Bundesländer	50 %
Wiener Rück	50 %
Anglo Elementar	46 %
Internationale Unfall	31 %

---

262 Geschäftsbericht des Verbandes der Lebensversicherungen 1938/48, Band II, S. 10, Berlin 1948
263 Die Angaben basieren auf die Arbeit der Reparation, Deliveries and Restitution Division des Headquaters U.S. Forces in Austria vom 18./12. Juli 1947. Diese hatten die Versicherungen mit umfangreichen Fragebogen eine genaue Informationspflicht auferlegt.

Die Lebensversicherungen waren hiervon am schwersten betroffen. Geht man auf die Reserven der Lebensversicherungen in Österreich zum Zeitpunkt 31. 12. 1944 ein, so machten die deutschen Reichsanleihen (einschließlich der Versicherungsfonds Obligationen) 72 % der totalen Reserven aus. Diese enthielten neben den Obligationen des Versicherungsfonds von 133,5 Mio RM und den Reichsanleihen von 142,7 Mio RM noch 47,2 Mio RM österreichischer Staatsanleihen aus der Zeit vor 1938, die in deutsche Reichsanleihen konvertiert worden waren. Der Anteil der Deutschen Reichsanleihen an den Gesamtreserven der in Österreich tätigen Lebensversicherungen machte bei den einzelnen Versicherungsunternehmen folgendes aus:

ANTEIL DEUTSCHER REICHSANLEIHEN AN DEN GESAMTRESERVEN

ÖVAG	92 %
Jupiter	77 %
Wiener Verein	77 %
Österr.Beamten	71 %
Wiener Städtische	64 %
Bundesländer	61 %
Der Anker	60 %
Österr. Volksfürsorge	59 %
Generali	55 %
Riunione	56 %
Donau Concordia	24 %
Erste Ungarische	20 %

Nach den Veröffentlichungen des Bundesministeriums für Finanzen aus dem Jahr 1955 hatten die österreichischen Lebensversicherungen durch die Kriegsereignisse im Durchschnitt rund 60 % ihrer seinerzeitigen Deckungswerte verloren.[264] Nach den Berechnungen einiger Versicherungsunternehmen waren die Gesellschaften 1945 bei der Annahme gleichbleibenden Prämieneinkommens und dem Verlust der deutschen Reichsanleihen und sonstigen deutschen Obligationen nur mehr zu 45 % imstande ihre Verpflichtungen gegenüber den österreichischen Versicherten zu erfüllen.[265] Am schlimmsten war die Situation der ÖVAG. Sie hatte neben den Reichsanleihen auch die Versicherungsfondsschuldverschreibungen aus der Position Wert-

---

264 Veröffentlichungen des Bundesministeriums für Finanzen, Wien 1955/2, S. 10

265 Niederschrift über die am 2. Oktober 1945 stattgefundene Sitzung des Ausschusses der Sektion Lebens- und Krankenversicherung des Verbandes der Versicherungsanstalten Österreichs, Archiv Versicherungsverband

papiere auszuscheiden und als kriegsbetroffene Aktiva auszuweisen, „deren Wert
durch den Ausgang des Krieges und die Loslösung Österreichs vom Deutschen
Reich fraglich geworden ist."[266]

ÖVAG Bilanz Aktivseite zum 1.Dezember 1945
In Mio S

Bilanzsumme	226,1
Kriegsbetroffene Aktiva	189,1
Darunter Kriegswertpapiere	169,8
Darunter Versicherungsfondsobligationen	133,5

Vor 1938 hatten die österreichischen Lebensversicherungen große Portfolios in den
Nachbarländern, vor allem im „Neuausland", also in jenen Gebieten, die ursprünglich zur Monarchie gehört hatten. Die Verträge wurden normalerweise in der Währung des Landes ausgestellt und die einzelnen Länder verlangten auch eine ausreichende Reservehaltung in ihrem Land. Nach einer Aufstellung aus dem Jahr 1945
betrug das Vermögen der österreichischen Versicherungsunternehmen in 24 Ländern des Auslandes 285 Mio Schilling (plus 111 Mio übernommene Rückversicherungen), davon:

Tschechoslowakei	41 %
Deutschland	23 %
Ungarn	11 %
GB	6 %
Italien	5 %

110 Mio Schilling davon waren Wertpapiere.[267]

Die Zahlungen erfolgten in dem Land und in der Währung, in dem der Vertrag ausgestellt worden war. Nach dem „Anschluß" kamen auch Teile der Tschechoslowakei zum Großdeutschen Reich, die dortigen Verträge wurden auf Reichsmark umgestellt und die Reserven wurden Teil des deutschen Portfolios. 1945 wurden die
Versicherungsunternehmen von ihrem Geschäft in Polen, Tschechoslowakei, Ungarn, Jugoslawien und anderen Balkanländern getrennt.[268] Auf diese Problemberei-

---

266 Dr.Friedrich Wegner, Wien Juni1947, Österreichische Versicherungs Aktiengesellschaft, Sonderprü-
    fung 1936–1945, Band 2, S. 46
267 Vermögen österreichischer Versicherungsanstalten im Ausland, Bundesministerium für Finanzen,
    AdR.BMF. 9969/45
268 Auf die Folgen wird im Kapitel Bestandsabgrenzung eingegangen.

che wird in den Kapitel Bestandsabrenzung und Deutsches Eigentum noch gesondert eingegangen.

2. WÄHRUNGSGESETZE/VERSICHERUNGSÜBERLEITUNGSGESETZ 1945/1947

Der Wiederaufbau des österreichischen Versicherungswesens begann mit dem Rechtsüberleitungsgesetz vom 1. Mai 1945 (StGBl. Nr. 6/1945) nach dem die deutschen Rechtsvorschriften vorläufig in Geltung blieben. Mit dem Behörden-Überleitungsgesetz vom 20. Juni 1945 (StGBl. Nr. 94/1945) gingen die Kompetenzen des Reichsaufsichtsamtes für Privatversicherung an das Staatsamt für Finanzen über. Am 3. Juli 1945 kam es zu den ersten Währungsgesetzen der österreichischen Nachkriegswirtschaft, von denen auch die Versicherungsunternehmen und Versicherungsnehmer unmittelbar betroffen waren. Der Umlauf an Reichsmark war während des Krieges von 8,7 Mia auf 73 Mia angewachsen. In Österreich allein stieg der Umlauf von 1,2 Mia im Jahr 1938 auf 8 Mia bei der Währungsreform 1947, bei einer Wirtschaft, deren BNP real um etwa 30 % gesunken war. Da die österreichische Regierung vorläufig nur in der sowjetischen Besatzungszone anerkannt war, galten diese Gesetze zuerst nur in diesem beschränkten Raum und wurden erst 1946 auf ganz Österreich ausgedehnt. Die Währungsmaßnahmen waren das:

- Kreditlenkungsgesetz (Gesetz über die Errichtung einer Kommission zur Lenkung des öffentlichen und privaten Kredits, StGBl. Nr. 43/1945) betraf die Steuerung des öffentlichen und privaten Kredits im Sinne des Wiederaufbaus.
- das Notenbank-Überleitungsgesetz (Gesetz über die einstweilige Neuordnung der Österreichischen Nationalbank, StGBl. Nr.45/1945) womit die Österreichische Nationalbank wieder ins Leben gerufen wurde
- das Schaltergesetz (Gesetz über die Wiederaufnahme der Zahlungen der Kreditunternehmungen, StGBl. Nr. 44/1945)

Von unmittelbarer Bedeutung war nur das Schaltergesetz. Am 5. Juli wurden die Schalter der Kreditunternehmungen wieder geöffnet, wobei 60 % der Einlagen gesperrt waren, über die restlichen Kontenbeträge konnte man bargeldlos, von einem Konto auf das andere, für lebens- und wirtschaftlich wichtige Zwecke verfügen. Damit war aber die Bargeldmenge noch nicht erfaßt und auch nicht die Alliierten-Militär-Schillinge, welche diese für ihre Bedürfnisse in Österreich selbst in Umlauf brachten und für die Annahmepflicht bestand.

Am 30. November 1945 wurde das Schillinggesetz (Gesetz über Maßnahmen auf dem Gebiete der Währung, StGBl. Nr. 231/1945) erlassen. Damit wurde der Schil-

ling ab 21. Dezember 1945 in ganz Österreich zum einzigen gesetzlichen Zahlungsmittel, abgesehen von kleinen RM Noten und Münzen. Der Umrechnungskurs zur
Reichsmark war 1 : 1. Die alten Zahlungsmittel mußten bis zum 20. Dezember abge-
liefert werden. Pro Kopf wurde ein Betrag von 150 Schilling 1 : 1 umgetauscht, der
Rest wurde auf einem Konto gut geschrieben, von dem man beschränkt abheben
konnte. Juristische Personen erhielten nur eine Gutschrift. Von sämtlichen Einlagen
blieben weiterhin 60 % gesperrt. Für bestimmte soziale oder wirtschaftliche Zwecke
konnte aber von diesen gesperrten Konten abgehoben werden. Mit dem Schaltergesetz (StGBl. Nr. 44/1945) und dem Schillinggesetz (StGBl. Nr. 231/1945) wurde auch
in bestehende Versicherungsverträge eingegriffen. Bei Lebensversicherungen waren
Zahlungen nur bis zu 25 % der vertraglichen Leistung zulässig, mindestens 200
Schilling (Kleinlebensversicherungen) bzw. 400 Schilling (Großlebensversicherung)
und maximal 5.000 Schilling. Bei Rentenversicherungen war eine Auszahlung von
150 Schilling pro Vertrag und Monat zulässig. Der Rest wurde bis zu einer späteren
Regelung gut geschrieben. Prämien waren ab dem Schillinggesetz in der neuen
österreichischen Währung zu bezahlen.

Der Versicherungsverband beklagte jedoch, daß er bei den Verhandlungen zum
Schillinggesetz nicht wie die Banken eingebunden war und informierte hierüber sogar seine Kunden in Form eines „Merkblattes zur Lage in der österreichischen Versicherungswirtschaft".[269] Im Schillinggesetz wurde das Versicherungswesen nur in
unzureichender und unklarer Weise berücksichtigt. Der Verband wurde bei der Erlassung dieser Bestimmungen nicht gehört. Auch gab es bereits einige gerichtlich an-
hängige Klagen, daß das Schaltergesetz für Versicherungsunternehmen keine Geltung habe und diese daher uneingeschränkt zur Auszahlung verpflichtet seien.[270] Auf
Initiative des Verbandes ist es dann unter Zugrundelegung der im Jahr 1945 ausge-
arbeiteten Entwürfe schließlich zum Versicherungsüberleitungsgesetz vom 13. Juni
1946 BGBl.Nr.108 gekommen. Dieses Gesetz hat diese Bestimmungen des Schil-
lingsgesetzes für Versicherungen aufgehoben und durch neue ersetzt. Analog zu den
Währungsgesetzen erfolgte bei Lebensversicherung eine Beschränkung der Auszahlung auf 40 %, bis 400 Schilling wurden zur Gänze ausbezahlt. Weitere Einschränkungen mußten für einzelne Versicherungsbestände (Lebens-Phönix, Janus, Pen-
sionsverein und Rentenanstalt, die der ÖVAG übertragen waren) gemacht werden,
da hier die Bedeckungsverhältnisse noch weitaus ungünstiger waren.[271] Diese Ver-

---

269 Merkblatt des Verbandes der Versicherungsanstalten Österreichs zur Lage in der österreichischen
      Versicherungswirtschaft vom Jänner 1947, AdR.BMF., BMF, Versicherungsaufsicht, Karton 3
270 Niederschrift über die am 24. 9. 1945 stattgefundene Sitzung des Ausschusses der Sektion Lebens-
      und Krankenversicherung des Verbandes der Versicherungsanstalten Österreichs, Archiv Versiche-
      rungsverband
271 1. Versicherungsüberleitungsverordnung vom 26.7.1946, BGBl.Nr.115/46

sicherten erhielten geringere Zahlungen als jene von anderen Versicherungsunternehmen, ohne daß jedoch dadurch einer endgültigen Regelung ihrer Ansprüche vorgegriffen wurde.[272] Ein halbes Jahr nach Erscheinen des Gesetzes konnten die Zahlungsbeschränkungen bereits gelockert werden[273], so daß die Zahlungsbeschränkungen nur mehr für Lebensversicherungen galten, die bereits vor dem 1.Jänner 1946 abgeschlossen worden waren. Später abgeschlossene Lebensversicherungen konnten ebenso wie Kranken- und Schadensversicherungen in vollem Ausmaß ausgezahlt werden. Zur Sanierung der Branche wurde beim Bundesministerium für Finanzen eine Versicherungs-Wiederaufbaukommission gebildet und eine Versicherungsverrechnungssstelle eingerichtet. Die Kommission hatte die Aufgabe, das Finanzministerium bei der Regelung der Vermögenseinbußen durch den Krieg zu beraten. Die Verrechnungsstelle hatte als öffentlich-rechtliche Einrichtung einen Vermögensausgleich zwischen den unterschiedlich vom Krieg betroffenen Versicherungsunternehmen durchzuführen, um für alle Versicherten gleichmäßige Leistungen zu ermöglichen. Allerdings war diese bis Mitte 1947 noch nicht ins Leben getreten. Das Versicherungsüberleitungsgesetz diente damit:

- der Regelung vorläufiger Zahlungsbeschränkungen
- der Ermöglichung einmaliger Eingriffe in bestehende Verträge und
- der Wiedererrichtung und Neuordnung des Versicherungswesens.

Am 19.November 1947 wurde das Währungsschutzgesetz erlassen (Bundesgesetz über die Verringerung des Geldumlaufes und der Geldeinlagen bei Kreditunternehmungen, BGBl.Nr. 250/1947). Danach wurden Banknoten und Münzen durch neue Geldzeichen ersetzt. Pro Kopf wurde der Betrag von 150 Schilling 1 : 1 umgetauscht der Rest auf ein Drittel gekürzt. Die bisher gesperrten Konten (60 %) wurden gestrichen. Die beschränkt verfügbaren Konten wurden in 2 %ige Bundesschuldverschreibungen umgewandelt. Ausnahmen gab es in besonders berücksichtigenswerten Fällen. Damit war die Geldmenge, die vorher nur gesperrt waren, endgültig abgeschöpft, wobei Bargeld mit 2/3 Entwertung schlechter gestellt war, als kurzfristige Kontoeinlagen, was vor allem den Schwarzhandel treffen sollte. Damit war die Geldmenge um 30 % bis 40 % gesenkt worden und der Bestand an Spareinlagen sogar um 90 %. Mit dem Währungsschutzgesetz verloren die Versicherungsunternehmen etwa ein Zehntel ihres ohnehin schon verringerten Vermögens.[274] Allerdings wurden ihnen die restlichen

---

272 Bundesministerium für Finanzen, Versicherungsüberleitungsgesetz, Mai 1946, AdR.BMF. 55498/46
273 2. Versicherungsüberleitungsverordnung vom 16.1.1947, BGBl.Nr.43/47
274 Peter Ulrich Lehner, Das Versicherungswesen in der Zweiten Republik, in: Wolfgang Rohrbach (Hrsg.), Versicherungsgeschichte Österreichs, Band III, Das Zeitalter des modernen Versicherungswesens, Wien 1988, S. 821

40 % nicht wie bei anderen Unternehmen in Bundesschuldverschreibungen, sondern in Bar abgegolten. Mit dem Währungsschutzgesetz wurde auch bei den Versicherungsunternehmen auf die Unterscheidung von alten und neuen Guthaben eingegangen.[275] Danach wurde zwischen Ansprüchen unterschieden, die in altem Geld und solchen die in neuem Geld im Sinne der Währungsgesetzgebung erworben wurden. Als Stichtag wurde aus bilanztechnischen Gründen der 1.Jänner 1946 festgelegt. Der „Altteil" kam nur mehr mit einer bestimmten Quote, der „Neuteil" zur Gänze zur Auszahlung. Die zwischen dem 12.November bis zum Inkrafttreten des Währungsschutzgesetzes am 19.November eingezahlten Prämien wurden von den Abschöpfungen und Blockierungsmaßnahmen nicht betroffen. Diese Begünstigung der Versicherungsunternehmen forderte aber eine besondere Aufmerksamkeit, daß diese Sonderstellung nicht von Dritten zur Umgehung der Abschöpfungsmaßnahmen des Währungsschutzgesetzes mißbraucht wurde. Denn bei einigen Versicherungsunternehmen in den Bundesländern wurden in diesem Zeitraum Einmalprämienversicherungen in großem Umfang abgeschlossen. Das war zwar nicht verboten, wurde aber in den vorangegangenen Jahren praktisch nie gemacht. Damit hatte der Versicherungsnehmer das vertragsmäßige Recht, die Erlebensversicherung später mit einem unbedeutenden Verlust in neuen Schillingen zurück zu kaufen. Der Versicherungsverband wies daher darauf hin, „daß jetzt eine Forcierung dieses Geschäfts nur den Zweck haben kann, große Mengen von Banknoten bei den Gesellschaften, deren Neuguthaben nach §18 des Währungsschutzgesetzes ungeschmälert bleiben, vom Umtausch auszuschließen." Der Verband wies daher seine Mitgliedsunternehmen darauf hin, daß „vor Beendigung des Banknotenumtauschs der Abschluß von Versicherungen gegen Einmalprämie und mit Rückdatierung, ebenso wie die Annahme noch nicht fälliger Prämien bereits bestehender Versicherungen, eine Umgehung des Währungsschutzgesetzes darstellt und daß jede Gesellschaft, die sich zu solchen Transaktionen hergibt, nach § 30 des Gesetzes strafbar wird."[276]
Durch die ungeklärten Vermögensverhältnisse sah das Versicherungsüberleitungsgesetz ein Verbot der Veröffentlichung von Bilanzen vor. Denn 1945 war ein großer Teil der Aktiven der österreichischen Lebensversicherungsunternehmen entwertet, während die Verpflichtungen unverändert bestanden. Unsicher war vor allem der Anteil an Reichsanleihen. „Ein vorsichtiger Kaufmann in einem anderen Wirtschaftszweig wird diese insgesamt als Nonvaleurs betrachtet haben. Die Lebensversicherungen konnten nach solchen Überlegungen nicht handeln. Im Gegensatz zu der übrigen Wirtschaft sind sie durch die Natur ihres Geschäftes gezwungen, nicht in Monaten und Jahren, sondern in Jahrzehnten zu denken. Dadurch ergeben

---

275 3.Versicherungsüberleitungsverordnung vom 1. Oktober 1947, BGBl.Nr.238/47
276 Bundesministerium für Finanzen, Währungsschutzgesetz, 29. November 1947, AdR.BMF. 57772/47

sich nicht nur Verpflichtungen, sondern auch Möglichkeiten, die andere Wirtschaftsunternehmungen nicht haben. Zumindest bestand die Möglichkeit, abzuwarten, bis der Staat, der bei Kriegsende selbst aus den Fugen geraten war, zu einer ethischen Auffassung seiner Schuldverpflichtung zurück gefunden hat."[277] Darunter verstand man die Hoffnung, daß der österreichische Staat die Verpflichtung aus den Deutschen Reichsanleihen, wenn schon nicht selbst übernehmen, so doch eine für die Versicherungsunternehmen tragbare Lösung finden würde. 1946 wies der Versicherungsverband darauf hin, daß vor allem bei den Lebensversicherungsunternehmen die Frage der deutschen Wertpapiere eine große und entscheidende Rolle spielen würde. „Wir stehen auf dem Standpunkt, daß eine Übernahme dieser Verpflichtungen durch den österreichischen Staat und eine Aufwertung unerläßlich ist. Diese Anschauung wird auch von den zuständigen Behörden vertreten. Eine Entscheidung darüber dürfte voraussichtlich in naher Zukunft nicht zu erwarten sein, da die österreichische Regierung begreiflicherweise wird abwarten wollen, ob nicht ohnedies durch den mit Österreich abzuschließenden Staats- bzw. Friedensvertrag bestimmte Anteile an der deutschen Staatsschuld der Republik Österreich auferlegt werden. Unabhängig davon muß aber, wie bereits betont, die Übernahme und wenigstens teilweise Valorisierung der im Besitz der Versicherungsunternehmen befindlichen deutschen Staatstitres mit Entschiedenheit gefordert werden."[278] In diesem Schwebezustand war eine Vermögensbilanz nicht möglich. Hierfür war erst eine internationale Regelung der Abgrenzung der Versicherungsbestände und des Deckungsstocks notwendig, um die Frage zu klären, welche Vermögenswerte den einzelnen Staaten, die Bestandteile des großdeutschen Reiches waren, zufallen würden.[279] Die endgültige Regelung zog sich jedoch auf Grund der Verzögerung des Staatsvertrages und der damit verbundenen Vermögensabwicklung mit der BRD über viele Jahre hin. Dennoch war das Provisorium für die Versicherungsunternehmen äußerst hinderlich und auf Dauer nicht aufrechtzuerhalten. Ein Versicherungsunternehmen benötigt sowohl für die Versicherten als auch für die Rückversicherung der Publizität, als deren Grundlage die Offenlegung der Bilanz anzusehen ist. Das Bilanzproblem war aber auch der Ausdruck der ungeklärten Eigentumsverhältnisse und vermögensrechtlichen und bestandmäßigen Entflechtung mit den deutschen Versicherungsunternehmen. Solange die Eigentumsfrage nicht geklärt war, konnte

---

277 Fritz Füger, Das Provisorium der österreichischen Lebensversicherung, Die Versicherungsrundschau, Heft 3 1954, S. 66

278 Schreiben des Verbandes der Versicherungsanstalten Österreichs an das Österreichische Forschungsinstitut für Wirtschaft und Politik in Salzburg, Wien 21. Oktober 1946, Archiv Versicherungsverband

279 Bundesministerium für Finanzen, Information an den Bundeskanzler, Bisherige Handhabung durch die Alliierten Mächte auf dem Gebiete des Versicherungswesens, AdR.BMF., 53685/46

es keine endgültige Regelung des Versicherungswesens geben. Da dies erst mit dem Staatsvertrag ab 1955 möglich war, hat dessen Verzögerung auch die Lösung der Versicherungsprobleme lange Zeit verhindert. In dieser Hinsicht ist auch die Haltung der Regierung, „die Sache in die Länge zu ziehen" zu verstehen. Zumindest im Versicherungsbereich war vor der Regelung der Frage des deutschen Eigentums und der Vermögensforderungen über den Staatsvertrag eine Lösung nicht möglich. Dadurch gab es zu diesem ursprünglich nur als Übergangslösung gedachten Versicherungsüberleitungsgesetz bis in die Mitte der 1950er Jahre drei Novellen und sechs Verordnungen.[280]

Das Aufschieben der Bilanzprobleme hat für die Versicherungsunternehmen aber nicht nur Nachteile mit sich gebracht, bedingt durch die beschleunigte Geldentwertung bis Anfang der 1950er Jahre, die auch durch die fünf Lohn-Preisabkommen der Sozialpartner nur mäßig gebremst werden konnte. Die Sachversicherung konnte dem leicht entsprechen, indem sie die Tarife flexibel anpassen konnte, bei der Lebensversicherung traf aber die Geldentwertung die Versicherungsnehmer. Lebensversicherungen entsprachen langfristigen Sparverträgen, bei denen eine Valorisierung nicht vorgesehen ist. Die Entwertung der Versicherungssumme wurde schon bei der Umstellung auf Schilling 1945 deutlich. Die Währungsumstellungen 1938 – drei Schilling sind zwei Reichsmark – und 1945 – eine Reichsmark entspricht einem Schilling – hätte an sich bedeutet, daß zwei Schilling neu des Jahres 1945 drei Schilling alt entsprochen hätten. Tatsächlich aber war die Kaufkraft des Schillings 1945 bereits niedriger als jener des alten Schilling aus der Vorkriegszeit und sein Wert ging in den folgenden Jahren weiter rasch zurück. 1947 protestierte daher ein Regierungsrat im Ruhestand beim Finanzministerium, da ihm die Österreichische Beamtenversicherung seine aus der Vorkriegszeit stammende Ablebensversicherung von 1.000 Schilling alt auf 666,66 Schilling neu festgelegt hatte. Die Lebensversicherungsunternehmen würden sich diesen Umrechnungsschlüssel zu nutze machen. Die Versicherungen würden durch solche Praktiken auf 2/3 reduziert, „in Wirklichkeit aber fast völlig entwertet, da die Kaufkraft des altösterreichischen Schillings das achtfache des heutigen Schillings besaß. Dieser Vorgang bereichert die Versicherungsgesellschaften und verarmt die Versicherungsnehmer ..."[281] Das Finanzministerium widersprach ihm mit dem Hinweis, daß für die Versicherungsunternehmen nicht nur ihre Verpflichtungen, sondern auch ihre Forderungen nach dem gleichen Schlüssel umgewandelt wurden, sofern sie nicht wie die Reichsanleihen überhaupt völlig wertlos geworden waren.

---

280 Einschließlich der Novelle des Versicherungsüberleitungsgesetzes vom 17.März 1954 BGBl. Nr. 67/ 1954) mit denen die Bestimmungen über Zahlungsbeschränkungen gegenüber Personen, die vom Verbotsgesetz (Entnazifizierung) betroffen waren, aufgehoben wurden.

281 Bundesministerium für Finanzen, 4.November 1947, AdR.BMF. 44691/47

Tatsächlich aber paßte die laufende Geldentwertung die Ansprüche der Versicherungsnehmer den reduzierten Aktiven der Unternehmungen langsam an. Die Vermögenseinbußen durch den Krieg hatte durch die fortschreitende Geldentwertung der Nachkriegszeit an Bedeutung verloren. Gleichzeitig war es den Unternehmen gelungen, durch Rationalisierung und Produktionssteigerung ein Gleichgewicht der laufenden Gebarung zu erreichen. „Trotzdem muß angenommen werden, daß reine Lebensversicherungsunternehmungen die Hilfe des Staates werden beanspruchen müssen. Dem Vernehmen nach bewegen sich jedoch die aufzuwendenden Mittel durchaus in mäßigen Grenzen. Bei gemischten Unternehmungen, welche außer der Lebensversicherung auch die übrigen Versicherungssparten betreiben, wird voraussichtlich nur mit steuerlichen Maßnahmen das Auslangen gefunden werden können."[282] Lebensversicherungen zählten daher in den ersten Nachkriegsjahren nicht unbedingt zu den beliebtesten Sparformen. Dies hing nicht nur mit der kriegsbedingten Verarmung der österreichischen Bevölkerung zusammen, sondern auch damit, daß man praktisch mit Negativzinsen rechnen mußte. Während sich daher die Sachversicherungen von 1945 bis 1952 nominal um das Siebzehnfache steigern konnte, erhöhten sich die Prämienzahlungen in der Lebensversicherungen um gut das Dreifache. Die Versicherungsdichte (Prämie pro Kopf real) lag noch 1951 insgesamt etwa auf dem Niveau von 1910.[283]

ENTWICKLUNG DER VERSICHERUNGSWIRTSCHAFT IN ÖSTERREICH
Lebensversicherungen Prämien direktes inländisches Geschäft
In Mio

Jahr	Schilling nominal	Schilling real Wert 1999
1945	44,0	2.086
1946	66,0	1.723
1947	67,0	856
1948	70,0	753
1949	85,0	746
1950	101,0	774

Quelle: Angelika Hollmayer, Makrodaten der österreichischen Assekuranz 1875–2000, in: Versicherungsgeschichte Österreichs, Band VI, S. 1405/6

282 Fritz Füger, Das Provisorium der österreichischen Lebensversicherung, Die Versicherungsrundschau, Heft 3 1954, S. 68
283 Angelika Hollmayer, Makrodaten der österreichischen Assekuranz 1875–2000, in: Wolfgang Rohrbach (Hrsg), An der Schwelle zum 3.Jahrtausend – Retrospektiven und Perspektiven, Wien 2000, S. 1396 und 1407

Die Währungsentwicklung brachte die Lebensversicherungsunternehmen daher in eine schwierige Lage. Ihre Rechnungsgrundlage baut auf die Sterbetafeln, das Zinsniveau und die Kosten auf. Ein ordnungsgemäßer Betrieb setzt voraus, daß die tatsächlichen Ergebnisse den erwarteten entsprechen. Dies war seit April 1945 nicht mehr der Fall. Ursprünglich bestand das Hauptproblem im Ausfall von Vermögenswerten durch Kriegsschäden und staatsrechtlichen Veränderungen (Reichsanleihen, deutsche Werte). Dem wurde mit den Währungs- und Versicherungsgesetzen entsprochen, welche die Leistungen so weit reduzierten, daß die Gefahr der Insolvenz der gesamten Branche behoben war. „Das Problem hat sich dadurch verlagert," stellte die Versicherungsaufsicht Ende 1947 fest, „daß die Gesellschaften als Folge der Senkung des Geldwertes in die Gefahr kommen, zur Deckung der Betriebskosten Spargelder der Versicherten angreifen zu müssen."[284] Das Ausbleiben eines Wirtschaftsaufschwungs und das mangelnde Vertrauen in die Währung machten es den Versicherungsunternehmen unmöglich, das Volumen des Versicherungsbestandes und damit auch die Verwaltungskosten dem gesunkenen Geldwert anzupassen. Es bestand daher die Gefahr, „daß der bisher große und angesehene Zweig der Lebensversicherung zu einem unbedeutenden Anhängsel der Sach- und Vermögensschadensversicherung werden würde." Als provisorische Maßnahme wurde daher am 28. August 1947 ein Teuerungszuschlag von 6 % der Versicherungssumme eingeführt.[285] Der Teuerungszuschlag führte zu Protesten, einer Anfrage im Nationalrat und einigen Prozesse, bei welchen die Gesetzmäßigkeit der Anordnung angezweifelt wurde. Das Finanzministerium konnte aber seinen Standpunkt keinesfalls aufgeben, daß es berechtigt sei, die materiellen Voraussetzungen im Versicherungswesen zu bestimmen.[286] Man war sich aber darüber im klaren, daß es bei den Lebensversicherungen unter den derzeitigen Umständen nicht bei einem „einmaligen" Teuerungszuschlag bleiben konnte. Die „Regienot" konnte nur dadurch behoben werden, „daß unter günstigen wirtschaftlichen Verhältnissen und bei Vertrauen des Publikums in die Beständigkeit des Geldwertes, in einem gegenüber früher verstärkten Umfang Neuversicherungen abgeschlossen werden, die ein erhöhtes Prämien- und damit auch ein Regievolumen bringen, aus dem das Regiedefizit für den alten Bestand zum großen Teil oder vielleicht ganz gedeckt werden kann. Mit einem solchen Neuzugang sieht es aber derzeit sehr schlecht aus; er deckt jetzt nicht ein-

---

284 Bundesministerium für Finanzen, Versicherungsaufsicht, Teuerungszuschlag in der Lebensversicherung, 19. November 1947, AdR.BMF. 48751/47
285 Anordnung des Bundesministeriums für Finanzen vom 28. August 1947, Zl. 37808–19/47
286 Bundesministerium für Finanzen, Versicherungsaufsicht, Teuerungszuschlag , 10. Dezember 1947, AdR.BMF. 58456/47

mal den natürlichen Abfall, geschweige denn, daß er zu einem erhöhten Regie-deckungsvolumen führte."[287]

PRÄMIENRESERVEN[288]
In Mio Schilling

	1944	1945	1946	Steigerung der Prämien-einnahmen 1945/1946
Der Anker	22,781	25,347	26,868	47 %
Wiener Städtische	48,810	51,446	54,233	35 %
Bundesländer	66,266	71,331	75,171	40 %
ÖVAG alt	166,611	168,569	170,093	38 %
ÖVAG neu	25,877	29,884	34,426	68 %
ÖVAG gesamt	192,488	198,453	204,519	47 %
Wiener Verein	12,000	13,300	14,400	41 %
Jupiter	3,915	4,087	4,464	23 %
Victoria	27,989	28,684	29,900	33 %
Riunione	12,937	12,979	12,634	(-) 33 %
Volksfürsorge	29,510	-	35,310	-
Beamte	-	-	5,276	21 %
Generali	25,000	27,159	28,582	57 %
Donau-Concordia	-	15,044	15,221	7 %

Steigerung 1945/46 in Prozent der Prämieneinnahmen
Volksfürsorge Prämienreserve nicht 1944 sondern 1943

Bemerkenswert ist die verhältnismäßig hohe Steigerung beim Altbestand der ÖVAG, welche durch die große Zahl der Überfälligkeiten bedingt war. Bei der ÖVAG war der Neubestand um ca. 700.000 Schilling unterdeckt, dafür der Altbestand buch-mäßig um 3 Mio Schilling überdeckt. Die Verminderung der Prämienreserven der Riunione war durch die hohe Zahl der Fälligkeiten bedingt und durch das sehr ge-ringe Neugeschäft in den vorangegangenen Jahren. Allgemein stellte die Versiche-

---

287 Bundesministerium für Finanzen, Versicherungsaufsicht, Teuerungszuschlag, Einsichtbemerkung, 10. 11. 1947, AdR.BMF. 53468/47
288 Bundesministerium für Finanzen, Entwicklung der Prämienreserven 1945 und 1946, 9. Februar 1948, AdR.BMF. 336/48

rungsaufsicht fest, daß die verhältnismäßig niedrige Steigerung der Reserven durch die Stockbewegungen – kleiner Zugang und großer Abfall – bedingt war.

PRÄMIENEINNAHMEN UND UNKOSTEN ÖSTERREICHISCHER VERSICHERUNGSUNTERNEHMEN[289]

Werte in 1.000 Schilling

Österreichische Aktiengesellschaften	Prämieneinnahmen		Unkosten in % der Prämieneinnahmen	
	1945	1946	1945	1946
Anglo-Elementar	2.715	4.992	57 %	55 %
Der Anker	2.334	4.178	28 %	30 %
Donau-Concordia	6.679	7.013	43 %	43 %
Erste Allgemeine	3.845	6.719	67 %	58 %
N.Ö.Brandschaden	2.800	3.796	39 %	47 %
Kosmos	609	1.414	51 %	60 %
ÖVAG	7.349	10.836	30 %	27 %
Volksfürsorge	4.267	6.147	23 %	26 %
Bundesländer	12.195	22.907	33 %	34 %
Wiener Allianz	5.911	12.105	59 %	45 %
Heimat	319	527	36 %	35 %
Internat.Unfall	1.507	3.931	98 %	72 %

Wechselseitige Anstalten mit Sitz in Wien

Wiener Spiegelglas	68	67	119 %	139 %
Montanverein	104	614	63 %	22 %
Jupiter	1.337	1.657	23 %	41 %
Beamtenversicherung	363	789	27 %	24 %
Papierindustrie	177	185	24 %	26 %
VersVerband Industriellen	250	648	10 %	9 %
Wiener Verein	1.525	2.706	30 %	35 %
Wiener Wechsels.	1.322	2.953	27 %	35 %
Wiener Städtische	10,794	22.022	31 %	34 %
Collegialität	986	1.321	18 %	24 %

---

289 Bundesministerium für Finanzen, Versicherungsaufsicht, Geschäftsgebahrung der Versicherungen 1945 und 1946, 26. Juni 1947, AdR.BMF. 27998/47

Union und Anlo-Danubia-Lloyd sind bei der Wiener Städtischen verrechnet.
1945 „seit der Befreiung", also seit Mai dieses Jahres.

Bei folgenden Unternehmen überschritten 1946 die Versicherungsleistungen und
Unkosten die Prämieneinnahmen:

Internat.Unfall	−166	positiv
Wiener Spiegelglas	−15	−35
Montanverein	−326	−457
Beamtenversicherung	−116	−351
Wiener Verein	−42	positiv

3. Die Problemanalyse der Versicherungsaufsicht 1946/47

In der Versicherungswirtschaft ging man berechtigterweise davon aus, daß die Ver-
mögens- und Geschäftsentflechtungen mit Deutschland durch den Staatsvertrag geregelt werden würde, der bereits für 1947 erwartet worden war. In Vorbereitung
dafür forderte das Bundeskanzleramt, Auswärtige Angelegenheiten, das Finanzministerium auf, die „Probleme der Vertragsversicherungen als Gegenstand staatsvertraglicher Regelung" darzustellen. Die Versicherungsaufsicht stellte daher in drei „Äus-
serungen" seine Position dar. Die Stellungnahmen vom 9. 3. 1946, vom 12. 4. 1946
und schließlich vom 21. 1. 1947 zeigten nicht nur die grundsätzliche österreichische
Haltung, sondern auch die Veränderung der Problemstellung durch die politische
Entwicklung.[290] Vorerst wurde darauf hingewiesen, daß die Friedensverträge mit Italien, Ungarn, Finnland, Bulgarien und Rumänien und die zwischen diesen Ländern
getroffenen Vereinbarungen die österreichische Regelungen berühren werden, als
hier allgemeine Begriffe und Prinzipien aufgestellt werden, die auch für andere Länder Gültigkeit haben. Dann wurde ausdrücklich festgestellt: „Auch für die Regelung
der Fragen des Versicherungswesens muß an die Spitze gestellt werden, daß Österreich gegenüber den alliierten Mächten niemals Feindstaat war und daher auch nicht
als solcher behandelt werden darf." Im Verhältnis mit Deutschland sollte der Grundsatz gelten, „daß die unter politischem Druck und im Zuge der wirtschaftlichen
Durchdringung Österreichs durch das Deutsche Reich getroffenen Maßnahmen rückgängig zu machen sind und der Zustand vom 11. März 1938 in der Regel der Fälle
wieder herzustellen sein wird."

---

290 Probleme der Vertragsversicherung, Erste Äußerung des Departements 19 vom 9. 3. 1946, zweite
   Äußerung vom 12. 4. 1946, dritte Äußerung vom 21. 1. 1947, Bundesministerium für Finanzen,
   AdR.BMF. 9728/46, 24806/46, 3708/47

Unter Österreich war das Staatsgebiet vom 11. März 1938 zu verstehen, als österreichische Versicherungsunternehmen waren all jene, welche nach dem in Österreich geltenden Recht gegründet worden sind und in Österreich ihren Hauptsitz hatten. An dieser Sitztheorie für die Beurteilung der Staatszugehörigkeit einer juristischen Person sollte unbedingt festgehalten werden, da sie nicht nur der internationalen Rechtspraxis entsprach, sondern auch beim Staatsvertrag von Saint Germain und den späteren zwischenstaatlichen Abmachungen im wesentlichen daran festgehalten wurde. Für die angestrebte Regelung war die Kontrolltheorie abzulehnen, da der Aktienbesitz in unkontrollierbarer Weise ständig fluktuierte.

Auf Grund des angestrebten Staatsvertrages war nun jeder Versicherungsvertrag dem Versicherungsbestand eines bestimmten Staatsgebietes zuzuweisen. Infolge der mannigfachen Gebietsänderungen würden die einzelnen Versicherungsbestände neu zu bilden und abzugrenzen sein. Für die Bestandsabgrenzung könnten verschiedene Gesichtspunkte maßgebend sein:

- dauernder Wohnsitz
- Staatszugehörigkeit des Versicherungsnehmers
- Ort des Vertragsabschlusses
- Ort der Prämienzahlung
- vereinbarter Erfüllungsort
- Hauptsitz des Versicherungsunternehmens
- Sitz der Geschäftsstelle

Im Staatsvertrag sollten nur die allgemeinen Richtlinien festgelegt werden, die Einzelheiten wären in zwischenstaatlichen Vereinbarungen zu regeln. Im allgemeinen sollte der Versicherungsvertrag im Bestand jenes Gebietes bleiben, in dem die letzte Prämie vor der Bestandsabgrenzung bezahlt worden war. Damit wäre bereits eine klare Bestandsabgrenzung gegeben, mit Ausnahme aller Gebiete, die einen Bestandteil des ehemaligen Deutschen Reiches bildeten. Hier sollten andere Regelungen gelten. Bei der Sachversicherung wäre die Lage des versicherten Risikos und bei den Personenversicherungen der Wohnsitz des Versicherungsnehmers zu einem bestimmten Stichtag heranzuziehen. Der Versicherungsbestand österreichischer Unternehmen, welcher durch den Zerfall des Großdeutschen Reiches von einem inländischen zu einem ausländischen Bestand geworden war, sollte durch jene Vermögenswerte bedeckt werden, die in diesen Gebieten verblieben waren. „Für Schäden und Wertminderungen die durch Kriegsfolgen oder Verfügungen von hoher Hand an Vermögenswerten entstanden sind, hat die betroffene Versicherungsunternehmung nicht aufzukommen."

Auf Grund der Erfahrung mit den Friedensverträgen nach dem Ersten Weltkrieg war zu erwarten, daß die alliierten Mächte weitgehende Sonderrechte für ihre Staatsangehörigen beanspruchen würden. Solche Bestimmungen wurden für die österreichischen Versicherungsunternehmen als noch weitaus mehr belastend angesehen als 1918, da sie eine unabsehbare Erhöhung des versicherungstechnischen Risikos für solche einseitig fortgesetzten Versicherungsverträge bedeuten würden. Daher sollten im Staatsvertrag Regelungen angestrebt werden, daß Versicherungsverträge in dem Zeitpunkte, in welchem durch den letzten Krieg der Geschäfts- und Zahlungsverkehr zwischen dem Versicherungsunternehmen in Österreich und dem Versicherungsnehmer im Auslande faktisch unterbrochen wurde, als erloschen galten und nur noch Anspruch auf die vertraglichen Abfindungswerte gewährt werden. Nach ähnlichen Grundsätzen sollten auch Rückversicherungen behandelt werden.

Weiters sollte im Staatsvertrag festgelegt werden, daß österreichische Versicherungsunternehmen im Ausland ihre Tätigkeit nach dem Prinzip der Meistbegünstigung fortsetzen dürfen. Nach gleichen Prinzipien sollten auch Aktienbeteiligungen behandelt werden, gleichviel, wann sie erworben wurden. Bei einer Beschlagnahmung von Vermögenswerten wäre volle Entschädigung zu gewähren. „Bei der internationalen Regelung der Vertragsversicherungen werden sich außerordentlich verwickelte Fragen ergeben", stellte die Versicherungsaufsicht fest, die sich erst im Zuge der Verhandlungen herausstellen werden. Die Versicherungsaufsicht bestand daher darauf, bei den einschlägigen Verhandlungen zum Staatsvertrag unbedingt beigezogen zu werden. In dieser ersten Äußerung versuchte die Versicherungsaufsicht „die zu behandelnden Probleme in einem organischen Zusammenhang, der den Besonderheiten des Versicherungswesens entspricht" darzustellen.

In einer zweiten Äußerung, etwa einem Monat später, stellte sich manches bereits anders dar. Vor allem waren österreichische Betriebe im Ausland „durch Verfügung von hoher Hand" bereits beschlagnahmt worden, so in Rumänien, Jugoslawien und zum Teil in Ungarn. Diese Maßnahmen erfolgten „zumeist unter dem Rechtstitel einer Gleichstellung österreichischer und deutscher Unternehmungen, wogegen von österreichischer Seite bisher erfolgreiche Schritte nicht unternommen werden konnten." Vor allem aber waren die wirtschaftlichen Verhältnisse zwischen Österreich und Deutschland zu klären. Solange der Begriff „Versicherungsbestand" nicht umschrieben war und von allen beteiligten Staaten als bindend anerkannt wurde, war es unmöglich, die einzelnen Versicherungen zuzuordnen und die sich daraus ergebende Vermögensaufteilung vorzunehmen. „Derzeit besteht nur ein einheitlicher, großdeutscher Versicherungsbestand mit einer einheitlichen, großdeutschen Versicherungsmasse für jede in Großdeutschland tätig gewesene Versicherungsgesellschaft. Keiner der Nachfolgestaaten kann einseitig bestimmen, welche Versicherungen und welchen Teil des Gesamtvermögens und schon gar nicht, welche bestimmten Vermögensstücke er für sein Gebiet beansprucht." Auf dem Gebiet des Versicherungswesens wurden hierfür fünf Möglichkeiten in Betracht gezogen:[291]

- Das Verhältnis zwischen Hauptanstalt und Zweigniederlassung innerhalb eines Unternehmens. Hier kann ein unternehmensinterner Ausgleich erfolgen, wobei lediglich der Transfer von Vermögenswerten ungehindert sein muß.
- Versicherungspolizzen von deutschen Unternehmungen, welche in Österreich keine eigene Niederlassung hatten. „Fälle dieser Art sind gerade im Verhältnis zwischen Deutschland und Österreich sehr zahlreich. An die 100 deutsche Gesellschaften haben in Österreich Versicherungen abgeschlossen, ohne hier eine eigene Zweigniederlassung zu errichten. Es ist nicht bekannt, welche Gesellschaften in dieser Weise gearbeitet haben und wie groß ihr hier abgeschlossenes Geschäft war und heute, nach der Rückwanderung der deutschen Staatsbürger, noch ist." Diese Gesellschaften hatten ihre in Österreich eingehobenen Prämien durch ihre Hauptanstalt angelegt, so daß die Bedeckungwerte vorwiegend in Deutschland zu finden waren. Die Beträge wurden auf 40 bis 50 Mio Schilling geschätzt, „die den österreichischen Versicherten gesichert werden müssen." Der umgekehrte Fall, der Tätigkeit österreichischer Gesellschaften im Deutschen Reich, spielte kaum eine Rolle.
- Rückversicherungen österreichischer Gesellschaften bei Gesellschaften im Deutschen Reich. Diese mußten auf Forderung der Alliierten aufgelöst werden. Die Schlußabrechnung war so lange nicht möglich, als der Begriff „österreichisches Geschäft" nicht geklärt war. Eine bedeutende Forderung ergab sich jedoch beim Kriegsrisiko der Transportversicherung, welche bei der deutschen Kriegsversicherungsgemeinschaft rückversichert werden mußte. Hier standen noch 17 Mio RM für unbezahlte Schulden offen, für die es eine Reichsbürgerschaft gab.
- Forderungen österreichischer Versicherungsgesellschaften gegen deutsche Schuldner, vor allem Schuldscheindarlehen und Hypotheken. Wieweit solche Forderungen noch realisiert werden konnten, war nicht klar.
- Forderungen österreichischer Gesellschaften gegen den deutschen Staat, die meist unter Zwang angeschafften Reichsanleihen, Schuldverschreibungen und die Forderungen an den Versicherungsfonds in Berlin. Hier handelte es sich um Obligationen im Nennwert von rund 132 Mio RM, zu denen noch rückständige Zinsen von 6 Mio RM im Jahr hinzuzurechnen waren.
- „Forderungen gegen den deutschen Reichsfiskus für beschlagnahmte Versicherungen von Emigranten, Juden, politische Verfolgten usw. (Nach bisherigen Er

---

291 Probleme der Vertragsversicherung, Erste Äußerung des Departementes 19 vom 9. 3. 1946, zweite Äußerung vom 12. 4. 1946, AdR.BMF. 24806/46

hebungen schätzungsweise 7,5 Mio RM.)" 6 Mio RM Vorauszahlung der ÖVAG und 1,5 Mio RM für die übrigen Versicherungsunternehmen.

Die dritte Äußerung des Departement 19 vom Jänner 1947 befaßte sich bereits konkret mit einem amerikanischen und einem britischen Entwurf zu einem Staatsvertrag mit Österreich. Beide Entwürfe waren relativ ähnlich und gingen an keiner Stelle explizit auf die Vertragsversicherungen ein. Dennoch gab es eine Reihe von Bestimmungen, die sich auch auf das Versicherungswesen auswirken würden. Die Äußerung befaßte sich ausführlich mit der geforderte Rückstellung von Eigentum und Rechten von rassisch oder politisch Verfolgten. Hervorgehoben wurde, daß in dem Entwurf die Sitztheorie festgelegt und damit die von einzelnen Alliierten bislang vertretene Kontrolltheorie aufgegeben wurde. Das Finanzministerium forderte daher die ausdrückliche Feststellung, daß Aktienbesitz nur Aktionärsrechte einräumt und niemals Anspruch auf Sachwerte, weder im Inland noch im Ausland. Denn sonst könnten die einzelnen Besatzungsmächte in ihren Zonen Sachwerte ohne Übernahme der Verbindlichkeiten beschlagnahmen. Man forderte auch die von der österreichischen Regierung aufgestellte, und von der amerikanischen und britischen Finanzdelegation in Wien akzeptieren Auffassung aufzunehmen, daß das Versicherungswesen niemals Gegenstand von Maßnahmen nach den Potsdamer Beschlüssen sein könne. Es war daher anzustreben, daß alle Maßnahmen rückgängig gemacht werden, durch welche österreichische Interessen im Ausland als „deutsches Eigentum" beschlagnahmt worden waren, wenn nachgewiesen werden kann, daß es sich dabei nicht um deutsches Eigentum handelt. Der Eigentumsübergang unter allgemeinem Zwang ab 1938 sollte dabei unberücksichtigt bleiben. Als außerordentlich hart wurde die Vorstellung empfunden, daß die für in den meisten ausländischen Geschäftsgebieten bereits erfolgte Enteignung der österreichischen Gesellschaften nur der Liquidierungserlös erstattet werden sollte. Die bisherigen Beispiele zeigten, daß bei diesen Liquidierungen die Aktivwerte stark unterschätzt und die Passivwerte überschätzt wurden und der allgemeine Geschäftswert (good will) überhaupt nicht in Betracht gezogen wurde. Dadurch fiel der Liquidierungserlös sehr gering aus, wenn überhaupt noch etwas übrig blieb. Außerdem wäre bei diesen Liquidierungen auch die Ansprüche der Versicherungsnehmer vorrangig zu behandeln, da sonst der Fall eintreten würde, daß die Vermögenswerte beschlagnahmt würden, die Gesellschaften aber weiterhin für die Verbindlichkeiten aus den Versicherungsverträgen verantwortlich wären.

Bei der finanziellen Entflechtung mit Deutschland war noch unklar ob die Bestimmungen nur die beiden Staaten oder auch die Staatsbürger betrafen. Die Regelung der deutschen Staatsschulden war so gedacht, daß dem österreichischen Staat ein Schadenersatzanspruch gegenüber Deutschland für alle vor dem 8. Mai 1945 ausgegebenen deutschen Schulen-Titres zustand. Damit konnten sich die Österreicher bei ihren Forderungen an den österreichischen Staat halten, „für den es nun eine innenpolitische Frage geworden ist, ob und in welchem Ausmaß er diese Ansprüche tatsächlich erfüllen kann. Diese geänderte Rechtslage wäre für die künftige Sanierung des österreichischen Versicherungswesens von größter Bedeutung." Dies vor allem deshalb, da die Regelung des großen Bestands an Reichsanleihen bei den Versicherungsunternehmen nun mit der Republik Österreichs zu vollziehen war.[292]

4. Bestandsabgrenzung

Die Neuabgrenzung der Versicherungsbestände war eines der schwierigsten Probleme, das vor der endgültigen Sanierung der österreichischen Versicherungswirtschaft gelöst werden mußte, stellte die Versicherungsaufsicht 1947 fest.[293] Eine allseits befriedigende Lösung war hier kaum zu finden, es konnte nur eine Regelung mit einem Minimum an unvermeidlichen Härten angestrebt werden. Versicherungen in Gebieten, die niemals Teil des Deutschen Reiches waren, wurden von dieser Frage nicht berührt, ebenso wenig wie jene, die bereits vor dem „Anschluß" 1938 abgeschlossen worden waren. Hier konnte die frühere Bestandszugehörigkeit wieder in Kraft treten. Dagegen bildeten die Versicherungen, die erst nach den verschiedenen Annexionen im großdeutschen Reich abgeschlossen worden waren, eine einheitliche Masse, die auf die verschiedenen Bestände aufgeteilt werden mußten. Am befriedigsten wäre eine Lösung gewesen, die sich an sachliche Gesichtspunkte, also unmittelbar an die Versicherungsverträge halten konnte. Hierfür kamen in Betracht:

– Ausstellungsort der Polizze
– Erfüllungsort der Polizze
– Ort der Prämieneinhebung

Diese Kriterien wurden als unzureichend empfunden, da die meisten Gesellschaften in großdeutschen Reich aus verwaltungstechnischen Gründen sämtliche Polizzen an ihrem Hauptsitz ausstellten und abwickelten. Dadurch würde der gesamte Versicherungsbestand einem Gebiet zugewiesen werden, was für zahlreiche Versicherungsnehmer in den anderen Gebieten eine untragbare Härte dargestellt hätte.

---

292 Probleme der Vertragsversicherung, Bundesministerium für Finanzen, AdR.BMF. 9728/46, 24806/46, 3708/47

293 Bundesministerium für Finanzen, Versicherungsaufsicht, Bemerkungen zur Frage der Bestandsabgrenzungen Lebensversicherung, 6. Februar 1947, AdR.BMF. 1737/47

– Hinterlegungsort der Prämienreserve
Dies war zur Bestandsabgrenzung völlig unbrauchbar, da die Deckungswerte der
Versicherungsgesellschaften über das ganze Deutsch Reich verstreut waren.

– Ort der Antragsstellung
Das Gebiet, in dem der Versicherungsnehmer den Abschluß der Versicherung beantragte, war zur Bestandsabgrenzung denkbar. Allerdings spielten hier viele Zufälligkeiten eine Rolle – wie vorübergehender Aufenthalt – so daß auch dieses Kriterium
nicht ganz befriedigen konnte.

Die Versicherungsaufsicht neigte daher zu den Ansicht, daß persönlichen Gesichtspunkten, die mit der Person des Versicherungsnehmers oder Begünstigten zusammen hingen, der Vorrang zu geben war. Dabei stellte sich aber sogleich die Frage
nach dem Zeitpunkt, also welcher Stichtag festgelegt werden sollte. Hier kam die
Staatsbürgerschaft oder der dauernde Wohnsitz in Frage. Die Staatsbürgerschaft
wurde abgelehnt, da sie nicht dem wirtschaftlichen Charakter eines Versicherungsvertrages entsprach. Der dauernde Wohnsitz des Versicherungsnehmers oder Begünstigten drängte sich daher als entscheidender Umstand auf. Der dauernde Wohnsitz stellte im allgemeinen auch den wirtschaftlichen Lebenskreis dar, wo der
Versicherte seine Verpflichtungen erfüllte und seine Versicherungsleistungen erhalten wollte. Die Versicherungswirtschaft neigte im allgemeinen zu der Auffassung,
daß der dauernde Wohnsitz vor Zusammenbruch des Deutschen Reiches gewählt
werden sollte, etwa der 31. Dezember 1944. Dieser Wohnsitz war leichter feststellbar, da er die mit Ende des Krieges erzwungenen Wanderungsbewegungen in den
meisten Fällen nicht berücksichtigen mußte. Doch auch diese Lösung barg zahlreiche Härten in sich. So wären die Sudetendeutschen, die aus der Tschechoslowakei
vertrieben wurden, dem tschechoslowakischen Bestand zugerechnet worden und
würden damit leer ausgehen, da dort ihre Lebensversicherungen schon eingezogen
worden waren, bevor sie das Land zu verlassen hatten. Andererseits wären die Versicherungsverträge von Reichsdeutschen, die Österreich 1945 zu verlassen hatten,
weiter dem österreichischen Bestand zugeordnet werden, wenn sie Ende 1944 ihren
dauernden Wohnsitz in der „Ostmark" hatten.

Keine der Lösungen war daher völlig befriedigend. Die Versicherungsaufsicht
schlug vor, daß eine Versicherung dem Gebiet der Geschäftsstelle zuzuweisen wäre,
welche die letzte bezahlte Prämie vorbehaltlos angenommen hatte. Der britische
Vertreter der alliierten Finance Division ging davon aus, daß Ansprüche nicht nur im
Land der Ausstellung geltend gemacht werden konnten, sondern auch gegenüber
der Zentrale.[294] Dies hätte bedeutet, daß Versicherungsunternehmen mit Sitz in

---

294 Lt.Col.G.D.S.Crossman, Finance Division Allied Commission for Austria an Min.Rat. Dr. Wagner,

Wien auch für Verpflichtungen in Gebieten aufzukommen hätten, in denen ihr Vermögen beschlagnahmt bzw. verstaatlicht worden war, was natürlich abgelehnt wurde.

In der Frage der Bestandsabgrenzung gab es daher keine einheitliche Meinung. Unterschiedliche Auffassungen gab es nicht nur zu den alliierten Vertretern, sondern die Betriebsverhältnisse der einzelnen Versicherungsunternehmen waren auch so verschiedenartig, daß ein Kriterium für einige Unternehmen zweckmäßig sein konnte, bei anderen aber völlig unbrauchbar. Um einen Überblick über die ab März 1938 im großdeutschen Reich abgeschlossenen Versicherungsverträge der österreichischen Unternehmen zu gewinnen, forderte die Versicherungsaufsicht die Unternehmen über den Verband der Versicherungsunternehmen auf, ihre Haltung darzustellen. Diese sollten Unterlagen für die laufenden Staatsvertragsverhandlungen bieten. Da die Zeit drängte, war der Fragebogen, der Lebens- wie Sachversicherungen betraf, innerhalb von nur neun Tagen zu beantworten.[295] Als Kriterien wurden angeboten:

Objektive Kriterien:
- Ort der Antragstellung
- Ort des Vertragsabschlusses
- Ort der Vertragsausstellung
- Ort der Vertragserfüllung
- Ort des Gerichtsstandes
- Ort der Prämienzahlung
- Hinterlegungsort der Prämienreserven

Subjektive Kriterien:
- Stichtag
- maßgebende Personen
- Staatsbürgerschaft
- Wohnsitz
- Lage des Objekts oder Interesses

Auf die Rundfrage der Versicherungsaufsicht antworteten 74 Gesellschaften, allerdings gingen etwa ein Viertel auf die Fragen nicht ein, da sie für den Betrieb ihres

---

Versicherungsaufsichtsbehörde, Wien 16. 1. 1947, Bundesministerium für Finanzen, Staatsvertrag mit Österreich, AdR.BMF. 1737/47

295 Bundesministerium für Finanzen, Versicherungsaufsicht, Erhebungen zur Frage der Bestandsabgrenzung, 6. Februar 1947, AdR.BMF. 6185/47

Unternehmens angeblich uninteressant erschienen. Die übrigen Antworten waren so verschiedenartig, daß eine einheitliche Auffassung auch nur in den wichtigsten Fragen nicht zu erkennen war. „Immerhin hat auch die verwirrende Vielzahl der Antworten einen wertvollen Beitrag zur Klärung des Problems geliefert."[296] Die positiven Antworten hatten zumindest folgendes klargestellt:

- Die objektiven Kriterien wurden nur von wenigen Gesellschaften zur Bestandsabgrenzung vorgeschlagen und wenn, dann nur zusätzlich mit subjektiven Kriterien. Der Ort der Vertragserfüllung, des Gerichtsstandes und der Hinterlegung der Prämienreserven wurden ausnahmslos abgelehnt. Der Ort des Vertragsabschlusses und der Vertragsausstellung wurde nur von ganz wenigen Gesellschaften positiv bewertet, die meisten stellten fest, daß diese Kriterien für sie nicht brauchbar waren. Auch das von der Versicherungsaufsicht favorisierte Unterscheidungsmerkmal „Ort der Geschäftsstelle, an der die letzte Prämie vorbehaltlos bezahlt wurde" fand keine ungeteilte Zustimmung. Von den 35 Gesellschaften, die auf diese Frage eingingen, schlugen es 11 als entscheidendes Kriterium vor, die übrigen lehnten es mit dem Hinweis ab, daß sie die Prämien zentral einkassiert hatten.
- Die subjektiven Kriterien erschienen den meisten Gesellschaften für die Bestandsabgrenzung vorteilhafter. Als Stichtag wollten 22 Gesellschaften einen Termin vor der Befreiung Österreichs ansetzen – zumeist den 31.Dezember 1944 – und 17 ihn auf einen künftigen Zeitpunkt verlegt wissen. Hier kam der Widerstreit der Ansichten besonders deutlich zum Ausdruck. Bei den maßgebenden Personen gaben 16 Gesellschaften den Versicherungsnehmer an, 5 den Versicherten und eine den Begünstigten. Die übrigen wichen der Frage aus und gaben mehrere Personen an. Der Staatsbürgerschaft maßen nur 10 Gesellschaften – in Verbindung mit einem anderen Kriterium – eine Bedeutung zu, drei lehnten es ausdrücklich ab. Ihr kam nach der überwiegenden Auffassung nur eine sekundäre Bedeutung zu, die nur berücksichtigt werden sollte, wenn die Alliierten darauf bestanden. Vor allem bei den Lebensversicherungen sahen die meisten Gesellschaften den dauernden Wohnsitz als entscheidendes Kriterium an. 33 hielten es für zweckmäßig: 19 für entscheidend und nur 4 sprachen sich ausdrücklich dagegen aus. Vielfach wurde hervorgehoben, daß der dauernde Wohnsitz in den meisten Fällen mit dem Ort der Geschäftsstelle der letzten Prämienzahlung zusammen fiel und zudem den Vorteil hatte, von Zufälligkeiten unabhängig zu sein. Es war daher anzunehmen, daß dieses Kriterium schließlich als das für die Lebensver-

---

296 Bundesministerium für Finanzen, Versicherungsaufsicht, Fragen der Bestandsabgrenzung – Berichte der Gesellschaften, 21. März 1947, AdR.BMF. 11845/47

sicherungen entscheidende festgelegt würde. Bei den Sachversicherungen wurde von fast allen Gesellschaften die Lage des versicherten Objekts als entscheidend angenommen.

Nachdem sich aber die Hoffnungen auf einen raschen Staatsvertrag schon 1947 zerschlugen, hob sich auch der Zeitdruck zur Regelung dieser Frage auf. Erst nach dem Staatsvertrag von 1955 wurde dieser Problembereich durch das Versicherungswiederaufbaugesetz und den deutsch-österreichische Vermögensvertrag geregelt. Die Bedeutung der Frage ging schon daraus hervor, daß dieser Problemkreis mit den Artikeln I und II an die Spitze des Versicherungswiederaufbaugesetzes gestellt wurde. Das Gesetz betraf Unternehmen der Vertragsversicherung, die bei Inkrafttreten des Gesetzes am 1. Oktober 1955 zum Neugeschäft befugt waren. Das galt auch für Zweigniederlassungen deutscher Unternehmungen, wenn diese Bedingung zutraf. Als Inland wurde auch für die NS-Zeit das Bundesgebiet betrachtet. Damit entfiel die Verantwortung für die Verträge in Gebieten, die durch das großdeutsche Reich annektiert und den „Gauen der Ostmark" zugeordnet waren. Den österreichischen Unternehmen wurde die Verantwortung für Versicherungsverträge zugeschrieben, die dem „inländischen Versicherungsbestand" zugehörten. Für Versicherungsverträge, die zwischen 13. März 1938 und 27. April 1945 abgeschlossen worden waren und nicht diesem inländischen Bestand angehörten, galt die Vereinbarung eines inländischen Erfüllungsortes als nicht erfolgt. Eine Versicherung gehörte einmal zum inländischen Bestand, wenn sie vom Versicherungsunternehmen nach dem 7. Mai 1945 übernommen wurde oder wenn nach diesem Zeitpunkt die Prämie im Inland vorbehaltlos angenommen wurde. Damit hatte die Versicherungsaufsicht ihren Standpunkt durchgesetzt:

- Bei Sach- und Vermögensschadensversicherungen war ein inländischer Bestand gegeben, wenn das versicherte Objekt im Inland lag, oder der Wohnsitz des Versicherten (Sitz) beim Versicherungsfall im Inland lag. Dies galt auch für Unfall- und Krankenversicherungen.
- In der Lebensversicherung war ein inländischer Bestand gegeben, wenn diese bereits vor dem 13. März 1938 in Österreich abgeschlossen worden war. Bei den während der NS-Zeit abgeschlossenen Polizzen war es erforderlich, daß der Versicherungsnehmer bzw. Begünstigte sowohl beim Zeitpunkt des Vertragsabschlusses als auch am 1. 1. 1950 (bzw. bei früherem Eintritt des Versicherungsfalls) seinen Wohnsitz im Inland hatte. Damit wurde die Auffassung der Versicherungsunternehmen berücksichtigt, die im dauernden Wohnsitz das entscheidende Bestandskriterium sahen. Beim Stichtag ging man einen Kompromiss ein, indem zwei Zeitpunkte festgelegt wurden.

In Art.II § 5 wurden generell – über das ehemalige Gebiet des großdeutschen Reiches hinaus – die Frage des ausländischen Bestandes österreichischer Versicherungsunternehmen geregelt. Solche Ansprüche konnten nicht gerichtlich geltend gemacht werden, „wenn und solange dieser ausländische Versicherungsbestand oder das dazugehörige Vermögen durch gesetzliche oder behördliche Maßnahmen der Verfügung der Hauptgeschäftsleitung der Versicherungsunternehmung entzogen ist." Dadurch wurden allerdings zahlreiche Flüchtlinge und Vertriebene um ihre Lebensversicherungen gebracht. Sie wurde an jenes Land – zumeist ihr ehemaliges Heimatland – verwiesen, das die Guthaben der österreichischen Versicherungsunternehmen beschlagnahmt hatte und gingen damit in der Regel leer aus. Ganz ähnlich war auch das Vorgehen in der BRD.[297]

5. Deutsches Eigentum/Staatsvertrag

Bei der Behandlung der im deutschen Eigentum stehenden Versicherungsunternehmen wurde im wesentlichen unterschieden, ob sie schon vor 1938 in Österreich tätig waren, oder nicht.[298] Bei den erst ab dem „Anschluß" in deutsches Eigentum übergegangenen Versicherungsunternehmen wurden die Eigentumsverhältnisse des Jahres 1937 anerkannt und sie galten daher wieder als österreichische oder nicht-deutsche, ausländische Unternehmen. Bei allen deutschen Unternehmungen ging die Versicherungsaufsichtsbehörde davon aus, daß es sich in erster Linie um die Interessen der österreichischen Versicherungsnehmer handelt und nicht um jener der deutschen Aktionäre. Es war daher das durch die Prämienzahlungen entstandene österreichische Vermögen zu schützen. Zu diesem Zweck wurden für alle Niederlassungen und Agenturen deutscher Versicherungsgesellschaften in Österreich öffentliche Verwalter bestellt. Diese öffentlichen Verwalter hatten anfangs einen schweren Stand und wurden von den Alliierten nicht anerkannt. Noch im Oktober 1945 protestierten die Amerikaner gegen deren Einsetzung, die ohne ihre Bewilligung erfolgt war. Erst mit der de-facto Anerkennung der österreichischen Regierung durch Beschluß der Alliierten vom 20. Oktober 1945 hörte der Widerstand auf.[299] 66 Niederlassungen von deutschen Versicherungsunternehmungen kamen unter eine

---

297 Peter Präve, Versicherungen und der Holocaust, Versicherungswirtschaft Heft 13/1997, S. 904

298 Über die weitere Abwicklung der Eigentumsfrage mit Rückkauf oder Rückerstattung an die deutschen, italienischen oder sonstige ausländische Eigentümer siehe: Peter Ulrich Lehner, Das Versicherungswesen in der Zweiten Republik, in: Wolfgang Rohrbach (Hrsg.), Versicherungsgeschichte Österreichs, Band III, Das Zeitalter des modernen Versicherungswesens, Wien 1988, S. 836 ff

299 Schreiben des Hauptquartiers der Vereinigten Staaten, Streitkräfte in Österreich, Finanzabteilung an die österreichischen Versicherungsbehörden, 5. Oktober 1945, PRO, FO 1020/1661/75936

solche öffentliche Verwaltung, darunter auch jene, die schon vor 1938 zum Geschäftsbetrieb zugelassen worden waren. Die meisten Gesellschaften beschränkten ihre Tätigkeit auf die Abwicklung und Verwaltung der Versicherungsbestände. Aus Sparsamkeitsgründen wurden für die 66 Gesellschaften nur 21 öffentliche Verwalter bestellt. Spitzenreiter waren Dr.Moritz Florian, der für 21 Gesellschaften zuständig war, und Dr. Friedrich Wegner mit 12 Gesellschaften.[300]

Diesen Gesellschaften wurde auch die Werbung von neuen Geschäften untersagt und mit Ausnahme von zwei Versicherungsgesellschaften – Victoria und Nordstern –, die schon lange vor dem „Anschluß" in Österreich tätig waren, wurde ihnen im September 1945 auch der Neuabschluß von Versicherungen verboten.[301] Das Verbot von Neugeschäft hing vor allem damit zusammen, daß diese Geschäftsstellen, nachdem sie von ihren Hauptanstalten getrennt waren, zumeist nur über einen geringen Bestand an Barmitteln und Bankeinlagen verfügten, Ausnahmen konnten nur gemacht werden, wenn eine ausreichende kapitalmäßige Sicherung im Inland vorhanden war. Zusätzlich hatten sie zwei Drittel der Prämieneinnahmen und sämtliche Rückzahlungen und Zinseinnahmen auf ein Sperrkonto einzuzahlen. Im November 1945 wurde es den deutschen Schadensversicherungsgesellschaften außerdem zur Pflicht gemacht, ihr gesamtes Geschäft bei einem von österreichischen Versicherungsgesellschaften gebildeten Gemeinschafts-Pool rückzuversichern, wodurch das gesamte Schadensversicherungsgeschäft wirtschaftlich in österreichische Hände übergeleitet wurde. Sieben deutschen Gesellschaften wurde gestattet, innerhalb dieses Pools auch das Neugeschäft zu betreiben. Allerdings konnte das nur eine vorübergehende Notlösung sein.[302] Um der von den Alliierten geforderten vollständigen wirtschaftlichen Trennung von Deutschland zu entsprechen, wurde auch die Auflösung der bestehenden Rückversicherungsverträge mit deutschen Versicherungsunternehmen rückwirkend zum 31. 12. 1944 durch die österreichische Regierung verordnet. Damit waren die österreichischen Versicherungsbestände deutscher Gesellschaften praktisch der österreichischen Wirtschaft eingegliedert und von deutschen Interessen losgelöst.

Diese Maßnahmen waren auf alliierte Initiative zurück gegangen. Bis zum November 1945 versuchten die Alliierten, die Versicherungsunternehmen in ihrer jeweiligen Besatzungszone durch eigene Bestimmungen zu regulieren, die zumeist denen in den deutschen Besatzungszonen entsprach. Diese zonenweise Politik be-

---

300 Bundesministerium für Finanzen, Anfrage der sowjetischen Finanzabteilung über Betriebs- und Vermögensverhältnisse verschiedener Versicherungsunternehmen, 1. 7. 1947, AdR.BMF., 16156/47

301 Von diesen generellen Bestimmungen kam es in der Folge zu einigen Ausnahmen. Erlaß 11213/45, 12656/45, 12666/45

302 Bundesministerium für Finanzen, Österreichisches Jahrbuch 1946, Beitrag Vertragsversicherung, 15. Juli 1947, AdR.BMF. 33525/47

deutete vorerst nicht nur eine weitgehende Geschäftseinstellung sondern auch eine Trennung sowohl von den deutschen Muttergesellschaften, als auch von den österreichischen Zentralen in Wien. Erst im November 1945 kam es zu einem gemeinsamen Vorgehen, das auch für die Versicherungsbranche wieder eine Vereinheitlichung des gesamten österreichischen Marktes bedeutete. Die „Finance Division der Allied Commission for Austria" errichtete eine „Quadripartite Insurance Working Party", die am 14.November 1945 ihre erste Sitzung abhielt. Ihr gehörten an:[303]

Lt. Col. G. D. S. Crossmann (GB), als Chairman
Sq. Ldr. T. Sadler (GB)
Lt. R. L. Gannon (USA)
M. Bougenott (F)
M. Follain (F)
Mr. M. A. Zeverev (UdSSR)

Die „Insurance Working Party" anerkannte nun das Staatsamt für Finanzen als Aufsichtsamt und sah seine Hauptfunktion nur mehr in einer Beratungstätigkeit: „To study and report on the main problem of rehabilitating the Austrian Insurance Industry and to agree on the measures of Allied Control necessary to achieve this aim."[304] Eines ihrer Hauptthemen blieb aber die Frage der deutschen Versicherungsunternehmen in Österreich.

Es gab mehrere Überlegungen, wie mit diesen österreichischen Beständen deutscher Unternehmungen umgegangen werden sollte. Die US-Besatzung schlug vor, sämtliche deutschen Versicherungsunternehmen bzw. deren Reste in einem einzigen, neu zu gründenden österreichischen Institut zusammen zu fassen. Ein anderer, vom Versicherungsverband favorisierter Gedanke war, die Bestände der deutschen Institute an österreichische Unternehmen zu übertragen. Eine formale Überleitung der deutschen Bestände in österreichische Betriebe konnte aber erst erfolgen, „sobald das gesamte, durch den Krieg und seine Folgen schwer geschädigte österreichische Versicherungswesen neu geregelt wird."[305] Die Versicherungsbestände der deutschen Unternehmen bröckelten daher ab. Dr. Friedrich Wegener hatte bereits 1946 im Auftrag der Versicherungsaufsicht umfangreiche Berichte über die unter öffentlicher Verwaltung stehenden Versicherungsunternehmen erstellt. Darin kam zum Ausdruck, daß diese – mit Ausnahme der Nordstern, Victoria und Allianz –

---

303 Allied Commission for Austria, Quadripartite Insurance Working Party, Minutes of the First Meeting, 14. November 1945, PRO, FO 1020/1673/75964

304 a.a.O., Agenda, PRO FO 1020/1673/75964

305 Bundesministerium für Finanzen, Versicherungsaufsichtsbehörde, Deutsche Versicherungsunternehmen in Österreich, Wien 7. Februar 1946, AdR.BMF., 8268/46

durchwegs ein großes Defizit an Prämienreserven aufwiesen. Außer geringfügigen
Barbeständen, die aber größtenteils aus Prämieneinnahmen seit dem Mai 1945
stammten, waren keine Bedeckungswerte im Inland vorhanden. Allerdings war die
Situation nicht so kritisch, da es sich in der Regel um relativ junge Bestände handelte, die erst ab 1938/9 entstanden waren. Die Aufsichtsbehörde stellte daher in
Aussicht, auch die deutschen Bestände gemeinsam mit der gesamten österreichischen Versicherung in einem Wiederaufbaugesetz zu sanieren und bis dahin keine
Maßnahmen zu setzen, welche die Versicherten beunruhigen würde.[306]
Die Entwicklung wurde aber dadurch problematisch, da viele Polizzeninhaber
weiterhin ihre Prämien bezahlten, obwohl das Schicksal ihrer Versicherung völlig
ungewiss war. Es wurde daher zwischen Versicherungsverband, der Aufsichtsbehörde und der „Insurance Working Party" nach langer Diskussion beschlossen,
die Versicherten im Juni 1947 aufmerksam zu machen, daß die Erfüllung ihrer Verträge nicht mehr voll gewährleistet war.[307] Dabei wurde befürchtet, daß damit eine
weitgehende Entwertung statt finden würde, da nur mehr die schlechten Risiken
übrig bleiben, alle anderen aber abwandern würden. Gegen eine direkte Übertragung der Bestände sprachen sich die Alliierten aus, da damit zusätzliche Verpflichtungen übernommen werden würden, welche die ohnehin schwierige Lage der
österreichischen Versicherungswirtschaft noch weiter verschlechtern würde. Die
Amerikaner sahen darin sogar die Gefahr des Zusammenbruchs der österreichischen Versicherungsbranche, die dann nur mehr in eine Verstaatlichung münden
konnte. Die Lösung bestand daher darin, die betroffenen Versicherungsnehmer unter günstigen Bedingungen zu einem Wechsel zu einer österreichischen Versicherungsunternehmen zu bewegen und ihre Rechte als Sondervermögen mit den Forderungen an die deutschen Unternehmen und den Rechtsnachfolger des Deutschen
Reiches zu erhalten. Um die Versicherungsnehmer auf diese Problematik hinzuweisen wurde daher nach einer langen Diskussion mit den alliierten Stellen ein Rundschreiben entworfen, das ihnen die Möglichkeit des Wechsels zu einer österreichischen Versicherung anbieten sollte.
Der Versicherungsverband hielt dabei fest, daß seine Mitgliedsunternehmen das
Problem der inländischen Niederlassungen deutscher Versicherungsunternehmen
ausschließlich im Interesse der betroffenen österreichischen Versicherungsnehmern
behandelten. Man habe „die Frage niemals vom geschäftlichen Standpunkt aus betrachtet, vielmehr außer sehr beträchtlichen Bemühungen auch die Gefahr finanzi-

---

306 Bundesministerium für Finanzen, Versicherungsbestände deutscher Lebensversicherungsgesell-
     schaften. Geplante Regelung, Juli 1946. PRO FO 1020/1661/75936
307 Bundesministerium für Finanzen, Österreichisches Jahrbuch 1946, Beitrag Vertragsversicherung,
     15. Juli 1947, AdR.BMF. 33525/47

eller Opfer auf uns genommen."[308] Allerdings ging es doch um ein sehr beachtliches
Geschäft. Die Versicherungsaufsicht befürchtete daher einen wilden Konkurrenz-
kampf um diese Polizzen. Dadurch bestand die Gefahr, daß die deutschen Bestände
vollständig zerrissen und eine planmäßige Sanierung erschwert werden würde. Es
wurde daher im Einvernehmen mit dem Versicherungsverband den Betroffenen mit
dem Rundschreiben das Angebot einer in Österreich tätigen Versicherungsunternehmung übermittelt. Wenn sie dieses Angebot annahmen, erhielten sie einen Tarif, der etwa um 3 % unter den normalen Tarifsätzen lag, da keine Abschlußprovision gezahlt werden mußten. Es wurde auch festgestellt, daß die neue Versicherung
ein völlig neuer Vertrag war und in keiner Weise auf die vorhandenen Vermögenswerte der österreichischen Niederlassungen der deutschen Gesellschaften Bedacht
nahm, wodurch die Frage des „Deutschen Eigentums" nicht berührt wurde: „Ergibt
die Schlußabwicklung der deutschen Bestände noch ein Vermögen, das möglicher-
weise durch Zuschüsse der Hauptanstalten aus dem Deutschen Reiche aufgefüllt
wird, so wird schließlich dieses Vermögen liquidiert und auf sämtliche Versicherte
in Österreich aufgeteilt werden müssen."[309] Die Rechte aus den alten Verträgen blieben daher – soweit sie zu realisieren waren – erhalten. Auf dieser Grundlage wurde
dann 1947 das Rundschreiben versendet:

> „Sie haben Ihre Versicherung bei einer Gesellschaft abgeschlossen, die ihre Tätigkeit in
> Österreich erst nach der Annexion dieses Staates durch das Deutsche Reich aufgenom-
> men hat. Der inländische Versicherungsbestand bildet für die Zweigstelle keine ausrei-
> chende Grundlage für die Fortführung des Betriebes. Sie können wohl einen Antrag auf
> Auflösung Ihres Versicherungsvertrages stellen, aber die Auszahlung eines Rückkauf-
> wertes kann erst erfolgen, bis die allgemeinen gesetzlichen Bestimmungen dies zulas-
> sen und die Direktion der Gesellschaft in Deutschland die aus ihren Prämienzahlungen
> gebildeten und vorwiegend in Deutschland hinterlegten Bedeckungswerte nach Öster-
> reich übertragen hat.
>
> Es läßt sich derzeit noch nicht absehen und wird voraussichtlich zwischenstaatlicher
> Vereinbarungen bedürfen, welche endgültige Regelung die Ansprüche von Versiche-
> rungsnehmern, deren Verträge zum österreichischen Bestand deutscher Unternehmun-
> gen gehörig anerkannt werden, finden können und in welcher Weise insbesondere je-
> ner Teil der Ansprüche gesichert werden kann, der durch Prämienzahlungen nach der
> Befreiung Österreichs erworben worden ist.

---

308 Verband der Versicherungsanstalten Österreichs an das Bundesministerium für Finanzen, Versiche-
    rungsaufsichtsbehörde, Wien, 10. August 1946. PRO FO 1020/1661/75936
309 Bundesministerium für Finanzen, Versicherungsbestände deutscher Lebensversicherungsgesell-
    schaften. Geplante Regelung, Juli 1946. PRO FO 1020/1661/75936

Ich halte es für meine Pflicht als öffentlicher Verwalter, Sie auf diese Sachlage aufmerksam zu machen und Sie zu bitten, sich nun zu entschließen, ob Sie die Prämienzahlung zu ihrem bestehenden Versicherungsvertrag fortsetzen wollen oder, wenn Sie
auf einen von den dargestellten Verhältnissen unberührten Versicherungsschutz Wert legen, es vorziehen, mit einer anderen in Österreich tätigen Versicherungsgesellschaft einen neuen Vertrag abzuschließen, wobei die Ihnen vertragsmäßig zustehenden Recht
aus der alten Polizze nicht berührt werden."[310]

Bei den größeren deutschen Beständen wurde der Übergang auf die österreichischen
Versicherungsunternehmen von der Aufsichtsbehörde geregelt.[311] Ausgenommen
waren die Victoria, Nordstern und Allianz, da diese über den österreichischen
Verhältnissen entsprechende Deckungsrücklagen im Inland verfügten. Die nun
erfaßten neun deutschen Gesellschaften verfügten über 10.552 Polizzen mit einer
Versicherungssumme von 61,488 Mio Schilling. Ihren weiterhin unter öffentlicher
Verwaltung verbleibenden Reserven von 9.776 Mio Schilling stand ein Abgang von
7,983 Mio Schilling gegenüber.

Es übernahmen 1946:[312]

ÖSTERREICHISCHE VOLKSFÜRSORGE:

Agrippina, Lebensversicherungs A.G., Berlin

Polizzen	19
Versicherungssumme	161.000

Alte Leipziger Lebensversicherungs A.G., Berlin

Polizzen	463
Versicherungssumme	3.107.000

Leipziger Verein Barmenia. Leipzig

Polizzen	341
Versicherungssumme	1.615.000

BUNDESLÄNDER

Berlinische Lebensversicherungs A.G. Berlin

Polizzen	3.469
Versicherungssumme	11.982.000

---

310 Bundesministerium für Finanzen, Österreichisches Jahrbuch 1946, Beitrag Vertragsversicherung,
   15. Juli 1947, AdR.BMF. 33525/47
311 Bundesministerium für Finanzen (Dr.Wagner) an den Verband der Versicherungsanstalten Österreichs, Wien 27. Juli 1946, Übernahme der deutschen Lebensversicherungsanstalten durch österreichische Gesellschaften, PRO FO 1020/1661/75936

RIUNIONE
Concordia Lebensversicherungs A.G., Köln
Polizzen   253
Versicherungssumme   2.140.000

National Lebensversicherungs A.G., Stettin
Polizzen   665
Versicherungssumme   2.947.000

DER ANKER
Gerling-Konzern Lebensversicherungs A.G., Köln
Polizzen   1.073
Versicherungssumme   8.334.000

WIENER STÄDTISCHE UND ÖVAG JE ZUR HÄLFTE:
Gothaer Lebensversicherungs A.G., Gotha
Polizzen   2.031
Versicherungssumme   21.298.000

GENERALI
Münchner Verein, Lebens- und Altersversicherungs A.G., München
Polizzen   2.208
Versicherungssumme   9.904.000

Bei den übrigen Gesellschaften (Deutsche Anwalt- und Notarversicherung, Deutsche Beamtenversicherung, Karlsruher Lebensversicherung, Deutsche Reichsbahnsterbekasse und Sterbekasseverein für Reichspostbeamte) war die Frage der übernehmenden Gesellschaft noch nicht geklärt. Insgesamt machte der Neuzugang der bei den übernehmenden Gesellschaften 5 % ihrer eigenen Versicherungssumme aus. Bei den einzelnen Gesellschaften war dies jedoch recht unterschiedlich:

Österreichische Volksfürsorge	4,2 %
Bundesländer	1,1 %
Riunione	1,9 %
Der Anker	9,8 %
Wiener Städtische	5,9 %
ÖVAG	2,6 %
Generali	11,5 %

Diese Vorgangsweise befreite die österreichischen Versicherungsnehmer vom Problem des Deutschen Eigentums, zumindest in bezug auf ihre zukünftigen Zahlun-

gen. Denn nach dem in den deutschen Besatzungszonen geltenden alliierten Gesetz
Nr. 47 hatten deutsche Versicherungsunternehmen ihre Tätigkeiten im Ausland einzustellen. Ihre Niederlassungen waren zu schließen und das Vermögen zugunsten
der Alliierten einzuziehen. Es war nach dem Gesetz völlig klar, daß deutsche Gesellschaften im Ausland keine Geschäftätigkeit entwickeln durften und das auch für
die deutschen Versicherungsunternehmen in Österreich zu gelten hatte. In Österreich aber war sieben deutschen Versicherungsgesellschaften – davon zwei Lebensversicherungen – gestattet worden, weiter zu arbeiten und Neugeschäft abzuschließen. Die österreichische Aufsichtsbehörde argumentierte damit, daß nur so ihr
Wert erhalten werden konnte. Bei einer Besprechung im April 1947 stimmten daher die Briten und die Amerikaner zu, „to leave things as they are", obwohl nach
dem Gesetz Nr. 47 die deutsche Geschäftstätigkeit auch in Österreich an sich ab dem
8. Mai 1945 verboten war.[313]

Die sowjetische Besatzungsmacht sah bereits in dem Rundschreiben der öffentlichen Verwalter eine Beeinträchtigung ihrer Interessen an deutschen Unternehmen.
Das Bundesministerium für Finanzen entgegnete dem, daß durch die Einsetzung öffentlicher Verwalter 1945 der Kundenstock künstlich zusammen gehalten worden
war, da er sonst sofort zerfallen wäre. Dies war aber nur so lange zu rechtfertigen,
als man mit einer baldigen Regelung der deutschen Besitzstände durch Überleitung
auf in Österreich tätige Gesellschaften rechnen konnte. „Durch die Unklarheit in der
Auslegung der Potsdamer Beschlüsse für Versicherungsunternehmungen ist aber
eine solche Regelung in absehbarer Zeit nicht zu erwarten. Daher war es im Interesse der Versicherungsnehmer geboten, sie aufmerksam zu machen, daß ihnen die
Geschäftsstellen der deutschen Gesellschaften keinen ausreichenden Versicherungsschutz mehr bieten können, und es ihnen frei zu stellen, sich anderweitig Versicherungsschutz zu suchen. Ein Zwang zum Abschluß einer neuen Versicherung bestand
jedenfalls nicht."[314]

In Österreich spielte man bis 1947 mit dem Gedanken, auch die Privatversicherungen zu verstaatlichen. Dies wohl schon deshalb, da die Vermögenswerte der
österreichischen Versicherungsunternehmen zumindest zu 50 % und bei den Lebensversicherungen zu 70 % aus Forderungen gegen das Deutsche Reich bestanden,
deren Regelung ohnehin in irgend einer Form zu Lasten der Republik Österreich ge-

---

312 Ob diese Bestandsübernahmen tatsächlich erfolgt sind, läßt sich aber aus den internen Unterlagen
    der österreichischen Versicherungsunternehmen nicht feststellen.
313 Memorandum on Conversations with the Finance Ministry, on Wednesday, 23th April, 1947, (Cross-
    man), PRO FO 1020/1663/75964
314 Bundesministerium für Finanzen, Rundschreiben der öffentlichen Verwalter, 17. Juni 1947,
    AdR.BMF. 27347/47

hen würde.[315] Bemerkenswerterweise hatte es solche Bemühungen schon während der NS-Zeit gegeben, welche die deutschen Privatversicherungsunternehmen mit Mühe abgewehrt hatten. Die Gegenargumente waren daher vorhanden und längst ausdiskutiert. Sie betrafen vor allem die Risikospezialisierung der einzelnen Versicherungsunternehmen und die positive Ergänzung von gemeinwirtschaftlichen und privatwirtschaftlichen Versicherungsunternehmen. Zusätzlich konnte man darauf verweisen, daß in kaum einem Land das Versicherungswesen verstaatlicht wurde, während das nach 1945 bei der Industrie und den Banken sehr wohl der Fall war.[316] Im ersten Antrag zum österreichischen Verstaatlichungsgesetz vom 30. Jänner 1946 war auch das gesamte Versicherungswesen einbezogen worden. Im endgültigen Gesetz kamen die Versicherungsunternehmen aber nicht mehr vor, obwohl ein Abänderungsantrag noch zumindest 15 Versicherungsunternehmungen mit einbeziehen wollte. Während daher das deutsche Eigentum in anderen Bereichen verstaatlicht worden war, blieb dieses im Versicherungswesen als Sondermasse erhalten.

Auch die Alliierten beschäftigten sich mit den österreichischen Versicherungsunternehmen im Zusammenhang mit dem Potsdamer Abkommen, bei dem sie das deutsche Eigentum im Ausland – und damit auch in Österreich – als Kriegsreparationen beanspruchten. Die Frage des deutschen Eigentums war dringend zu klären, da neben zahlreichen anderen Schwierigkeiten die unsichere Eigentumsverhältnisse dem wirtschaftlichen und rechtlichen Wiederaufbau der Branche im Wege stand. Bis Anfang 1946 wurden von keiner Besatzungsmacht irgendwelche Schritte unternommen, die als Anwendung der Potsdamer Beschlüsse auf die Versicherungsunternehmen gewertet werden konnte. Allerdings tastete sich die sowjetische Delegation seit August 1945 an dieses Problem heran, in dem sie schrittweise Auskünfte verlangte, die in diese Richtung gingen. Im November 1945 wurde ein umfassender Bericht über alle in Österreich tätigen Versicherungsgesellschaften mit genauer Adresse und Besitzverhältnisse verlangt und auch geliefert. Im Jänner 1946 erklärte der russische Versicherungs-Offizier dem österreichischen Finanzministerium, daß über deutsche Versicherungsbestände nur mehr mit ausdrücklicher Zustimmung der sowjetischen Delegation verfügt werden darf. Im Februar gingen sie zu ersten konkreten Maßnahmen über. Sie nahmen zwei Häuser der Victoria Versicherung in Wien – eines in der russischen und eines in der interalliierten Zone – für sich in Anspruch und forderten die Mieter zur sofortigen Räumung ihrer Wohnungen auf, da die Häuser nun in russischen Besitz übergegangen seien. Bei einem Einspruch des Direktors der

---

315 Vizekanzler Dr. Adolf Schärf an Bundesminister Dr.Georg Zimmermann, Wien 10. März 1947, Bundesministerium für Finanzen, AdR.BMF. 13021/47

316 Promemoria zur Frage der Verstaatlichung des österreichischen Versicherungswesens, Wien 14. Juni 1946, o.A., Bundesministerium für Finanzen, AdR.BMF. 58120/46

Victoria Versicherung wurde erklärt, daß das gesamte Vermögen der Victoria in Österreich als deutsches Vermögen betrachtet werde. Durch eine Intervention des Bundeskanzleramtes richtete der amerikanische Versicherungsoffizier an die Victoria ein Schreiben, in dem die amerikanische Delegation dem Unternehmen alle Maßnahmen verbot, „durch die ihre Vermögenswerte betroffen werden könnten, ohne die ausdrückliche Zustimmung aller vier Besatzungsmächte. Die amerikanische Delegation geht dabei von der Auffassung aus, daß sich der Versicherungsbestand einer in Österreich tätigen Gesellschaft auf alle vier Zonen erstreckt und die Vermögenswerte, gleichviel in welcher Zone sie gelegen sind, der Bedeckung des gesamten österreichischen Versicherungsbestandes dienen."[317] Die Versicherungsaufsicht verlangte daher in einem Schreiben vom 1. April 1946 von der sowjetischen Delegation eine Entscheidung, wie die Potsdamer Beschlüsse in Österreich hinsichtlich der Versicherungsunternehmen auszulegen seien. Durch einen Beschluß des alliierten Verwaltungsausschusses für den ersten Bezirk wurde schließlich festgelegt, daß die Häuser nicht in das Eigentum einer Besatzungsmacht, sondern nur für deren Zwecke und gegen Bezahlung einer Miete zur Verfügung gestellt werden mußten.

Das vorsichtige Vortasten der Sowjets mit den Häusern der Victoria scheint ein Versuchsballon gewesen zu sein. Die Vorgangsweise war aber deshalb so besonders gefährlich, da in Ländern, die unter dem Einfluß der Sowjetregierung standen, das österreichische Eigentum dem deutschen gleich gesetzt wurde und mit Berufung auf die Potsdamer Beschlüsse von den Sowjets beansprucht bzw. verstaatlicht wurden. In gewisser Beziehung löste das Jahr 1945 ähnliche Entwicklungen für die österreichischen Vertragsversicherungen aus, wie das Jahr 1918. „Wiederum wurde ein einheitlicher Versicherungsbestand, diesmal der des großdeutschen Reiches, in Stücke gerissen und der Auslandsbetrieb vom Hauptbetrieb völlig abgetrennt. Diese verschiedenen, oft recht ansehnlichen Auslandsbetriebe sind zumeist von den dortigen Regierungen beschlagnahmt worden und müssen praktisch als verloren angesehen werden ..."[318]

– Das betraf einmal UNGARN, wo sechs österreichische Institute tätig waren.[319] Diesen wurde Ende März 1946 mitgeteilt, daß ihre Zweigniederlassungen in Budapest der Sowjetregierung übertragen worden waren. Auch die offiziellen Bestäti-

317 Bundesministerium für Finanzen, Information an den Bundeskanzler, Bisherige Handhabung durch die Alliierten Mächte auf dem Gebiete des Versicherungswesens, AdR.BMF., 53685/46
318 Bundesministerium für Finanzen, Österreichisches Jahrbuch 1946, Beitrag Vertragsversicherung, 15. Juli 1947, AdR.BMF. 33525/47
319 Der Anker, Donau-Concordia, Allgemeine Elementar, Wiener Allianz, Wiener Städtische und Danubia

gungen des Finanzministeriums über den rein österreichischen Aktienbesitz dieser Unternehmungen vor dem „Anschluß" 1938 zeigte keine Wirkung. In Ungarn errichteten die Sowjets auf der Grundlage der beschlagnahmten deutschen und österreichischen Versicherungsbeständen die „Osteuropäische Versicherungs A.G.", die eine 100 %ige Tochter der Gosstrach in Moskau war. Die Osteuropäische hatte diese Unternehmen übernommen und ging dann sogar so weit, in Österreich eine Geschäftszulassung zu beantragen, was ihr aber nach Rücksprache mit den westlichen Alliierten doch nicht gestattet wurde. Man argumentierte, daß es bereits zu viele Versicherungsgesellschaften in Österreich gab und daher eine Neuzulassung nicht möglich war.[320]

– In der TSCHECHOSLOWAKEI wurden österreichische Staatsbürger den deutschen gleich gestellt. Auf dem Gebiet des Vermögensrechts wurden daher die österreichischen Versicherungsunternehmen ebenso behandelt wie die von Feindstaaten. Im Mai 1945 wurden die in der Tschechoslowakei zum Geschäftsbetrieb zugelassenen drei österreichischen Gesellschaften (Der Anker, Donau, Elementar), die alle bereits lange vor 1938 in diesem Gebiet tätig waren, unter Zwangsverwaltung gestellt. Die Rückversicherungsverträge mit österreichischen Versicherungsunternehmen wurden rückwirkend mit 1. Jänner 1945 für ungültig erklärt und den österreichischen Unternehmungen verboten, Neuabschlüsse zu tätigen. Mit Dekret des Präsidenten der ČSR vom 24. Oktober 1945 wurde dann die Verstaatlichung der Privatversicherungsgesellschaften verfügt.

– In der SLOWAKEI wurde mit Erlaß vom 6. November 1945 die slowakische Filiale der Donau-Concordia in „Devin" Nationale Versicherungsanstalt umbenannt. Mit Erlaß des gleichen Datums wurde die Fusion der Devin mit der Donau Concordia Lebensversicherung Reichenberg, und den slowakischen Niederlassungen der Elementar, Ostmärkische Volksfürsorge, Victoria und Deutscher Ring verfügt.[321] Die Devin fusionierte 1948 mit der tschechoslowakischen Poistovna Slovan.

– In RUMÄNIEN wurden im April 1946 die österreichische Beteiligungen ebenso wie die deutschen an die Sowjetunion übertragen.

– Auch in JUGOSLAWIEN wurde nicht zwischen österreichischem und deutschen Vermögen unterschieden. Das gesamte Vermögen des Deutschen Reiches und seiner Staatsbürger ging im Juni 1945 in staatliches Eigentum über. Von den Maßnahmen waren acht Versicherungsunternehmen betroffen, darunter vier, an denen österreichische Interessen bestanden (Allgemeine Elementar, Wiener Städtische, Grazer Wechselseitige, Donau mit Tochteranstalt Dunav). Die beschlagnahmten

---

320 Memorandum on Conversations with the Finance Ministry, on Wednesday, 23th April, 1947, (Crossman), PRO FO 1020/1663/75964

321 Bundesministerium für Finanzen, Staatsvertrag, AdR.BMF., Karton 3, 418/47

Versicherungsunternehmen wurden in einer Staatsanstalt zusammen gefaßt, die
Rückversicherung mit ausländischen Anstalten wurde verboten. Durch diese
Maßnahmen waren die österreichischen Interessen am jugoslawischen Versicherungsmarkt vollständig zerstört.[322]
– In BULGARIEN wurde mit einem Gesetz vom 28. Mai 1946 das deutsche Eigentum
   an die Sowjetunion übertragen und das österreichische Eigentum beschlagnahmt.
   Das österreichische Eigentum wurde zwar nicht einfach als deutsches qualifiziert,
   aber man versuchte mit allen bürokratischen Mitteln und Vorwänden den Nach-
   weis der österreichischen Staatsangehörigkeit zu erschweren. Am 27. Juni 1946
   wurde in Bulgarien ein staatliches Versicherungsinstitut gegründet. Ab diesem
   Zeitpunkt hatten alle privaten Versicherungsunternehmen ihren Geschäftsbetrieb
   einzustellen und in Liquidation zu treten.

Am 28. Mai 1946 legte die amerikanische Delegation zwei Entschließungen dem Interalliierten Finanzausschuß vor. Im ersten hieß es, daß Versicherungsunternehmen
und Kreditunternehmungen nach dem Sinn der Potsdamer Protokolle nicht geeignet seien, Gegenstand von Reparationsforderungen zu bilden, da derartige Vermögenswerte österreichischen Besitz darstellen und den zuständigen österreichischen
Behörden für die österreichische Wirtschaft überlassen werden müßten. Der Antrag
wurde auf Grund des Einspruchs der russischen und französischen Delegierten nicht
angenommen, die sich eine weitere Prüfung der entscheidenden Fragen vorbehalten wollten. Die zweite Entschließung sah vor, daß bis zur Entscheidung des ersten
Antrages die Rechte und Vermögenswerte der österreichischen Versicherungsgesellschaften und ihre Niederlassungen im Ausland, die einen untrennbaren Bestandteil
ihres Unternehmens bilden, unangetastet bleiben. Dieser Antrag wurde von den drei
Westmächten angenommen, der russische Delegierte hatte sich jedoch vorbehalten,
noch Weisungen von seiner Regierung einzuholen.[323] Der amerikanische Delegierte,
Capt. Gannon, schlug der österreichischen Regierung vor, die Angelegenheit in
zweiseitigen Verhandlungen mit der Sowjetunion zu bereinigen, was aber in kras-
sem Widerspruch zur grundsätzlichen Einstellung der westlichen Alliierten in allen
Wirtschaftsfragen stand. Die Sowjets ließen aber nicht locker. Noch Anfang 1947
legte auf ihre Initiative die Interalliierte Eigentumskommission den Versicherungsunternehmen einen Fragebogen vor, aus dem Eigentumsverhältnisse, Kapitalbetei-
ligungen udgl. zu erkennen sein sollten. Zweck des Fragebogens war wieder einmal

---

322 Bundesministerium für Finanzen, Versicherungsbetrieb in Jugoslawien, 5. April 1946, AdR.BMF.,
   26651/46
323 Potsdamer Beschlüsse – Anwendung auf Versicherungsgesellschaften in Österreich, 29. Mai 1946,
   Bundesministerium für Finanzen, AdR.BMF. 55744/46

das deutsche Eigentum an Versicherungsunternehmen als Grundlage für Maßnahmen nach den Potsdamer Beschlüssen.[324]

Dies war einer der Gründe, warum man im Rot-Weiß-Rot Buch der Frage der Eigentumsübertragungen nach dem „Anschluß" einen solchen Stellenwert zukommen ließ. Die österreichische Bundesregierung war der Meinung, daß „Eigentum, das durch einen freudlosen Akt oder durch Machenschaften irgendwelcher Art, selbst wenn sie den Anschein der Rechtmäßigkeit erwecken, in die Hände des Deutschen Reiches oder deutscher Staatsangehöriger gelangt ist"[325] nicht als rechtmäßig erworbenes deutsches Eigentum angesehen werden konnte. Und man hob hervor, daß die Deutschen alles daran gesetzt haben, „um jedes bedeutende wirtschaftliche Objekt in ihre Hände zu spielen. Auch in dieser Beziehung sind sie in Österreich nicht anders vorgegangen, als in den übrigen von ihnen besetzten Ländern Europas." Solche Vermögensübertragungen, die unter dem Druck der Besetzung statt gefunden haben, wären nicht nur nach dem Bürgerlichen Gesetzbuch ab initio null und nichtig, sondern auch nach der Londoner Erklärung der Vereinten Nationen vom 5.Jänner 1943 über zwangsweise Vermögensübertragungen in vom Feind besetzten Gebieten. Unrechtmäßig erworbene Güter müßten daher ipso jure wieder an ihre ursprünglichen Eigentümer zurück fallen.

Die Versicherungsunternehmen waren nach österreichischer Ansicht ein ungeeigneter Gegenstand für alliierte Reparationsforderungen, da ihre Kapitalanlagen nicht eigentlich im Eigentum der Aktionäre waren. Durch Aktienbesitz entsteht kein Eigentum am Unternehmen, sondern nur Aktionärsrechte. Die Unternehmenseigentümer haben einen Einfluß auf die Geschäftsführung und ein Anrecht auf den Gewinn, aber nicht auf die Kapitalanlagen des Unternehmens, welchen die finanziellen Ansprüchen der Versicherungsnehmer gegenüber stehen. „Any reparations claim against the assets covering an insurance company's reserves would constitute a serious prejudice against the security of each policy holder in the company involved, and against the liquidity status of the company, with serious long-run consequences for Austria's economic survival."[326] Reparationsforderungen hätten daher in erster Linie die österreichischen Versicherungsnehmer getroffen und nicht die Unternehmenseigentümer. Die Alliierten nahmen daher letztlich davon Abstand. Außerdem war die ganze Branche 1945 im Grunde genommen bankrott. Auch der Versuch, den

---

324 Bundesministerium für Finanzen, Fragebogen der Interalliierten Eigentumskommission, 8. April 1947, AdR.BMF. 16245/47

325 Memorandum über die Auffassung der Bundesregierung, betreffend die Beschlagnahme des deutschen Eigentums in Österreich, S. 1, Wien 7. 1. 1946, AdR.BMF., 8820/46

326 State Department, Foreign Service, Post Files, 19. 2. 1946, Insurance Companies and their relation to the reparations problem, National Archives Washington, RG 84/E 2054, Box 60

finanziellen Wert des „Going concern value" oder „Good Will" der Unternehmen festzustellen, scheiterte. Schließlich hatten die Amerikaner auch die Sowjetunion in Verdacht, die Forderungen an die Versicherungsunternehmen nur als Spielball zu verwenden, um einen Kuhhandel in bezug auf Industrieunternehmen anzubahnen. Außerdem fürchtete man, daß die Versicherungsunternehmen ein ausgezeichnetes Medium für Spionagezwecke bilden würden. Doch auch die sowjetische Seite lehnte die Einbeziehung der Versicherungsunternehmen in das Deutsche Eigentum letztlich ab. Die Sowjets fürchteten eine antisowjetische Kampagne, nachdem die Versicherten in beträchtlichem Ausmaß Durchschnittsösterreicher waren und man in fruchtlose Diskussionen über den Prozentsatz des deutschen Kapitalanteils kommen würde.[327] Es war von grundlegender Bedeutung, daß die alliierten Mächte schließlich die Haltung der österreichischen Regierung akzeptierten, daß Versicherungsunternehmen ebenso wie das Kreditwesen kein Gegenstand von Maßnahmen nach den Potsdamer Beschlüssen bilden konnten.[328]

Im Staatsvertrag hatte sich schließlich die Sitztheorie durchgesetzt[329], mit der Ausnahme von indirekten Beteiligungen von Staatsangehörigen der Vereinten Nationen und diesen gleichgestellten Staaten (Schweiz) an deutschen juristischen Personen, wo eine Korrektur im Sinne der Kontrolltheorie erfolgte. Mit dem Staatsvertrag 1955 gelangten alle deutschen Vermögenswerte, die nicht schon vorher erfaßt worden waren, in die Verfügung der Republik Österreich, darunter auch jene des Versicherungswesens. Verbunden war damit die Verpflichtung, das so auf die Republik Österreich übergegangene Vermögen nicht wieder an deutsche juristische Personen zu übertragen. Ebenso erhielten Österreich und die österreichischen Staatsbürger alle in Deutschland befindlichen Vermögenswerte zurück, gegen einen gleichzeitigen Verzicht der Republik Österreich im eigenen Namen und im Namen der österreichischen Staatsangehörigen auf alle am 8. Mai 1945 noch offenen Forderungen gegen Deutschland und deutsche Staatsangehörige. Damit war u. a. festgelegt, daß auch die Reichsanleihen wertlos waren. Das erste Staatsvertragsdurchführungsgesetz legte in § 4 fest, daß der Eigentumsübergang auf Grund des Staatsvertrages eine Haftung der Republik Österreich für die Verbindlichkeiten des Deutschen Reiches in Österreich begründete. Der österreichische Forderungsverzicht gegenüber deutschen Schuldnern betraf auch die Forderungen österreichischer Versicherungsnehmer – insbesondere in der Lebensversicherung – gegen deutsche Versicherungsunternehmungen.

---

327 Deutsche Vermögenswerte in Österreich, Sonderarchiv Moskau, AVP RF, 066-29-51-34

328 Bundesministerium für Finanzen, Dep. 19 (Versicherungswesen), III. Äußerung über Probleme der Vertragsversicherungen. Stellungnahme zum amerikanischen und britischen Entwurf eines Staatsvertrages mit Österreich, 21. Jänner 1947, AdR.BMF., BMT, Versicherungsaufsicht, Karton 3, 3708/47

329 § 2 Absatz 4 Erstes Staatsvertragsdurchführungsgesetz, BGBl.Nr. 165/56

6. Das Versicherungswiederaufbaugesetz 1955

Unmittelbar nach Abschluß des Staatsvertrages konnte das Versicherungswiederaufbaugesetz (BGBl. Nr. 185/1955) vom 8.September 1955 erlassen werden. Danach wurden Lebensversicherungen, die vor dem 1.Jänner 1946 abgeschlossen worden waren, um 60 % gekürzt. Dies entsprach der Vorgangsweise bei Bargeld und Bankkonten. Von dem Gesetz erfaßt war der inländische Bestand von in Österreich zum Geschäftsbetrieb zugelassener Versicherungsunternehmen. Der Problembereich der Bestandsabgrenzung wurde bereits in einem eigenen Kapitel behandelt. Das Versicherungswiederaufbaugesetz verlangte die Anmeldung der Versicherungsansprüche durch den Versicherungsnehmer innerhalb von zwei Jahren. Damit wurden alle vor dem 1. Jänner 1946 abgeschlossenen Versicherungsansprüche erfüllt, wenn sie innerhalb der zweijährigen Frist bis 30. September 1957 angemeldet wurden, danach waren sie unwiderruflich erloschen. Das Bundesministerium für Finanzen hat durch Verlautbarung in der Wiener Zeitung und in anderen Tageszeitungen am 19. Mai und nochmals am 6. September 1957 auf den Ablauf dieser Frist aufmerksam gemacht und darauf hingewiesen, daß die schriftliche Anmeldung bei sonstigem Verlust innerhalb dieser Frist bei der entsprechenden Versicherungsunternehmung erfolgen muß, da es sich um eine nicht erstreckbare Fallfrist handelt, nach deren Ablauf derartige Ansprüche unter keinen Umständen mehr mit Erfolg geltend gemacht werden können. Diese Fallfrist war eine wirtschaftlich unerlässliche Maßnahme für den Wiederaufbaus des Versicherungswesens. 12 Jahre nach Ende des NS-Regimes ergab sich die unbedingten Notwendigkeit einer endlichen Beseitigung der Unklarheiten über das Ausmaß der zu erbringenden Versicherungsleistungen.[330] Nach dem September 1957 waren daher alle nicht angemeldeten Lebensversicherungen verfallen.

Das Versicherungswiederaufbaugesetz bewirkte eine einheitliche Regelung für die Kriegsverluste sämtlicher Versicherungsunternehmen und sollte ihnen aus öffentlichen Mitteln die Wiederherstellung geordneter Betriebsverhältnisse ermöglichen. Die Versicherungsunternehmen erstellten nun eine Rekonstruktionsbilanz für den Zeitraum von 1945 bis 1954 samt Gewinn- und Verlustrechnung, die dann die Basis für die Schillingeröffnungsbilanz wurde. Konnte auf Grund von Kapitalmangel oder laufenden Verlusten keine ausgeglichene Bilanz erstellt werden, hatte der Bund in Form von Zuschüssen oder Darlehen einzustehen. Im Gegenzug für die staatlichen Leistungen hatten die Versicherungsunternehmen u. a. alle Forderungen an das Deutsche Reich an die Republik Österreich abzuführen, die der Deckung der Lebensversicherungen gewidmet gewesen waren.

---

330 Stellungnahme des Bundesministeriums für Finanzen (Dr.Lorenz) an den Verband der Versicherungsanstalten Österreichs vom 28. September 1959, Archiv der Wiener Städtischen Versicherung

Zur Bedeckung des Versicherungswiederaufbaus waren vom Bund ursprünglich 365 Mio Schilling veranschlagt worden. Insgesamt mußten aber nur zwei inländische Gesellschaften – ÖVAG und Volksfürsorge – und eine ausländische Lebensversicherung die Staatshilfe in Anspruch nehmen. Für die erhöhten Mehrleistungen zahlte der Bund den Versicherungsunternehmen bis 1961 76 Mio Schilling und zur Abgeltung künftiger Mehrleistungen noch eine Pauschalsumme von 46,8 Mio Schilling. (BGBl. Nr. 61/1962), also einen wesentlich geringeren Betrag als ursprünglich angenommen. Für die unter öffentlicher Verwaltung stehenden Versicherungsbestände, für die kein Sanierungsanspruch bestand, wurden die Fortführung des Betriebes durch eine Darlehensgewährung des Bundes vorläufig sichergestellt, um eine gleichmäßige Erfüllung der Lebensversicherungsverträge sicher zu stellen. Ihre Regelung erfolgte später durch den deutsch-österreichischen Vermögensvertrag.

Was waren nun die Kriegsverluste der österreichischen Versicherungsunternehmen, Versicherungsnehmer und was hat nun die öffentliche Hand für den Wiederaufbau des Versicherungswesens geleistet? Die finanziellen Leistungen des österreichischen Staates zur Rekonstruktion des Versicherungswesens betrugen nach dem Versicherungswiederaufbaugesetz 124,8 Mio S., die sich durch den deutsch-österreichischen Vermögensvertrag (siehe nächstes Kapitel) noch um etwa 30 Mio S. verringerten, so daß von österreichischer öffentlicher Seite etwa 100 Mio Schilling geleistet wurde. Von deutscher Seite (Versicherungsunternehmen und öffentliche Hand) wurden nach deutschen Schätzungen auf Grund des Vermögensvertrages ebenfalls 100 Mio S. geleistet. Wieviel hiervon wirklich bezahlt wurde, ist kaum festzustellen.

Bei den Verlusten der österreichischen Versicherungsunternehmen sind die politischen Absichten des von Österreich präsentierten Zahlenwerks zu berücksichtigen. Dieses sollte sowohl die Alliierten von ihren Forderungen nach dem Deutschen Eigentum abbringen, als auch die Verhandlungsposition gegenüber der BRD stärken. Die Forderungen der österreichischen Versicherungsunternehmen an das Deutsche Reich betrugen nach dem Rot-Weis-Rot Buch netto 659,154 Mio S, dazu kam noch ein Auslandsvermögen der österreichischen Versicherungsunternehmen in der Höhe von 285 Mio S, vor allem in den Ostblockländern. Beides zusammen machte 944,154 Mio Schilling aus und mußte weitgehend abgeschrieben werden. Zieht man die 124,8 Mio S ab, welche den Versicherungsunternehmen nach dem Versicherungswiederaufbaugesetz von der öffentlichen Hand zur Verfügung gestellt wurden, so verblieb ein Betrag von etwa 800 Mio Schilling. Dies kann als „Kriegsverlust" der österreichischen Versicherungsbranche gewertet werden.

Die Bewältigung dieser Kriegsverluste konnte im wesentlichen nur auf Kosten der Versicherungsnehmer erfolgen. Wenn die Deckungswerte der Versicherungsunternehmen das Guthaben der Versicherungsnehmer sind, so muß eine weitgehende

Entwertung dieser Rücklagen die Versicherungsnehmer treffen. Ihre Ansprüche wurden, wie die bei anderen Finanzvermögen auch, auf Grund der Währungsgesetze und des Versicherungswiederaufbaugesetzes um 60 % abgewertet. Dazu kam noch die kriegsbedingte Nachkriegsinflation, so daß nicht mehr viel übrig blieb. Einen vollständigen Verlust erlitten die nicht mehr anspruchsberechtigten Versicherungsnehmer, deren Polizzen nicht zum österreichischen Bestand gehörten und auch durch den deutsch-österreichischen Vermögensvertrag nicht abgedeckt wurden, was vor allem ehemalige Anspruchsberechtigte in den Ostblockländern betraf.

Einen vollständigen Verlust erlitten auch jene Versicherungsnehmer, die ihre Polizzen nach den verschiedenen Fall- und Verjährungsfristen nicht mehr angemeldet hatten. Mit dem Versicherungswiederaufbaugesetz 1955 hatte die Republik Österreich die Verpflichtung übernommen, die Deckungswerte von Versicherungsbeständen zur Verfügung zu stellen, soweit sie nicht durch die vorhandenen Reserven der Versicherungsunternehmen gedeckt waren. Analog galt dies auch für die deutschen Niederlassungen nach dem deutsch-österreichischen Vermögensvertrag. Die finanziellen Aufwendungen hierfür waren aber geringer als erwartet. Grundlage für die staatlichen Leistungen war die Anmeldung der Ansprüche durch den Versicherungsnehmer selbst, die innerhalb von festgelegten Fallfristen zu erfolgen hatten. Nicht zeitgerecht angemeldete Forderungen reduzierten daher die staatliche Zahlungsverpflichtung auf Grund des Versicherungswiederaufbaugesetzes und des deutsch-österreichischen Vermögensvertrages. „Unclaimed" Versicherungsansprüche waren daher kein Gewinn der Versicherungsunternehmen, sondern eine Ersparnis der öffentlichen Hand, da die Versicherungsunternehmen hierfür staatliche Ausgleichszahlungen verlangen konnten. Für die Republik Österreich war die Regelung des Versicherungswesens nach Ablauf der Fallfristen der beiden Gesetze erledigt, selbst wenn es zugegebenermaßen einzelne Ungerechtigkeiten geben konnte. Das Bad Kreuznacher Abkommen spielte in bezug auf die Versicherungen keine Rolle mehr.

7. DER DEUTSCH-ÖSTERREICHISCHE VERMÖGENSVERTRAG 1958

Mit dem Staatsvertrag war auch das österreichische Vermögen von deutschen Versicherungsunternehmen als „Deutsches Eigentum" an die Republik Österreich übergegangen. Allerdings waren damit auch deren Verpflichtungen gegenüber österreichischen Anspruchsberechtigten aus der Zeit von 1938 bis 1945 erloschen.[331] Das

---

331 Mit dem Versicherungswiederaufbaugesetz 1955 wurde dann die Stockabgrenzung geregelt. Bei Lebensversicherungen, die zwischen 1938 und 1945 abgeschlossen wurden, und vor allem hier bestan-

betraf unter anderem auch Gruppenversicherungsverträge, die deutsche Unternehmungen für ihre österreichischen Arbeitnehmer während der NS-Zeit bei einem deutschen Versicherungsunternehmen abgeschlossen hatte. Über diese Verträge lagen in Österreich kaum Unterlagen vor. Von den von deutscher Seite geschätzten 550.000 Korrespondenzverträgen dürfen 400.000 bis 450.000 auf solche Gruppenversicherungen entfallen sein. Davon waren etwa 100.000 bis 150.000 von größerer Bedeutung.[332]

Bei den Verhandlungsvorbereitungen mit Deutschland zeigte sich, daß Enteignungen ein sehr plumpes Instrument sind, die dem Netz von Rechten und Verpflichtungen in einer Marktwirtschaft in vieler Hinsicht widersprechen. 1945 konnte man leicht das deutsche Eigentum im Versicherungsbereich beschlagnahmen, Deutschland war in vier Besatzungszonen aufgeteilt und es gab keinen handlungsfähigen deutschen Staat, mit dem man sich hätte auseinandersetzen müssen. Elf Jahre später war aber die BRD zu einem wichtigen Wirtschaftspartner geworden, dem man keine Lösungen mehr aufzwingen konnte. Auch der österreichische Versicherungsverband wies daher darauf hin, „daß eine in den Augen des deutschen Staates unbillig erscheinende Regelung auf dem Versicherungssektor sehr leicht Anlaß zur Rückwirkungen auf die österreichischen Zweigniederlassungen in Deutschland geben könnte, deren durchwegs aufstrebendes deutsches Geschäft durch Gegenseitigkeitsmaßnahmen unschwer wesentliche Beeinträchtigungen erfahren könnte und wohl auch würde. Es möge nicht unerwähnt bleiben, daß einer jährlichen Prämieneinnahme der deutschen Zweigniederlassungen in Österreich von rund 40 Mio Schilling eine jährliche Prämieneinnahme der österreichischen Zweigniederlassungen in Westdeutschland von DM 50 Mio gegenüber steht."[333] Die Honorierung der Ansprüche der österreichischen Versicherten wurde natürlich begrüßt: „Das Ausmaß der Versicherungsverpflichtungen österreichischer Unternehmungen gegenüber deutschen Versicherten ist praktisch nicht feststellbar, dürfte aber größen-

---

den Probleme, war der österreichische Wohnsitz zum Vertragsabschluß und am 1. 1. 1950 maßgebend, um von österreichischer Seite anerkannt zu werden. Zusätzlich gehörte ein Vertrag nicht zum inländischen Bestand, wenn dieser von einem ausländischen Versicherungsunternehmen nach dem 7. Mai 1945 akzeptiert worden war, oder sie darauf Prämien angenommen bzw. Leistungen erbracht hatte. Nach dem Londoner Schuldenabkommen der BRD bzw. nach dem österreichischen Staatsvertrag war diese Regelung aber zweifelhaft.

332 II. Sitzung der Vollkommission vom 11. Oktober 1956 in München, Bundesministerium für Finanzen, Versicherungsaufsicht allgemein, AdR.BMF., 163322/56

333 Verband der Versicherungsanstalten Österreichs an das Bundesministerium für Finanzen, Versicherungsaufsichtsbehörde, Wien, 26. September 1956, Versicherungsaufsicht allgemein, AdR.BMF., 136609/56

ordnungsmäßig nicht ins Gewicht fallen und global gesehen auch geringer als die entsprechenden deutschen Verpflichtungen sein."[334]

Schließlich konnten die Vermögenswerte der betroffenen Versicherungsunternehmen nicht einfach vom österreichischen Staat als Deutsches Eigentum eingezogen werden, da ihnen Versicherungsforderungen gegenüber standen. Denn um die österreichischen Vermögenswerte der deutschen Versicherungsunternehmen dem Zugriff der Alliierten zu entziehen, waren sie sämtliche zu Deckungsstockwerten erklärt worden, so daß den österreichischen Versicherten praktisch ein dingliches Befriedungsrecht aus diesen Werten zustand.[335] Am 10. 7. 1946 hatte der österreichische Nationalrat schließlich mit großer Mehrheit die Erklärung angenommen, daß das Vermögen der Versicherungsgesellschaften wirtschaftlich gesehen Vermögen der Versicherten sei. Diese Erklärung wurde durch die Erläuterungen zur Regierungsvorlage zum Staatsvertrag bestätigt und im Kommentar von Minister Bock nochmals darauf Bezug genommen.[336] Diese Vermögen waren daher zugunsten der österreichischen Versicherungsnehmer zu liquidieren und das war ohne Mitwirkung von deutscher Seite nicht möglich. Es wurde daher eine gemischte deutsch-österreichische Kommission errichtet.[337] Diese Kommission war mit hohen Vertretern der Ministerien, der Verbände und der Versicherungsunternehmen beider Länder besetzt, sie arbeitete in einer freundschaftlichen Atmosphäre und es kam in den meisten Fragen zu einvernehmlichen Lösungen. In der Vorbereitung zu den Verhandlungen erstellte der österreichische Versicherungsverband auf der Grundlage einer von der Bundeswirtschaftskammer der gewerblichen Wirtschaft angeregten Umfrage noch einmal eine Bilanz:

---

334 Verband der Versicherungsanstalten Österreichs an das Bundesministerium für Finanzen, Versicherungsaufsichtsbehörde, Wien, 26. September 1956, Versicherungsaufsicht allgemein, AdR.BMF., 136609/56

335 Exposee betreffend Versicherungswesen, 29. Oktober 1956, Bundesministerium für Finanzen, Versicherungsaufsicht allgemein, AdR.BMF., 153161/56

336 517 der Beilagen zu den stenographischen Protokollen des Österreichischen Nationalrats, V.GP, zu Artikel 22 des Staatsvertrages.

337 Die wichtigste Arbeitstagung fand vom 9. Oktober bis zum 1. November 1956 in München statt.

Forderungen und Verbindlichkeiten österreichischer Versicherungsunternehmen gegenüber Westdeutschland [338] (ohne ausländische Zweigniederlassungen) zum Stichtag 8. Mai 1945 in ihrer Abwicklung bis zum 30. Juni 1955, RM gleich Schilling, Grundstücke wurden nicht erfaßt

Guthaben bei Kreditinstituten und Sparkassen	0,588 Mio
Guthaben bei der Commerzbank A.G.Wien	
In Liquidation	0,042 Mio
Schuldscheinforderungen	11,104 Mio
Wertpapiere:	
Reichsanleihen und –schatzanweisungen	237,542 Mio
Reichspost- und Bahn	1,644 Mio
Sonstige Effekten	139,591 Mio
(davon Obligationen Versicherungsfonds Berlin 132.300)	
Rück- und Mitversicherung gegenüber Versicherungs-	
Unternehmen sowie aus Direktversicherung gegenüber	
Maklern:	
Forderungen	14,585 Mio
Verbindlichkeiten	15,980 Mio
Saldo	– 1,395 Mio
Sonstige	
Forderungen	41,374 Mio
Verbindlichkeiten	0,364 Mio
Saldo	41,010 Mio
Gesamtsumme	430,126 Mio

Bei der Erstellung des Rot-Weis-Rot Buches war noch von Forderungen in der Höhe von 659,154 Mio S die Rede gewesen (710,124 Mio Forderungen und 50,97 Mio Verpflichtungen) Im Grunde genommen war dies aber „der Schnee von gestern." Es war die Bilanz der Kriegsverluste des österreichischen Versicherungswesens, wobei die meisten Posten durch den Forderungsverzicht im Staatsvertrag erledigt waren. Sie waren den österreichischen Unternehmen durch das Versicherungswiederaufbaugesetz bereits teilweise durch den Staat ersetzt worden. Die Zahlen sind aber doch so weit aufschlußreich, als sie zeigten, daß dem österreichischen Staat durch

---

338 Verband der Versicherungsanstalten Österreichs an das Bundesministerium für Finanzen, Versicherungsaufsichtsbehörde, Wien, 26.September 1956, Versicherungsaufsicht allgemein, AdR.BMF., 136609/56. Bei den sonstigen Forderungen waren zum 31. 12. 1956 der Verrechnungssaldo gegen den Versicherungsfonds Berlin in der Höhe von 33,532 enthalten und 6 Mio gegen den Oberfinanzpräsidenten Berlin sowie 1,326 Mio Forderungen aus Kriegssachschäden.

die Beschlagnahme des Deutschen Eigentums im Versicherungsbereich – anders als bei den Banken, Industriebetrieben und Energieunternehmen – kein Vermögenszuwachs, sondern ein erheblicher finanzieller Aufwand entstanden war.

In den zwischenstaatlichen Verhandlungen ging es daher nicht mehr um die Forderungen der österreichischen Versicherungsunternehmen in Richtung ehemaliges Deutsches Reich, sondern um die noch vorhandenen Vermögen und Verpflichtungen der deutschen Versicherungsunternehmen in Österreich. Die deutsche Seite war bereit, die Verzichtklausel des österreichischen Staatsvertrages auf dem Sektor der privaten Versicherungsunternehmen nicht anzuwenden.[339] Sie war daher gewillt, alle Ansprüche österreichischer Gläubiger nach deutschem Recht zu erfüllen. Sie erwartete hierfür aber die Rückgabe der in Österreich vorhandenen Deckungswerte zur Erfüllung dieser Verbindlichkeiten. Dazu teilte man die Versicherungsunternehmen in zwei Gruppen:

- Gruppe 1 waren jene, die Niederlassungen oder Geschäftsstellen in Österreich hatten bzw. gehabt hatten. Hier war man sich einig, daß ein Ausgleich der Vermögenswerte der verschiedenen Versicherungsgesellschaften erfolgen sollte („Topf"), wodurch die Unterdeckung bei einem Unternehmen durch die Überdeckung bei den anderen ausgeglichen werden sollte.
- Gruppe 2: die übrigen deutschen Versicherungsunternehmen.

Die deutsche Zahlungsbereitschaft galt auch für Korrespondenzverträge, also jene Versicherungsunternehmen, die über die deutschen Zentralen direkt und nicht über eine österreichische Niederlassung oder Geschäftsstelle liefen. Solche Verträge bestanden vor allem in der Gruppe 2 (ohne Geschäftsstellen), konnten aber auch bei der Gruppe 1 (mit Geschäftsstellen) vorkommen. Vor dem Londoner Schuldenabkommen 1953 wurden von den deutschen Zentralen die Korrespondenzverträge – zumeist „vorschußweise" – nach deutschem Recht abgewickelt, danach bestand hierfür keine Verpflichtung mehr. Die deutsche Seite war nun bereit auch diese Verträge, ganz gleich welcher Gruppe sie angehörten, von deutschen Stellen nach deutschem Recht zu erfüllen. Dies war „ein unbedingtes Petit der österreichischen Delegation."[340] Nach deutscher Auffassung sollten auch diese Verpflichtungen aus den in Österreich befindlichen Vermögenswerten gedeckt werden, während dies von österreichischer Seite abgelehnt wurde. Zumindest aber strebten die Deutschen auch für die Gruppe 2 (ohne Geschäftsstellen) einen Topf an, was von österreichischer Seite ebenfalls abgelehnt wurde. Die Ursache für diese unterschiedliche Behandlung von

---

339 und des Bausparwesens, das gleichzeitig verhandelt wurde
340 Aufzeichnung über die Sitzung des Versicherungssonderausschusses vom 18. Oktober 1956, Bundesministerium für Finanzen, Versicherungsaufsicht allgemein, AdR.BMF., 153161/19

österreichischer Seite lag darin, daß es sich bei den Versicherungsunternehmen der Gruppe 1 (mit Geschäftsstellen) überwiegend um Unternehmen handelte, die bereits vor 1938 zum Geschäftsbetrieb zugelassen worden waren und daher ihre Deckungswerte auch in Österreich angelegt hatten. Von dem noch vorhandenen Vermögen dieser Gruppe entfielen etwa 80 % auf solche „lebenden" Unternehmen. Die Deckungswerte der Gruppe 1 reichten daher aus, um die Verpflichtungen abzudecken. Anders bei der Gruppe 2 ohne Geschäftsstellen. Ihre Verträge waren direkt von den Zentralen abgeschlossen und die Deckungswerte dementsprechend weitgehend in Deutschland veranlagt worden. Für sie war die österreichische Seite nur bereit, das in Österreich vorhandene Vermögen frei zu geben, die darüber hinausgehenden Verpflichtungen sollten von Deutschland übernommen werden, da dort auch die Deckungswerte verblieben waren.

„Im Zuge der Verhandlungen wurde gewisses, im allgemeinen nicht belegtes Zahlenmaterial ausgetauscht."[341] stellte die österreichische Seite intern fest. Tatsächlich waren die Zahlen recht unterschiedlich, was nicht nur auf Bewertungsunterschiede und die teilweise Unkenntnis der tatsächlichen Verpflichtungen zurück zu führen war, sondern auch auf den unterschiedlichen Interessenstandpunkt.

Vermögen deutscher Versicherungsunternehmen in Österreich[342]
Ohne Aktienbeteiligungen (Ende 1954)

Österreichische Schätzung

Gruppe 1

Vermögen	150 bis 180 Mio S[343]
Verpflichtungen	100 bis 120 Mio S[344]
Plus Verpflichtungen in Deutschland	25 Mio S.

Gruppe 2

Vermögen	15 Mio S
Verpflichtungen	170 bis 180 Mio S

341 Bericht über die Tagung des Versicherungssonderausschusses der österreichisch-deutschen Kommission vom Oktober 1956, Bundesministerium für Finanzen, Versicherungsaufsicht allgemein, AdR.BMF., 153161/56
342 Aufzeichnung über die Sitzung des Versicherungssonderausschusses am 17. Oktober 1956, Bundesministerium für Finanzen, Versicherungsaufsicht allgemein, AdR.BMF., 153161/56
343 zwei Drittel dieser Vermögenswerte sind Darlehen an Wasserkraftunternehmungen
344 Durch die österreichischen öffentlichen Verwalter waren Versicherungen erfaßt, deren Deckungsbedarf auf 100 bis 120 Mio Schilling geschätzt wurde, davon 80 Mio von Unternehmen, die bereits vor 1938 zum Geschäftsbetrieb zugelassen worden waren.

Deutsche Schätzung
Gruppe 1

Vermögen	180 Mio S
Verpflichtungen	80 Mio S

Gruppe 2

Vermögen	50 Mio S
Verpflichtungen	150 Mio S

Die Verbindlichkeiten aus Korrespondenzverträgen (Gruppe 2) wurde von deutscher Seite mit 24 Mio S angegeben, was von österreichischer Seite als weitaus überhöht angesehen wurde.[345] In jedem Fall war in Gruppe 1 eine Überdeckung gegeben, welche der österreichische Staat aus dem Titel „Deutsches Eigentum" beanspruchte und in Gruppe 2 eine deutliche Unterdeckung, die von der deutschen Seite auszugleichen war. Das Ausmaß der Unterdeckung war daher entscheidend. Die deutsche Delegation übergab schließlich ein Papier, bei dem das Zahlenmaterial für Ende 1955 aufgeschlüsselt war. Die technischen Verbindlichkeiten der Gruppe 2 (ohne Geschäftsstellen) aus Versicherungsverträgen betrugen demnach:

Lebensversicherungen	27,6 Mio S
Pensionskassen	118,2 Mio S
Sterbekassen/Sachversicherungen	1,2 Mio S
Insgesamt	147,0 Mio S

Die darin enthaltenen laufenden Renten wurden mit jährlich 3,804 Mio S angegeben, wovon 1,53 auf Lebensversicherungsunternehmen und 2,274 Mio S auf Pensionskassen entfielen. Die Gruppe 1 (mit Geschäftsstellen) war daran mit rund 300.000 S beteiligt.[346] Dies wurde von österreichischer Seite als sehr überhöht angesehen. Die umstrittene Höhe der Vermögen der Gruppe 2 (ohne Geschäftsstellen) wurde Ende 1944 (ohne Rückversicherungssalden) von deutscher Seite angegeben mit:

---

345 Österreichisches Papier im Versicherungsausschuß 18.Oktober 1956, Bundesministerium für Finanzen, Versicherungsaufsicht allgemein, AdR.BMF., 153161/56. Der Wert der Korrespondenzverträge wird in den Unterlagen einmal mit 4 Mio Schilling und einmal mit 24 Mio DM angegeben, was sicher eine Verwechslung ist. Richtig kann es nur 4 Mio DM und 24 Mio Schilling heißen (Kurs 1 DM gleich 6 Schilling)

345 Aufzeichnung über die Sitzung des Versicherungssonderausschusses am 22. 10. 1956, Bundesministerium für Finanzen, Versicherungsaufsicht allgemein, AdR.BMF., 153161/56

Schuldscheinforderungen	25 Mio S
Festverzinsliche Wertpapiere (ohne Reichswerte)	20 Mio S
Hypotheken	6–7 Mio S
Bankguthaben	3,5 Mio S
Insgesamt	54,5 bis 55,5 Mio S

Im Jänner 1957 korrigierte die deutscher Seite nochmals ihre Werte für die Gruppe 2 und kam auf Verbindlichkeiten in der Höhe von 144 Mio S (darunter 54 Mio für flüssige Renten) und Vermögenswerte von 47,4 Mio S. [347]

Außerdem erwartete die deutsche Seite, eine großzügige Behandlung von Anträgen deutscher Versicherungsunternehmen auf Wiederbetätigung in Österreich.[348] Das betraf vor allem die Bestätigung von Betriebsbefugnissen von Versicherungsunternehmen, die bereits vor 1938 zugelassen waren, aber seit 1945 kein Neugeschäft mehr getätigt hatten. Das waren überwiegend Transportversicherungen, darunter auch Kfz-Versicherungen, die 1938 noch nicht aufsichtspflichtig waren. Etwaige Anträge anderer deutscher Versicherungsunternehmen sollten „unter Berücksichtigung der besonderen Umstände des Einzelfalles wohlwollend geprüft werden".[349] Dagegen hatte vor allem der österreichische Versicherungsverband „schwerste Bedenken" und er forderte die Betriebsbefugnis nur für jene Unternehmen auszusprechen, die am 1. Jänner 1956 und vor dem 13. März 1938 zugelassen waren. Zusätzlich schlug der Versicherungsverband vor, daß der deutsche Gesamtverband der Versicherungswirtschaft namens seiner Mitglieder die Erklärung abgeben sollte, daß diese „in Österreich keine Untertarifierung vornehmen und sich an die in Österreich üblichen Sätze der Verprovisionierung halten und ihre österreichischen Geschäftsführer anweisen, die dargestellte Vorgangsweise einzuhalten." Der österreichische Verband hielt „eine derartige prohibitive Maßnahme für unbedingt erforderlich, wenn anders die Deroutierung des österreichischen Versicherungsmarktes vermieden werden soll."[350] „Ein Neugeschäft der nach 1938 in Österreich zum Geschäftsbetrieb zugelassenen Unternehmungen sollte nach wie vor nicht mehr in Frage kommen. Jede Konzessionserteilung würde für den heimischen Markt ein schweres Präjudiz bedeuten und den Druck des übrigen Auslandes nach Neukonzessionen sehr verstär-

---

347 Versicherungs-Sonderausschuß vom 24. 1. 1957, Bundesministerium für Finanzen, Versicherungsaufsicht allgemein, AdR.BMF., 10335/57
348 II. Sitzung der Vollkommission vom 11. Oktober 1956 in München, Bundesministerium für Finanzen, Versicherungsaufsicht allgemein, AdR.BMF., 163322/56
349 Entwurf für ein Versicherungsabkommen zur Durchführung des Staatsvertrages, S. 6, Bundesministerium für Finanzen, Versicherungsaufsicht allgemein, AdR.BMF., 163322/56
350 Verband der Versicherungsunternehmen Österreichs an das Bundesministerium für Finanzen, Wien, 18. Dezember 1956, AdR.BMF., Versicherungsaufsicht allgemein, 178850/56

ken."[351] Das zwischenstaatliche Verhandlungskomitee fand eine solche „Loyalitäts-
erklärung" aber für überflüssig und es wurde klar gemacht, daß es nicht zweckmäßig
wäre, ein de-facto-Kartell zu erzwingen.[352] Man kam daher überein, die wieder zu-
zulassenden deutschen Versicherungsunternehmen am besten taxativ aufzuzählen.
Die bereits vor in Österreich 1938 tätig gewesen deutschen Versicherungsunternehmen waren die:

Mannheimer Versicherungsgesellschaft
Nordstern Allgemeine Versicherungs A.G.
Nordstern Lebensversicherungs A.G.
Victoria zu Berlin Allgemeine Versicherungs A.G.

1951 waren zusätzlich die Victoria Feuerversicherungs AG und die National Allgemeine in Österreich tätig, für die man auch eine Bestätigung der Konzession erwog,
alle anderen deutschen Versicherungsunternehmen sollten, zumindest im Zusammenhang mit dem Vermögensvertrag, nicht mehr zugelassen werden.

Relativ rasch gelangte man zu einer Einigung bei den Rückversicherungen. Denn
diese konnte auf der Grundlage der zwischen beiden Versicherungsverbänden para-
phierten, aber nicht genehmigte Vereinbarung vom 12. Juni 1953 mit kleinen Änderungen erfolgen. Die Deutschen wollten bei dieser Regelung die öffentlichen Verwalter und die staatliche Versicherungsaufsicht einbinden. Dies wurde aber von der
österreichischen Seite als eine kaum lösbare Aufgabe angesehen, weil die alten Ver-
sicherungssalden mit den Salden aus neuen Rückversicherungsverträgen bereits ver-
mischt worden waren.[353] Der österreichische Versicherungsverband forderte daher,
daß die Abwicklung von Rückversicherungsverträgen kommerziell und unmittelbar
von den Unternehmen erfolgen sollte. „Die Eigenheit der Rückversicherungsver-
hältnisse, der ausgesprochen internationale Charakter und die zwischenstaatliche
Notwendigkeit der Rückversicherung zwingt geradezu zu einer ordnungsgemäßen
Abwicklung der Rückversicherungsverträge und somit zu einer ordnungsgemäßen
Bereinigung der bei Kriegsende bestehenden Saldi und dies umso mehr, als die
wirtschaftlichen Gegebenheiten schon längst zu neuen langjährig bestehenden Ver-
tragsverhältnissen zwischen den alten Partnern geführt haben. Ein reinlicher Saldo-

---

351 Verband der Versicherungsanstalten Österreichs an das Bundesministerium für Finanzen, Versicherungsaufsichtsbehörde, Wien, 26. September 1956, Versicherungsaufsicht allgemein, AdR.BMF.,
136609/56

352 Versicherungs-Sonderausschuß vom 24. 1. 1957, Bundesministerium für Finanzen, Versicherungsaufsicht allgemein, AdR.BMF., 10335/57

353 Bundesministerium für Finanzen, Aussprache mit dem Verband der Versicherungsunternehmen
Österreichs vom 23. November 1956, Versicherungsaufsicht allgemein, AdR.BMF., 163322/56

ausgleich in irgend einer Form dürfte auch dadurch erleichtert sein, daß eine globale Abrechnung offenbar keinen ins Gewicht fallenden Saldo ergibt."[354] Auf deutschen Vorschlag stellte Österreich hierfür die Vermögenswerte der Rückversicherungen zur Verfügung.

Auch bei den Forderungen an die Deutschen Kriegsversicherungsgemeinschaft und die HERMES-Kreditversicherungs-Aktiengesellschaft war eine Einigung schnell erreicht. Sie erfolgte auch für österreichische Gläubiger nach deutschem Recht, diese waren nicht schlechter zu stellen, als deutsche Gläubiger.

Dagegen zogen sich die Verhandlungen in den übrigen Punkten hin. Am 18. Oktober 1956 wurde der deutschen Seite schließlich ein österreichisches 6-Punkte-Programm übergeben:[355]

„1.) Der Forderungsverzicht nach Art. 23/3 StV findet auf dem Sektor der Vertragsversicherung keine Anwendung, sohin werden alle österreichischen Versicherungsnehmer (Anspruchsberechtigte) und alle österreichischen Versicherungsunternehmungen ihre Forderungen gegen Deutsche geltend machen können." Diese Formulierung entsprach generell dem österreichischen Standpunkt und wurde von der deutschen Seite akzeptiert.

„2.) Österreich ist bereit, den Versicherungsbestand, der bei den unter öffentlicher Verwaltung stehenden Geschäftsstellen deutscher Versicherungsunternehmungen zum Stichtag 1. Jänner 1956 erfaßt war, aus den in Österreich befindlichen Vermögenswerten zu bedecken, wobei eine Unterdeckung eines Bestandes aus der Überdeckung eines anderen dieser Bestände auszugleichen wäre." Dies war der sogenannte „Topf" der Gruppe 1, also von deutschen Versicherungsunternehmen, die vor 1945 Geschäftsstellen in Österreich hatten. Die deutsche Seite wollte alle Versicherungsverträge – mit Ausnahme der Korrespondenzverträge – von Österreich übernommen haben. Hierüber konnte schließlich Übereinstimmung erzielt werden. Maßgebend war schließlich die Liste der Versicherungspolizzen der 61 unter öffentlicher Verwaltung stehenden Versicherungsunternehmen. Die deutsche Seite wollte zusätzlich, daß die Deckungswerte dieser Gruppe den Versicherungsunternehmen ohne Rücksicht auf ihre Verpflichtungen übergeben werden und daher die Überdeckung den einzelnen Unternehmen zufallen sollte. Die österreichische Seite war aber nur bereit, die Deckungswerte für den inländischen Versicherungsbestand dieser Gruppe zum 1. Jänner 1956 zur Verfügung zu stellen, die Überdeckung sollte zugunsten des österreichischen Staates eingezogen werden.

---

354 Verband der Versicherungsanstalten Österreichs an das Bundesministerium für Finanzen, Versicherungsaufsichtsbehörde, Wien, 26. September 1956, Versicherungsaufsicht allgemein, AdR.BMF., 136609/56

355 6-Punkte Programm vom 18. Oktober 1956, Bundesministerium für Finanzen, Versicherungsaufsicht allgemein, AdR.BMF., 153161/56

Die restlichen Versicherungen dieser Gruppe (Korrenspondenzverträge) sollten von der deutschen Seite nach deutschem Recht erfüllt werden. Dies betraf nicht nur nicht-österreichische Versicherungsnehmer, sondern auch jene österreichischen, die bisher in irgend einer Weise von den deutschen Zentralen akzeptiert worden waren. Die deutsche Seite wurde daher „nicht im Unklaren darüber gelassen, daß sämtliche bisher von deutscher Seite mit oder ohne Vorbehalt bevorschussten Versicherungen im deutschen Bestand bleiben müssen."[356]

„3.) Alle nicht unter 2) erfaßten Versicherungsansprüche gegen deutsche Versicherungsunternehmungen sind von deren Zentralen nach deutschem Recht zu erfüllen."

„4.) Die Verpflichtungen aus Pensionsverträgen von Zweigniederlassungen, deren Konzessionen bestätigt werden, werden wie Ansprüche aus Versicherungsverträgen bedeckt."

Das österreichische Versicherungsaufsichtsamt wandte jedoch ein, daß keine allgemeine Zusage bezüglich der Pensionsverträge gemacht werden müßten, da diese nur die vier deutschen Zweigniederlassungen betraf, deren Konzession bestätigt werden sollten. Die Bestimmung wurde dennoch in den Vertrag aufgenommen.

„5.) Österreich ist ferner bereit, aus den Vermögenswerten, die anderen als den in Punkt 2) genannten Versicherungsunternehmungen gehörten, an die einzelnen Gesellschaften Deckungswerte nach Maßgabe der Verbindlichkeiten, die sie gemäß Punkt 3) gegenüber österreichischen Staatsangehörigen zu erfüllen haben, rückzuübertragen …" Für die Unternehmen, die keine Geschäftsstellen in Österreich hatten (Gruppe 2), sollte die Bedeckung nur nach Maßgabe des in Österreich vorhandenen Vermögens der Gesellschaften herausgegeben werden. Eine Unterdeckung war von den deutschen Unternehmen selbst zu bestreiten. Ein Ausgleich zwischen den einzelnen Gesellschaften „Topf" sollte nicht statt finden. Bestanden keine Verpflichtungen bei einem Unternehmen sollte der Vermögenswert zur Gänze an Österreich fallen. Von deutscher Seite wurde jedoch ein allgemeiner Verzicht auf die Anwendungen des Forderungsverzicht des Staatsvertrages von der Übergabe sämtlicher Deckungswerte dieser Gruppe abhängig gemacht. Hier konnte sich die deutsche Seite durchsetzen, im Vertrag wurde auch ein „Topf" für diese Gruppe aufgenommen.

„6.) Anteilsrechte an juristischen Personen gehören nicht zu den Vermögenswerten bzw. Deckungswerten der Punkte 2) bis 5)." Diese Regelung sollte klar stellen, daß sich die Ab-

---

356 Österreichisches Papier im Versicherungsausschuß, 18. Oktober 1956. Bundesministerium für Finanzen, Versicherungsaufsicht allgemein, AdR.BMF., 153161/56

machung nicht auf Aktien und Beteiligungen bezog und diese nicht zur Erfüllung von Verbindlichkeiten herauszugeben wären. Auch der Verband der Versicherungsunternehmen Österreichs sprach sich grundsätzlich gegen Rückgabe von Versicherungsaktien aus.[357]

Am 15. Juni 1957 wurde der deutsch-österreichische Vermögensvertrag schließlich unterzeichnet.[358] In Österreich war man mit dem Ergebnis recht zufrieden. Nach Ansicht des Finanzministeriums in Wien „hat Österreich bei den Verhandlungen auf dem Versicherungssektor, insbesondere durch die Schaffung von zwei „Töpfen" für die Herausgabe von Vermögen, günstig abgeschnitten." Durch die Schaffung von zwei Töpfen war verhindert worden, daß die Überdeckung der Gruppe 1 für die Unterdeckung der Gruppe 2 verwendet werden mußte, wie das die deutsche Seite ursprünglich gefordert hatte. Es schien jedoch nicht zweckmäßig, diesen Erfolg in den Erläuterungen zur Regierungsvorlage zu unterstreichen, „weil es sich auf die Ratifizierungsdebatte in Bonn ungünstig auswirken kann."[359] Bei den Vorbereitung zu den Erläuterungen wurden nochmals die Grundsätze des Vertrages hervorgehoben:

– Der internationale Charakter des Versicherungswesens rechtfertigte eine von den übrigen Bestimmungen des Vermögensvertrages abweichende Regelung. Die galt insbesondere für die uneingeschränkte Streichung des Forderungsverzichts auf dem Gebiet des privaten Versicherungswesens und für die Regelung der Rückversicherungen, die den beteiligten Unternehmungen unter Ausschluß staatlicher Einflußnahme überlassen blieb.
– Die Deckungswerte der deutschen Versicherungsunternehmen gehören, so weit sie zur Bedeckung der Versicherungsansprüche erforderlich sind, den österreichischen Versicherten und nicht den deutschen Aktionären. Um auch Versicherte aus unterdeckten Versicherungsbeständen nicht leer ausgehen zu lassen, wurden Gruppen von Versicherungsunternehmen („Töpfe") zusammen gefaßt. Überschüsse, die als Eigenkapital anzusehen waren und Anteilsrechte (Aktienbeteiligungen) an Versicherungsunternehmen wurden von Artikel 22 des Staatsvertrages erfaßt und verfielen zugunsten der Republik Österreich.
– Die österreichischen Versicherungsbestände deutscher Versicherungsunternehmen, die zum Neugeschäft befugt sind, sollen auch im Interesse der dort Be-

---

357 Der österreichische Wertpapierbesitz der deutschen Versicherungsunternehmen betrug 1944 36 Mio RM, darunter 1,1 Mio RM in Aktien. Es wurde nicht die Rückgabe dieser Aktien gefordert, sondern nur die Anrechnung auf die Werte der Gruppe 1 und 2.
358 verlautbart in der Wiener Zeitung am 16. Juni 1957
359 Österreichisch-deutscher Vermögensvertrag, Vorbereitungen von erläuternden Bemerkungen für eine Regierungsvorlage, Bundesministerium für Finanzen, Versicherungsaufsicht allgemein, AdR.BMF., 126951/57

schäftigten als wirtschaftliche Einheit erhalten bleiben. Den deutschen Versicherungskonzernen, die vor der „deutschen Besetzung" bereits in Österreich vertreten waren, wurde auf Antrag die Zulassung zum Geschäftsbetrieb bestätigt. Der Versicherungsbestand und das Deckungskapital wurde auf sie überführt, wobei etwa noch vorhandenes Eigenkapital ebenfalls von der Überführung ausgeschlossen blieb. Die Abwicklung der übrigen österreichischen Versicherungsbestände deutscher Unternehmen soll vereinfacht weiter geführt werden.

– Um die Vermögenstransaktionen rasch abschließen zu können, waren relativ kurze Fallfristen vorgesehen, nach deren Ablauf keine Ansprüche mehr geltend gemacht werden konnten.[360]

Der „Vertrag zwischen der Republik Österreich und der Bundesrepublik Deutschland zur Regelung vermögensrechtlicher Beziehungen" (BGBl.Nr.119/1958), bei dem zehn von 120 Artikeln den Versicherungsunternehmen gewidmet waren, trat am 16.Juli 1958 in Kraft. Darin war festgelegt, daß der Forderungsverzicht des Artikels 23 des Staatsvertrages auf die Ansprüche von österreichischen Staatsangehörigen aus privaten Versicherungsverträgen aller Art und bei Rückversicherungen keine Anwendung findet. Die Ansprüche aus Versicherungsverträgen gegen deutsche Versicherungsunternehmen waren somit zu erfüllen. Für die Befriedigung eines Teils dieser Forderungen wurden Versicherungswerte verfügbar gemacht, die nach dem Staatsvertrag als deutsches Eigentum auf die Republik Österreich übergegangen waren.

Für die weitere Behandlung wurden die deutschen Versicherungsunternehmen in zwei Gruppen geteilt:

– Gruppe 1: 61 Versicherungsunternehmen, die einen unter öffentlicher Verwaltung stehenden österreichischen Versicherungsbestand aufwiesen. Die Republik Österreich haftete nicht mit dem Vermögen der einzelnen Gesellschaften, sondern mit dem Sondervermögen dieser ganzen Gruppe (Topf). Die „lebenden Unternehmungen" wurden hierbei besonders behandelt, die Verbindlichkeiten waren von den Versicherungsunternehmungen selbst zu übernehmen, die öffentliche Haftung entfiel.

– Gruppe 2: Alle übrigen Versicherungsunternehmen, einschließlich dem Vermögen von deutschen Versicherungsunternehmen, die keinen österreichischen Bestand aufwiesen, sondern nur Vermögen in Österreich hatten.

---

360 Österreichisch-deutscher Vermögensvertrag, Vorbereitungen von erläuternden Bemerkungen für eine Regierungsvorlage, Bundesministerium für Finanzen, Versicherungsaufsicht allgemein, AdR.BMF., 126951/57

Nach Versicherungsbeständen (Verträgen) ließen sich drei Kategorien unterscheiden:

Erste Kategorie: Versicherungsverträge unter öffentlicher Verwaltung. Hierunter fielen auch Ansprüche aus Versicherungsverträgen, die nicht unter die Bestimmungen des Staatsvertrages fielen, etwa weil die Berechtigten Nichtösterreicher waren. Diese Verträge aller Art waren nach österreichischem Recht zu erfüllen. Schuldner war die Republik Österreich. Eine Übertragung dieser Versicherungsbestände auf arbeitende österreichische Versicherungsunternehmen wurde als möglich und wünschenswert angesehen, schon da hiermit eine Haftungsbefreiung der Republik Österreich verbunden war. In allen diesen Fällen war keine Anmeldung der Ansprüche nach dem Vermögensvertrag notwendig.

Die zweite Kategorie umfaßte Lebensversicherungen von österreichischen Staatsbürgern mit Wohnsitz in Österreich (Stichtag 1. Jänner 1956) welche vom 13. März 1938 bis zum 8. Mai 1945 abgeschlossen wurden, aber nicht zu einem unter öffentlicher Verwaltung stehenden Bestand gehörten. Diese Lebensversicherungen wurden als österreichische Verträge qualifiziert. Für sie wurde der Ausdruck „Korrespondenzverträge" verwendet, da sie nicht in Österreich, sondern in Deutschland abgeschlossen worden waren. Diese Versicherungsverträge waren von den Zentralen der deutschen Versicherungsunternehmungen nach deutschem Recht zu erfüllen, soweit sie ihren Sitz in der Bundesrepublik Deutschland oder in Berlin West hatten.[361] Dies war etwa der Zustand wie er vor dem Londoner Schuldenabkommen und dem Versicherungswiederaufbaugesetz faktisch bestanden hatte. Diese Lösung war vor allem im Bereich der Währungsbestimmungen zum Teil günstiger als die österreichische. Vor allem wurden Renten, die bereits von deutschen Instituten geleistet worden waren, weiterhin nach deutschem Recht geleistet. Eine Einbeziehung dieser Ansprüche in den österreichischen Bestand hätte eine wesentliche Kürzung der Leistungen bedeutet. Es handelte sich um etwa 600 Renten mit einem jährlichen Aufwand von 450.000 DM und einer Durchschnittsrente von etwa 70 DM monatlich. Der Umstand, daß nach dem deutschen Bestimmungen kleine Renten im Verhältnis 1 RM zu 1 DM umgestellt wurde[362], erklärte den verhältnismäßig hohen Betrag.[363] Diese Regelung war eine unbedingte Forderung des Bundeskanzleramtes (Dr. Kirchschläger). Auf Grund einer Empfehlung der deutschen Versicherungsaufsicht wurde keine

---

361 Kundmachung in der Wiener Zeitung vom 16.7.1958, S. 6

362 Ansonsten wurden Ansprüche aus Lebensversicherungen in Deutschland mit 10: 1bzw. 10:2 und in Österreich mit 10:4 umgerechnet. Der Wechselkurs 1958/9 DM/Schilling etwa 6,19 entsprach, war es für die Betroffenen in jedem Fall günstiger, nach deutschem Recht in seinen Ansprüchen befriedigt zu werden.

363 Niederschrift über die Sitzung des Versicherungssonderausschusses am 12. Oktober 1956, Bundesministerium für Finanzen, Versicherungsaufsicht allgemein, AdR.BMF., 153161/56

Verjährung eingewendet. Diese Ansprüche waren innerhalb von drei Monaten bis zum 16. Oktober 1958 beim Versicherungsunternehmen oder den deutschen oder österreichischen Behörden anzumelden. Danach war die Geltendmachung des Anspruches nicht mehr möglich.

Dritte Kategorie: Versicherungsverträge, die nicht unter die beiden ersten Kategorien fielen, auf die der Forderungsverzicht aber dennoch keine Anwendung fand. Auch diese waren nach deutschem Recht von den deutschen Zentralen zu erfüllen. Hierher gehörten auch die Ansprüche von Auslandsösterreichern. Ansprüche von Versicherungsnehmern, die am 8. Mai 1945 keine Österreicher waren, wurden durch die Versicherungsbestimmungen des Vermögensvertrages nicht berührt. Lorenz-Liburnau erwähnt hier vor allem die Heimatvertriebenen und drückte die Hoffnung aus, daß in dieser Angelegenheit das letzte Wort noch nicht gesprochen worden sei.[364]

Die notwendigen Deckungswerte (Prämienreserven etc.) für die ersten beiden Versicherungsbestände wurde durch die Republik Österreich durch die Übertragung von Vermögenswerten zur Verfügung gestellt. Die Auswahl der Vermögenswerte traf das österreichische Bundesministerium für Finanzen unter Berücksichtigung der Wünsche der deutschen Versicherungsunternehmungen. Anteilsrechte an österreichischen Versicherungsunternehmen waren davon ausdrücklich ausgenommen. Die Übertragung der Aktiven und Passiven verfolgte zum 31. Dezember 1956 auf der Grundlage der Bilanz 1956 und der Schillingeröffnungsbilanz. Die Vermögensübergabe erfolgte für Gruppe 1 und 2 gesondert. Jede dieser Gruppen bildete einen sogenannten „Topf", bei dem abweichend von den Bestimmungen des Versicherungsvertragsgesetzes die Unterdeckung bei einzelnen Versicherungsunternehmungen durch Überdeckung bei anderen ausgeglichen werden konnte. Ein Überschuß aus jedem der beiden Töpfe fiel der Republik Österreich zu. Die Vermögensaufteilung zwischen den Versicherungsunternehmen und ihren Versicherten auf der einen Seite und der Republik Österreich auf der anderen sollte möglichst rasch erfolgen. Dies war auch der Grund für die nur dreimonatige Anmeldefrist bei den Korrespondenzverträgen. Für die Anforderung der Vermögenswerte durch die Unternehmen selbst stand eine sechsmonatige Frist zur Verfügung, die am 16. 1. 1959 endete, nicht angemeldete Vermögen fielen in das Eigentum der Republik Österreich. Der ganze Vorgang – Feststellung der Korrespondenzverträge und Vermögensübertragung – erfolgte in enger Zusammenarbeit mit der deutschen Versicherungsaufsichtsbehörde.

Für die Victoria Versicherung ist dieser Vorgang dokumentiert. Auf Antrag der Victoria Gesellschaft in Düsseldorf erhielt diese mit Erlaß vom 25. 6. 1959 die Zu-

---

364 Hans Lorenz-Liburnau, Die Versicherungsbestimmungen des österreichisch-deutschen Vermögensvertrages, Versicherungsrundschau, Wien 1958, S. 359

lassung zum Geschäftsbetrieb in Österreich. Die Zulassung wurde rückwirkend zum 1. 1. 1957 erteilt. Faktisch wurde damit der Geschäftsbetrieb ab 1. 1. 1956 zurück gegeben, da das Geschäftsjahr 1956 die Abrechnungsgrundlage wurde. Mit der Rückübertragung wurden die unter 1 und 2 fallenden Verträge von der Republik Österreich an die österreichische Filiale der Victoria übergeben. Zugleich übertrug die Republik Österreich die für diese Verträge notwendigen Deckungsmittel. Den Überschuß von 16,555 Mio Schilling behielt die Republik Österreich ein. Die Überweisung dieses Betrages erfolgte im Juni 1959.[365] Bei den anderen fünf zum Betrieb in Österreich zugelassenen Versicherungsunternehmen ergab sich jedoch eine Unterdeckung. „Auf dem Versicherungssektor bringt das vorliegende Vertragswerk die Sicherung und Fundierung der Ansprüche vieler Tausender Versicherter österreichischer Staatszugehörigkeit." schrieb Lorenz-Liburnau abschließend. „Die Rückversicherungsbeziehungen zwischen den beiden Märkten werden endgültig bereinigt. Mit dem Verschwinden von etwa 60 öffentlichen Verwaltungen deutscher Versicherungsunternehmungen (vgl. auch Art. 70 ff VV) und der Bestätigung der Zulassung zum inländischen Geschäftsbetrieb für einige führende deutsche Versicherungsunternehmungen wird die volle Gegenseitigkeit im Verhältnis der beiden Versicherungsmärkte zum Nutzen und Frommen ihrer Volkswirtschaften wieder hergestellt."[366] Mit dem kurz darauf folgenden Versicherungsvertragsgesetz vom 2. Dezember 1958 (BGBl. Nr. 2/1959) war der Wiederaufbau der Versicherungsunternehmen in Österreich schließlich abgeschlossen.

8. Entnazifizierung

Die Entnazifizierung in Österreich erfolgte bis Ende 1945 weitgehend in Eigenregie der verschiedenen Besatzungsmächte.[367] Die provisorische österreichische Regierung wurde in dieser Zeit nur von der Sowjetunion anerkannt und konnte daher ihre beschränkte Kompetenz nur in dieser Besatzungszone ausüben. Erst mit der Nationalratswahl vom November 1945 entstand eine von allen Besatzungsmächten anerkannte Regierung, die ihre Tätigkeit auf das ganze Land ausdehnen konnte. Die österreichischen NS-Gesetze des Jahres 1945 – Verbotsgesetz und Kriegsverbrechergesetz – bekamen nun für ganz Österreich Gültigkeit. Die ehemaligen Nationalsozialisten, die eine formale Beziehung zum NS-Regime aufwiesen (Parteigenosse,

---

365 Historische Entwicklung der Victoria in Österreich, Exkurs II, Wien 1992
366 Hans Lorenz-Liburnau, Die Versicherungsbestimmungen des österreichisch-deutschen Vermögensvertrages, Versicherungsrundschau, Wien 1958, S. 363
367 Siehe hierzu: Dieter Stiefel, Entnazifizierung in Österreich, Wien 1981

Parteianwärter oder Mitglied einer Parteiorganisation) waren registrierungspflichtig und unterlagen sogenannten Sühnefolgen. Dabei wurde vor allem zwischen Partei-mitgliedschaft vor und nach dem „Anschluß" unterschieden. Die „Illegalen", also jene, die schon vor 1938, als die Partei in Österreich verboten war, eingeschriebene Nationalsozialisten waren, galten als der harte Kern, der besonderen Maßnahmen unterlag. Alle jene aber, die erst nach dem „Anschluß" dazukamen wurde Mitläu-fertum, und damit nur eine gewisse menschliche Schwäche bescheinigt. Eine der wichtigsten Entnazifizierungsmaßnahmen waren Entlassungen und Berufsverbote. Darunter fielen vor allem auch Führungspositionen in Staat und Wirtschaft. Schon das Verbotsgesetz vom Jahr 1945 sah vor, daß Illegale im wirtschaftlichen Leben an keiner führenden Stelle mehr tätig sein durften, weder als Prokurist, noch als Vor-stand oder Aufsichtsrat. Diese Bestimmung war aber nur eine Richtlinie und daher wurde von den Arbeitgeber- und Arbeitnehmerorganisationen ein Redaktionskomi-tee gegründet, das zusammen mit der Regierung das Wirtschaftssäuberungsgesetz ausarbeitete. Dieses wurde am 12. September 1945 als „Verfassungsgesetz über Maß-nahmen zur Wiederherstellung gesunder Verhältnisse in der Privatwirtschaft" ver-öffentlicht und richtete sich vor allem gegen die schwer belasteten Nationalsozia-listen. Diese waren von der Leitung irgendwelcher Betriebe ausgeschlossen und fristlos zu entlassen. Die Entlassung galt als von ihnen selbst verschuldet und sie ver-loren damit alle Ansprüche aus dem Dienstverhältnis, also auch Abfertigungen und Pensions- und Rentenansprüche. Der Arbeitgeber war unter Strafandrohung ver-pflichtet, diese Personen festzustellen und zu entlassen. Wollte er sie weiter be-schäftigen, so hatte er den Betriebsrat bzw. den Gewerkschaftsbund zu verständigen. Dieser konnte entweder zustimmen, oder aber bei einer Kommission beim Landes-arbeitsamt die Entlassung fordern. Bei dieser Kommission konnte der betroffene Ar-beitnehmer auch Einspruch gegen seine Entlassung erheben. Das Wirtschaftssäube-rungsgesetz sah ursprünglich nur eine kurze Frist von sechs Wochen zur Entlassung dieses Personenkreises vor, diese mußte aber immer wieder verlängert werden. Dies vor allem deshalb, da das Gesetz erst Anfang 1946 in ganz Österreich angewendet werden konnte und damit zu einem Zeitpunkt, als bereits neue Entnazifizierungs-sbestimmungen in parlamentarischer Beratung waren. Mit dem neuen EN-Gesetz vom Jahr 1947 war die Geltung des Wirtschaftssäuberungsgesetzes beendet. Insge-samt wurden auf dieser Grundlage etwa 100.000 Personen erfaßt, von ihnen verlo-ren etwa zwei Drittel ihre Stellung, der Rest konnte weiter auf seinem Arbeitsplatz verbleiben.

Kurz bevor der Alliierte Rat die Entnazifizierungskompetenzen an die österreichi-sche Regierung übergab forderte er sein eigenes Entnazifizierungsbüro auf, die voll-ständige Entnazifizierung der staatlichen Verwaltung und – auf Vorschlag der Sowjets – auch der Wirtschaft noch rasch selbst durchzuführen. Um dem zuvor zu kommen errichtete Bundeskanzler Figl ein ministerielles Entnazifizierungskomitee, das diese Säuberung von österreichischer Seite durchführen sollte. Das Figl-Komitee gab die Fälle an die zuständigen Sonderkommissionen weiter, denen durch Gesetz die Entlassung von Nazis in Staat und Wirtschaft übertragen worden war und die bei den Arbeitsämtern, den Ministerien und den Bundesländern bestanden. Das Figl-Komitee konnte innerhalb kurzer Zeit große Erfolge vermelden, unter anderem auch deshalb, weil es viele Fälle behandelte, bei denen die Nazis ihre Position nur mehr formell inne hatten und sie seit Kriegsende nicht mehr an ihrem Arbeitsplatz erschienen waren. So konnte das Komitee darauf hinweisen, daß es 36.000 Personen aus der Privatwirtschaft entlassen habe, darunter zahlreiche leitende Angestellte.

In diesem Zusammenhang forderte auch die Versicherungsaufsichtsbehörde über den Versicherungsverband sämtliche Versicherungsgesellschaften mit Sitz in Wien auf, darzulegen, wie weit die Bestimmungen des Wirtschaftssäuberungsgesetzes bereits durchgeführt worden waren. Diese Berichte lagen im Oktober 1946 vor und umfaßten sowohl die aktiven wie die bereits ausgeschiedenen, zeichnungsberechtigten Angestellten und die Mitglieder des Aufsichtsrates.[368] Die Übersicht zeigte, daß von 294 leitenden Personen 37 ehemalige Nationalsozialisten waren, 21 mit Zeichnungsberechtigung und 16 zurück versetzt an untergeordneter Stelle. Ihnen standen 310 „derzeit nicht tätige" Führungskräfte gegenüber, 274 waren entlassen worden und bei 29 ruhte die Funktion, vorwiegend Aufsichtsräte, die nicht in Österreich wohnten. Sieben Personen waren „noch im Ausland", entweder in Kriegsgefangenschaft oder vermißt. Bei ihnen war nicht klar, ob sie bei der NSDAP gewesen waren. Insgesamt waren in der Versicherungswirtschaft 994 Personen vom Wirtschaftssäuberungsgesetz betroffen.[369]

Die Zahlen vermitteln den Eindruck, daß fast die ganze Führungsebene ausgetauscht worden war. Von den 46 erfaßten Gesellschaften, war nur zwei, die beiden Basler Versicherungen, nicht von der Entnazifizierung betroffen. Bei 19 Gesellschaften war das zahlenmäßige Ausmaß der politischen Entlassungen gleich oder größer als der damalige Personalstand der Leitungsebene. Von den Entlassungen waren auch prominente Vertreter der österreichischen Versicherungswirtschaft betroffen, so die Parteimitglieder:

---

368 Versicherungsaufsicht, Bundesministerium für Finanzen, Denazifizierung der Versicherungsgesellschaften in Österreich, Oktober 1946, AdR.BMF., Bundesministerium für Finanzen, Allgemein 72350/46

369 Theodor Heinisch, Der Wiederaufbau unseres Vereins als Sektion Versicherung, in: Peter Ulrich Lehner (Hg.), Solidarität und Sicherheit. Zur achtzigjährigen Geschichte der Sektion Versicherung in der Gewerkschaft der Privatangestellten, Wien 1983, S. 294

- Dr. Rudolf Neumayer, Vorstandsvorsitzender der Versicherungsunternehmungen Wiener Städtische, Wiener Verein und Union, der wegen Hochverrats verurteilt wurde.[370]
- Dr. Hans Sittenberger, Generaldirektor der Donau-Concordia, Präsident des österreichischen Versicherungsverbandes bzw. der Nachfolgeorganisationen 1938 bis 1945, auf Grund des Wirtschaftssäuberungsgesetzes am 25. 10. 1945 gekündigt;
- Dr. Franz Fieger, Generaldirektor der Riunione Adriatica, und während der NS-Zeit Leiter der Fachstelle Lebensversicherungen der Bezirksgruppe Wien der Reichsgruppe Versicherungen, im April 1945 seiner Funktion enthoben und später entlassen. Allerdings setzte im September 1945 der Vorsitzende der Lebenssektion des Versicherungsverbandes (Herr Rawitz von der ÖVAG) die Anwesenden davon in Kenntnis, „daß in Hinkunft an den Sitzungen auch Herr Direktor Dr. Fieger in seiner Eigenschaft als Konsulent teilnehmen wird und somit dessen bewährte Kraft für die Arbeiten und die Aufgaben im Rahmen der Lebenssektion wiederum sicher gestellt ist."[371]

---

370 Neumayer war allerdings kein Versicherungsmann. Der studierte Jurist war in der Wiener Gemeindeverwaltung tätig und wurde 1936 Finanzminister im Ständestaat. Er war auch Mitglied der Regierung Seyss-Inquart und bereitete damit den „Anschluß" vor. Im Juni 1938 schied er aus der Regierung aus und wurde Leiter der Wiener Städtischen Versicherung, was für ihn aber einen Abstieg bedeutete. Er wurde 1943 Leiter Hauptstelle für Wirtschaftstreuhandwesen und 1944 Sonderbeauftragter für das Versicherungswesen in der Operationszone Adriatisches Küstenland. 1945 wurde er verhaftet und 1946 wegen Hochverrats auf Grund seiner Rolle beim „Anschluß" zu lebenslänglichem Kerker verurteilt. Neumayer, der 1977 starb, wurde 1949 wegen „haftunfähigkeit" enlassen und 1951 amnestiert. Helmut Wohnout, Regierungsdiktatur oder Ständeparlament? Gesetzgebung im autoritären Österreich, Wien 1992, S. 423; Isabella Ackerl/Friedrich Weissenstein, Österreichisches Personen Lexikon der Ersten und Zweiten Republik, Wien 1992, S. 329

371 Niederschrift über die am 24.9.1945 stattgefundene Sitzung des Ausschusses der Sektion Lebens- und Krankenversicherung des Verbandes der Versicherungsanstalten Österreichs, Archiv Versicherungsverband

ENTNAZIFIZIERUNG LEITENDER PERSONEN DER VERSICHERUNGSUNTERNEHMEN MIT SITZ
IN WIEN

Oktober 1946

Gesellschaft	Nicht bei NSDAP	Parteimitglied oder Parteianwärter der NSDAP				
		derzeit tätig			derzeit nicht tätig	
		mit	mit	ohne	entlassen oder gekündigt	Funktion ruht	noch im Ausland
		Zeichnungsvollmacht					
Aachener u. Münchner Versicherungsges.	3	-	1	-	-	-
Anglo-Danubian Lloyd	6	-	-	21	-	-
Anglo-Elementar	8	–	-	16	-	-
I. Allgem.Unfall u. Schadens-Versicherung	13	1	-	15	3	1
Der Anker	5	-	1	3	3	-
Generali	5	2	-	4	-	1
Basler Feuer	4	-	-	-	-	-
Basler Transport	1	-	-	-	-	-
Österr.Beamten	1	-	-	7	-	-
Bundesländer	24	-	-	21	-	-
Collegialität	2	-	-	1	7	1
Deutsche Sach	2	-	-	1	-	-
Donau Concordia Allg.	3	1	1	4	-	-
Donau Concordia Leben	2	-	-	1	-	-
Eidgenössische	1	-	-	-	-	-
Europ.GüterReisegep.	-	1	-	-	-	-
Heimat	5	-	1	2	6	1
Helvetia Allgem.	1	1	-	-	-	-
Helvetia Feuer	1	1	-	-	-	-
VersVerb.Industriellen	1	-	-	10	-	-
Int.UnfallSchaden	13	-	-	3	-	-
Jupiter	5	3	-	3	3	-
Kosmos	9	1	-	2	-	-
Mannheimer	1	-	-	2	-	-
Montanwerke	5	1	-	-	3	-
Münchner Verein	1	-	-	1	-	-
National	5	-	1	1	-	-

NÖBrandschaden	3	1	-	12	-	-
Nordstern Allgem.	1	1	3	-	-	-
Nordstern Leben	1	-	-	2	-	-
ÖVAG	8	-	2	5	-	-
Papierindustrie	1	-	1	1	4	1
Riunione	10	-	2	5	-	-
Wiener Rück	10	-	2	2	-	-
Wr.Spiegelglas	1	-	-	1	-	-
Ung.Allgemeine	1	1	-	-	-	-
Union Wien	5	-	-	10	-	-
Union Prag	4	-	-	2	-	-
Victoria	3	1	-	1	-	-
Volksfürsorge	3	-	1	14	-	-
Wiener Allianz	15	3	-	30	-	-
Wiener Städtische	40	1	1	46	-	-
Wiener Verein	8	-	-	13	-	-
Wiener Krankenvers.	10	-	-	10	-	-
Zürich	5	1	-	1	-	-
Summe	257	21	16	274	29	7

Quelle: Versicherungsaufsicht allgemein, BMF, AdR, KT.Z./72350/46. Die derzeit nicht tätigen umfassen auch Personen, deren Nähe zur Partei unbekannt war.

Die Enthebungen und Entlassungen wurden zumeist im eigenen Wirkungskreis vollzogen, ohne die Entnazifizierungsgesetze abzuwarten. Sie erfolgten bereits im April/Mai 1945 und wurden später vom Ministerkomitee oder den zuständigen Entnazifizierungsbehörden bestätigt. Zu einem beträchtlichen Ausmaß waren sie eine wirtschaftliche Reaktion auf die chaotischen Verhältnisse bei Kriegsende. Im Sommer 1945 wurde auf Antrag der meisten Anstalten der von den Aktionären gewählten Aufsichtsräte wegen Aktionsunfähigkeit aufgehoben und vom Registergericht Wien von Amts wegen neu ernannt. Bei den zahlreichen Unternehmungen unter öffentlicher Verwaltung ruhten die Funktion des Aufsichtsrates ohnehin. Außerdem hatten alle leitenden Personen reichsdeutscher Herkunft ihre Absetzung nicht abgewartet. Während beim „Anschluß" 1938 der personelle Übergang auf der Führungsebene auch formal abgewickelt wurde, war die in Österreich tätige reichsdeutsche Elite 1945 einfach nicht mehr anwesend. Um einige besonders betroffenen Unternehmen anzuführen, waren 1944 bei der:

	Zahl der Mitglieder	davon Reichsdeutsche
Österreichische Volksfürsorge		
Aufsichtsrat	7	6
Vorstand	7	4
Heimat		
Aufsichtsrat	6	3
Vorstand	3	2
Wiener Allianz		
Aufsichtsrat	11	5

Die Entnazifizierung war nicht die Rückgängigmachung der Nazifizierung. Die 1938 aus politischen Gründen Entlassenen kamen nur in den seltensten Fällen – wie etwa bei der Wiener Städtischen – wieder zurück. Die Entnazifizierung war aber sehr wohl das Kehrbild der Nazifizierung wie dies in den Kapiteln „Entjudung" und „unfriendly take over" beschrieben wurde. Dort wo die Partei (Deutsche Arbeitsfront) und reichsdeutsche Versicherungskonzerne die in Österreich tätigen Versicherungsunternehmen übernommen hatten, dort war daher zwangsläufig das Ausmaß der Entnazifizierung groß.

Einer der Mängel der österreichischen Entnazifizierungsgesetze der Jahre 1945/6 lag darin, daß die politische Säuberung individuell vorgenommen wurde. Bei über 500.000 Personen mußte daher ihre Schuld und ihre Nähe zum Nationalsozialismus festgestellt werden. Das bot den meisten Betroffenen die Gelegenheit, auch Entlastungsmaterial vorzulegen, wie die berühmten „Persilscheine". Zusätzlich waren die Unternehmen daran interessiert, wichtige Fachleute, wie etwa Versicherungsmathematiker, nicht zu verlieren und versuchten diese zu halten. Dadurch kam es zu zahlreichen Ausnahmen bei den Berufsverboten. 25 Versicherungsgesellschaften glaubten nicht ohne die Mitarbeit einzelner ehemaliger Nationalsozialisten auskommen zu können, 21 von ihnen behielten sogar die Prokura. Bei den 21 ehemalige Nationalsozialisten, die bei den Versicherungsunternehmungen ihre Zeichnungsberechtigung behielten, wurde als Grund angegeben, sie seien:
– entweder schon entregistriert bzw. nicht registrierungspflichtig
– nur Mitglieder der Sudetendeutschen Partei gewesen
– vom Ministerkomitee des Bundeskanzleramtes und dem Untersuchungsausschuß der Gewerkschaften belassen worden
– bei keiner Partei-Organisation tätig gewesen
– hatten keine Funktion und keine Aktionen unternommen
– waren auf Grund von Krankheit oder hohen Alters behalten worden.
– Ein Fall war sogar im Auftrag der Militärregierung entlassen worden, wurde aber von der Wirtschaftssäuberungskommission Salzburg wieder eingestellt.

Bei der Weiterbeschäftigung nach Entziehung der Zeichnungsvollmacht wurde angegeben, daß

- das Verfahren noch im Laufen sei
- die frühere politische Stellung noch unklar und weitere Aktionen im Zuge seien
- die Bezüge ohnehin von 1.250 auf 700 Schilling gekürzt worden waren
- die Weiterverwendung bis zum 30. September 1946, spätestens bis zur Erlassung des neuen Nationalsozialistengesetzes vom Ministerkomitee bewilligt worden sei
- der Fall vom Ministerkomitee überprüft und belassen worden sei
- die Person von der Direktion und dem Betriebsrat einvernehmlich auf seiner Position belassen worden sei
- er nur Parteianwärter gewesen sei, dessen Parteimitgliedschaft abgelehnt wurde
- und daß es sich um einen Versicherungsmathematiker handle.

Mit dem neuen NS-Gesetz 1947 verlagerte sich der Schwerpunkt von den Illegalen zu den Belasteten. Das waren jene Personen, die in der NS-Organisation eine höhere Stellung bekleidet hatten. Alle übrigen waren minderbelastet. Der Grad der Belastung wurde nun nicht mehr individuell festgestellt, sondern nach generellen Richtlinien auf dem Verwaltungswege. Gewerkschaften und Arbeitsämter hatten nur mehr eine Kontrollfunktion. Das neue Gesetz war für viele ehemalige Nationalsozialisten eine Erleichterung, allerdings nicht für die leitenden Angestellten. Man hielt es für untragbar, daß ein ehemaliger Nazi Vorgesetzter von Opfern oder Gegnern dieses Regimes sein sollte. Dementsprechend war es Belasteten auf unbeschränkte Zeit und für Minderbelasteten bis 1950 per Gesetz verboten eine führende Position in wirtschaftlichen Unternehmungen einzunehmen. Dabei gab es auch nicht den in anderen Berufen üblichen Ausweg über besondere Kommissionen, die eine Aufhebung der Beschränkung verfügen hätten können, so daß etwa 2.000 Minderbelastete in wirtschaftlich leitenden Funktionen tatsächlich entfernt werden mußten. Die Entnazifizierungsbestimmungen gegen leitende Angestellte waren damit härter als in den meisten anderen Bereichen, vor allem auch härter als bei den Selbstständigen und Unternehmern. Allerdings mußte das Verbot nicht unbedingt Entlassung bedeuten, sondern konnte auch die Versetzung auf eine mindere Position nach sich ziehen. Wieviele leitende Angestellte auf diesen minderen Positionen – als „Konsulent" udgl. – ihre alte Tätigkeit informell weiter ausgeübt haben, ist nicht feststellbar.

Im Mai 1948 kam es schließlich zur Minderbelastetenamnestie, von der etwa 90 % der ehemaligen Nationalsozialisten betroffen waren. Damit wurden auch die Berufsverbote für diesen Personenkreis aufgehoben. Was blieb waren noch die etwa 43.000 Belasteten, denen Zahl sich aber – unter anderem durch die Möglichkeit der individuellen Amnestie durch den Bundespräsidenten – ständig verringerte. 1957, zwei Jahre nach dem Staatsvertrag, wurden die Sondergesetze auch für sie aufgehoben. Die Entnazifizierung in Österreich war damit beendet.

E Die politischen Rahmenbedingungen für Rückstellung und „Wiedergutmachung"

Der Nationalsozialismus hatte in ganz Europa neben menschlichem Leid und materiellen Zerstörungen auch ein gesellschaftliches, wirtschaftliches und rechtliches Chaos hinterlassen. Das galt für das Deutsche Reich, die besetzten Gebiete, die unter seiner Kontrolle stehenden verbündeten Länder, aber auch für neutrale Staaten, die nicht nur mit dem Flüchtlingsproblem konfrontiert waren, sondern auch ihre Zusammenarbeit mit dem Deutschen Reich nachträglich rechtfertigen und abwickeln mußten. Österreich war 1945 in einer ganz besonderen Situation. Zum einen wurde das Land wie Deutschland behandelt, die Alliierten errichteten vier Besatzungszonen und in Wien nochmals vier Besatzungszonen und eine internationale Zone im Zentrum, in dem auch die meisten Versicherungsunternehmen ihren Sitz hatten. Besatzungsmäßig war damit das kleine Land ein Spiegelbild des zehnmal größeren Deutschland. Zum zweiten wurde im Zusammenhang mit den Parlamentswahlen vom November 1945 von den Alliierten eine Regierung für ganz Österreich anerkannt. Damit fand die „Wiedervereinigung" in Österreich bereits 1945 statt, während diese in Deutschland erst 1989 vollzogen werden konnte. Die Alliierten nahmen zwar weiterhin Einfluß, aber die österreichische Regierung hatte die gesamtstaatliche Verantwortung für die gesetzlichen Maßnahmen zur Bewältigung der Vergangenheit, wie Entnazifizierung oder Vermögensrückstellungen. In Deutschland waren solche Maßnahmen in den ersten drei Nachkriegsjahren von den Besatzungsmächten durchgeführt worden und erst ab 1948 entstand mit der BRD eine selbständige Regierung.

Von allen Gebieten des ehemaligen Deutschen Reiches übernahm nur die BRD die Verantwortung für die Zeit des Nationalsozialismus. Die Tschechoslowakei löste dieses Problem mit der Vertreibung der deutschen Minderheit, die DDR betrachtete das Deutsche Reich als „staatsmonopolkapitalistisches Gebilde", mit dem der erste sozialistische deutsche Staat nichts zu tun hatte und auch Österreich distanzierte sich von seiner nationalsozialistischen, deutschen Vergangenheit. Das Instrument hierzu war die Moskauer Deklaration 1943 der drei Alliierten Mächten. Sie besagt, daß Österreich das erste freie Land war, das der Angriffspolitik Hitler-Deutschlands zum Opfer fiel und daher von deutscher Herrschaft befreit werden sollte. Die alliierten Mächte betrachteten die Besetzung Österreichs durch Deutschland im März 1938 als null und nichtig und wünschten deshalb ein freies und unabhängiges Österreich wieder herzustellen. Freilich wurde Österreich daran erinnert, „daß es für die Teilnahme am Kriege an der Seite Hitler-Deutschlands eine Verantwortung trägt, der es nicht entrinnen kann" und deshalb Österreichs Beitrag zu seiner eigenen Befreiung in Rechnung gestellt werden müsse. Als völkerrechtliche Position kristallisierte sich nach 1945 heraus, daß die Republik Österreich zwar weiter bestanden hatte, aber nicht handlungsfähig war und daher nicht für die Taten des Dritten Reiches verantwortlich gemacht werden konnte.

Die Absicht der Alliierten bei dieser bevorzugenden Behandlung Österreichs lag einmal darin, den Widerstand in Österreich während des Krieges zu forcieren und zum anderen das Land vom Deutschen Reich wieder abzuspalten, um dieses nicht mit einem Gebietszuwachs aus der Zeit des Nationalsozialismus hervorgehen zu lassen. Die Voraussetzungen hierfür waren günstig, Österreich hatte eine lange staatliche Tradition, weit älter als die des Deutschen Reichs, das ja erst 1871 entstanden war. Die Zeit des Anschlusses betrug auch nur sieben Jahre und die wirtschaftliche und politische Integration Österreichs ins Deutsche Reich war – nicht zuletzt durch den Krieg – nur in Ansätzen vorhanden. Die Wiedererichtung der politische Struktur der „Vor-Anschluß-Zeit" erfolgte daher in Österreich in einem für die Alliierten geradezu erstaunlichem Tempo.

Um zu einem baldigen Staatsvertrag und dem Abzug der Besatzungsmächte zu kommen, wurde nun die Moskauer Deklaration instrumentalisiert.[372] Zwar wird dies von der historischen Forschung als „Opfermythos" und „Lebenslüge" bezeichnet[373] aber in der Präambel des Staatsvertrages betreffend die Wiederherstellung eines unabhängigen und demokratischen Österreich ist festgehalten, „daß Hitler-Deutschland im März 1938 Österreich mit Gewalt annektierte und sein Gebiet dem Deutschen Reich einverleibte;.. daß sie die Annexion Österreichs durch Deutschland am 13. März 1938 als null und nichtig betrachten, ... daß als das Ergebnis des alliierten Sieges Österreich von der Gewaltherrschaft Hitler-Deutschlands befreit

---

372 So etwa die Dokumentation der österreichischen Regierung. Rot-Weiß-Rot-Buch. Darstellungen, Dokumente und Nachweise zur Vorgeschichte und Geschichte der Okkupation Österreichs (nach amtlichen Quellen, Wien 1946; Stefan Verosta, Die internationale Stellung Österreichs, Wien 1947

373 So etwa Thomas Albrich, „Es gibt keine jüdische Frage" Zur Aufrechterhaltung des österreichischen Opfermythos, in: Rolf Steininger (Hrsg.), Der Umgang mit dem Holocaust Europa – USA – Israel, Wien 1994; Günter Bischof, Die Instrumentalisierung der Moskauer Erklärung nach dem 2.Weltkrieg, Zeitgeschichte, Heft 11/12, Wien 1993; Robert Graham Knight, Besiegt oder befreit? Eine völkerrechtliche Frage historisch betrachtet, in: Günter Bischof und Josef Leidenfrost (Hrsg.), Die bevormundete Nation. Österreich und die Alliierten 1945–1949, Innsbrucker Forschungen zur Zeitgeschichte Band 4, Innsbruck 1988; Heidemarie Uhl, Zwischen Versöhnung und Verstörung. Eine Kontroverse um Österreichs historische Identität fünfzig Jahre nach dem „Anschluß", Wien 1992; Gerhard Botz, Lebenslüge – das stimulierende Prinzip. Eine Auseinandersetzung mit neuen Verfechtern der österreichischen „Opferthese", in: Europäische Rundschau, 24. Jg., Wien 1996

wurde." Die Mitverantwortungsklausel der Moskauer Deklaration wurde nicht in den Staatsvertrag aufgenommen, allerdings waren „in Übereinstimmung mit den Grundsätzen der Gerechtigkeit alle Fragen zu regeln, die in Zusammenhang mit den oben erwähnten Ereignissen einschließlich der Annexion Österreichs durch Hitler-Deutschland und seiner Teilnahme am Krieg als integrierender Teil Deutschlands noch offen stehen."[374]

Ganz gleich wie man daher dazu steht, die „Opferthese" ist Teil des Staatsvertrages und damit der völkerrechtlichen und staatsrechtlichen Grundlage der Republik Österreich, garantiert durch die vier alliierten Siegermächte. „The main object of an Austrian Peace Treaty is to enable Austria to recover political, military and economic independence and to get the Russians out of Austria. The Powers concerned agreed at a very early stage that Austria should be treated as a liberated country and not as an ex-enemy ..." hieß es in einer Stellungnahme des britischen Foreign Office.[375] Österreich war danach so zu behandeln wie andere befreite Länder auch, etwa Frankreich, Belgien oder die Niederlande. Das ist auch für die vorliegende Studie bedeutsam, da es die Republik Österreich in weitgehender Übereinstimmung mit den Alliierten ablehnt, jede wie immer geartete Verantwortung für die Maßnahmen des Dritten Reiches zu übernehmen. In einem Memorandum der britischen Botschaft in Wien wurde davor gewarnt, die jüdischen Forderung nach Kompensation (unter anderem der Versicherungsansprüche) direkt zu unterstützen, „since such support would conflict with the general principle maintained by Her Majesty's Government that they do not hold the Austrian Government responsible for action taken by the German authorities during the occupation of Austria ..."[376]

Auch für die Regelung der Fragen des Versicherungswesens wurde daher an die Spitze gestellt, „daß Österreich gegenüber den alliierten Mächten niemals Feindstaat war und daher auch nicht als solcher behandelt werden darf."[377] Österreich ging das Problem weitgehend legistisch an, während für die Bundesrepublik Deutschland angeblich das Primat der „moralisch-pädagogischen Überlegung" galt.[378] Aus diesem Grund sprach man auch bei den vermögensrechtlichen Regelungen im offiziellen

---

374 Gerald Stourzh, Um Einheit und Freiheit. Staatsvertrag, Neutralität und das Ende der Ost-West-Besetzung Österreichs 1945–1955, Wien 1998, S. 683–165

375 E.Lewis, Austrian Peace Treaty – position with regard to war demages claims, 25. 1. 1954, PRO FO 371/109380/76242

376 Memorandum Return of United Kingdom Property, British Embassy, June 28, 1954, p.53, PRO FO 371/109380/76242

377 Bundesministerium für Finanzen, Department 19, Probleme der Vertragsversicherung als Gegenstand staatsvertraglicher Regelung, Wien 13. März 1946, AdR.BMF. 9728/46

378 Michael Wolffsohn, Das deutsch-israelische Wiedergutmachungsabkommen von 1952 im internationalen Zusammenhang, in: Vierteljahreshefte für Zeitgeschichte 36, 1988, S. 724

Sprachgebrauch bewußt nicht von Wiedergutmachung, sondern von Rückstellung. Österreich hatte nichts gut zu machen, der Staat war während der deutschen „Besetzung" nicht handlungsfähig und hatte daher auch keine Verantwortung für die Geschehnisse in dieser Zeit. Das Abgehen von dieser rechtlichen Position hätte auch heute unabsehbare Folgen.[379] Mit dieser „Verrechtlichung" der Wiedergutmachung wurde eine staatliche, über Recht verordnete Aneignung der Geschichte vorgegeben, die das Problem der staatlichen Kontinuität bzw. Nichtkontinuität beinhaltete.[380] Der Unterschied zwischen Rückstellung und Wiedergutmachung wurde daher als Abgrenzung zur und „Bewältigung" der nationalsozialistischen Vergangenheit verstanden. „Die Judenverfolgung erfolgte während der Dauer der Besetzung Österreichs durch deutsche Truppen" stellte eine Stellungnahme des Amtes für Auswärtige Angelegenheiten 1945 fest.[381] „Die Verfolgung wurde durch reichsdeutsche Behörden angeordnet und mit ihrer Hilfe durchgeführt. Österreich, das damals infolge der Besetzung durch fremde Truppen keine eigene Regierung hatte, hat diese Maßnahmen weder verfügt, noch konnte es sie verhindern." Ersatzansprüche wären nur dann in Österreich durchzusetzen, wenn sich die Vermögenswerte noch im Land befinden, ansonsten wären die jüdischen Geschädigten nach dem Völkerrecht an das Deutsche Reich zu verweisen. Gegen diese Haltung hatte das auswärtige Amt im Jahr 1945 allerdings noch selbst Bedenken. „Es ist zwar richtig, daß die Judenverfolgungen von der Naziregierung in Deutschland eingeleitet und durchgeführt worden sind. Aber es ist, besonders auch im Auslande, nur allzu bekannt, daß der Antisemitismus in Wien an sich viel größer war, als in Deutschland … Aus diesem Grunde hat auch die Nazipropaganda in Österreich hauptsächlich mit antisemitischen Parolen für den Anschluß geworben … Sicher ist, daß sehr viele Maßnahmen, die damals zum ersten Mal gegen die Juden ergriffen wurden, den Beifall der Wiener Bevölkerung gefunden haben … Es würde daher vielleicht etwas merkwürdig anmuten, wenn gerade die Wiener Regierung sich grundsätzlich gegen eine Judenentschädigung mit der Begründung aussprechen würde, daß die Österreicher und insbesondere die Wiener mit diesen Verfolgungen nichts gemein gehabt hätten."[382]

---

379 So hat etwa Österreich als eines der Opfer des Nationalsozialismus von den Alliierten etwa 2/3 des Goldbestandes wieder bekommen, der 1938 nach Berlin gebracht worden war. Würde man Österreich in dieser Zeit als einen Teil des Deutschen Reiches verstehen, so wäre dieses Gold wieder an die Alliierten zurück zu geben, und nicht nur das.

380 Cornelius Pawlita, „Wiedergutmachung" als Rechtsfrage?, Frankfurt 1993, S. 3

381 „Die außenpolitische und völkerrechtliche Seite der Ersatzansprüche der jüdischen Naziopfer" Staatskanzlei, Amt für auswärtige Angelegenheiten, S. 5, 1945, Nachlaß Klein, Karton 1, AdR

382 „Die außenpolitische und völkerrechtliche Seite der Ersatzansprüche der jüdischen Naziopfer" Staatskanzlei, Amt für auswärtige Angelegenheiten, S. 5/6, 1945, Nachlaß Klein, Karton 1, AdR

Ein zusätzliches, spezifisch österreichisches Problem der Vergangenheitsbewältigung war der Ständestaat. Zwischen 1934 und 1938 wurde eine „austrofaschistische" Diktatur errichtet, welche die Arbeiterbewegung und die NSDAP verfolgte und enteignete. Bei allen Maßnahmen für die Opfer des Faschismus und der politischen Säuberung forderten daher die Sozialisten und Kommunisten die Einbeziehung dieser Zeit. Da die christlich-soziale Partei der eigentliche Träger des Ständestaates gewesen war, wäre damit bei der ÖVP als deren Nachfolger ein bedeutender Teil der Führungselite diskreditiert gewesen. Auch die Alliierten sprachen sich daher aus pragmatischen Gründen gegen die Ausweitung der Maßnahmen auf den Ständestaat aus, wodurch dieser Auseinandersetzung letztlich keine große praktische Bedeutung zukam. Wichtig wurde sie lediglich, da auch durch diese politische Konfrontation die Maßnahmen der Rückstellung und Unterstützung immer wieder verzögert und verschleppt wurden. Bei materiellen Maßnahmen wurde der Begriff „Rückstellung" für die Entziehungen in der NS-Zeit und „Rückgabe" für die Entziehungen während des Ständestaates verwendet, um auch hier eine deutliche Abgrenzung zu vollziehen.

Die zeitliche Verzögerung der Wiedergutmachungsmaßnahmen hat von Anfang an Kritik hervorgerufen. Schon 1946 schrieb Senatspräsident Professor Dr. Heinrich Klang, daß man einer etappenweisen Regelung nur zustimmen könne, wenn damit die einfachen Fälle zuerst erledigt würden. „Es darf aber eine solche Abschlagszahlung an die öffentliche Meinung nicht die Rechtfertigung dafür bilden, daß die Lösung der schwierigeren Fragen ins Endlose hinausgezögert wird. „Bis dat, qui cito dat" (doppelt gibt, wer schnell gibt), läßt sich von der Behandlung des Wiedergutmachungsproblems in Österreich gewiß nicht behaupten. Dagegen muß warnend gesagt werden: „Periculum in mora", es ist Gefahr in Verzug."[383] Als Ursache für die Verzögerung der materiellen Wiedergutmachung wurde einmal die katastrophale wirtschaftliche Lage Österreichs nach dem Krieg hervorgehoben. Bis 1947 war die Versorgung mit Energie und Lebensmittel völlig unzureichend und der Wiederaufbau ging nur sehr schleppend voran. Österreich war zu dieser Zeit eines der ärmsten Länder Europas. Erst der Marshall-Plan brachte eine Wende und Österreich erholte sich dann in einem erstaunlichen Tempo.[384] Bereits 1949 wurde das BNP der Vorkriegszeit wieder erreicht. Allerdings täuschen diese Zahlen etwas, nicht nur da der von der sowjetischen Besatzungsmacht beschlagnahmte Wirtschaftskomplex der USIA Österreich beachtliche Ressourcen entzog, sondern da auch die Arbeitslosenquote 1937 21,7 % betrug, während sie 1949 auf 4,9 % stand. In den ersten Nachkriegsjahren war dennoch die Möglichkeit der materiellen Wiedergutmachung re-

---

383 Heinrich Klang, Nichtigkeitsgesetz und Wiedergutmachung, Die Presse, Wien 8.Juni 1946, S. 5
384 Wilfried Mähr, Der Marshall-Plan in Österreich, Wien 1989; Günter Bischof/Dieter Stiefel (Hrsg.),
    80 Dollar. 50 Jahre ERP-Fonds und Marshall-Plan in Österreich 1948–1998, Wien 1999

lativ beschränkt, und auch die Amerikaner sahen den Sinn des Marshall-Planes nicht
darin, aus diesen Mitteln Beträge für die Wiedergutmachung in die USA zurück zu
transferieren. „Wiederaufbau geht vor Wiedergutmachung", wie sich der spätere
österreichische Finanzminister Reinhard Kamnitz ausdrückte.

Bereits 1945 verfaßte die österreichische Staatskanzlei, Amt für auswärtige Angelegenheiten, eine Stellungnahme zur außenpolitischen und völkerrechtlichen Seite
der Ersatzansprüche jüdischer Naziopfer.[385] In dem zehnseitigen Papier wird über
die außenpolitische Seite der Judenentschädigung festgestellt: „Einen Judenstaat
gibt es nicht. Nichtsdestoweniger spielen die Juden in der Welt eine große Rolle in
der Außenpolitik, einesteils, weil ein großer Teil der Presse sich in ihren Händen befindet, durch welche sie ihren Einfluß auf die öffentliche Weltmeinung ausüben, an-
dernteils, weil sie es verstanden haben, die Regierungen anderer Staaten zu veranlassen, sich ihrer Forderungen anzunehmen. Dies gelang den Juden umso leichter,
als sich das internationale Finanzkapital weitgehend in jüdischen Händen befindet.
Zu den judenfreundlichen Regierungen gehören vor allem die englische und die
amerikanische Regierung. (Die UdSSR hat sich, soweit bekannt, bisher zum Juden-
problem in Deutschland und Österreich nicht geäußert.) Nicht umsonst hat man
daher das Judentum als die 5. Weltmacht bezeichnet, an deren Gegnerschaft Hitler-
Deutschland zugrunde gegangen ist." Es ist bemerkenswert, wie sehr die Sprache
und die Vorurteile auch nach 1945 weiter wirken. Denn die Juden waren wohl in Fi-
nanz und Presse überproportional vertreten, daß sich diese beiden Bereiche aber
weitgehend in ihren Händen befand, war eine beabsichtigte propagandistische Über-
treibung. Auch ihr Einfluß auf die alliierten Großmächte war in den ersten Nachkriegsjahren eher beschränkt. Die Sowjetunion unter Stalin betrieb überhaupt eine
weitgehend judenfeindliche Politik und die Unterstützung durch die USA und GB
war schwierig zu erlangen und vor allem dadurch begründet, daß sie aus Österreich
stammenden Juden nun als ihre Staatsbürger zu vertreten hatten. Im Gegensatz zur
gängigen Meinung war der reale Einfluß der jüdischen Organisationen im ersten
Nachkriegsjahrzehnt eher begrenzt.[386] Da sich die Österreicher zusätzlich – von den
Alliierten mehr oder weniger anerkannt – selbst als Opfer des Nationalsozialismus
definierten, war es für die jüdischen Organisationen schwer, von einem Opfer Entschädigung zu verlangen.[387] Der Bericht stellt daher in seinen Schlußfolgerungen

---

385 „Die außenpolitische und völkerrechtliche Seite der Ersatzansprüche der jüdischen Naziopfer" Staats-
    kanzlei, Amt für auswärtige Angelegenheiten, 1945, Nachlaß Klein, Karton 1, AdR

386 Thomas Albrich, Die jüdischen Organisationen und der österreichische Staatsvertrag 1947, in: Be-
    richt über den achtzehnten österreichischen Historikertag 1990, Veröffentlichungen des Verbandes
    österreichischer Geschichtsvereine, „Wien 1991, S. 97 ff.

387 Thomas Albrich, „Es gibt keine jüdische Frage". Zur Aufrechterhaltung des österreichischen Opfer-
    mythos, in: Rolf Steininger (Hrsg.), Der Umgang mit dem Holocaust, Wien 1994, S. 156

selbst die Frage: „ob und wieweit die alliierten Mächte für die Opfer des Naziregimes eine besonders günstige Regelung durchzusetzen gesonnen sind."[388] Auf Grund dieser Einschätzung des „Weltjudentums" empfahl das Amt für auswärtige Angelegenheiten „bei der Behandlung der jüdischen Entschädigungsansprüche nach Tunlichkeit alles zu vermeiden, was das Judentum als solches und damit indirekt die öffentliche Weltmeinung gegen Österreich einnehmen könnte." Menschen, die einen Schaden erlitten haben, wären nur allzu leicht geneigt, ihn zu überschätzen. Auf der anderen Seite waren die wirtschaftlichen Fähigkeiten Österreichs in dieser Zeit nicht sehr groß und man würde zum Wiederaufbau finanzielle Unterstützung brauchen. Da die Juden in der Finanzwelt eine große Rolle spielten, argumentierte das Amt, wäre es daher wenig angezeigt. „sie durch allzu große Kleinlichkeit bei der Entschädigung ihrer verfolgten Glaubensgenossen zu verstimmen. Auch sind besonders englische und amerikanische Juden in Spenden häufig sehr freigiebig. Es wäre zumindest unklug, ihre allfällige Bereitwilligkeit zu einem Beitrag für den Wiederaufbau von Österreich dadurch ungünstig zu beeinflussen, daß man die jüdischen Entschädigungsansprüche nicht entsprechend behandelt."[389] Es wurde daher als Verhandlungstaktik vorgeschlagen, „daß die Regierung nur zu gerne volle Entschädigung zahlen würde, daß aber die finanzielle Lage dies nicht gestattet."

Die Verzögerung der „Wiedergutmachungsmaßnahmen" hing aber vor allem auch mit dem Staatsvertrag zusammen. Österreich hatte bereits 1947 gehofft, diesen Vertrag, der mit dem Abzug der Alliierten Besatzungsmächte verbunden war, abschließen zu können. Aber mit Beginn des Kalten Krieges war damit so schnell nicht mehr zu rechnen und Österreich war in der ersten Hälfte der 1950er Jahre immer noch ein von fremden Truppen besetztes „befreites" Land. Die lange Besatzung bedeutete einmal, daß in der sowjetischen Zone auf Grund der Beschlagnahmung von tatsächlichem oder vermeidlichem Deutschen Eigentum die Rückstellung jüdischen Eigentums nur sehr mangelhaft durchgeführt werden konnte. Vor allem aber war erst mit dem Staatsvertrag die vermögensrechtliche Klärung mit Deutschland und den Alliierten zu erreichen, welche die Voraussetzung der Regelung zahlreicher Rückstellungsfragen war. Die österreichische Regierung vertrat den Standpunkt, daß solange die Frage des Deutschen Eigentums in Österreich nicht geklärt war, es auch keine abschließende Rückstellung jüdischen Eigentums geben konnte. Sie erhoffte sich hier eine Unterstützung der ausländischen jüdischen Organisationen für diesen

---

388 „Die außenpolitische und völkerrechtliche Seite der Ersatzansprüche der jüdischen Naziopfer" Staatskanzlei, Amt für auswärtige Angelegenheiten, S. 10, 1945, Nachlaß Klein, Karton 1, AdR

389 „Die außenpolitische und völkerrechtliche Seite der Ersatzansprüche der jüdischen Naziopfer" Staatskanzlei, Amt für auswärtige Angelegenheiten, S. 2/3, 1945, Nachlaß Klein, Karton 1, AdR

wichtigen Bereich.[390] Solange der Vertrag nicht unterzeichnet war, verzögerte sich daher auch die Regelung der Vermögensverluste der österreichischen jüdischen Bevölkerung. Da diese nun vielfach Staatsbürger der westlichen Alliierten, vor allem der USA, geworden waren, konnte man damit von österreichischer Seite aber auch einen gewissen Druck ausüben.[391] Die Maßnahmen der Vermögensregelung und Rückstellung zogen sich daher lange hin und fanden weitgehend erst auf der Grundlage des Art. 26 des Staatsvertrages nach 1955 statt.

Letztlich war aber auch die innenpolitische Beurteilung der Wiedergutmachung einer der Gründe, „die Sache in die Länge zu ziehen".[392] 1947 hatte die Israelitische Kultusgemeinde 8.769 Mitglieder, dem gegenüber waren 536.000 Österreicher/innen als ehemalige Mitglieder von nationalsozialistischen Organisationen registriert.[393] In diesem Sinne gab es keine „Judenfrage"[394], sondern eine „Nazi-Frage".[395] 1949 wurden die meisten „Ehemaligen" wieder zur Nationalratswahl zugelassen, das waren an die 500.000 Wähler, welche die Mehrheitsverhältnisse im Parlament entscheiden konnten. Man muß nicht den Antisemitismus bemühen, der in Österreich auch nach dem Krieg noch vorhanden war[396], um zu erkennen, warum sich die Parteien um diese „Nazi-Stimmen" bemüht haben. Die jüdische Gemeinde in Österreich war klein und innenpolitisch unbedeutend geworden, die meisten ihrer ehemaligen Mitglieder, wel-

---

390 Thomas Albrich, „Es gibt keine jüdische Frage". Zur Aufrechterhaltung des österreichischen Opfermythos, in: Rolf Steininger (Hrsg.), Der Umgang mit dem Holocaust, Wien 1994, S. 156; Thomas Albrich, Die jüdischen Organisationen und der österreichische Staatsvertrag 1947, in: Bericht über den achtzehnten österreichischen Historikertag 1990, Veröffentlichungen des Verbandes österreichischer Geschichtsvereine, „Wien 1991, S. 98; Oliver Rathkolb, Washington ruft Wien: US-Großmachtpolitik und Österreich 1953–1963, Wien 1997, S. 214

391 Siehe die Darstellung der „Jewish Lobby" bei Oliver Rathkolb, Washington ruft Wien. US Großmachtpolitik und Österreich 1953–1964, Wien 1997, S. 212 ff.

392 Robert Knight, (Hrsg.), „Ich bin dafür, die Sache in die Länge zu ziehen" Die Wortprotokolle der österreichischen Bundesregierung von 1945 bis 1952 über die Entschädigung der Juden, Wien 1988

393 Dieter Stiefel, Entnazifizierung in Österreich, Europa Verlag, Wien 1980; Dieter Stiefel, Der Prozeß der Entnazifizierung in Österreich, in: Henke/Woller (Hsg), Politische Säuberung in Europa, Die Abrechnung mit Faschismus und Kollaboration nach dem Zweiten Weltkrieg, München 1991

394 Richard Mitten, Die „Judenfrage" im Nachkriegsösterreich. Probleme der Forschung, in: Zeitgeschichte Heft 11/12, Wien 1992, S. 356 ff; Thomas Albrich, „Es gibt keine jüdische Frage". Zur Aufrechterhaltung des österreichischen Opfermythos, in: Rolf Steininger (Hrsg.), Der Umgang mit dem Holocaust, Wien 1994, S. 147 ff.

395 Thomas Albrich, „Es gibt keine jüdische Frage" Zur Aufrechterhaltung des österreichischen Opfermythos, in: Rolf Steininger (Hrsg.), Der Umgang mit dem Holocaust Europa – USA – Israel, Wien 1994

396 Siehe etwa Erika Weinzierl, Antisemitismus in Österreich heute: Altes im Neuen?, in: Ingrid Böhler/ Rolf Steininger, Österreichischer Zeitgeschichtetag 1993, Wien 1995

che den Holocaust überlebt haben, waren nun im Ausland. Sie spielten in bezug auf das außenpolitische Bild Österreichs eine Rolle, aber nicht in der Innenpolitik. Die Wiederintegration der ehemaligen Nazis in das österreichische politische, wirtschaftliche und kulturelle Leben hatte daher einen wesentlich höheren Stellenwert als Gerechtigkeitsfragen und die Berücksichtigung jüdischer Forderungen nach Wiedergutmachung. Tendenziell stand daher Österreich eher auf Seiten der ehemaligen Nazis als der Opfer dieses Regimes.[397] Die meisten Rückstellungs- und Wiedergutmachungsmaßnahmen benötigten daher eines Drucks der Alliierten, vor allem der USA, um in Österreich durchgesetzt zu werden. Zweifellos gab es daher Gründe für die Verzögerung der Regelung der Frage der jüdischen Versicherungspolizzen, dennoch ist der eklatant unterschiedliche Zeitrahmen zwischen Enteignung und Rückstellung nicht zu übersehen. Während der Entzug der jüdischen Versicherungspolizzen praktisch in zwei Jahren so gut wie abgeschlossen war, nahmen die Rückstellungsbemühungen fast zwei Jahrzehnte in Anspruch. Der Vorwurf, Österreich habe es verstanden, die jüdischen Rückstellungsansprüche durch bürokratische Hindernisse zu verlangsamen und zu erschweren, besteht daher bis heute.[398] Polemisch könnte man sagen, daß das alte österreichische Problem des „too late and to little" auch auf dem Gebiet der Rückstellung zutraf. Letztlich hat Österreich sehr viel auf diesem Gebiet geleistet, aber die Maßnahmen erfolgten fast immer auf Druck von Außen und erst nach einem langen Verhandlungsprozeß, der die Forderungen nochmals reduzierte. Hätte Österreich die letztlich tatsächlich aufzuwendenden Summen in einem einzigen, großen und freiwilligen Wiedergutmachungsprogramm konzentriert, so wäre sein Image im Ausland heute ein ganz anderes.

1. Die allgemeinen Rückstellungsmassnahmen

Die allgemeinen Rückstellungsmaßnahmen können hier nur kurz – und sicherlich unzureichend – aufgezeigt werden. Sie sollen vor allem darstellen, in welchem Rahmen die Behandlung des Problems der jüdischen Versicherungspolizzen erfolgte. Die Auflistung der zahlreichen Maßnahmen macht aber die Grundtendenz der österreichischen Rückstellungs- und Entschädigungsgesetzgebung deutlich:

---

397 Anton Pelinka, Die Presse, S. 8, Wien 6. 2. 1988; Albert Sternfeld, Die Entdeckung der Verantwortung. Die Zweite Republik und die vertriebenen Juden, Wien 1998

398 so etwa: Levine, Itamar, The Fate of Stolen Jewish Properties. The Cases of Austria and the Netherlands, p. 11, Institute of the World Jewish Congress, Policy Study No.8, Jerusalem 1997

– Einzellösungen statt einer Gesamtlösung
– schrittweise Abwicklung über einen langen Zeitraum
– kurze Anmeldefristen und rasche Auflösung der Entschädigungseinrichtungen
– unzureichende Öffentlichkeitsarbeit und Bekanntheitsgrad der gesetzlichen Maßnahmen
– Gleichbehandlung aller österreichischen Opfer des NS-Regimes, d.h., keine Bevorzugung der jüdischen Geschädigten

Das Kapitel der Rückstellung von entzogenem Vermögen beginnt mit der „Interalliierten Londoner Deklaration gegen Enteignungshandlungen, die in Gebieten unter Okkupation oder Kontrolle des Feindes gesetzt wurden.[399] Diese wurde durch das

„Nichtigkeitsgesetz"
Bundesgesetz vom 15. Mai 1946 BGBl. Nr. 106/1946 über die Nichtigerklärung von Rechtsgeschäften und sonstigen Rechtshandlungen, die während der deutschen Besetzung Österreichs erfolgt sind, in Österreich übernommen. Ihm vorausgegangen war das

Vermögensentziehungs-Erfassungsgesetz
Gesetz über die Erfassung arisierter und anderer im Zusammenhang mit der nationalsozialistische Machtübernahme entzogenen Vermögenschaften vom 10. Mai 1945 StGBl. Nr. 10/45 (Novelle 1946) und die

Vermögensentziehungs-Anmeldungsverordnung
Verordnung des Bundesministeriums für Vermögenssicherung und Wirtschaftsplanung im Einvernehmen mit den beteiligten Bundesministerien vom 15. September 1946 BGBl.Nr. 166/46 und das

Verwaltergesetz
Gesetz über die Bestellung von öffentlichen Verwaltern und öffentlichen Aufsichtspersonen vom 10. Mai 1945 StGBl. Nr. 9/1945 und das zweite Verwaltergesetz vom 1. Februar 1946 BGBl. Nr. 75/46 und das dritte Verwaltergesetz vom 13. September 1946, BGBl. Nr. 157/56, das vor allem für Unternehmen mit ungeklärten Eigentumsverhältnissen galt. 1945 gab es davon es an die 7.000 in Österreich.

1988 wurde vom Bundespressedienst, also einer Stelle der österreichischen Regierung, eine Dokumentation über die „Maßnahmen der Republik Österreich zugun-

---

399 Stefan Verosta, Die internationale Stellung Österreichs 1938–1947, Wien 1947

sten bestimmter politisch, religiös oder abstammungsmäßig Verfolgter seit 1945"
herausgegeben. Das offizielle Dokument stellt sich auf die Grundlage des Staatsvertrages, der keine Mitverantwortung Österreichs an den Taten des Dritten Reiches
vorsieht. „Dies ist der Grund, warum Österreich grundsätzlich zu einer Wiedergutmachung von Unrechtshandlungen gegenüber politisch, religiös oder abstammungsmäßig Verfolgten des NS-Regimes nicht verpflichtet sein kann, weil nach den
allgemeinen Grundsätzen des Völkerrechtes ein Unrecht von dem gut zu machen ist,
der es veranlaßt hat … Österreich hat aber in Berücksichtigung des schweren Unrechts und Leides, das den Verfolgten des Nationalsozialismus angetan worden war,
es als eine moralische Verpflichtung angesehen, über die Rückstellung von den
durch die NS-Machthaber entzogenen Vermögenswerten hinaus auch finanzielle
Leistungen auf sich zu nehmen und andere gesetzliche Maßnahmen zu treffen, um
das Schicksal der ehemals Verfolgten zu mildern."[400]

Die Dokumentation listet einmal die Maßnahmen auf Grund des Staatsvertrages
auf. In diesen war nach langen Auseinandersetzungen auch der Artikel 26 § 1 aufgenommen worden, in dem es heißt: „Soweit solche Maßnahmen noch nicht getroffen worden sind, verpflichtet sich Österreich in allen Fällen, in denen Vermögenschaften, gesetzliche Rechte oder Interessen in Österreich seit dem 13. März 1938
wegen der rassischen Abstammung oder Religion des Eigentümers Gegenstand ge-
waltsamer Übertragung oder von Maßnahmen der Sequestierung, Konfiskation oder
Kontrolle gewesen sind, das angeführte Vermögen zurückzugeben und diese gesetzlichen Rechte und Interessen mit allem Zubehör wiederherzustellen. Wo eine Rückgabe oder Wiederherstellung nicht möglich ist, wird für auf Grund solcher Maßnahmen erlittene Verluste eine Entschädigung in einem Ausmaß gewährt, wie sie
bei Kriegsschäden österreichischen Staatsangehörigen jetzt oder späterhin generell
gegeben wird." Und in § 2 stimmte Österreich zu, „alle Vermögenschaften, gesetzlichen Rechte und Interessen in Österreich, die Personen, Organisationen oder Gemeinschaften gehören, die einzeln oder als Mitglieder von Gruppen rassischen, religiösen oder anderen Naziverfolgungsmaßnahmen unterworfen worden sind, unter
seine Kontrolle zu nehmen, wenn, falls es sich um Personen handelt, diese Vermögenschaften, Rechte und Interessen ohne Erben bleiben oder durch sechs Monate
nach Inkraft treten des vorliegenden Vertrages nicht beansprucht werden oder wenn,
falls es sich um Organisationen und Gemeinschaften handelt, diese Organisationen
und Gemeinschaften aufgehört haben, zu bestehen." Österreich soll diese Vermögenschaften, Rechte und Interessen geeigneten Organisationen übertragen, „damit

---

400 Bundespressedienst, Österreich Dokumentationen. Maßnahmen der Republik Österreich zugunsten
bestimmter politisch, religiös oder abstammungsmäßig Verfolgter seit 1945, Wien 1988

sie für Hilfe und Unterstützung von Opfern der Verfolgung durch die Achsenmächte und für Wiedergutmachung an solche verwendet werden."[401]

Fonds zur Hilfeleistung an politisch Verfolgte, die ihren Wohnsitz und ständigen Aufenthalt im Ausland haben (Alter Hilfsfonds).
Auf Grund dieser Verpflichtung wurde am 18. Jänner 1956 das Hilfsfondsgesetz erlassen (BGBl. Nr. 25/1956), das Hilfsmaßnahmen gewährte, ohne die wirtschaftliche Lage des Empfängers zu prüfen. Hier handelte es sich um eine karitative Maßnahme für ehemalige Österreicher. Sechs Jahre später, am 13. Juni 1962, wurde die Ergänzung zum Hilfsfondsgesetz BGBl. Nr. 178/1962 erlassen. Der alte Hilfsfonds erhielt bis 1962 aus Bundesmittel 550 Mio Schilling und tätigte Zahlung an 23.250 Personen im Ausland. Der Tätigkeitsbericht des Hilfsfonds spricht von 30.948 Anträgen und einer ausbezahlten Summe von 534 Mio, davon 24% in die USA, 17% nach Großbritannien, 16% nach Israel und 24% in sonstige Länder.[402] Die Leistungen für diesen Hilfsfonds waren die eigentlichen „Wiedergutmachungszahlungen" der Republik Österreich. Sie erfolgten erst nach langen und für das Jewish Claims Committee teilweise frustrierenden Verhandlungen.[403] Dieses hatte seine ursprünglichen Forderungen von 1,2 Mia Schilling deutlich reduzieren müssen. Die 550 Mio Schilling entsprachen 22 Mio Dollar. Beim Vergleich mit den Zahlungen der Bundesrepublik Deutschland beim Luxemburger Abkommen 1952 (120 Mio Dollar) spricht Thomas Albrich von einem fairen Anteil Österreichs im Verhältnis zur Größe Deutschlands.[404] Wolffsohn berücksichtigt jedoch die von der BRD im Luxemburger Abkommen bereitgestellten Leistungen an den Staat Israel in der Höhe von 800 Mio Dollar und kommt damit zu dem Ergebnis, daß der österreichische Beitrag nur etwa 2% des deutschen ausgemacht hatte und dadurch eher gering ausgefallen war.[405] Brigitte Bailer-Galanda spricht dem alten Hilfsfonds aber keine so zentrale

---

401 Gerald Stourzh, Um Einheit und Freiheit. Staatsvertrag, Neutralität und das Ende der Ost-West-Besetzung Österreichs 1945–1955, Wien 1998, S. 741/2

402 Fonds zur Hilfeleistung an politisch Verfolgte, die ihren ständigen Aufenthalt im Ausland haben (Hilfsfonds), Tätigkeitsbericht für die Zeit vom 1. 1. 1956 bis 31. 12. 1962, Bibliothek Dokumentationsarchiv des österreichischen Widerstandes Wien. Die Statuten des Hilfsfonds finden sich in: Wiener Zeitung vom 24. 2. 1956

403 Im Detail dargestellt bei: Oliver Rathkolb, Washington ruft Wien: US-Großmachtpolitik und Österreich 1953–1963, Wien 1997, S. 212ff; Gustav Jellinek, Die Geschichte der österreichischen Wiedergutmachung, in: Josef Fraenkel, The Jews of Austria, London 1967, S. 395 ff.

404 Thomas Albrich, Jewish Interests and the Austrian State Treaty, S. 157, in: Günter Bischof/Anton Pelinka (Ed.), Austria in the New Europa, Contempory Austrian Studies, Volume 1, New Brunswick 1993

405 Wolffsohn, Michael, Das deutsch-israelische Wiedergutmachungsabkommen von 1952 im internationalen Zusammenhang, in: Vierteljahresheft für Zeitgeschichte 1988, S. 723

Bedeutung im Gesamtzusammenhang aller Maßnahmen zu. Dieser wurde zwar als wichtigstes Verhandlungsergebnis sowohl von Nahum Goldmann als auch der Israelitischen Kultusgemeinde euphorische begrüßt, war er doch die erste Fürsorgemaßnahme für die aus Österreich vertriebenen Juden, verlor aber im Lichte der späteren Maßnahmen doch wieder an Bedeutung.[406]

Fonds zur Hilfeleistung an politisch Verfolgte, die ihren Wohnsitz und ständigen Aufenthalt im Ausland haben (Neuer Hilfsfonds)
Mit Bundesgesetz vom 13. Juni 1962 BGBl. Nr. 178/1962 wurde der Fonds neu konstituiert und ihm 600 Mio Schilling zugewiesen. Dieser Betrag geht nicht auf das Konto der österreichischen Regierung, sondern wurde beim Finanz- und Ausgleichsvertrag von Bad Kreuznach von der BRD geleistet (95 Mio DM). Aus statutarischen Gründen konnte dieser Betrag nicht vom alten Hilfsfonds übernommen werden, sondern es mußte eine neue gesetzliche Grundlage geschaffen werden. Der neue Hilfsfonds gewährte Zuwendungen wegen Berufsschäden und Schäden infolge Abbruchs der Berufsausbildung. Es betraf Verfolgte, die am 13. März 1938 österreichische Staatsbürger waren oder zu diesem Zeitpunkt mindestens neun Jahre ihren Wohnsitz und ständigen Aufenthalt in Österreich hatten und nun im Ausland lebten. Das Gesetz hatte eine Parallele zum Opferfürsorgegesetz. Es gingen 41.862 Anträge ein, 33.652 für Berufsentschädigung und 7.737 für verhinderte Berufsausbildung.

„Fonds zur Hilfeleistung an politisch Verfolgte"
Am 13. Dezember 1976 kam es zu einer Änderung des Hilfsfondsgesetzes BGBl. Nr. 714/1976, in Anlehnung an das Gesetz BGBl. Nr. 712/1976, das Zahlungen an Bedürftige leistete, die durch Krieg oder Vertreibung Sachschäden erlitten haben. Der Fonds wurde um 440 Mio Schilling aufgestockt und der Name in Fonds zur Hilfeleistung an politisch Verfolgte geändert. Beihilfen erfolgten an Personen, die mindestens sechs Monate im Konzentrationslager waren oder nach Haft oder Mißhandlung mindestens 50 % erwerbsgemindert waren. Dieser Fonds diente bedürftigen österreichischen Opfer des Nationalsozialismus im In- und Ausland. Die Auszahlung erfolgte unter Berücksichtigung des Alters und der Bedürftigkeit. Es wurden insgesamt 42.706 Anträge gestellt und davon 33.223 Zuwendungen zwischen 3.000 und 15.000 Schilling getätigt. Der Hilfsfonds wurde 1982 aufgelöst.

„Sammelstellen"
Am 13. März 1957 wurde das Bundesgesetz über die Schaffung von Auffangorganisationen gemäß Artikel 26 § 2 des Staatsvertrages (Auffangorganisationsgesetz) be-

---

406 Brigitte Bailer-Galanda, E-Mail vom 14. 2. 2001

schlossen, BGBl. Nr. 73/1957, das fünf Novellen erfuhr. Diese waren jene Organisationen, die laut Staatsvertrag Artikel 26 § 2 alle Vermögenschaften, gesetzlichen Rechte und Interessen in Österreich, die Personen, Organisationen oder Gemeinschaften gehören, die einzeln oder als Mitglieder von Gruppen rassischen, religiösen oder anderen Naziverfolgungsmaßnahmen unterworfen worden sind, unter Kontrolle zu nehmen hatten, wenn diese Vermögenschaften, Rechte und Interessen ohne Erben blieben oder durch sechs Monate nach Inkrafttreten des Staatsertrages nicht beansprucht wurden oder diese Organisationen und Gemeinschaften aufgehört hatten, zu bestehen. Dieses Gesetz diente damit der Einziehung des erblosen und nicht beanspruchten Vermögens. Mit dem Gesetz wurden zwei Sammelstellen errichtet. Dabei gab es eine Diskussion, wie groß der jüdische Anteil an den entzogenen Vermögen war. Man hat sich auf zwei Sammelstellen A und B geeignet, wobei die Sammelstelle A für die Vermögen von Juden, die am 31. Dezember 1937 der Kultusgemeinde angehört hatten, zuständig war und die Sammelstelle B für die übrigen. Die finanzielle Dotierung wurde mit 4 : 1 festgelegt. Da in der Sammelstelle B aber auch Juden einbezogen waren, die nicht der Kultusgemeinde angehört hatten, also nicht jüdischen Glaubens waren, aber vom Dritten Reich dennoch als Juden verfolgt worden waren, wurde damit festgelegt, daß die Juden in Österreich mehr als 80 % der verfolgten Bevölkerungsgruppe ausmachten. Die ersten Auszahlungen erfolgten 1961. Beide Sammelstellen verfügten 1962 über 320.136.918,19 Schilling. Mit dem Finanz- und Ausgleichsvertrag von Bad Kreuznach mit der BRD wurde der Sammelstelle A noch ein Betrag von 6 Mio DM zugewiesen. In Österreich lebende, politisch, religiös oder abstammungsmäßig Verfolgte erhielten Zahlungen zwischen 2.000 und 22.800 Schilling. Die Sammelstelle A behandelte 7.458 Anträge, die Sammelstelle B 12.012. Die Sammelstelle A leistete auch finanzielle Beiträge für die jüdische Altersheime in Wien (23 Mio S), Tel Aviv und Jerusalem (19 Mio S) und New York (0,5 Mio S). Die israelitischen Kultusgemeinden Innsbruck, Salzburg, Linz und Graz erhielten 4,02 Mio Schilling.

Dieses Geld stammte nur „indirekt" von der österreichischen Regierung. Nach dem österreichischen Erbrecht (§ 760 ABGB) fällt erbloses Vermögen an die Republik. Durch die Errichtung der Sammelstellen wurde diese Bestimmung für den betroffenen Personenkreis verändert. Nach der Vermögensentziehungs-Anmeldungsverordnung vom Jahr 1946 waren zum 4.Dezember 1959 noch 6.015 Posten in der Höhe von 236,8 Mio Schilling „als entzogen angemeldete, bis jetzt nicht beanspruchte Vermögen" gemeldet.[407] Die Regierungsdokumentation spricht daher dezent davon, daß dieser Gesamtbetrag den Sammelstellen „zugewiesen" wurde. „Der

---

407 Bundesministerium für Vermögenssicherung und Wirtschaftsplanung, Übersicht vom 4. Dezember 1959, AdR, Nachlaß Klein, Karton 1

erzielte Betrag von 320.000.000 S blieb verständlicherweise hinter den Erwartungen zahlreicher Verfolgter zurück. Die Erfahrung der letzten 20 Jahre hat aber gezeigt, daß das erblose Vermögen offenbar fast zur Gänze erfaßt wurde. Wann immer behauptet wurde, es sei das Vermögen nicht erfaßt worden, stellte sich heraus, daß das Vermögen nicht existierte oder nicht erblos war"[408]

Fonds zur Abgeltung von Vermögensverlusten politisch Verfolgter (Abgeltungsfonds)
Mit dem Bundesgesetz vom 22.März 1961 wurde in der Erfüllung des Artikels 26 § 1 des Staatsvertrages der „Abgeltungsfonds" errichtet. Der Abgeltungsfonds war eine eigene, auch von der Entstehung der Sammelstellen unabhängige Rechtskonstruktion. Er hatte allerdings denselben Leiter wie die Sammelstellen (Dr. Georg Weis), da man dessen Erfahrung weiter nutzen wollte. Die Republik Österreich hatte sich bis zum Staatsvertrag geweigert, Entschädigungen für diskriminierende Abgaben, eingezogene Wertpapiere und Bankkonten zu leisten, da hierin das Eingeständnis einer Wiedergutmachungspflicht gesehen wurde. Erst auf Drängen der Westalliierten wurde im Zusammenhang mit der Erfüllung des Artikels 26 Staatsvertrag der Abgeltungsfonds in einem Notenwechsel von 1959 zugesagt. Realisiert wurde dieser Fonds erst nach dem Finanz- und Ausgleichsvertrag von Bad Kreuznach, wo sich die BRD zu einer Mitfinanzierung verpflichtete. Dem Fonds wurden 6 Mio US$ und die Verwaltungskosten zur Verfügung gestellt, insgesamt daher 170 Mio Schilling. Er kam Personen zugute, die im Zuge der nationalsozialistischen Verfolgungsmaßnahmen Vermögensverluste (Bankguthaben, Wertpapiere, Bargeld, Hypothekarforderungen) erlitten hatten bzw. diskriminierende Abgaben (Reichsfluchtsteuer, Judenvermögensabgabe) zu leisten hatten. Der Fonds wurde gleichzeitig mit der 12. Novelle zum Opferfürsorgegesetz BGBl. Nr. 101/1961 errichtet. Dieses sah Leistungen für NS-Opfer vor, die nicht mehr die österreichische Staatsbürgerschaft besaßen.[409] Dem Fonds standen für 8.335 Antragsteller 185 Mio Schilling zur Verfügung. Vermögensverluste bis 47.250 Schilling konnten zu 100 %, größter mit 48,5 %, zumindest aber mit 47.250 Schilling entschädigt werden. Der Abgeltungsfonds wurde am 25. September 1974 aufgelöst.

Privatversicherungsgesetz
Mit dem Bundesgesetz betreffend die Regelung vom Deutschen Reiche eingezogener Ansprüche aus Lebensversicherungen vom 26. Juni 1958 BGBl. Nr. 130/1958 wurden Zahlungen für Lebensversicherungspolizzen geleistet, die vom Deutschen

---

408 Bundespressedienst, Maßnahmen der Republik Österreich zugunsten bestimmter politisch, religiös oder abstammungsmäßig Verfolgter seit 1945, Wien 1988, S. 9
409 Brigitte Bailer, Wiedergutmachung kein Thema, S. 93

Reich aus politischen und rassischen Gründen eingezogen worden waren. Dieses Gesetz ist im Zusammenhang mit dem Staatsvertrag entstanden und wird uns noch ausführlich beschäftigen.

Rückstellungsgesetze

Von 1946 bis 1949 wurden sieben Rückstellungsgesetze erlassen. Die in Österreich typische Aufsplitterung in Einzelgesetze und -verordnungen erzeugten ein Rückstellungsdickicht und einen Normenfilz, der die gesetzlichen Bestimmungen nicht nur unübersichtlich machten, sondern auch den Opfern die Durchsetzung ihrer Ansprüche erschwerte.[410] Aus österreichischer Sicht sollte die „Wiedergutmachung" möglichst keinen Budgetaufwand verursachen. Aus diesem Grund, und da dies auch am einfachsten war, nahm man vorerst die Fälle in Angriff, wo eine Naturalrestitution möglich war. Das war dann der Fall, wenn sich das Vermögen in Österreich und unter Kontrolle der öffentlichen Hand befand.

Erstes Rückstellungsgesetz

Bundesgesetz vom 26. Juni 1946 BGBl. Nr. 156/1946 über die Rückstellung von Vermögen, die sich in der Verwaltung des Bundes oder der Bundesländer befinden.

Zweites Rückstellungsgesetz

Bundesgesetz vom 6. Februar 1947 BGBl. Nr. 53/1947 über die Rückstellung entzogener Vermögen, die sich im Eigentum der Republik Österreich befinden.

Das wichtigste und umstrittenste Gesetz, betraf die Rückstellung von in privater Hand befindlichen Vermögen, das unter anderem auch die „Arisierungen" rückgängig machen sollte.

Drittes Rückstellungsgesetz

Bundesgesetz vom 6. Februar 1947 BGBl. Nr. 54/1947 über die Nichtigkeit von Vermögensentziehungen. Es erfolgte auf Druck der Alliierten und war später mehrfach Gegenstand von Novellierungsversuchen zugunsten der „Arisierer", die aber am Widerstand der Besatzungsmächte scheiterten. Die Anwendung des Gesetzes in der Praxis erfuhr auch häufig Kritik auf Grund der tendenziellen Begünstigung der neuen Eigentümer. Bis Ende 1949 waren nach diesem Gesetz 34.539 Anträge eingegangen, 5.181 waren noch unerledigt. Es soll aber nicht unerwähnt bleiben, daß etwa das britische Foreign Office die österreichische Rückstellungsgesetzgebung für entzogenes Eigentum, Rechte und Interessen als durchaus zufriedenstellend ansah. „Austria is carrying

---

410 Brigitte Bailer, „Ohne den Staat damit zu belasten". Bemerkungen zur österreichischen Rückstellungsgesetzgebung, in: Zeitgeschichte, 20. Jg., Heft 11/12, Wien 1992/3, S. 369

out this obligation in a satisfactory manner under the Austrian restitution laws."[411] Die jüdischen Organisationen beklagten sich auch nicht über diese Gesetze, sondern über die zahlreichen Härten, die bei ihrer Anwendung zutage traten.

Die weiteren Rückstellungsgesetze erfuhren in der Öffentlichkeit wenig Beachtung:

Viertes Rückstellungsgesetz
Bundesgesetz vom 21. Mai 1947 BGBl. Nr. 143/1947 betreffend die unter national-sozialistischem Zwang geänderten oder gelöschten Firmennamen.

Fünftes Rückstellungsgesetz
Bundesgesetz vom 22. Juni 1949 BGBl. Nr. 169/1949 über die Rückstellung entzo-genen Vermögens juristischer Personen des Wirtschaftslebens, die ihre Rechtsper-sönlichkeit unter nationalsozialistischem Zwang verloren haben.

Sechstes Rückstellungsgesetz
Bundesgesetz vom 30. Juni 1949 BGBl. Nr. 199/1949 über die Rückstellung gewerb-licher Schutzrechte.

Siebentes Rückstellungsgesetz
Bundesgesetz vom 14. Juli 1949 BGBl. Nr. 207/1949 über die Geltendmachung ent-zogener oder nicht erfüllter Ansprüche aus Dienstverhältnissen in der Privatwirt-schaft.

Rückstellungsanspruchgesetze
Zwischen 1947 und 1961 erfolgten vier Rückstellungsanspruchgesetze

Erstes Rückstellungsanspruchsgesetz
Bundesgesetz vom 19.November 1947 BGBl. Nr. 256/1947 über die Übertragung der Rückstellungsansprüche der aufgelösten österreichischen Verbrauchergenossen-schaften.

Zweites Rückstellungsanspruchsgesetz
Bundesgesetz vom 11. Juli 1951 BGBl. Nr. 176/1951 über die Übertragung der An-sprüche auf Rückstellung von Vermögen einiger juristischer Personen, die ihre Rechtspersönlichkeit während der deutschen Besetzung Österreichs verloren und später nicht wiedererlangt haben.

---

411 Memorandum Return of United Kingdom Property, British Embassy, June 28, 1954, p. 53, PRO FO 371/109380/76242

Drittes Rückstellungsanspruchsgesetz
Bundesgesetz vom 16. Dezember 1953 BGBl. Nr. 23/1954 über die Übertragung der Ansprüche auf Rückstellung von Vermögen weiterer juristischer Personen, die ihre Rechtspersönlichkeit während der deutschen Besetzung Österreichs verloren und später nicht wiedererlangt haben, und über die Abänderung und Ergänzung des 2. Rückstellungsanspruchsgesetzes.

Viertes Rückstellungsanspruchsgesetz
Bundesgesetz vom 17 Mai 1961 BGBl. Nr. 133/1961 über die Erhebung von Ansprüchen der Auffangorganisationen auf Rückstellung von Vermögen nach den Rückstellungsgesetzen.

Auf Grund dieser Gesetze wurden 43.000 Anträge positiv erledigt und in 15.000 Fällen Vergleiche abgeschlossen. Die Durchführung dieser Gesetze erforderten einen Verwaltungsaufwand von 120 Mio Schilling.

Opferfürsorgegesetz
Mit dem Opferfürsorgegesetz vom 4. Juli 1947 BGBl. Nr. 183/1947 und 40 Novellen erhielten Widerstandskämpfer und Opfer der politischen Verfolgung einen Opferausweis, der mit einer Rente und sonstige sozialen Leistungen verbunden war. Es war eine der Gesetze, bei dem es den Sozialdemokraten gelang, ihre eigenen Interessen mit den Maßnahmen für die NS-Opfer zu verbinden. So wurde etwa die Haft in Wöllersdorf mit jener in Dachau oder Auschwitz gleich gestellt. Das Opferfürsorgegesetz betraf damit neben NS-Opfern auch die sozialistischen und kommunistischen Verfolgten der Jahre 1934–1938. Trotz der tendentiellen Bevorzugung der Opfer der politischen Verfolgung war aber das Opferfürsorgegesetz eine über weite Strecken wichtige Maßnahme für jüdische NS-Opfer. Rentenleistungen waren zwar an eine aufrechte österreichische Staatsbürgerschaft gebunden, einzelne Entschädigungen, wie Haftentschädigung etwa, konnten aber auch von ehemaligen österreichischen Staatsbürgern beansprucht werden. Die Aufwendungen nach dem Opferfürsorgegesetz beliefen sich von 1946 bis 1987 auf 4.948,8 Mio Schilling an Renten, Heilfürsorge, orthopädische Versorgung und sonstigen Aufwendungen und auf 725,4 Mio Schilling an Entschädigungsleistungen, insgesamt also auf 5.674,2 Mio Schilling für den Zeitraum von vier Jahrzehnten. Für den Personenkreis des Opferfürsorgegesetzes standen ab 1960 auch die Erträgnisse des Ausgleichstaxenfonds zur Verfügung. Aus diesem Titel erfolgten von 1963 bis 1987 nochmals 128,8 Mio Schilling an Aushilfen für Einzelpersonen, 216,6 Mio Schilling an Darlehen und 13,993 Mio Schilling an Subventionen für Organisationen. Die wichtigste Erweiterung ging auf den Finanz- und Ausgleichsvertrag von Bad Kreuznach zurück.

Kunst- und Kulturbereinigungsgesetz
Mit dem Bundesgesetz über die Bereinigung der Eigentumsverhältnisse des im Ge-
wahrsam des Bundesdenkmalamtes befindlichen Kunst- und Kulturgutes vom
27. Juni 1969 BGBl. Nr. 294/1969 und vom 13.Dezember 1985 BGBl. Nr. 2/1986
sollten herrenloses Kunst- und Kulturgut erfaßt und wieder den rechtmäßigen
Eigentümern übergeben werden.

Kriegs- und Verfolgungssachschädengesetz
Mit diesem Gesetz BGBl. Nr. 127/1958 konnten Entschädigungsforderungen für
durch Kriegseinwirkungen und politische Verfolgung erlittene Schäden an Hausrat
eingebracht werden. Die Aufwendungen für die rassisch verfolgten Personen beliefen sich auf 150 Mio Schilling.

Finanzielle Leistungen an die Israelitische Kultusgemeinde
Mit dem Bundesgesetz vom 26. Oktober 1960 BGBl.Nr. 222/1960 wurden durch die
Republik Österreich eine einmalige Zahlung von 30 Mio Schilling und jährliche Zahlungen von 1,8 Mio Schilling an die Israelitischen Kultusgemeinden in Österreich
übernommen.

Bad Kreuznacher Abkommen
Mit dem Vertrag vom 28. September 1962 BGBl. Nr. 283/1962 wurden finanzielle
Fragen zur Regelung der Schäden von Vertriebenen, Umsiedler und Verfolgten zwischen Österreich und der BRD geregelt. In dem Vertrag erklärte sich Deutschland
bereit, 95 Mio Mark für die Wiedergutmachung in Österreich beizutragen. Davon
waren 600 Mio Schilling für Berufsschädigung und verhinderte Berufsausbildung
ehemaliger Österreicher reserviert, die im Ausland wohnten. Dieses Geld wurde
dem Neuen Hilfsfonds zugewiesen.

Die in der Dokumentation angeführte Unterbringung und Versorgung von jüdischen
Flüchtlingen fällt wohl nicht unter die Leistungen zugunsten ehemals politische Verfolgter in Österreich, sondern in die Ausländerbetreuung. Der erwähnte Betrag von
101,8 Mio Schilling ist daher nicht den hier behandelten Maßnahmen zuzufügen.

Dienst- und pensionsrechtliche Bestimmungen
Nach dem Beamtenüberleitungsgesetz von 1945 StGBl. Nr. 234/1945 und diversen
Gehaltsgesetzen wurden vom nationalsozialistischen Staat aus rassischen oder politischen Gründen aus dem öffentlichen Dienst Entlassene wieder rehabilitiert und in
ihre Rechte eingesetzt. Dies betraf aber nicht die große Gruppe der jüdischen Verfolgten, da diese im Ausland lebten und kaum mehr nach Österreich in den Staats-

dienst zurück kamen. Diese mußten – im Gegensatz zu den in Österreich verbliebenen Beamten – bis 1951 auf eine Regelung ihrer Pensionsansprüche warten. Viele Betroffene hatten daher von 1938 bis 1951 keine Pension erhalten. Bis dahin war es aus dienstrechtlichen und devisenrechtlichen Bestimmungen nicht möglich, ihre Pensionen auszubezahlen. Erst dann wurden sie wieder in ihre Rechte eingesetzt. Der Bericht spricht von 258 im Ausland lebenden Pensionsanspruchsberechtigten, für die pro Jahr rund 11 Mio Schilling aufzuwenden waren.

Die Dokumentation listet dann noch eine Reihe von anderen Begünstigungen für Verfolgte auf. Von sozialversicherungsrechtlichen Begünstigungen bis zur Bevorzugung bei der Vergabe von Wohnungen, Kleingärten oder Trafiken.

Die Dokumentation kommt zu dem Schluß, daß die Entschädigungsmaßnahmen der Republik Österreich „keineswegs als gering zu bezeichnen sind." und daß die Entschädigungsleistungen für die politisch Verfolgten, von denen der überwiegende Teil den rassisch Verfolgten zuzurechnen ist, jedenfalls bedeutend größer als waren als jene, die anderen durch Kriegs- oder Nachkriegsereignisse geschädigten Personen zuteil wurden. Eine Gesamtsumme gibt der Bericht bewußt nicht an, da der Realwert der Zahlungen zu den verschiedenen Zeitpunkten recht unterschiedlich war. Im Grunde genommen betrifft dies nicht nur die Inflation. Frühe Zahlungen waren nicht nur wegen der Geldentwertung, sondern auch für die unmittelbare Lebenssituation der Betroffenen wertvoller, als wenn sie erst nach Jahrzehnten erfolgten. Bailer-Galanda gibt den Betrag der „Entschädigungszahlungen" durch die Republik Österreich mit 725,4 Mio Schilling an, ein Achtel des Betrages stammte auf Grund des Kreuznacher Abkommens von der Bundesrepublik Deutschland.[412] Auch Bailer-Galanda bewertet aber ihre Angaben nur als ersten Versuch, da sie vor allem auf eine Valorisierung der Zahlungen zu den unterschiedlichen Zeitpunkten verzichtet hat. Daneben haben wir bisher nicht bewältigbare Schwierigkeiten in der Erstellung einer „Restitutionsbilanz", da für 1938 eine österreichische Vermögensrechnung fehlt. Würde eine solche Vermögensrechnung vorliegen, so könnte man den Vermögensanteil der jüdischen Bevölkerung 1938 in eine Relation zu der ab den 1950er Jahren vorhanden gesamtösterreichischen Vermögensbilanz stellen und damit ein deutlicheres und aussagekräftigeres Bild über die Vermögensverluste und das Ausmaß der Rückstellung gewinnen.

In den letzten Jahren sind noch folgende Aktionen bezüglich jüdischen Vermögens in Österreich erfolgt:

---

412 Brigitte Bailer-Galanda, Die sogenannte „Wiedergutmachung", in: Bailer-Galanda, u. a. (Hrsg.), Wahrheit und „Auschwitzlüge", Wien 1995, S. 185

Mauerbach Auktion. Nach dem Krieg wurden in einer aufgelassenen Salzmine in der Nähe von Salzburg Tausende von gestohlenen Kunstwerken sichergestellt. Von diesen wurden etwa 10.000 durch die US-Armee an ihre Eigentümer zurück gegeben. Die Stücke, deren Eigentümer nicht festgestellt werden konnten, wurden im das Kloster Mauerbach bei Wien aufbewahrt. Trotz eines Gesetzes im Jahre 1964 zog sich die Rückstellung dieser Werke aber hin und bis in die 1990er Jahre wurden nur 421 Werke wieder an die Eigentümer zurück gestellt. 1995 beschloß das Parlament die Versteigerung der restlichen Kunstwerke, wobei 88 % des Ertrages an jüdische Organisationen und der Rest an sonstige Opfer des Nationalsozialismus zugute kommen sollte. Die Versteigerung der etwa 8.000 Stücke mit einem Schätzwert von 3,5 Mio $ erfolgte im Oktober 1996 durch Christie's und brachte ein Ergebnis von 14,4 Mio $.

Nationalfonds. Im Juni 1995 errichtete der Österreichische Nationalrat einen Fonds für Überlebende des Holocaust und dotierte ihn mit 500 Mio Schilling, der heute noch besteht. Dieser machte jüdische Überlebende vor allem in Osteuropa ausfindig und überwies bis zu 70.000 AS pro Person.

2. Das Committee for Jewish Claims on Austria

Auf die langwierigen Verhandlungen der jüdischen Organisationen mit der Republik Österreich kann hier nur am Rande eingegangen werden.[413] Die jüdischen Geschädigten hatten an sich 1945 allen Grund anzunehmen, daß gerade die Republik Österreich, die sich selbst als Opfer des Nationalsozialismus verstand, sie selbstverständlich in ihre alten Rechte wieder einsetzen würde. „When in April, 1945, Austria was liberated by the Allied armies," schrieb Nahum Goldmann, der Chairman des Committe for Jewish Claimes on Austria, „the remnants of Austrian Jewry, dispersed all over the earth had every reason to expect that full and comprehensive measures would be taken by Austria without undue delay for the restitution of confiscated property and the payment of compensation to victims or their survivors for damage resulting from persecution."[414] Aber das Problem der Rückstellungen zog sich über viele Jahre hin. Erst als es im September 1952 zu einer Vereinbarung der Conference on Jewish Claims against Germany und der Bundesrepublik Deutschland in Luxemburg kam, wurde auch in Österreich einer generellen Lösung der Weg geebnet.

---

413 Einen detaillierten Überblick gibt Gustav Jellinek, Die Geschichte der österreichischen Wiedergutmachung, in: Josef Fraenkel, The Jews of Austria, London 1967

414 Nahum Goldmann, Committee for Jewish Claims on Austria an Sir Anthony Eden, Secretary of State for Foreign Affairs, London, January 15, 1954, PRO FO 371/109385/76242

Die deutschen Verhandler betrachteten Österreich als einen der Nachfolgestaaten des Deutschen Reiches und damit auf dieselbe Weise verantwortlich. Die Deutschen schlossen daher eine Entschädigung für österreichische Juden durch die BRD aus. Das Committee for Jewish Claims on Austria, dem weltweit 22 jüdische Organisationen angehörten, wandte sich daher an die österreichische Regierung, die sich prinzipiell verhandlungsbereit zeigte. Acht Jahre nach der Befreiung Österreichs begannen daher die Verhandlungen, wobei die jüdische Seite vorerst sehr behutsam vorging. „In the negotiations the legal argument of the responsibility of Austria was purposely not pressed by the Jewish bodies in order not to create unnecessary difficulties. Moral and social questions were put into the foreground."[415] Den jüdischen Organisationen saß im Juni 1953 ein interministerielles Verhandlungskomitee gegenüber, mit dem über drei große Forderungen diskutiert wurde:

A Die Aufhebung der Diskriminierung von Opfern des Nationalsozialismus, welche gezwungen gewesen waren, das Land zu verlassen. Dies vor allem deshalb, da zahlreiche österreichische Entschädigungs- und Sozialmaßnahmen nur für österreichische Staatsbürger galten und die jüdischen Emigranten, die inzwischen ausländische Staatsbürger geworden waren, weitgehend ausschloß.

B Die Entschädigung für den Verlust von Möbeln, Wertgegenständen, Bankguthaben, Wertpapieren und Versicherungspolizzen, die vom Deutschen Reich entzogen wurden und nun in Österreich nicht mehr auffindbar waren. Hier war an eine Entschädigung durch den österreichischen Staat bei Möbeln von maximal 30.000 Schilling pro Fall und ebenso bei Bankguthaben, Wertpapieren und Versicherungspolizzen von maximal 30.000 Schilling pro Person gedacht. Insgesamt hätten diese Positionen einen Aufwand von 660 Mio Schilling erfordert.

C Die Regelung des Problems der erblosen Vermögen. Hier wurden Forderungen in der Höhe von einer Milliarde Schilling erhoben, die aber bereits während der ersten Verhandlungen auf 300 Mio Schilling zurück genommen wurden. Die Forderungen waren deshalb so hoch, da man neben dem noch auffindbaren Vermögen auch das nicht mehr feststellbar Vermögen mit veranschlagte. Es handelte sich weitgehend um das Vermögen der 65.459 jüdischen Österreicher, die vom NS-Regime ermordet wurden, wobei die jüdische Seite davon ausging, daß „most of it has dissapeared into the Austrian Economy and still benefits that economy."[416]

---

415 Committee for Jewish Claims on Austria, Memorandum on the Negotiations between the Committee for Jewish Claims on Austria and the Austrian Government, January 1954, PRO FO 371/109385/76242
416 World Jewish Congress, Note on the Fate of Pre-War Jewish Comunity in Austria and the Jewish Claims against Austria, 24. 2. 1955, PRO FO 371/11785

Die Verhandlungen waren aber bereits im November 1953 festgefahren, da die österreichische Regierung argumentierte, daß es sich hier nicht um Rückstellungs- sondern um Wiedergutmachungsforderungen handelte, die allein unter die Verantwortung Deutschlands fielen. „Thus, the situation arises that both parties concerned, Germany and Austria, while in principle recognising the justice of the claims of the victims for compensation, are throwing the responsibility from one to the other."[417] Auch bei Punkt B, unter den auch die Versicherungspolizzen fielen, lehnte die österreichische Regierung die jüdischen Forderungen ab, da sie nicht für die diskriminierenden Maßnahmen des Deutschen Reiches verantwortlich war und auch ihren eigenen Staatsbürgern generell keine Entschädigung für die erheblichen Verluste durch die Maßnahmen des Deutschen Reichs leisten würde. Eine Anerkennung der jüdischen Forderungen würde daher mit dem verfassungsmäßigen Prinzip der Gleichbehandlung in Konflikt stehen.[418]

Dies entsprach dem allgemeinen Grundsatz der österreichischen Regierung, alle Österreicher gleich zu behandeln und keine „Sonderrechte" für einzelne Gruppen zuzulassen. Auch die zum Verlassen des Landes gezwungenen österreichsichen Juden sollten daher nicht besser behandelt werden, wie die im Deutschen Reich zurück gebliebenen Österreicher. Die österreichische Regierung stand auf dem Standpunkt, daß alle Geschädigten gleichmäßig behandelt werden müssen und daß sie nicht imstande ist, bestimmte Gruppen zu bevorzugen.[419] Die heutige Kritik stellt diese Gleichbehandlung grundsätzlich infrage. „Nach der mörderischen nationalsozialistischen Verfolgung hätte das „Risiko NS" und weitgehend auch das „Risiko Krieg" bei den deutschen Besitzern liegen müssen. Eine grundsätzlich andere Risikoverteilung hätte bedeutet, den Verfolgten die eigene Verfolgung zur Last zu legen."[420] schrieb Cornelius Pawlita. Schließlich war es gerade das Problem gewesen, daß die Juden in Österreich ab dem März 1938 nicht mehr wie alle anderen Österreicher (bzw. deutsche Reichsbürger) gewesen waren, sondern eine verfolgte Sondergruppe.

Allerdings stand die österreichische Regierung mit der Ablehnung nicht so ganz alleine da, wie man vermuten möchte. Die Briten hatten bereits kurz vor Kriegsende

---

417 Committee for Jewish Claims on Austria , Memorandum on the Negotiations between the Committee for Jewish Claims on Austria and the Austrian Government, January 1954, PRO FO 371/109385/ 76242

418 Memorandum Return of United Kingdom Property, British Embassy, June 28, 1954, p. 53, PRO FO 371/109380/76242

419 Schreiben Bundeskanzler Raab an Dr.Goldmann vom 14. November 1953, zitiert bei: Gustav Jellinek, Die Geschichte der österreichischen Wiedergutmachung, in: Josef Fraenkel, The Jews of Austria, Sondon 1967, S. 400

420 Cornelius Pawlita, „Wiedergutmachung" durch Zivilrecht?, in: Kritische Justiz, 1991, S. 46

in einem „Report on compensation and restitution to victims of Nazi persecution",
der im November 1945 im Control Office for Germany and Austria diskutiert wurde,
eine ähnliche Haltung vertreten.[421] Dabei wurde einmal festgestellt, daß die Alliierten keine und vor allem keine finanzielle Verantwortung dafür übernehmen konnte,
was der deutsche Staat seinen eigenen Staatsbürgern angetan hatte. Auch die Forderungen von anderen Opfern müssen denen der deutschen Juden gleich gestellt werden. Denn die deutschen Opfer waren nicht die einzigen, die unter den Nazis gelit-
ten haben. Auch das Leben und das Vermögen in den alliierten Ländern wurde in
einem Ausmaß zerstört, das eine vollständige Kompensation unmöglich machte.
Den deutschen Opfern konnte daher kein Vorzug gegeben werden. Aber auch in
Deutschland selbst waren Verluste und Leiden universell und auch wenn man rich-
tigerweise zwischen denen unterschied, die das Naziregime unterstützt und denen
die es abgelehnt haben, so würde doch eine vollständige Wiedereinsetzung der letzteren in ihre Position vor dem Krieg nicht nur die finanziellen Möglichkeiten
Deutschlands übersteigen, sondern „would arouse widespread resentements and
might, since so many of the claimants are Jews, provoke a revival of anti-Semitism."
Auch das britische Claims Departement trat gegen eine Sonderstellung jüdischer Ansprüche ein und „saw no reason why Jews, as Jews, should have priority in the matter of their claims."[422] Wenn sie jüdische Ansprüche vertraten, so als britische Staatsbürger. Das „guiding principle" war daher, „to obtain such benefits as may prove
possible for british subjects generally and not merely for Jews as such." Auf der anderen Seite anerkannte man allerdings auch die Verpflichtung der Siegermächte, „to
get special measures of redress for the Jews and other persecuted minorities."[423]

Der Staatsvertragsentwurf 1947 sah auch Sonderrechte für UN-Staatsangehörige
vor. Es war aber kein Zeitpunkt für diese Staatsangehörigkeit festgelegt, ob es sich
um die Staatsbürgerschaft 1938 oder nach 1945 handelte. Dem Finanzministerium
erschienen vor allem diese Sonderrechte als zu weitgehend für österreichische
Staatsbürger, die seit 1938 das Land verlassen und seither eine UN-Staatsangehörigkeit erworben hatten. „Es besteht kein stichhältiger Grund, sie besser zu stellen,
als wenn sie in Österreich verblieben wären. Sie sollten Entschädigungen für Verluste an Eigentum, Rechten und Interessen nur in dem Ausmaß erhalten, das diese
Verluste im Zeitpunkt ihres Eintritts, also im Zeitpunkt der Emigration, aufgewie-
sen haben. Noch weitergehender war die Forderung, diese Personen überhaupt von

421 Report on compensation and restitution to victims of Nazi persecution, Foreign Office Research De-
    partment, London 28. Februar 1945, PRO FO 1020/333
422 E.Lewis, Austrian Peace Treaty – position with regard to war demage claims, 25. 1. 1954, PRO FO
    371/109380/76242
423 F. A. W. an Sir G. Wallinger Vienna, 1. 4. 1954, PRO FO 371/109380/76242

den Vorrechten der UN-Staatsangehörigkeit auszuschließen, etwa durch Aufnahme der Bestimmung, daß UN-Staatsangehörige nur Personen sind, die bereits am 13. März 1938 Staatsangehörige der UN waren ..."[424]

Im März 1954 wurden die Verhandlungen mit den jüdischen Organisationen wieder aufgenommen. Die österreichische Seite schätzte das Ausmaß des erblosen jüdischen Vermögens auf lediglich 25 Mio Schilling, erhöhte aber ihr Angebot auf 100 Mio Schilling. Da die jüdischen Organisationen andeuteten, daß man sich auch mit 150 Mio Schilling zufrieden geben würde, schien eine Einigung zumindest in diesem Bereich nicht mehr so weit entfernt.

Auch bei Punkt B – zu dem die Versicherungspolizzen gehörten – wurden die Forderungen reduziert. Die jüdische Seite wäre nun bereit gewesen, sich mit einer einmaligen Summe von 300 Mio Schilling für diesen ganzen Block zufrieden zu geben. Die österreichische Regierung lehnte aber weiterhin jede Zahlungsverpflichtung ab. Eine Einigung in diesem Bereich war so lange unrealistisch, solange es noch keinen Staatsvertrag gab, da dieses mit der Frage des deutschen Eigentums und der Forderungen Österreichs an das Deutsche Reich bzw. dessen Nachfolger verbunden war. Allerdings stellte auch die britische Botschaft in Wien fest, daß weder die bestehenden Rückstellungsgesetze noch das Warten auf den Staatsvertrag die Österreicher von Zahlungen an das Jewish Committee abhalten sollten, wenn dies aus politischen Gründen erwünscht gewesen wäre.[425] Für die plötzliche Zurückhaltung der österreichischen Regierung in bezug auf die jüdischen Forderungen sahen die Briten mehrere Gründe:

- zum einen waren die Österreicher von den Amerikanern zu diesen Verhandlungen gedrängt worden. Als diese begannen hoffte man in Österreich noch auf eine zusätzliche Marshall-Plan Hilfe für die Jahre 1953/4 und hatte daher auf die Stimmung im amerikanischen Kongreß Rücksicht zu nehmen. Ende 1953 hat sich aber die österreichische wirtschaftliche Position so weit verbessert, daß die USA ihre Marshall-Hilfe für Österreich einstellten.
- anfangs war auch Bundeskanzler Raab in außenpolitischen Fragen noch unerfahren und glaubte, er müßte bald zu einer Einigung mit den jüdischen Organisationen kommen, „otherwise he would get bad eggs thrown at him should he visit the United States."[426] Er war nun aber selbstbewußter geworden, unter anderem,

---

424 Bundesministerium für Finanzen, Dep.19 (Versicherungswesen), III. Äußerung über Probleme der
        Vertragsversicherungen. Stellungnahme zum amerikanischen und britischen Entwurf eines Staats-
        vertrages mit Österreich, 21. Jänner 1947, S. 4, AdR, BMT, Versicherungsaufsicht, Karton 3, 3708/47
425 R. J. Blair, British Embassy, February 5, 1954, PRO FO 371/109385/76242
426 ebenda

da jüdische Organisationen aufgetreten waren, welche das Recht des Jewish Committee für alle jüdischen Opfer zu sprechen infrage stellten.[427] Auch machten die jüdischen Verhandler keine sonderlich gute Figur, wenn sie ihre Forderungen von einer Milliarde innerhalb kurzer Zeit auf 300 Mio Schilling reduziert hatten.

– Vor allem aber war die Forderung, auch nicht mehr auffindbares Vermögen in die Vereinbarungen einzubeziehen, und die Feststellung, man verhandle über „reparation claims on Austria", welche aus „Austria's legal responsibility for what happened in Austria during the German occupation"[428] für die österreichische Seite völlig inakzeptabel.

Die Verhandlungen wurden noch dadurch erschwert, daß der österreichische Nationalrat zu diesem Zeitpunkt zwei Gesetze beschloß, die den gerichtlich verurteilten Nationalsozialisten ihr konfisziertes Eigentum zurück geben und den öffentlich Bediensteten unter ihnen Pensionen zusprechen sollte. Die jüdische Seite bezeichnete dies als „distasteful" und die Briten sprachen zumindest von einem „most unfortunate" Vorgehen.[429] A. L. Eastman, vom World Jewish Congress, fand es daher beunruhigend, daß die österreichische Regierung bei der Rückstellung von Eigentum und Rechten die ehemaligen Nazis besser behandelte, als die Opfer des Nationalsozialismus und er sparte nicht mit Kritik: „The successive post-war Austrian Governments have consistently sought to evade their responsibilities in providing adequate recompense for the losses and sufferings inflicted by the Austrian Jews. The Austrian restitution laws are not only inadequate, but the greatest difficulty was experienced in persuading these Governments to enact them, and they did so only with the greatest reluctance and upon the exercice of great preassure upon them."[430] Besonders die Zuerkennung von Pensionsansprüchen an ehemalige Nationalsozialisten machte böses Blut, da diese mit einem erheblichen Budgetaufwand verbunden gewesen wäre, während man gleichzeitig bei den Verhandlungen mit den Alliierten mit den knappen Mitteln des österreichischen Staates argumentierte. Beide Gesetze scheiterten schließlich am Einspruch des Alliierten Rates.

Am 6. Juli 1954 erhielt der Verhandlungsführer der jüdischen Organisationen, W. M. Beckelmann, einen vermittelnden Brief von Julius Raab, auf Grund dessen der Joint Executive Board for Jewish Claims on Austria eine Sitzung abhielt und in

---

427 so die Concentration Camp Victims Association in New York

428 R. J. Blair, British Embassy, February 5, 1954, PRO FO 371/109385/76242

429 R. J. Blair, British Embassy, June 28, 1954, to G. M. F. Stow, Foreign Office, Central Department, PRO FO 371/109385/76242

430 A. L. Eastman, World Jewish Congress, Political Department London to A. D. Dodds-Parker, Parlamentary Under Secretary of State, Foreign Office, London 1st July, 1954, PRO FO 371/109385/76242

einer Resolution ihre Vorstellungen noch einmal präzisierte. Nahum Goldmann, als Vorsitzender, übermittelte diese an Bundeskanzler Raab, nicht ohne auf die bisherigen unbefriedigenden Ergebnisse hinzuweisen. Die bisherigen Forderungen wären ein Minimum. „Für eine Bagatelle werden wir unsere Ansprüche nicht als befriedigt erklären."[431] Trotz der begreiflichen Enttäuschung über die langen Verhandlungen hoffte man doch, daß eine Vereinbarung auf Grund dieser Minimalforderungen noch möglich wäre. Und Nahum Goldmann endete mit den grundsätzlichen Bemerkungen: „Was immer, sehr geehrter Herr Bundeskanzler, Ihre Regierung durch die Aufnahme unserer Vorschläge für die jüdischen Opfer der nationalsozialistischen Verfolgung in Österreich tun wird, wird schließlich nur eine ganz, ganz geringe Entschädigung für das ungeheure Leid und den unermesslichen Schaden sein, die das nationalsozialistische Regime unter Mitwirkung eines Teils der österreichischen Bevölkerung Zehntausenden österreichischer Juden angetan hat, Leid und Schaden, die in ihrem Gesamtumfang nur annähernd, nie gut gemacht werden können."[432]

Die Verhandlungen waren neuerlich gefährdet, als Bundeskanzler Raab in einer Radiorede am 6. März 1955 die jüdischen Organisationen wegen ihrer überzogenen Forderungen und ihrer Taktik attackierte.[433] Es sah also so aus, als ob die österreichische Regierung kein Interesse mehr an einer Vereinbarung hatte. Die britische Botschaft in Wien sah dafür drei Gründe:

– einmal die „somewhat tactless and offensive" Art, wie die jüdischen Organisationen ihre Forderungen durchzusetzen versuchten. Die verschiedenen Ultimaten an die österreichische Regierung, ihre öffentlichen Angriffe gerade zur Zeit der Staatsvertragsverhandlungen bei der Berliner Konferenz und die Demonstrationen während des Staatsbesuches des Bundeskanzlers in New York erhärteten die österreichische Position.
– zum Zweiten das Auftreten von konkurrierenden jüdischen Organisationen, welche die Kompetenz des Claims Committees in Frage stellten. Diese waren zwar zahlenmäßig nicht allzu groß, aber es waren ehemalige Österreicher, „who treated the Chancellor with respect."
– und zum Dritten den Widerstand der Sozialisten, welche die Verhandlungen stets abgelehnt hatten, da sie befürchteten, daß das Geld letztlich in Israel landen würde. Sie traten daher immer gegen die Zahlung von Globalsummen und ausschließlich für die Anerkennung von individuellen Ansprüchen ein, vorausgesetzt,

---

431 Nahum Goldmann an Bundeskanzler Julius Raab, Zürich, den 12. Juli 1954, PRO FO 371/109385/
    76242
432 ebenda
433 Nachgedruckt in Wiener Zeitung, 8. März 1955

daß auch die Opfer der Verfolgung des Ständestaates (1934–1938) mit berücksichtigt würden.[434]

Dennoch kam es im Mai 1955 zu neuerlichen Verhandlungen, die einen „spirit of compromise on both sides"[435] erkennen ließen. Das zeigte sich schon an der hochrangigen Besetzung der Verhandlungskomitees. Von jüdischer Seite waren vertreten:

Nehemia Robinson – World Jewish Congress New York
Seymour Rubin – American Jewish Committee
Dr. Charles Kapralik – World Jewish Congress London
Wilhelm Krell – Jüdische Kultusgemeinde in Wien
Dr. Felix Popper – als Vertreter der Christen jüdischer Herkunft
Ein Vertreter der österreichischen Juden in Israel

Und von österreichischer Seite.

Der Bundeskanzler
Der Vizekanzler
Der Minister für Soziale Verwaltung
Der Finanzminister und der
Außenminister

Es wurde nun vereinbart, daß Österreich neben einer finanziellen Unterstützung für die jüdischen Gemeinden im Inland zum Wiederaufbau der Synagogen und Friedhöfe auch die diskriminierenden Bestimmungen im Bereich der Sozialversicherung usw. aufheben würde, welche bisher nur für Inländer Geltung hatten. Vor allem aber wurde der „Fonds zur Hilfeleistung an politisch Verfolgte, die ihren Wohnsitz und ständigen Aufenthalt im Ausland haben" vorbereitet, in den Österreich über zehn Jahre 550 Mio Schilling einzahlen sollte. Die Frage des erblosen Vermögens wurde nicht mehr beschlossen, da diese auf Grund des Staatsvertrages durch eine eigene Organisation, den Sammelstellen, beantwortet werden sollte. Auch die Frage der vom Deutschen Reich eingezogenen Versicherungspolizzen wurde einer späteren Regelung auf Grund des Staatsvertrages überlassen. Die österreichische Seite hatte sich jedenfalls in einem äußerst wichtigen Bereich durchgesetzt. Die jüdischen Organisationen hatten ihre Forderung nach Pauschalzahlungen fallen gelassen und die

---

434 A. C. E. Malcolm, British Embassy, Vienna, March 9, 1955, PRO FO 371/117850
435 A. C. E. Malcolm, British Embassy, Vienna, June 8, 1955, PRO FO 371/117850

österreichische Haltung akzeptiert, daß Zahlungen nur direkt an individuell Anspruchsberechtigte gehen sollten. Die jüdische Seite war jedenfalls zufrieden mit dieser Lösung. In einem Schreiben an den britischen Außenminister informierte ihn A. L. Easterman (World Jewish Congress) von diesem „satisfactory settlement of a troubelsome problem." Und dankte den britischen Diplomaten in Wien, „whose cooperation has contributed substantially to the satisfactory results obtained."[436]

4. Die Rückstellungsmassnahmen bei Lebensversicherungen

Die Entwicklung bis zum Staatsvertrag 1955

Das Wiedergutmachungsproblem gehört zu den schwierigsten Fragen überhaupt, hieß es in einer Stellungnahme des juristischen Komitees des Versicherungsverbandes 1946. „Gesetzesentwürfe und Gegenentwürfe prominenter Juristen liegen vor, im Ausland wurden teilweise auch Versuche einer Ordnung dieser Angelegenheit gemacht, Rechtsanwaltskammer und Wiener Juristische Gesellschaft diskutieren seit etwa Jahresfrist darüber ..." Die Stellungnahme spricht von „ersten zögernden und vorsichtigen Schritten der österreichischen Gesetzgebung". „Übereinstimmung herrscht, daß den aus politischen Gründen Geschädigten Wiedergutmachung gebührt, strittig sind Art und Umfang der Befriedigung solcher Ansprüche, ferner die Anwendung der Grundsätze des Schadenersatzrechtes, die Rückwirkung auf Vorgänge im wirtschaftlichen Verkehr; die größten Schwierigkeiten entstehen aber aus der Unzulänglichkeit der Mittel ...", die dem österreichischen Staat zur Verfügung stehen.[437]

Im Jänner 1947 kommentierte die Versicherungsaufsicht die Probleme der Vertragsversicherungen auf Grund des amerikanischen und britischen Staatsvertragsentwurfs.[438] Diese frühe Stellungnahme zeigte, daß einige der später mit großer Überzeugung vorgetragenen, grundsätzlichen rechtlichen und politischen Haltungen anfangs noch unsicher waren. Weder der amerikanische noch der britische Entwurf erwähnten an irgendeiner Stelle die Vertragsversicherungen. Mehrere Bestimmungen hätten sich aber auf das Versicherungswesen ausgewirkt, denen man nicht in allen Punkten zustimmen wollte. Grundsätzlich wurde festgestellt, daß allen rassisch

---

436 A. L. Easterman, World Jewish Congress, Political Department, London, 24th August, 1955, to Anthony Nutting, Minister of State for Foreign Affairs, PRO FO 371/117850

437 Stellungnahme des Verband der Versicherungsanstalten Österreichs an das Bundesministerium für Finanzen bezüglich der Vorbereitung eines Rückstellungsgesetzes, Wien 16. September 1946, AdR.BMF. 70092/46

438 Bundesministerium für Finanzen, Dep. 19 (Versicherungswesen), III. Äußerung über Probleme der Vertragsversicherungen. Stellungnahme zum amerikanischen und britischen Entwurf eines Staatsvertrages mit Österreich, 21. Jänner 1947, AdR.BMF., Versicherungsaufsicht, Karton 3, 3708/47

und politisch Verfolgten ihr entzogenes Eigentum, Rechte und Interessen zurückzustellen oder ihnen in der Höhe des tatsächlichen Verlustes von Österreich Entschädigung zu leisten war. Dies traf die Versicherungsunternehmen in mehrfacher Hinsicht:

- sie hatten Häuser zurückzustellen, selbst wenn sie diese nicht von den Anspruchsberechtigten sondern von Dritten erworben hatten,
- sie hatten auf die Hypotheken der zurückzustellenden Häuser zu verzichten.

- sie würden bei rassischen oder politischen Kündigungen die nicht oder nur unzureichend ausbezahlten Abfertigungen nachzahlen müssen, vermutlich mit Zinsen,
- sie würden vom Deutschen Reich enteignete Polizzen erfüllen müssen, auch
  wenn sie bereits einmal an den Staat die Leistung (meistens den Rückkauf) erbracht hatten. Die wenigsten dieser Anspruchsberechtigten würden ihren Versicherungsvertrag fortsetzen und die Prämien nachbezahlen; die meisten würden
  den Rückkauf fordern. Wo der Versicherungsfall inzwischen eingetreten war,
  würde die fällige Versicherungssumme, abzüglich der unbezahlten Prämien, verlangt werden, „so daß die Gesellschaften praktisch nur den inzwischen Verstor-
  benen Versicherungsschutz gewähren müssen, was eine technisch untragbare Belastung darstellt."[439]
- und schließlich bestand noch die Gefahr, daß die Versicherten die Umwandlung
  von Fremdwährungsversicherungen in Reichsmark als eine sie beeinträchtigende
  Maßnahme der deutschen Regierung betrachten und die Entschädigung in US-
  Dollar fordern, was den Rückstellungsbetrag zumindest verdoppeln würde. Ein
  Betrag von 1.000 US-Dollar entsprach 1938 rund 5.300 Schilling alt, während er
  1947 10.000 Schilling neu ausmachte und bei der inflationistischen Entwicklung
  der Nachkriegszeit noch dramatisch steigen würde. Aber auch bei Versicherungen
  auf Schilling alt sah der britische Entwurf vor, daß der damalige Wert in britischen Pfund oder US-Dollar maßgebend sein sollte. Eine Versicherung mit 5.300
  Schilling im Jahr 1938 wäre damit damals 1.000 US-Dollar und damit 1947 10.000
  Schilling neu wert gewesen. „Daß die Versicherungsunternehmen, ganz abgesehen von ihren eigenen Verlusten infolge des Krieges, zu solchen Aufwertungen
  nicht die Mittel besitzen, bedarf keiner Begründung."

Die Rückstellung von Häusern, der Verzicht auf Hypotheken „werden wohl hinge-
nommen werden müssen", denn die „Arisierungen" waren letztlich eine Spekula-

---

439 Bundesministerium für Finanzen, Dep. 19 (Versicherungswesen), III. Äußerung über Probleme der
   Vertragsversicherungen. Stellungnahme zum amerikanischen und britischen Entwurf eines Staatsvertrages mit Österreich, 21.Jänner 1947, S. 3, AdR.BMF., BMT, Versicherungsaufsicht, Karton 3,
   3708/47

tion auf den militärischen Sieg Nazi-Deutschlands. Jeder „Arisierer" wußte genau,
„daß das Gut dem Eigentümer in unrechtmäßige Weise abgenommen worden ist.
Deshalb hat er auch nur einen Bruchteil des wahren Wertes bezahlt ... Zur Zeit der
Arisierung 1938–41 erschienen bezeichnenderweise in den Zeitungen Annoncen des
Inhaltes: „Haus aus arischem Besitz wird gekauft – oder verkauft", wobei der Zusatz
„arisch" als werterhöhend gedacht war."[440] Allerdings dürfte der Immobilienerwerb
der österreichischen Versicherungsunternehmen nach dem Anschluß nicht bedeutend gewesen sein. Die Versicherungsunternehmen waren nicht nur durch die mas-
siven Rückkäufe ihrer jüdischen Versicherungsnehmer in Liquiditätsschwierigkei-
ten, sondern die frei werdenden Wohnungen und Geschäftslokale waren vor allem
in guten Lagen nicht so leicht weiter zu vermieten, so daß man sich vorerst um den
bestehenden Immobilienstand kümmern mußte. Außerdem war der Anteil der Immobilien an den Deckungsrücklagen in Österreich nach den deutschen Bestimmungen zu hoch, wodurch auch von dieser Seite kaum ein Anreiz zur Ausweitung dieses
Vermögensbestandes gegeben war.

Auch die entzogenen Ansprüche aus Dienstverhältnissen waren in irgend einer
Form zu honorieren. Dagegen empfahl die Versicherungsaufsicht zu versuchen, die
Forderung nach nochmaliger Bezahlung von vom Staat enteigneter Polizzen und die
Bezahlung zum Dollarwert 1938 „dadurch abzuschwächen, daß die Entschädigung
höchstens dem Rückkaufwert der Versicherung im Zeitpunkt der Einstellung der
Prämienzahlung entsprechen soll, oder daß die Versicherung für diesen Zeitpunkt
prämienfrei zu reduzieren ist (beides als die Rechtsfolge nach dem Versicherungsvertrag und den geltenden Gesetzen) und daß die Währungsgesetzgebung seit 1938
maßgebend bleibt ..."[441] Die Frage, ob diese Entschädigungen vom Staat oder von
den Versicherungsunternehmen zu leisten wäre, „ist eine Lebensfrage der österreichischen Versicherungswirtschaft. Letztere kann aus eigenen Mitteln dafür nicht
aufkommen."[442]

---

440 „Die außenpolitische und völkerrechtliche Seite der Ersatzansprüche der jüdischen Naziopfer" Staatskanzlei, Amt für auswärtige Angelegenheiten, S. 7/8, 1945, Nachlaß Klein, Karton 1, AdR
441 Bundesministerium für Finanzen, Dep.19 (Versicherungswesen), III. Äußerung über Probleme der
   Vertragsversicherungen. Stellungnahme zum amerikanischen und britischen Entwurf eines Staatsvertrages mit Österreich, 21. Jänner 1947, S. 4, AdR, BMT, Versicherungsaufsicht, Karton 3, 3708/47
442 Bundesministerium für Finanzen, Dep. 19 (Versicherungswesen), III. Äußerung über Probleme der
   Vertragsversicherungen. Stellungnahme zum amerikanischen und britischen Entwurf eines Staatsvertrages mit Österreich, 21. Jänner 1947, handschriftliche Bemerkung S. 5, AdR, BMT, Versicherungsaufsicht, Karton 3, 3708/47. Eine besondere Perfidie leistete sich die Finanzlandesdirektion
   Wien. Sie übermittelte am 15.November 1946 der Versicherungsgesellschaft Der Anker einen Erlaß,
   mit dem die Gesellschaft aufgefordert wurde, „den Versicherungserlös von Polizzen, die im konkreten Falle mit Feststellungsbescheid vom 10. November 1944 für dem Deutschen Reich verfallen er-

In den ersten Nachkriegsjahren gab es einen rechtlichen Diskurs, ob die Versicherungsunternehmen bei Beschlagnahmungen durch das Deutsche Reich ihre vertraglichen Verpflichtungen erfüllt hätten. Dabei stellten zwei Wiener Rechtsanwälte fest, daß der Vertragspartner des Versicherungsnehmers ausschließlich die Versicherungsgesellschaft war. Wenn also ein Versicherungsunternehmen – auch bei Strafandrohung – gezwungen war, den Rückkaufwert an den deutschen Fiskus zu überweisen, so hatte es damit seine vertraglichen Verpflichtungen nicht erfüllt. „Der Schaden trifft diese Unternehmungen und nicht deren Vertragspartner."[443] Diese Haltung hat sich jedoch nicht durchgesetzt. In einer Replik wies Hans Lorenz-Liburnau darauf hin, daß diese Argumentation weder juristisch noch kaufmännisch stichhaltig sei. Den Versicherungsunternehmen trat das Deutsche Reich als Gläubiger gegenüber, an den sie nach der damaligen bestehenden Rechtsordnung mit befreiender Wirkung zahlen konnten und mußten. Die Ansprüche aus dem Versicherungsvertrag waren dadurch erloschen. Der Entzieher und materiell Begünstigte war das Deutsche Reich und nicht die Versicherungsunternehmen. Es sei undenkbar, daß sich ein Versicherungsunternehmen herausnehmen kann, gesetzliche Bestimmungen im Einzelfall zu befolgen oder nicht. Zusätzlich beruht die Lebensversicherung auf dem Gesetz der großen Zahl. Erst im Rahmen einer großen Gemeinschaft von Versicherten wird der Versicherungsfall zu einer schätzbaren Größe, welche die Grundlage für die Erstellung einer Prämie bildet. Die Lebensversicherung ist daher ein weitgehend genormtes Massengeschäft, das einer individuellen Behandlung nicht zugängig ist. Die Versicherungsunternehmen haben daher ihre vertraglichen Verpflichtungen ohne Ansehung der Person einzuhalten. „Es mag dabei überhaupt zweifelhaft sein, ob bei einer Versicherungsunternehmung von einem Kennen oder Kennenmüssen der Bedrohung von Versicherungsnehmern durch die Gewaltherrschaft des Nationalsozialismus gesprochen werden kann."[444]

---

klärt worden sind, der Finanzlandesdirektion Wien einzuzahlen." Der Versicherungsverband protestierte schon aus politischen Gründen gegen eine solche Vorgangsweise. „Sie müßte mit Recht die äußerste Empörung der betroffenen Personen hervorrufen. Sie würde weiter zu dem grotesken Zustand führen, daß die Lebensversicherer genötigt wäre, vor Liquidierung von Versicherungsansprüchen eine Ariererklärung einzuverlangen!" Der Verband belehrte daher das Finanzministerium, daß die provisorische Regierung am 13. Mai 1945 die 11. Verordnung außer Kraft gesetzt habe, daß die Republik Österreich nicht Rechtsnachfolger des Deutschen Reiches sei und daß die Sicherung von beschlagnahmtem Vermögen den öffentlichen Verwaltern und nicht den Finanzbehörden unterliege. Verband der Versicherungsunternehmen Österreichs an das Bundesministerium für Finanzen, Versicherungsaufsichtsbehörde vom 2. Dezember 1946, Archiv Versicherungsverband

443 Hans Sternberg/Gottfried Weidenfeld, Rechtsanwälte in Wien, Zur Frage der beschlagnahmten Versicherungspolizzen und Bankguthaben, Juristische Blätter 1947

444 Hans Lorenz-Liburnau, Rückstellungsfragen auf dem Gebiete der Lebensversicherung, Die Versi-

Dennoch muß man sich fragen, warum so vehement dagegen aufgetreten wurde, daß nicht die Versicherungsnehmer, sondern die Versicherungsunternehmen die Geschädigten gewesen waren. Die Versicherungsbranche nimmt für sich in Anspruch, rechtspositivistisch und unter allen Umständen ihre Versicherungsvertragsbedingungen einzuhalten. Durch die Veränderung der Rechtsordnung mußten die Versicherungsunternehmen an das Reich zahlen, aber es war ihnen sehr wohl bewußt, daß dies mit den Vertragsbedingungen nicht in Einklang stand. Andre Botur weist darauf hin, daß der Rückkaufwert an das Reich ohne Polizze nur dann ausbezahlt wurde, wenn die Reichsfinanzbehörde eine Freistellungserklärung erteilte. Dadurch sollten die Versicherungsunternehmen von späteren Zahlungsrisiken befreit werden.[445] Auch das österreichische Versicherungsaufsichtsamt im Finanzministerium ging ursprünglich von einer Zahlungspflicht der Versicherungsunternehmen aus. 1946 erwähnte es unter den negativen Auswirkungen der „Annexionszeit" auch die Zahlungen an das Reich auf Grund der 11. Verordnung zum Reichsbürgergesetz.[446] Und bei dem erwähnten Kommentar zum Staatsvertragsentwurf 1947 wurde festgestellt, daß allen rassisch und politisch Verfolgten ihr entzogenes Eigentum, Rechte und Interessen zurückzustellen oder ihnen in der Höhe des tatsächlichen Verlustes von Österreich Entschädigung zu leisten war.[447] Die Versicherungsaufsicht nahm daher 1947 noch an, daß der Forderung nach nochmaliger Bezahlung von vom Staat enteigneter Polizzen in irgend einer Form zu entsprechen war.[448] Tatsächlich wäre die ganze Rückstellungspraxis anders verlaufen, wenn man die Versicherungsunternehmen als Geschädigte betrachtet hätte. Dies gilt für die vom Deutschen Reich eingezogenen Polizzen, aber auch für die unter dem Druck politischer Verfolgung durch die jüdischen Versicherungsnehmer selbst rück gekauften Polizzen, für die ihnen nach den bestehenden Rückstellungsgesetzen zumindest prinzipiell eine Entschädigung zustand.[449] Die Versicherungsunternehmen hätten dann praktisch die jüdischen Geschädigten in ihre vertraglichen Rechte vom Stand März 1938 wieder einsetzen und die Verträge erfüllen können, ganz gleich ob beschlagnahmt oder

---

cherungsrundschau, Wien 1948, S. 12, Bundesministerium für Finanzen, 2.Dezember 1946, Archiv des Versicherungsverbandes

445 Andre Botur, Privatversicherung im Dritten Reich, S. 118/9

446 Beitrag des Departement 19 zum Rotbuch, Bundesministerium für Finanzen, 15. April 1946, AdR. BMF. 26984/46.

447 Probleme der Vertragsversicherung, Erste Äußerung des Departements 19 vom 9. 3. 1946, zweite Äußerung vom 12. 4. 1946,AdR.BMF.24806/46

448 Bundesministerium für Finanzen, Dep. 19 (Versicherungswesen), III. Äußerung über Probleme der Vertragsversicherungen. Stellungnahme zum amerikanischen und britischen Entwurf eines Staatsvertrages mit Österreich, 21. Jänner 1947, S. 4, AdR, BMT, Versicherungsaufsicht, Karton 3, 3708/47

449 Diesen Hinweis verdanke ich Georg Graf.

rückgekauft worden war. Die Versicherungsunternehmen hätten dann einen Regreßanspruch an die öffentliche Hand stellen können. Da es sich um etwa 15.000 Versicherungsverträge gehandelt hat, wäre dies auch vom Ausmaß her nicht untragbar gewesen. Das Rückstellungsverfahren hätte damit auch nicht von den 15.000 jüdischen Geschädigten durchgeführt werden müssen, sondern von einigen wenigen großen Versicherungsunternehmen, die noch dazu mit dem Versicherungsverband über eine durchsetzungsfähige Interessensvertretung verfügten. Eine solche Lösung wäre für die jüdischen Geschädigten ohne Zweifel vollständiger und problemloser gewesen. Daß es nicht dazu kam ist wohl unter anderem auf die grundsätzliche Haltung der österreichischen Regierung zurück zu führen, keine „Sondergruppen" der Geschädigten zuzulassen, sondern alle Österreicher gleich zu behandeln. Sie mag auch mit den Rückstellungsgesetzen in Widerspruch gewesen sein, die eine generelle Regelung anstrebten und die Letztgeschädigten und nicht Intermediäre, wie Banken oder Versicherungen ansprachen, welche das Vermögen der Geschädigten verwalteten.

1945 standen die Versicherungsunternehmen vor der Aufgabe, ihre Bestände zu ordnen. Der inländische Versicherungsbestand – auch jener der noch bestehenden Versicherungen jüdischer Versicherungsnehmer – wurde prinzipiell weiter anerkannt, wenn auch mit den Zahlungsbeschränkungen des Versicherungsüberleitungsgesetzes von 1946, das nur eine 40 %ige Auszahlung (abzüglich Gebühren und Umlagen) erlaubte. Der Rest mußte bis zur weiteren gesetzlichen Regelung als gesperrtes Guthaben einbehalten werden. Diese Regelung wurde 1955 mit dem Versicherungswiederaufbaugesetz bestätigt, das diese 60 % als endgültig verloren erklärte. Zusätzlich durften auf Grund der österreichischen Devisenbestimmungen bei Devisenausländern – und das waren fast alle jüdischen Anspruchsteller – der frei gegebene Betrag nur auf ein auf seinen Namen lautendes Sperrkonto bei einer inländischen Devisenbank überwiesen werden. Eine Überweisung ins Ausland war vorerst nicht möglich. Inwieweit die ehemaligen österreichischen Juden aus der Erinnerung an die Sperrkonten des Jahres 1938 ein Vertrauen in solche Konten hatten, mag dahingestellt bleiben.

Versicherungen, die von den jüdischen Versicherungsnehmern selbst rückgekauft worden oder aus denen durch Verfügung an das Deutsche Reich geleistet worden waren, waren erloschen. Denn die Versicherungsunternehmen konnten aus einer Polizze nicht zweimal zahlen. Das Juristenkomitee des Versicherungsverbandes stellte daher fest, daß auch wenn die Gesetzgebung des Dritten Reiches allen natürlichen Rechtsgrundsätzen widersprach, so war sie doch in dieser Zeit erzwingbar und ist auch erzwungen worden. Dadurch kann den Wirtschaftssubjekten in den meisten Fällen kein subjektives Verschulden vorgeworfen werden. Daraus folgt: „Die einzelnen Versicherungsunternehmen werden im allgemeinen dann und inso-

weit für Wiedergutmachungsansprüche unmittelbar aufzukommen haben, als sie
eine Bereicherung erfahren haben. Darüber hinausgehende Schädigung der Betroffenen muß der für die Entstehung des Schadens haftbare deutsche Staat tragen, gegebenenfalls vorschußweise oder im Falle der Uneinbringlichkeit auch endgültig die
Gesamtheit, also der österreichische Staat."[450] Auch Dr. Gerhard Frels betonte 1950,
daß die Lasten der Wiedergutmachung nicht den Versicherungsunternehmen aufgebürdet werden dürften. „Sonst würde ein Unrecht durch ein anderes ersetzt; denn
die deutschen Lebensversicherer sind nicht Schuld an den Verfolgungsmaßnahmen,
unter denen viele ihrer Versicherungsnehmer zu leiden hatten. Sie haben diese Maßnahmen verabscheut und von sich aus nichts getan, um ihnen Vorschub zu leisten.
Sie konnten sie aber ebenso wenig abwenden, wie das ganze deutsche Volk die Ter-
rormaßnahmen des Naziregimes verhindern konnte. Deshalb muß eine Wiedergutmachung in der Lebensversicherung, wenn ein anderer Wiedergutmachungsbe-
rechtigter nicht in Anspruch genommen werden kann, zu Lasten des Staates (der
Länder oder des Bundes) durchgeführt werden."[451]
Das Problem trat an die Versicherungsunternehmen heran, indem die jüdischen
Versicherungsnehmer nach 1945 entweder die Auszahlung ihrer Lebensversicherungen forderten, oder aber ihre Prämien wieder bezahlen wollten. Der Versicherungsverband hielt dem jedoch entgegen, daß sich an der Rechtslage im neuen
Österreich nichts geändert habe, „mit der lediglich die deutschen gesetzlichen Bestimmungen aufgehoben worden sind, auf Grund deren seinerzeit die Vermögens-
beschlagnahmen und Polizzeneinziehungen durchgeführt wurden, mit denen aber
die Gültigkeit der Transaktionen nicht berührt worden ist, die während der Gel-
tungsdauer der Gesetze durchgeführt wurden."[452] Das war für den juristischen Laien
schwer verständlich, doch auch das Finanzministerium bestimmte ausdrücklich:
„Um aufgetretenen Zweifeln zu begegnen, wird festgestellt, daß die Aufhebung der
Nürnberger Gesetze noch nicht bedeutet, daß behördliche Einziehungen von Lebensversicherungspolizzen, insbesondere nach der 11. Durchführungsverordnung
zum Reichsbürgergesetz vom 25. November 1941, DRGBl. I S. 722, als rückgängig
gemacht anzusehen sind. Daher sind Zahlungen von solchen Polizzen gegenwärtig
nicht, sondern erst dann möglich, wenn diesbezüglich eine gesetzliche Regelung er-

---

450 Stellungnahme des Verbands der Versicherungsanstalten Österreichs an das Bundesministerium für
   Finanzen bezüglich der Vorbereitung eines Rückstellungsgesetzes, AdR.BMF. 70092/46; Bundesministerium für Finanzen 22639-19/46 an den Verband der Versicherungsanstalten Österreichs, Wien
   20. 5. 1946, Archiv Der Anker
451 Dr.Gerhard Frels, Göttingen, Wiedergutmachung nationalsozialistischen Unrechts in der Lebensversicherung, in: Versicherungsrecht, Karlsruhe 1. 1. 1950, S. 1
452 Rundschreiben des Verbandes der Versicherungsanstalten Österreichs vom 2. März 1946, Archiv Der
   Anker

folgt sein wird."[453] Zusätzlich wies das Finanzministerium darauf hin, „daß die Wirkungen des Vermögensverfalls nicht nur dann eingetreten sind, wenn der Rückkaufwert an das Reich abgeführt worden ist, sondern schon dann, wenn die Gesellschaft von einer Dienststelle des Deutschen Reiches von dem Vermögensverfall oder dem Vorliegen seiner Voraussetzungen im Einzelfalle verständigt worden ist."[454] Der Versicherungsverband empfahl daher den Mitgliedsunternehmen das Muster eines Antwortschreibens:

> „Wir bedauern, Ihrem Wunsche nach Bezahlung eines Rückkaufwertes der obrigen Polizze nicht entsprechen zu können.
> Auf Grund der 11. Verordnung zum Reichsbürgergesetz (RGBl. I S. 722/41) wurde Ihr Vermögen für verfallen erklärt und ihre obrige Versicherung von der zuständigen Reichsbehörde beschlagnahmt. Dadurch ist das Verfügungsrecht über diese Versicherung von Ihnen auf das Reich übergegangen. Wir wurden unter Androhung von Strafsanktionen verpflichtet, den Gegenwert Ihrer Versicherung auf das Ander-Konto Kg 890 Gestapo, Oberfinanzpräsident-Berlin zu überweisen. Wir haben somit unsere Zahlungsverpflichtungen aus obrigem Versicherungsvertrag ordnungsgemäß und rechtsgültig an den zur Empfangnahme der Zahlung Berechtigten erfüllt und sind daher nicht in der Lage und auch nicht verpflichtet, auf Grund desselben Versicherungsvertrages noch einmal Zahlung zu leisten.
> Da Ihre Versicherung nur ein Teil Ihres Vermögens bildet, das vermutlich ebenfalls beschlagnahmt worden ist, wird ein allfälliger Wiedergutmachungsanspruch erst dann gestellt werden können, wenn eine Wiedergutmachung durch die Vermögensbeschlagnahme durch das Deutsche Reich verursachten Verluste gesetzliche geregelt wird.
>
> Hochachtungsvoll"

Zwar war es richtig, daß die Versicherungsgesellschaften „zu einem mit allen Grundsätzen korrekter Geschäftsgebarung in Widerspruch stehenden Verhalten gegenüber ihren Klienten gezwungen"[455] worden waren, doch das Juristenkomitee des Versicherungsverbandes stellte ausdrücklich fest, daß „die seinerzeit durchgeführten Beschlagnahmen nach wie vor zu Recht bestehen, die Anstalten also seinerzeit voll-

---

453 Schreiben des Bundesministeriums für Finanzen (Dr.Hartenau) an den Verband der Versicherungsanstalten Österreichs vom 10. 1. 1946, Archiv Der Anker

454 Erlaß der Versicherungsaufsichtsbehörde, Bundesministerium für Finanzen, Zl.12275–19/45 vom 10. Jänner 1946

455 Beiträge des Verbandes der Versicherungsanstalten Österreichs zu dem vom Bundeskanzleramt herauszugebenden Rotbuch über die deutsche Okkupation Österreichs, Wien 2. Juli 1946, AdR.BMF. 75143/3

kommen zu Recht erfüllt haben und daher in der Lage sind, zur Zeit an sie heran-
getragenen neuerliche Ansprüche eindeutig zurückzuweisen." Es sei nicht angängig
und praktisch gar nicht möglich, „den an und für sich so bedauernswerten Opfern
des verflossenen Regimes Leistungen zu erbringen, da dies im Hinblick auf die bestehenden desolaten Vermögensverhältnisse der Unternehmungen nur zu einer weiteren Schädigung der übrigen Versicherten führen würde." Es müßte daher beim
Versicherungsaufsichtsamt, also beim Finanzministerium angefragt werden, „ob die
Anstalten befugt sind, über die bestehende Rechtslage hinaus in den konkreten Fällen aus Gründen der puren Menschlichkeit Beträge zu leisten, welche Vorgangsweise dann das an und für sich bestehende Reservemanko noch vergrößern würde.
Eine individuelle Wiedergutmachung scheint ganz ausgeschlossen."[456] 1946 erin-
nerte der Verband noch einmal ausdrücklich, daß freiwillige Zahlungen nicht möglich waren, „da durch die Entwertung zahlreicher Deckungswerte die volle Erfüll-
barkeit der den Gesellschaften obliegenden vertraglichen Versicherungsleistungen
in Frage gestellt ist und daher Zahlungen nicht vertreten werden können, für die
eine Verpflichtung nicht besteht."[457]

Der Versicherungsverband drückte damit schon 1945/6 aus, daß die Wiedergutmachung nicht durch die Versicherungsunternehmen zu leisten war, denn diese hatten sich an das bestehende Recht – auch an das des Deutschen Reiches – zu halten.
Nachdem das Unrecht durch die öffentliche Hand vorgenommen worden war und
diese auch die Zahlungen erhielt, war auch die öffentliche Hand für Rückstellungsmaßnahmen materiell wie ideell zuständig. Lediglich bei den Fällen, wo die Versicherung beschlagnahmt, aber noch nicht ausbezahlt war, konnte es durch einen
Rückstellungsbescheid der Finanzlandesdirektion auf Grund der Rückstellungsgesetze zu einer Auszahlung kommen.[458] Allerdings scheint sich der Verband nicht
ganz so sicher gewesen zu sein, wie er es in diesen Stellungnahmen erscheint. Denn
in der von der Nationalbank verlangten Aufstellung der Forderungen der österreichischen Versicherungsunternehmen an Deutschland stellte er fest: „Nicht angeführt, beziehungsweise aber auch zu berücksichtigen sind jene Beträge, die an das
Deutsche Reich aus der Beschlagnahme jüdischer Polizzen abgeführt wurden, da
noch nicht fest steht, inwieweit die Gesellschaften, wenn nicht aus juristischen, so

---

456 Dr. Franz Fieger (Riunione Adriatica), Protokoll der Ausschußsitzung vom 24. 9. 1945 der Sektion
    Lebens- und Krankenversicherungen des Verbandes der Versicherungsanstalten Österreichs S. 3–4,
    Archiv des Versicherungsverbandes
457 Rundschreiben des Verbandes der Versicherungsanstalten Österreichs vom 2. März 1946, Archiv Der
    Anker
458 Dr. Schm. – Phönixbestand, Aktennotiz betreff Behandlung der 11. Verordnung unterliegenden Ver-
    sicherungsansprüche, 29. 3. 1957, Archiv des Versicherungsverbandes

doch aus moralischen Gründen dazu verhalten werden können, die Anspruchsberechtigten oder deren Rechtsnachfolger nochmals zu befriedigen."⁴⁵⁹

Prinzipiell waren nach den Rückstellungsgesetzen die Vermögensentziehungen
wieder rückgängig zu machen. Im Fall der eingezogenen Versicherungsverträge war
jedoch der Begünstigte das Dritte Reich gewesen und das Vermögen war unterge-
gangen. Denn mit der Zahlung an das Deutsche Reich war ja nicht nur der Versicherungsvertrag erloschen, sondern auch die finanzielle Deckung aufgelöst worden. Der
Versicherungsverband schlug daher vor, auch für die Geschädigten der 11. Verordnung eine Leistung zu erbringen, falls die Republik Österreich den Ersatz für das
dem entsprechende Deckungsvermögen leisten würde.⁴⁶⁰ Im Interesse der ehemaligen Versicherungsnehmer sollten „bei der bevorstehenden Regelung der Wiedergutmachung auch die durch die Beschlagnahme von Lebensversicherung entstande-
nen Schäden entsprechend berücksichtigt werden und damit bei der Anmeldung der
österreichischen Schadenersatzansprüche an das Deutsche Reich auch auf die für die
erbetene Wiedergutmachung benötigten Beträge Bedacht genommen wird." Man
stellte daher die „ergebene Bitte", „in Erwägung zu ziehen, daß eine Wiedergutmachung des Schadens, der durch die Beschlagnahme von Lebensversicherungen entstanden ist, ganz allgemein im Wege der einzelnen Versicherungsgesellschaften erfolgt; Voraussetzung hierfür ist natürlich, daß allen Gesellschaften die nachweisbar
hierfür benötigten Beträge zur Verfügung gestellt werden."⁴⁶¹ Diese ergebene Bitte
wurde jedoch vom Bundesministerium für Vermögenssicherung und Wirtschaftsplanung mit dem Hinweis auf die laufenden Verhandlungen des Staatsvertrages ausdrücklich abgelehnt. Da mit dem Kalten Krieg diese Verhandlungen ins Stocken gerieten, verzögerte sich auch die Lösung der beschlagnahmten jüdischen Polizzen auf
eine für die Betroffenen unverständliche Weise.

Generell unterschied man daher bei den jüdischen Polizzen drei Fälle:

– Durch die Versicherungsnehmer selbst zurück gekaufte Polizzen
Falls eine individuelle Zahlung an die Berechtigten geleistet worden war, war der
Vertrag erloschen und es wurde keine Verpflichtung mehr anerkannt. Nach den
Rückstellungsgesetzen lag zwar bei einem selbst getätigten Rückkauf unter politi-
schem Druck eine Vermögensentziehung vor, aus der aber keine Rückstellungsan-

459 Verband der Versicherungsanstalten Österreichs an die Österreichische Nationalbank, Forderungen
    an Deutschland, Wien 26. Mai 1946, AdR.BMF. 9728/46
460 Christian Karsch, Die versicherungswirtschaftlichen Verhältnisse in Österreich während der NS-Zeit.
    Die Schädigung jüdischer Lebensversicherter im Dritten Reich und ihre Entschädigung nach dem
    Krieg, in: Die Versicherungsrundschau 5/1999, S. 99
461 Schreiben des Verbandes der Versicherungsanstalten Österreichs an das Bundesministerium für Fi-
    nanzen, Versicherungsaufsichtsbehörde, vom 2. März 1946, Archiv Versicherungsverband

sprüche resultierten. Denn der Vermögensgegenstand war nicht mehr vorhanden und es konnte kein Verschuldensvorwurf gemacht werden.[462]

– Beschlagnahmte und ausbezahlte Polizzen

In den Fällen, wo eine individuelle oder globale Beschlagnahmung (11. Verordnung) vorlag, und ausbezahlt worden war, nahm man den Standpunkt ein, daß diese Verträge erfüllt und erloschen waren. Man verwies die Antragsteller auf eine zukünftige gesetzliche Regelung. Diese kam aber erst mit dem Versicherungsentschädigungsgesetz 1958.

– Generell beschlagnahmte aber noch nicht ausbezahlte Polizzen

Bei Polizzen, die individuell oder global beschlagnahmt aber noch nicht ausbezahlt worden waren, war auf Grund des 1. bzw. 3. Rückstellungsgesetzes bei der Finanzlandesdirektion (der Antrag war ursprünglich bis zum 1. März 1948 zu stellen, wurde aber dann immer wieder verlängert) ein Antrag zu stellen. Die Finanzlandesdirektion prüfte lediglich die Bezugsberechtigung, nicht die Höhe des Anspruchs. Mit dem Rückstellungsbescheid wurde die Sperre, die mit der Beschlagnahmung durch das Dritte Reich verfügt worden war, aufgehoben und der Versicherungsnehmer erlangte eine einklagbare Forderung. Allerdings beklagten die Versicherungsunternehmen, daß ihre Anfragen bei der Finanzlandesdirektion häufig sehr lange auf sich warten ließen oder überhaupt nicht erfolgten.[463]

1955 kam es hier zu einer generellen und abschließenden Lösung. In der Folge des Staatsvertrages, der auch eine erste Vermögensklärung mit der BRD brachte, konnte das Versicherungswiederaufbaugesetz 1955 erlassen werden. Mit diesem Gesetz waren die Versicherungsunternehmen angehalten, mit finanzieller Hilfe des Bundes eine Rekonstruktionsbilanz der Jahre 1945 bis 1954 zu erstellen. Hierfür war es notwendig, endgültig Klarheit über die bestehenden Ansprüche zu schaffen. Lebensversicherungen, die vor dem 1. Jänner 1946 abgeschlossen worden waren, wurden um 60 % abgewertet und waren den Versicherungsgesellschaften durch die Versicherungsnehmer anzumelden. Das dritte Rückstellungsgesetz hatte zwar die Verjährung für Opfer der politischen Verfolgung ausdrücklich aufgehoben, doch das Versicherungswiederaufbaugesetz von 1955 sah eine zweijährige Anmeldefrist für

---

462 Ich verdanke diesen Hinweis Georg Graf, der der Meinung ist, daß wieder der Zustand ohne Vertragsauflösung herbeizuführen gewesen wäre. Die restitutio in integrum hätte im Wiederaufleben der vertraglichen Rechte bestanden. Der Versicherungsnehmer hätte die anläßlich des Rückkaufs erhaltene Zahlung und die Prämien, die seither angefallen sind zu zahlen gehabt; allerdings ist ein rückwirkender Versicherungsschutz undenkbar.

463 Aktenvermerk: Leistungsverpflichtungen zu Lebensversicherungen, die unter die 11. V. O. zum RBG. v. 26. 11. 1941 fallen, Wien 23. 5. 1949, Archiv Der Anker

alle bestehenden Versicherungansprüche vor „bei sonstiger Verwirkung". Diese Ausschlußfrist sollte auch durch das Rückstellungsgesetz nicht aufgehoben werden. Nach einer Fallfrist wird ein Recht vernichtet, so daß nichts davon übrig bleibt.[464] Allerdings legte die Versicherungsaufsichtsbehörde 1958 mit Erlaß fest, daß die Aufhebung der Verjährung nach den Rückstellungsgesetzen auch hinsichtlich der Fallfrist des Versicherungswiederaufbaugesetzes zu gelten habe. „Diese ausdehnende Auslegung ist im Hinblick auf die Verpflichtungen unerlässlich, die Österreich auf Grund des Artikels 26 des Staatsvertrages auf sich genommen hat."[465] Sie empfahl daher in den betreffenden Fällen eine Auszahlung. Im September 1959 mußte das Finanzministerium aber feststellen, daß die Versicherungsunternehmen der Meinung waren, sie hätten Versicherungsansprüche trotz eines Rückstellungsbescheids nicht mehr zu honorieren, wenn sie nicht innerhalb der Fallfrist des Versicherungswiederaufbaugesetzes angemeldet worden waren. Das Ministerium sprach sich schärfstens gegen eine solche Haltung aus, da sie nicht nur den Bestimmungen der Rückstellungsgesetze, sondern auch des Artikels 26 des Staatsvertrages widersprach. Die Behörde versuchte sogar in das Vierte Rückstellungsgesetz die Bestimmung aufzunehmen, daß auf derartige Fallfristen keinerlei Bedacht zu nehmen sei.[466]

Um Schwierigkeiten aus der Verfallfrist zu vermeiden hatten sich allerdings die Versicherungsunternehmen von sich aus vorbehalten, auch bei nicht rechtzeitig angemeldeten Lebensversicherungen Leistungen zu erbringen, ohne hierfür Ersatz durch den Staat zu fordern. Diese Vorgangsweise wurde auch den öffentlichen Verwaltern von Versicherungsunternehmen zugestanden.[467] Die Versicherungsunternehmen hielten sich für eine solche Vorgangsweise berechtigt, da nach dem Versicherungswiederaufbaugesetz Leistungen, für die kein Anspruch mehr bestand, nicht grundsätzlich verboten, sondern nur ihrer Höhe nach beschränkt waren, „denn nach der gegebenen Gesetzesstelle ist es den Unternehmungen nur verboten, Leistungen zu erbringen, deren Höhe von dem im Gesetz festgesetzten Ausmaß abweicht."[468] Die Unternehmen sprachen damit aber nicht eine generelle Verpflichtung aus, son-

464 Stellungnahme des Bundesministeriums für Finanzen (Dr.Lorenz) an den Verband der Versicherungsanstalten Österreichs vom 28. September 1959, Archiv der Wiener Städtischen Versicherung

465 Erlaß der Versicherungsaufsichtsbehörde, Bundesministerium für Finanzen, vom 11. Juli 1958/ Z.90.970-19/58

466 Bundesministerium für Finanzen, Abteilung 34, Dienstzettel an die Abteilung 19, Wien 2. September 1949, AdR, Nachlaß Klein, Karton 5

467 Besprechung des Verbandes der Versicherungsanstalten Österreichs mit der Versicherungsaufsichtsbehörde vom 13. November 1957, Archiv Versicherungsverband

468 Niederschrift Nr. 155 über die am 4. November 1957 statt gefundene Sitzung des Ausschusses der Sektion Lebensversicherung des Verbandes der Versicherungsanstalten Österreichs, S. 3, Archiv Wiener Städtische

dern wollten sich die Entscheidung vorbehalten, ob und in welcher Höhe – bis zum
genannten Höchstmaß – eine Zahlung erfolgen sollte.

Die ganze Rückstellungspraxis wurde aber bis 1958 (Entschädigungsgesetz) durch
eine unterschiedliche Vorgangsweise der ÖVAG kompliziert. Das Unternehmen, das
auch die alten Lebens-Phönix-Polizzen abzuwickeln hatte, war in einer völlig anderen Situation wie die anderen Institute. Der Deutsche Ring hatte 1938/9 die Anteile
der österreichischen Aktionäre der ÖVAG käuflich erworben. 1945 wurden die Eigentumsverhältnisse von 1937 per Gesetz grundsätzlich wieder hergestellt, aber die
nun selbst in Bedrängnis geratenen österreichischen Versicherungsunternehmen waren nun nicht mehr in der Lage, neuerlich eine Organisation für die ehemaligen Lebens-Phönix-Polizzen aufzubauen. Die ÖVAG war zweifelsfrei deutsches Eigentum
geworden und fiel damit an den österreichischen Staat, der einen öffentlichen Verwalter einsetzte. Da Versicherungsunternehmen aber letztlich weder von den Alliierten als Deutsches Eigentum beschlagnahmt wurden noch unter die österreichischen Verstaatlichungsgesetze fielen, war hier eine besondere Situation gegeben. Der
größte Teil der Aktiven der ÖVAG bestand aus den Obligationen des Versicherungsfonds. Diese Finanzierungsfunktion war vom österreichischen Fonds 1938 auf den
neu gegründeten Fonds in Berlin übergegangen, der nun praktisch nicht mehr bestand. Die Deckung des alten Bestandes der ÖVAG (Lebens-Phönix Polizzen) setzte
sich damit aus fiktiven Forderungen an den Versicherungsfonds in Berlin zusammen
und war letztlich in höchstem Maße ungewiß. Außerdem hatte die Vorauszahlung
für die beschlagnahmten jüdischen Polizzen von 6 Mio RM Ende 1944 die ÖVAG
(Deutscher Ring) so weit in finanzielle Schwierigkeiten gebracht, daß der Altbestand
(Lebens-Phönix-Polizzen) beim Neubestand (Polizzen ab 1936) noch zusätzlich verschuldet war. Das Unternehmen verfügte daher auch beim Neubestand über so gut
wie keine finanziellen Reserven mehr, vom Altbestand ganz zu schweigen. Zum
zweiten Mal mußten nun die aufrechten Versicherungspolizzen der Lebens-Phönix
durch die Allgemeinheit abgedeckt werden, das erste Mal 1936 durch die Solidarität
aller österreichischen bzw. zwischen 1938 und 1945 aller deutschen Versicherungsnehmer und -unternehmen und nun ab 1945 durch die öffentliche Hand in Österreich selbst. Die ÖVAG war daher nach dem Krieg praktisch bankrott und konnte
ihre Geschäftstätigkeit vorerst nur durch einen Liquiditätskredit der anderen Versi-
che rungsunternehmen in der Höhe von 300.000 Schilling aufrecht erhalten.

Prinzipiell war die ÖVAG im Eigentum des Bundes, wodurch bei Rückstellungs-
forderungen für aufrechte jüdische Polizzen das 1.Rückstellungsgesetz von 1946
(Rückstellung von Vermögen, die sich in der Verwaltung des Bundes oder der Bundesländer befinden) anzuwenden war, während für private Versicherungsunternehmen erst das 3. Rückstellungsgesetz von 1947 Geltung hatte. Außerdem hatte die
ÖVAG (Deutscher Ring) 1944 eine pauschale Vorauszahlung von 6 Mio RM für die

beschlagnahmten jüdischen Versicherungen an das Deutsche Reich geleistet, die in Frage kommenden Polizzen aber noch nicht abgewickelt. Die ÖVAG (Deutscher Ring) konnte sich daher nicht darauf berufen, ihrer vertraglichen Verpflichtung aus einer konkreten Versicherungspolizze schon einmal nachgekommen zu sein. Die 6 Millionen schienen dementsprechend weiter in ihren Deckungsrücklagen auf.[469] Da sie nun damit rechnen mußte, daß gegen sie Ansprüche im Klageweg gemacht würden, hatte sie in einem Ersuchen an die Finanzlandesdirektion vom 18. Juni 1945 den Betrag von 6 Mio RM/Schilling zurückgefordert, was ihr auch zugestanden wurde. Durch diese staatliche Finanzhilfe, die an sich nicht im Interesse der jüdischen Versicherungsnehmer, sondern der Aufrechterhaltung des Unternehmens gewährt wurde, war das Unternehmen wieder arbeitsfähig. Mit dem Versicherungswiederaufbaugesetz 1955 erhielt die ÖVAG den 6-Millionen-Block durch Bundesschuldverschreibungen definitiv ersetzt.

Bei Polizzen, die individuell durch das Deutsche Reich eingezogen worden waren, verhielt sich die ÖVAG ebenso wie andere Versicherungsunternehmen und verweigerte eine neuerliche Zahlung, da bereits einmal geleistet worden war. Auch bei den nach der 11. Verordnung beschlagnahmten Polizzen kam es vorerst nicht zu Zahlungen, da nach dem 1. Rückstellungsgesetz nur Vermögen zurück gegeben werden konnte, das sich noch in Österreich befand. Die 6 Mio RM waren jedoch nach Berlin gegangen und der Rückstellungsbescheid der Finanzlandesdirektion Wien fiel negativ aus. Allerdings war die ÖVAG durch Gerichtsurteil in einem Fall zur Zahlung verurteilt worden und mußte daher die Zahlungsverpflichtung anerkennen.[470] Beim 6-Millionen-Block, bei dem man sich nicht auf eine Vertragserfüllung berufen konnte, war damit der Grund für die Zahlungsverweigerung weg gefallen. Die Polizzen konnten nun anstandslos liquidiert werden und es wurden entsprechend dem Versicherungswiederaufbaugesetz mit 40 % des Altanspruches ausbezahlt. Dies wurde nochmals 1955 mit dem Versicherungswiederaufbaugesetz aktuell, da hier bei der ÖVAG – im Gegensatz zu den anderen Versicherungsunternehmen – die Ansprüche auch aus den nach der 11. Verordnung beschlagnahmten jüdischen Polizzen wie die aller anderen innerhalb einer zweijährigen Frist angemeldet werden konnten. Die ÖVAG schickte daher bei verfallenen Polizzen, soweit die Adressen bekannt waren, Anforderungen zur Anmeldung von Rückstellungsansprüchen aus und legte dafür ein eigenes Formular auf. „Weiters wurde in ständigem Einvernehmen mit uns durch Herrn Generalsekretär Dr. C. Kapralik, The Jewish Trust Corporation, Lon-

---

469 Dr. Friedrich Wegner, Wien Juni 1947, Österreichische Versicherungs Aktiengesellschaft, Sonderprüfung 1936–1945, Band 2, S. 55
470 Bundesministerium für Finanzen, Versicherungsaufsicht allgemein, Staatsvertrag, AdR.BMF. 136046/56

don, in den Emigrantenblätter darauf hingewiesen, daß Ansprüche aus Lebens-Phönixversicherungen, und um solche handelt es sich hier vor allem, geltend zu machen
sind und zwar bei der Finanzlandesdirektion Wien unter gleichzeitiger Anzeige an
uns. Es ist daher anzunehmen, daß damit der Kreis der Interessierten, soweit dies
überhaupt mit wirtschaftlichen Mitteln möglich ist, erfaßt sein dürfte."[471] Die ÖVAG
konnte daher mit oder ohne Rückstellungsbescheid zahlen. Auch bei Fehlen der Polizze ging man so großzügig vor, „als es nur unsere eigenen Sicherheit zuläßt" und
leistete Zahlungen gegen eine Nichtigkeits- und Haftungserklärung. Bei der ÖVAG
wurden – im Einvernehmen mit der Versicherungsaufsichtsbehörde – diese Verträge
als beschlagnahmt bzw. verfallen angesehen, aber als noch nicht ausbezahlt. Wenn
die zweijährige Frist eingehalten wurde, zahlte die ÖVAG daher nach Vorlage des
Rückstellungsbescheids aus. Wurde die Frist versäumt, „muß bei jedem einzelnen
Anspruch überprüft werden, ob es verantwortet werden kann, eine Zahlung auch
ohne Rückstellung vornehmen zu können oder nicht."[472] Dadurch war sie als einziges Unternehmen schon vor dem Versicherungsentschädigungsgesetz in der Lage,
den Forderungen der jüdischen Versicherungsnehmer (11. Verordnung) entgegen zu
kommen, obwohl gerade die Versicherungsansprüche aus der zusammengebrochenen Lebens-Phönix durch die Zahlungen der übrigen Versicherungsunternehmen
ermöglicht worden waren. Die ÖVAG konnte daher an alle Versicherungsnehmer,
auch an alle jüdischen, bezahlen.

Die besondere Stellung der ÖVAG zeigte sich auch bei den Rückstellungsanträgen. Mit 84 % aller Anträge entfiel auf das Versicherungsunternehmen weit mehr,
als ihrem Anteil an angemeldeten jüdischen Versicherungspolizzen 1938 entsprach.
1956 entfielen auf die ÖVAG auf Grund der erwähnten Bemühungen zur Feststellung der noch vorhandenen Forderungen (Versicherungswiederaufbaugesetz 1955)
sogar 90 % (445) der Rückstellungsanträge. Die Zahl der Anträge stieg bis 1950 an,
dann ging sie deutlich zurück mit der Unterbrechung 1956/7. Nach Ablauf der Anmeldefrist (1959) des Versicherungswiederaufbaugesetzes kam es kaum mehr zu
Rückstellungsanträgen. Insgesamt wurde praktisch drei Viertel der Anträge (74 %)
positiv entschieden, allerdings war hier 1952 eine Grenze. In den ersten Nachkriegsjahren (1947–1952) lag die Erfolgsquote bei 91 %, danach nur mehr bei 49 %.
Die starke Stellung der ÖVAG kann auf zwei Ursachen zurück geführt werden. Zum
einen geht aus den internen Unterlagen der anderen Versicherungsunternehmen

---

471 Schreiben Öffentlicher Verwalter der Österreichischen Versicherungs Aktiengesellschaft an das Bun-
     desministerium für Finanzen, Wien 9. April 1957, AdR.BMF., BfF, Versicherungsaufsicht allgemein,
     50457/57
472 Dr. Schm. – Phönixbestand, Aktennotitz betreff Behandlung der 11. Verordnung unterliegenden Ver-
     sicherungsansprüche, 29. 3. 1957, Archiv des Versicherungsverbandes

Rückstellungsanträge für Lebensversicherungspolizzen[473]
1947–1962 – nach Versicherungsunternehmen

	Positiv	Negativ	Summe
ÖVAG	1634	488	2.122
Der Anker	101	40	141
Victoria	32	28	60
Generali	12	37	49
Riunione	16	20	36
Wiener Städtische	14	21	35
Donau-Concordia	4	11	15
Sonstige	6	8	14
Unklare Angaben			64
Summe	1.819	653	2.536

Rückstellungsanträge für Lebensversicherungspolizzen
insgesamt (ohne unklare Angaben)

	Positiv	Negativ	Insgesamt
1947	13	1	14
1948	227	47	274
1949	338	9	347
1950	444	31	475
1951	181	21	202
1952	118	20	138
1953	132	115	247
1954	22	20	42
1955	4	22	26
1956	254	238	492
1957	57	106	163
1958	25	20	45
1959	2	2	4
1960	-	-	-
1961	-	-	-
1962	2	1	3
Summe	1.819	653	2.472

---

473 Erledigung von Anträgen bezüglich der in der NS-Zeit innerhalb Österreichs beschlagnahmten Ver-

hervor, daß sie weit mehr Forderungen aus jüdischen Versicherungspolizzen anerkannt haben, als der Anzahl der Rückstellungsanträge entsprach. Die Riunione etwa gab an nach 1945 aus solchen Forderungen 1 1/3 Mio Schilling bezahlt zu haben, was nicht nur auf die 16 positiven Anträge entfallen konnte.[474] Vor allem aber hatte ein Antrag bei der ÖVAG eine viel höhere Aussicht auf Erfolg, da dieses Versicherungsunternehmen nicht nur die noch aufrechten, sondern auch die beschlagnahmten und an das Deutsche Reich ausbezahlten Polizzen anerkennen konnte.

Rückstellungsanträge für Lebensversicherungspolizzen
Prozent der positiv entschiedenen:

ÖVAG	77 %
Der Anker	72 %
Victoria	53 %
Generali	25 %
Riunione	44 %
Wiener Städtische	40 %
Donau-Concordia	27 %
Sonstige	43 %

Diese unterschiedliche Behandlung der jüdischen Versicherungsnehmer durch die ÖVAG war weder verständlich noch tragbar. In einem Schreiben an das Finanzministerium unterstrich daher der Versicherungsverband, daß durch die Rückerstattung der von der ÖVAG an das Reich gezahlten 6 Mio RM für beschlagnahmte Polizzen eine Situation entstanden war, die für die anderen Lebensversicherungsunternehmen eine Diskriminierung darstellte. Man forderte daher eine generelle Regelung, daß „die Regierung Mittel und Wege fände, daß auch die durch das nationalsozialistische Regime geschädigten Versicherungsnehmer eine Ersatzleistung erhalten. Wir beantragen daher, den Unternehmungen die nötigen Mittel zur Verfügung zu stellen, damit sie die seinerzeit beschlagnahmten und an das Reich liquidierten Lebensversicherungen an die aus dem Vertrag berechtigten Personen nach den Bestimmungen des Versicherungswiederaufbaugesetzes nochmals erfüllen können."[475]

---

sicherungsgeldbeträge (hauptsächlich aus Lebensversicherungen). AdR, BMF, 8 Kartons mit etwa 17.000 alphabetisch geordneten Karteikarten, Buchstabe C fehlt. Wir konnten lediglich diese Karteikarten nicht aber die dazugehörigen Akten ausfindig machen. Die Höhe der Anträge und die Gründe für den positiven oder negativen Bescheid waren daher nicht festzustellen.

474 Verband der Versicherungsanstalten Österreichs an das Bundesministerium für Finanzen, Versicherungsaufsichtsbehörde, Wien, 6. Mai 1957, AdR.BMF., 56443/57

475 Schreiben des Versicherungsverbandes (D. Habich und Dr. Schüller) an das Bundesministerium für Finanzen vom 9. 5. 1957, Archiv des Versicherungsverbandes

DER WEG ZUM VERSICHERUNGSENTSCHÄDIGUNGSGESETZ 1958

Außer bei der ÖVAG war daher das Problem der durch die 11. Verordnung generell vom Reich eingezogenen und ausbezahlten Lebensversicherungen mit dem Versicherungswiederaufbaugesetz noch nicht gelöst. Diese konnten nicht angemeldet werden, da die übrigen Versicherungsunternehmen aus diesen Polizzen individuell geleistet hatten und die Verträge rechtskräftig erfüllt waren. Nicht zuletzt auf Initiative des Committee of Jewish Claims on Austria und auf Drängen der USA und Großbritanniens mußte hierfür eine Sonderregelung gefunden werden, denn der Artikel 26 des Staatsvertrags bestimmte:

> „Soweit solche Maßnahmen noch nicht getroffen worden sind, verpflichtet sich Österreich in allen Fällen, in denen Vermögenschaften, gesetzliche Rechte oder Interessen in Österreich seit dem 13. März 1938 wegen der rassischen Abstammung oder der Religion des Eigentümers Gegenstand gewaltsamer Übertragung oder von Maßnahmen der Sequestierung, Konfiskation oder Kontrolle gewesen sind, das angeführte Vermögen zurück zu geben und diese gesetzlichen Rechte und Interessen mit allem Zubehör wieder herzustellen."

Aus den Akten gewinnt man nicht den Eindruck, als ob Österreich dieser Verpflichtung bereitwillig begegnet wäre. Der Staatsvertrag war mit erheblichen finanziellen Aufwendungen verbunden. Vor allem die Sowjetunion hatte sich ihren Abzug mit umfangreichen Zahlungen zur Abgeltung ihrer Ansprüche aus dem Deutschen Eigentum honorieren lassen.[476] Die Regelung der jüdischen Rückstellungsansprüche gerieten damit einmal mehr in den Hintergrund. Im Oktober 1956 forderten daher die Westmächte neuerlich eine Berücksichtigung der entzogenen Ansprüche aus Lebensversicherungsverträgen bei der Durchführung des Artikels 26 des Staatsvertrages. Von österreichischer Seite wurde dazu ablehnend Stellung genommen mit der Begründung, daß der bei weitem überwiegende Teil der nach der 11. Verordnung zum Reichsbürgergesetz verfallenen Lebensversicherungspolizzen die Österreichische Versicherungs A. G. (Lebens-Phönix) betreffen würden. Diese hätte, obwohl sie für verfallene Polizzen eine Zahlung von 6 Millionen Reichsmark an das Deutsche Reich geleistet hat und obwohl daher eine weitere rechtliche Verpflichtung mangels einer individuellen Abrechnung sehr zweifelhaft war, solche Polizzen bereits honoriert. Im Zuge der Versicherungsrekonstruktion hatte die Republik Österreich die Mittel hierfür beigestellt und damit auf diesem Sektor bereits Leistungen erbracht, die nach Meinung der österreichischen Regierung über ihre Verpflichtung nach Artikel 26 Staats-

---

476 Einen Versuch der zahlenmäßigen Erfassung der österreichischen „Reparationen" an die Sowjetunion macht Günter Bischof, Austria in the First Cold War, Basingstike 1999

vertrag hinausgingen. Da aber die Vertreter der Westmächte darauf verwiesen, daß ihnen die Versicherungsangelegenheiten sehr wichtig waren, wurde den Vertretern der Westmächte zugesagt, „daß die Angelegenheit neuerlich geprüft werden würde, insbesondere in der Hinsicht, ob eine ähnliche oder doch für die Versicherten gleichwertige Behandlung wie bei der ÖVAG doch vielleicht auch bei anderen Versicherungsgesellschaften ermöglicht werden könne."[477] Intern wurde jedoch darauf verwiesen, daß eine generelle Übertragung der Praxis, wie sie von der ÖVAG geübt wird, auf die anderen Gesellschaften ohne neue Mittel nicht möglich war und daß in diesem Stadium Lösungen, „die auch nur im kleinsten Umfange Budgetmittel erfordern, grundsätzlich nicht in Frage kommen." Es wäre daher sehr wesentlich zu wissen, was die Westmächte eigentlich erwarten: „Eine Wiederherstellung von Lebensversicherungen in voller Höhe, als ob keine Einstellung der Prämienzahlung erfolgt wäre, kommt nach ho. Ansicht keinesfalls in Frage, da sie mit dem Wesen der Versicherung unvereinbar wäre. Eine neuerliche Zahlung des an Reichsstellen abgeführten Rückkaufwertes oder auch eine Wiederherstellung der rückgekauften Versicherungen mit ihrem Reduktionswert könnte den Versicherungsunternehmen nicht zugemutet werden, es sei denn, daß sie hierfür vom Bund voll entschädigt werden."

Man versteht die mehr als enttäuschten Stellungnahmen und Vorsprachen des „Committee for Jewish Claims on Austria" (CJCA), das den Eindruck hatte, daß Österreich seine moralisch-politischen Verpflichtungen hinter juristischen Argumenten versteckte.[478] Noch 1957 schrieb das Committee, daß 12 Jahre nach Ende der Feindseligkeiten noch immer keine Zahlungen für die zwischen 1938 und 1945 beschlagnahmten Versicherungspolizzen erfolgt waren. „Wir möchten mit allem Respekt anregen, daß, besonders in Anbetracht der günstigen wirtschaftlichen und finanziellen Situation in Österreich im allgemeinen und der finanziellen Lage der österreichischen Versicherungsgesellschaften, die sich nach unseren Informationen einer neuerlichen Periode des Wohlstands erfreuen, die Frage der beschlagnahmten Polizzen zum frühestmöglichen Zeitpunkt in positiver Weise geregelt werden sollte."[479] Eine Regelung war auch deshalb besonders dringend, da die BRD schon 1953 im Haager Programm eine Vereinbarung mit dem Committee for Jewish Claims against Germany getroffen hatte. In seiner Antwort wies der Versicherungsverband vor allem auf die rechtliche Lage hin, die es den Versicherungsunterneh-

---

477 Bundesministerium für Finanzen, Versicherungsaufsicht allgemein, 30. Oktober 1956, AdR.BMF., 154004/56

478 Thomas Albrich, Jewish Interests and the Austrian State Treaty, in: Günter Bischof/Anton Pelinka (Hrsg.), Austria in the New Europe, Contemporary Austrian Studies Volume I, New Brunswick 1993; Oliver Rathkolb, Washington ruft Wien: US-Großmachtpolitik und Österreich 1953–1963, Wien 1997

479 Saul Kagan, Secretary, Committee for Jewish Claims on Austria an den Vorsitzenden des Verbandes der Versicherungsanstalten, New York, March 25, 1997, Archiv des Versicherungsverbandes

men unmöglich mache, aus einem Vertrag zweimal zu leisten und leitete das Schreiben ans Finanzministerium weiter.[480]

Am 5. April 1957 fand im Bundeskanzleramt eine Aussprache mit den Botschaftsangehörigen der westlichen Signatarmächte statt. Die Verhandlungen standen unter der Leitung von Legationsrat Dr. Kirchschläger (Auswärtige Angelegenheiten). Der Wortführer der drei westlichen Botschaften, Mr. Blair, forderte dabei eine Regelung, bei der die Vorgangsweise bei der ÖVAG auch von den anderen Versicherungsgesellschaften übernommen werden sollte. Damit wären die schon einmal individuell abgewickelten Polizzen mit ihrem Reduktionswert wieder in Kraft gesetzt worden. Blair war allerdings bereit, die Wirkung des objektiven Zahlungsverzugs (Prämienfreistellung) auch bei verfolgten Personen allgemein anzuerkennen. Den Vertretern der Westmächte wurde zugesagt, daß Erhebungen über die finanzielle Bedeutung dieses Vorschlags gemacht werden würden. In einer internen Besprechung stellte Kirchschläger fest, daß ein Entgegenkommen bei den Vertragsversicherungen mit Rücksicht auf die Gesamtsituation wünschenswert wäre. Das Finanzministerium hatte jedoch große Bedenken, da die Wiederherstellung erloschener Ansprüche ein Präjudiz auf anderen Gebieten darstellen würde.[481] Das Finanzministerium startete daher über den Versicherungsverband eine Umfrage an die österreichischen Versicherungsunternehmen bezüglich der erfolgten Zahlungen aus beschlagnahmten Polizzen.

Zahlungen aus beschlagnahmten Lebensversicherungspolizzen[482]

	RM	in % der Vermögensanmeldung 1938
Wiener Städtische	475.000	40 %
Riunione	443.000	14 %
Anker	400.000	14 %
Generali	371.000	14 %
Victoria	185.000	6 %
Volksfürsorge (A&G)	23.000	12 %
Donau	20.000	4 %
Summe	1.917.000	15 %

480 Schreibens des Versicherungsverbandes (Dr.Habich und Dr.Schüller) an das Committee for Jewish Claims on Austria vom 9. 5. 1957, Archiv des Versicherungsverbandes

481 Bundesministerium für Finanzen, Versicherungsaufsicht allgemein, 8. April 1957, AdR.BMF., 45137/57

482 Bundesministerium für Finanzen, Versicherungsaufsicht allgemein, Staatsvertrag, 16. Mai 1957, AdR.BMF., 65219/57

Die Summe von 1,917 Mio RM wies jedoch einige Ungenauigkeiten auf. Die Angaben basierten zum Teil auf einer Rundfrage, die bereits im November 1945 durchgeführt wurde, sie beinhalteten entweder nur die Beschlagnahmungen auf Grund der 11. und 13. Verordnung oder erfaßten sämtliche Beschlagnahmungen.

– Die Wiener Städtische Wechselseitige Versicherungsanstalt gab die Überweisung der beschlagnahmten Lebensversicherungen an Reichsstellen mit 475.360,52 RM an. Allerdings war auch hier durch einen Brand ein Teil der Schadensakten vernichtet worden, so daß man nicht in der Lage war festzustellen, ob die Ziffern auf Richtigkeit beruhten.
– Bei der Riunione waren trotz Bombenschäden die Schadensakten größtenteils erhalten geblieben. Sie hatte Zahlungen an Reichsstellen in der Höhe von 443.000 RM geleistet. Zusätzlich wies sie darauf hin, „daß wir aus Versicherungen, welche gemäß der 11. Verordnung zum Reichsbürgergesetz der Beschlagnahme unterlegen sind, nach dem April 1945 Zahlungen in der Höhe von 1 1/3 Millionen Schilling geleistet haben."[483] Dabei mußte es sich also um Polizzen handeln, die beschlagnahmt, aber bis Ende des Dritten Reiches nicht ausbezahlt worden waren. Die Höhe ist aber beachtlich. Wenn nach 1945 1 1/3 Mio Schilling geleistet wurde, so waren dies nach den Währungsgesetzen nur 40 % der ehemaligen Ansprüche, so daß sich die Rückstellungen auf einen ursprünglichen Rückkaufwert von 3,3 Mio Schilling beziehen würden, und das war mehr als jene 3,1 Mio RM, die 1938 bei der Vermögenserklärung angegeben worden war. Falls diese Angaben richtig sind, muß es bei der Riunione eine beachtliche Anzahl von bei der Vermögenserklärung 1938 nicht angegebenen jüdischen Versicherungspolizzen gegeben haben. Erklärbar wäre dies dadurch, daß es sich um ein ausländisches Institut handelt, von dem man annehmen konnte, daß der Zugriff des Deutschen Reiches beschränkt war.
– Der Anker mußte mitteilen, daß beim Brand des Anstaltsgebäudes sämtliche Akten zum Opfer gefallen waren und man daher keine konkreten Daten liefern konnte. „Der Ressortbeamte, der bis zum Zusammenbruch diese Akten behandelt und auch ein Verzeichnis darüber geführt hat, das ebenfalls verbrannt ist, glaubt sich erinnern zu können, daß die Gesamtsumme dieser Zahlungen RM 400.000 nicht ganz erreicht hat."[484]

---

483 Verband der Versicherungsanstalten Österreichs an das Bundesministerium für Finanzen, Versicherungsaufsichtsbehörde, Wien, 6. Mai 1957, AdR.BMF., 56443/57
484 Verband der Versicherungsanstalten Österreichs an das Bundesministerium für Finanzen, Versicherungsaufsichtsbehörde, Wien, 19. April 1957, AdR.BMF., 56.443/57

– Bei der Generali waren die Schadensakten 1938 bis 1945 weitgehend erhalten geblieben. Ihre Zahlungen auf Grund des Reichsbürgergesetzes an das Reich betrugen:

Rückkäufe	291.129
Erlebnisfälligkeit	77.576
Todesfall	2.465
Summe	371.170

– Bei der Victoria Versicherungsgesellschaft wurden aus Lebensversicherungen an das Reich überwiesen:

für Abläufe	41.424
für Rückkäufe	17.800
und bei Rentenversicherungen für Rückkäufe	127.028
Summe	186.252

– Die Österreichische Volksfürsorge gab an, nach der 11.Verordnung 23.429 RM ausgezahlt zu haben, zusätzlich zu 1.287 RM gemeldeter aber nicht ausbezahlter Verträge.
– Die Donau Allgemeine Versicherungs-Aktiengesellschaft verwies darauf, daß ihre Schadensakten in Reichenberg nunmehr unter tschechischer Verwaltung standen und sie keine Gewähr für Vollständigkeit übernehmen könne. Sie verfügte jedoch über ein Verzeichnis der an die deutschen Reichsbehörden entrichteten Versicherungsleistungen aus beschlagnahmten Lebensversicherungen. Demnach leistete man Zahlungen in RM für

Todesfälle	281
Erlebnisfälle	10.191
Rückkäufe	9.173
Summe	19.645

– Die Versicherungsanstalt der Österreichischen Bundesländer erklärte, „daß der infrage kommende Personenkreis fast überhaupt nicht bei der Anstalt versichert war. Eine Überprüfung ist leider nicht möglich, da durch den Bombenschaden im Jahr 1945 das Archiv größtenteils vernichtet wurde."[485]
– Die Nordstern Lebensversicherungs-Aktiengesellschaft mußte erst bei der Mutter in Köln nachfragen und konnte schließlich lediglich drei Polizzen mit zusammen 179,55 RM feststellen.

---

485 ebenda

Die Österreichische Versicherungs A.G. sah sich nicht imstande, die Höhe der dem Reich verfallenen und individuell abgerechneten Summen aus Versicherungspolizzen anzugeben. „Auf Grund der „Verordnung über die Abkürzung handelsrechtlicher und steuerrechtlicher Aufbewahrungsfristen" vom 28. Dezember 1942 RGBl.1943 I, S. 4, konnte dem Rohstoffbedarf des Deutschen Reiches durch die damals maßgebenden Herren insofern Rechnung getragen werden, daß das mit Ablauf der Aufbewahrungsfristen frei gewordene Aktenmaterial zur anderweitigen Verwendung zur Verfügung gestellt wurde. In diesem eingestampften Aktenmaterial befanden sich aber vor allem auch die Polizzenakten, deren Ansprüche, sei es nun gegenüber dem aus dem Vertrag Berechtigten, sei es gegenüber dem auf Grund von zwingenden Anordnungen des Deutschen Reichs Berechtigten, voll erfüllt worden waren."[486]

So bedauerlich es war, daß die ÖVAG auf Grund der Übereifrigkeit der Herren des Deutschen Rings keine Zahlen liefern konnten, so erfüllte die Umfrage doch ihren Zweck. „Immerhin zeigen die Angaben der hauptsächlich in Betracht kommenden Gesellschaften", stellte die Versicherungsaufsicht fest, „daß der Umfang der insgesamt geleisteten Zahlungen sehr wesentlich unter den bisherigen Schätzziffern (Mr. Blair hat seinerzeit einen Betrag von 15 Millionen Reichsmark genannt) liegt."[487] Da die Versicherungsunternehmen, die Zahlungen angeben konnten, 26,8 % der Vermögensanmeldung 1938 ausmachten, könnte man auf eine Zahlung der österreichischen Versicherungsgesellschaften (ohne die ÖVAG, also 43,8 % der 1938 angemeldeten Rückkaufsummen) von 3,133 Mio RM schließen. Zusammen mit den 6 Mio RM Vorauszahlung der ÖVAG hätte die 11. Verordnung damit dem Deutschen Reich 9,133 Mio RM, oder 18 % der 1938 angemeldeten jüdischen Polizzen gebracht. Da die ÖVAG und die Riunione bereits seit längerem Zahlungen geleistet hatten und das Versicherungswiederaufbaugesetzes mit der 60 %igen Abwertung anzuwenden war, mußte der infrage kommende Entschädigungsbetrag unter 2 Mio Schilling liegen. Bei den weiteren Verhandlungen wußte daher die österreichische Seite, daß es nicht um große Beträge ging.

Deshalb verlangte auch Dr. Kirchschläger (Auswärtige Angelegenheiten), „daß man den westlichen Verhandlungspartnern irgendwie entgegen kommen solle, da es kaum möglich sei, alle Forderungen zur Gänze abzulehnen".[488] Auch beim Italienischen Staatsvertrag etwa war festgelegt worden, daß die dort übernommenen Verpflichtungen mit der Rückstellungsgesetzgebung allein noch nicht erfüllt worden wa-

---

486 Verband der Versicherungsanstalten Österreichs an das Bundesministerium für Finanzen, Versicherungsaufsichtsbehörde, Wien, 8. Mai 1957, AdR.BMF., 65219/57

487 Bundesministerium für Finanzen, Versicherungsaufsicht allgemein, Staatsvertrag, 16. Mai 1957, AdR.BMF., 65219/57

488 Bundesministerium für Finanzen, Versicherungsaufsicht allgemein, Staatsvertrag, 7. Mai 1957

ren. Im Finanzministerium war man aber der einhelligen Auffassung, daß die Forderungen der Alliierten aus prinzipiellen Gründen abzulehnen waren. Wollte man ihnen nachgeben, so würde sich dies als Schadenersatzleistung darstellen, zu welcher die Republik Österreich auf Grund des Staatsvertrages nicht verpflichtet ist. Zusätzlich würde die Erfüllung der Forderungen auf dem Versicherungssektor ein „äußerst gefährliches Präjudiz" darstellen und ähnliche Forderungen bei Hypotheken, Buchforderungen und getilgten Wertpapieren aufkommen. „Je mehr seitens der Republik Österreich Forderungen entsprochen würde, die im Staatsvertrag nicht durch rechtliche Verpflichtungen gedeckt sind, um so schwerer würde sich die Ablehnung allfälliger weiterer Forderungen vertreten und begründen lassen." Schließlich war, „insbesondere von der psychologischen und innenpolitischen Seite her" zu bedenken, „daß der Bund im Zusammenhang mit Ansprüchen, die österreichischen Staatsbürgern z. B. aus Artikel 24 und 27 des Staatsvertrages zustehen, keineswegs eine großzügige Haltung einnimmt, sondern sich vielmehr streng auf den Rechtsstandpunkt stellt. Es würde in der österreichischen Öffentlichkeit schwerlich auf Verständnis stoßen, wenn man bei dieser Sachlage gegenüber ausländischen, rechtlich nicht – zumindest nicht eindeutig – fundierten Forderungen großzügige Konzilianz an den Tag legte".[489] Dr. Kirchschläge gab zu bedenken, daß die österreichischen Regierungsmitglieder insbesondere von den USA ständig zu weiteren Erfüllungsmaßnahmen in bezug auf Artikel 26 bedrängt würden und man nicht immer einen 100 % ablehnenden Standpunkt einnehmen könne. Der Standpunkt der österreichischen Regierung sei auch durch das letzte NS-Amnestiegesetz weiter geschwächt worden, das den Vermögenentzug auch für die schwer belasteten ehemaligen Nationalsozialisten aufgehoben hatte. Der Befürchtung Kirchschlägers, daß die Westmächte ein Schiedsgericht anrufen können begegnete das Finanzministerium daß „eine übermäßige Scheu vor einem allfälligen Schiedsverfahren nicht zweckmäßig (sei) und die Drohung hiermit sollte nicht von vornherein zur gänzlichen oder teilweisen Kapitulation der österreichischen Regierung führen."[490]

Eine Lösung war aber doch erstrebenswert, „zumal sich auf diesem Sektor offenbar mit geringen Beträgen ein gewisser optischer Erfolg erzielen ließe."[491] Ursprünglich hatte man vor, die Wiederherstellung der Rechte der jüdischen Versicherten nicht in Form eines Gesetzes zu regeln, sondern durch eine „stillschweigende Ergänzung" der Rückstellungsgesetze, was aber auf Grund der angelaufenen Verhandlungen mit den Westmächten nicht mehr möglich war. Dr. Kirchschläger schlug sogar vor, an die Versicherungsgesellschaften heranzutreten, ob sie geneigt wären, auf

---

489 ebenda
490 ebenda
491 a.aO. Einsichtsbemerkung der Abt. 16 zu Zl.63.185-19/57 vom 13. Mai 1957

entzogene Polizzen aus eigenen Mitteln Kulanzzahlungen zu leisten. Man beschloß mit einem kleinen Kreis von Versicherungsunternehmen vertrauliche Besprechungen aufzunehmen. Die Reaktion kam rasch über den Versicherungsverband, der sich sehr wohl für die geschädigten Versicherungsnehmer einsetzte, aber selbstverständlich auf Grund von öffentlichen Mitteln, alles andere sei Willkür und weder versicherungsvertraglich noch gesetzlich gedeckt.[492] Die Eingabe des Verbandes zeigte daher der Versicherungsaufsicht, „daß der Gedanke von Leg. Rat Dr. Kirchschläger, die Versicherungsgesellschaften könnten aus eigenen Mitteln Kulanzzahlungen leisten, wenig Aussicht auf Verwirklichung hat."[493]

Schließlich setzten sich aber doch außenpolitische Interessen durch. Die Versicherungsaufsicht sprach sich zwar nach wie vor gegen jede Zahlung ohne Rechtsverpflichtung aus, Wenn jedoch aus Gründen, die über den Wirkungskreis der Versicherungsaufsicht hinaus gingen, eine derartige Zahlung – die sich praktisch als Geschenk darstellten – geleistet werden sollte, so nur unter der Bedingung, „daß hiedurch durch ausdrückliche Erklärung eine generelle und abschließende Regelung des Artikels 26 StV erfolgt."[494] Die Versicherungsaufsicht hatte für den Bundesminister eine Erklärung vorzubereiten, die ihr sichtlich schwer fiel und in der sie nochmals betonte, daß für diese neuerliche Leistung keinerlei rechtliche Verpflichtung bestand.[495] „Der Anlaß zu dieser Maßnahme ist eine Intervention des amerikanischen Außenamtes gelegentlich der Anwesenheit der Herrn Außenminister Figl und Finanzminister Kamitz in Amerika."[496]

Der Versicherungsverband war von Anfang an in die Beratung zum nun entstehenden Entschädigungsgesetz eingebunden. In seiner Stellungnahme begrüßte er die gesetzliche Regelung, stellte aber noch einmal ausdrücklich fest, daß die Versicherung mit der Bezahlung an das Deutsche Reich ihre Verpflichtungen erfüllt hatten.[497] „Sie ist von ihrer vertraglichen Schuld befreit, da sie an den zur Zeit der Zahlung Berechtigten geleistet hat. Sie ist daher nicht mehr schuldig, auf Grund einer

---

492 Verband der Versicherungsanstalten Österreichs an das Bundesministerium für Finanzen, Versicherungsaufsichtsbehörde, Wien, 9. Mai 1957, AdR.BMF. 67707/57

493 Aktennotiz, a.a.O, 16. Mai 1957

494 Bundesministerium für Finanzen, Versicherungsaufsicht allgemein, Dienstzettel der Abteilung 19 an die Abteilung 16, 9. September 1957, AdR.BMF., 116480/57

495 Bundesministerium für Finanzen, Versicherungsaufsicht allgemein, Notiz der Abteilung 19 für die Abteilung 16, 12. September 1957, AdR.BMF., 119404/57

496 Aktennotiz betreff in der N.S.Zeit beschlagnahmte Versicherungen. Zweite Vorsprache im Aufsichtsamt, Dir. Dr. F/B, Wien 29. 10. 1957, Archiv Wiener Städtische

497 Stellungnahme des Versicherungsverbandes „Entschädigungsleistungen nach verfallenen Lebensversicherungen" an das Bundesministerium für Finanzen, Versicherungsaufsichtsbehörde, vom 6. 11. 1957, Archiv des Versicherungsverbandes

solchen Lebensversicherung irgendwelche Leistungen zu erbringen. Wenn sonach auf Grund einer derartigen Lebensversicherung neuerlich eine Zahlung, diesmal an den durch den Eingriff des Deutschen Reiches geschädigten ursprünglich aus der Lebensversicherung Berechtigten oder seinen Rechtsnachfolger gemacht werden soll, so kann dies keinesfalls eine Zahlung sein, auf die gegen die Versicherungsgesellschaft ein Anspruch besteht." Vor allem aber forderten die Versicherungsunternehmen, daß die Entschädigungsleistung von einer amtlichen Stelle ausbezahlt würden. Sie begründeten ihren Wunsch

- mit dem kaufmännischen Argument, daß die Zahlungen nicht zu ihren Lasten gehen,
- mit dem rechtsstaatlichen Argument, daß die Entscheidung, ob in Zweifelsfällen eine Entschädigungsleistung gebührt, von der amtlichen Stelle zu treffen ist, denn ein Privater kann keine Bescheide ausstellen,
- mit dem aufsichtsrechtlichen und verbraucherrechtlichen Argument, daß sich die Kosten der Abwicklung der Zahlung durch sie nicht zum Nachteil der jetzigen Versicherten auswirken durften und
- mit dem PR-Argument, daß sich das Odium einer Zahlungsablehnung, die sie aussprechen müßten, wenn die Voraussetzungen für eine Entschädigungsleistung nicht gegeben sind, gegen sie richten und daß damit das Vertrauen zu ihnen – wenn auch unbegründet – neuerlich erschüttert würde.

Es wurde als äußerst wichtig festgestellt, daß die Rechtslage der Versicherungen nicht verändert werden sollte. Die Tatsache, daß die Versicherungsunternehmen seinerzeit die Verträge erfüllt hatten, sollte nicht angegriffen werden. Die Versicherungsunternehmen sollten lediglich als Beauftragte des Staates gelten.[498] Ministerialrat Dr. Klein vom Aufsichtsamt versuchte nun die Versicherungsleistungen einzugrenzen. Nichts geleistet werden sollte:

- in jenen Fällen, wo die Versicherung durch Einstellung der Prämienzahlungen vor Bestand eines Reduktionswertes wertlos geworden war
- in jenen Fällen, wo der Rückkaufwert an den Versicherten selbst bezahlt worden war.
  „In diesen Fällen ist es nicht möglich zu untersuchen, ob der Versicherte unter einem gewissen Druck gestanden ist oder nicht."[499]

---

498 Aktennotiz betreff in der N.S.Zeit beschlagnahmte Versicherungen. Zweite Vorsprache im Aufsichtsamt, Dir. Dr. F/B, Wien 29. 10. 1957, Archiv Wiener Städtische
499 ebenda

– und in jenen Fällen, wo der Rückkaufwert zur Zahlung von JUVA und Reichsfluchtsteuer Verwendung gefunden hatte. Da eine Entschädigung für diese Steuern durch die BRD erwartet wurde, konnte man nicht zweifach entschädigen, sowohl den Rückkaufwert als auch die diskriminierenden Steuern.

Das Finanzministerium präzisierte, daß es darauf ankam, ob der Bezugsberechtigte
die Zahlung selbst durch Unterschrift verfügt hat oder die Zahlung auf Grund einer
Pfändungsverfügung des Finanzamtes bzw. des Oberfinanzpräsidenten erfolgt ist. Im
ersteren Fall bestand kein Anspruch, im letzteren sehr wohl, eine Haltung, die auch
der Versicherungsverband teilte.[500] Im Gesetz hieß es schließlich, „auf Versicherungsverträge, bei denen vertragliche Leistungen mittelbar oder unmittelbar den Anspruchsberechtigten zugute gekommen sind – insbesondere wenn die Leistungen
auf Grund persönlicher Verfügung der Anspruchberechtigten erbracht wurden – ist
das Gesetz nicht anwendbar."[501] Wenn die Zahlung seinerzeit nicht an das Deutsche
Reich, sondern an die NSDAP oder eine ihrer Gliederungen erfolgt ist, so war es
maßgeblich, wer die Verfügung getroffen hatte. Waren dies staatliche Stellen, so bestand ein Anspruch, waren es nicht staatliche Stellen, wie etwa die Partei, so bestand
dieser nicht.[502] Mit dieser Bestimmung waren die jüdischen Organisationen allerdings nicht einverstanden. So stellte etwa C. Kapralik fest, „It is, I submit, irrelevant
whether e.g. the Finanzpraesident wrote direct to an Insurance Company or whether
the victim was summoned (very often from a prison cell) and ordered to write a let-
ter to the Insurance Company." Er schlug daher vor das Gesetz zu ergänzen, daß es
ebenso „applies when an insurance was fulfilled by payment to the German Reich
or the NSDAP or a sub-division thereof or an affiliated organisation thereto provided the person entitled to payment under the Insurance Contract ordered the payment under duress."[503] Diese Anregung verhallte aber ungehört. Das Gesetz beschränkte die Ansprüche auf Lebensversicherungsverträge, die auf Grund von in
Österreich aufgehobenen reichsrechtlichen Vorschriften oder auf diese Vorschriften
beruhenden verwaltungsbehördlichen Verfügungen eingezogen oder verfallen waren.[504] Zahlungen an die Partei fielen daher nicht darunter.

---

500 Niederschrift Nr.155 über die am 4. November 1957 statt gefundene Sitzung des Ausschusses der Sek-
     tion Lebensversicherung des Verbandes der Versicherungsanstalten Österreichs, S. 3, Archiv Wiener
     Städtische
501 Erläuternde Bemerkungen zum Bundesgesetz vom 26. Juni 1958, betreffend die Regelung vom Deut-
     schen Reiche eingezogener Ansprüche aus Lebensversicherungen, Bundesgesetzblatt Nr. 130/1958
502 Dir. Dr. F/Tr. Besprechung mit Herrn Sektionsrat Novak am 12. 9. 1958, Archiv Wiener Städtische
503 C. Kapralik, The Jewish Trust Corporation for Germany LDT London to D. J. Swan, Foreign Office
     London, 20th June, 1958, PRO FO 371/1136620
504 Bundesgesetz vom 26. Juni 1958, betreffend die Regelung vom Deutschen Reich eingezogener An-
     sprüche aus Lebensversicherungen, BGBl. Nr. 130/1958, § 1(1)

Bis zum Entschädigungsgesezt 1958 wurde ein Unterschied gemacht, an wen der Rückkaufwert ausbezahlt wurde. Ging er an einen Oberfinanzpräsidenten in Österreich, so müßte der österreichische Staat bezahlen, ging die Zahlung an einen Oberfinanzpräsidenten im Gebiet der heutigen Bundesrepublik oder nach Berlin so war nach österreichischer Ansicht die Bundesrepublik Deutschland zuständig. Denn die Vermögenswerte waren damit in das Gebiet der späteren Bundesrepublik verbracht worden. Wesentlich war, daß Berlin in seiner Gesamtheit als Bundesrepublik galt, obwohl die Reichsbank-Hauptstelle und die Preussische Staatsbank im jetzigen Ostberlin lagen.[505] Dem entsprach auch die Vorgangsweise des Finanzministeriums in Rückstellungsfragen. Wenn der Rückkauferlös an eine österreichische Oberfinanzkasse ging und von dort in der Regel an die Reichshauptkasse Berlin überwiesen wurde, so wurde das Realisat dieser Versicherung als nicht mehr im Inland vorhanden angesehen. „Eine Rückstellung auf Grund des Ersten RStG. kann nur dann erfolgen, wenn das auf Grund von aufgehobenen reichs-rechtlichen Vorschriften oder durch verwaltungsbehördlichen Verfügung entzogene Vermögen in das Eigentum des Deutschen Reiches übergegangen, dort bis zum Ende der deutschen Besetzung Österreichs verblieben und sodann in Behördennachfolge von einer österreichischen Behörde in Verwaltung übernommen worden ist."[506] Bei Vorliegen dieser Voraussetzungen stellte die Rückstellungsbehörde durch Bescheid die Nichtigkeit der seinerzeitigen Entziehung fest und rechtlich wieder den Zustand her, der vor der Entziehung bestanden hatte. Wenn aber im Inland das Vermögen nicht mehr vorhanden war, lehnte die Behörde das Rückstellungsansuchen ab. „Das Realisat der zur Rückstellung begehrten Versicherung ist daher im vorliegenden Falle nicht mehr im Inland vorhanden und steht somit auch nicht zufolge des Behördenüberleitungsgesetzes in der Verwaltung einer Dienststelle des Bundes oder eines Bundeslandes."[507]

Auf diesen Standpunkt wollte man sich ursprünglich auch in bezug auf die durch die 11. Verordnung entzogenen Lebensversicherungen stellen.[508] Dr. Kirchschläger präsentierte daher bei den Verhandlungen mit den westlichen Alliierten den Entwurf des deutschen Bundesrückstattungsgesetzes mit dem Hinweis, daß darin auch die in Österreich entzogenen Lebensversicherungen berücksichtigt wären.[509] Die Al-

---

505 Aktennotiz betreff in der N. S.-Zeit beschlagnahmte Versicherungen. Zweite Vorsprache im Aufsichtsamt, Dir.Dr.F/B, Wien 29.10.1957, Archiv Wiener Städtische

506 Berufungsbescheid (Else und Karl U.) Bundesministerium für Finanzen Zl.215.233-34/1957, Archiv Der Anker

507 Bescheid (Else und Karl U.) Bundesministerium für Finanzen VR-V 5055–10/57, Archiv Der Anker

508 Das war zwar nicht ganz korrekt, da gerade ab der 11. Verordnung eine Dezentralisierung der Zahlungen praktiziert wurde und diese nun nicht mehr direkt an den Finanzpräsidenten Berlin, sondern an den in Wien gingen.

509 R. J.Blair, British Embassy Vienna, Confidental Note, April 12, 1957, PRO FO 371/124116

liierten winkten aber ab. „Only in a very few isolated cases" stellte die britische Botschaft in Wien fest, „could a claimant have a claim under the Bundesrückstattungsgesetz in respect of life assurance policies. It would be unjust to place some kind of general responsibility on claimants to look first to Germany for compensation, as implied the Austrian draft, since it was likely that in nearly all cases the claims in respect of life assurance policies would be rejected by the German courts."[510] Kirchschläger akzeptierte diese Ansicht und meinte, daß dies nur ein Verhandlungsgegenstand sei, um sich bei der Frage der Wertpapiere durchzusetzen, wo die Aussichten auf Erfolg wesentlich besser wären. Der Verweis auf die BRD wurde aber dennoch nicht ganz aufgegeben, allerdings sollte er die Zahlungen nicht beeinträchtigen, sondern erst nachträglich berücksichtigt werden. Sowohl in der Verbalnote an die westlichen Alliierten[511], als auch im Gesetz war festgelegt, daß Anspruchsberechtigte eine Erklärung abzugeben hatten, nach der „sie allfällige Ansprüche, die ihnen aus dem Versicherungsvertrag auf Grund der deutschen Wiedergutmachungsgesetzgebung gegen die Bundesrepublik Deutschland zustehen, bis zur Höhe der ihnen nach diesem Bundesgesetz gebührenden Leistungen an die Republik Österreich übertragen."[512] Im Falle einer Zahlung durch die BRD wäre also Österreich entlastet worden, allerdings kann es sich kaum um eine größere Zahl von Fällen im Rahmen des Entschädigungsgesetzes 1958 gehandelt haben.

Die jüdische Seite fand diesen Gesetzesvorschlag letztlich „satisfactory"[513] Dr. Kapralik hatte lediglich die Sorge, daß eine neue „claiming period" vorgesehen sein müßte, da sonst alle bisherigen Verfall- und Verjährungsfristen die Wirkung des Gesetzes aufheben würden. Dr. Kirchschläger versicherte aber, daß mit dem Gesetz völlig neue Ansprüche entstehen würden, auf welche die bisherigen gesetzlichen Regelungen keinen Einfluß haben. Er bat lediglich, diese Frage nicht weiter zu diskutieren, da er sonst neuerlich mit dem Finanzministerium in lange Auseinandersetzungen kommen würde, welche die vorgesehene Regelung weiter verzögert hätten.[514]

Ursprünglich war auch die Frage diskutiert worden, ob die Bereitwilligkeit des Staates zur Zahlung in Form einer allgemeinen Verlautbarung erfolgen sollte oder

---

510 R. J. Blair, British Embassy Vienna to D. J. Swan, Foreign Office London, December 20, 1957, PRO FO 371/124116

511 Verbalnote – Bundeskanzleramt Auswärtige Angelegenheiten an die Botschaft des Vereinigten Königreiches von Großbritannien und Nordirland, Wien am 15. April 1958, PRO FO 371/1366220

512 Bundesgesetz vom 26. Juni 1958, betreffend die Regelung vom Deutschen Reich eingezogener Ansprüche aus Lebensversicherungen, BGBl Nr. 130/1958, § 2 (2)

513 D. C. Kapralik, The Jewish Trust Corporation for Germany LTD an D. J. Swan, Foreign Office, London, 8th April, 1958, PRO FO 371/136620

514 R. P. Heppel, British Embassy Vienna to J. M. Addis, Foreign Office London, April 18, 1958, PRO FO 371/136620

aber durch individuelle Verständigung an die einzelnen Berechtigten. Nach Ministe-rialrat Dr. Klein war der letztere Weg vorzuziehen. „Die Möglichkeit hiezu besteht deswegen, da sämtliche Akten über die im Jahre 1938 erfolgte Vermögensanmel-dung von Juden, wie auch die hiezu erfolgten Veränderungsanzeigen, heute noch bestehen und in der Hand des österreichischen Staates sind."[515] Die Versicherungs-unternehmen lehnten jedoch eine Verständigung der Personen aus praktischen Gründen ab, da in den Akten – selbst wenn sie vollständig waren, was durch die Kriegsereignisse durchaus nicht immer der Fall war – der jetzige Wohnort kaum feststellbar war. Dies sollte durch eine amtliche Verlautbarung erfolgen. Die Versi-cherungsunternehmen selbst waren sich aber nicht ganz einig. Vor allem die ÖVAG lehnte eine neuerliche individuelle Verständigung ab, da sie hierzu 50.000 Akten durchzusehen gehabt hätte[516], während die Wiener Städtische ein Jahr später selbst vorschlug, an die Bezugsberechtigten Briefe abzuschicken, um sie zur Anmeldung ihrer Ansprüche aufzufordern. Dies wurde jedoch vom Finanzministerium als ge-fährlich angesehen, da Personen aufgefordert werden könnten, Ansprüche zu stel-len, die nachträglich von der Finanzlandesdirektion abgelehnt werden müßten.[517] Der Gesetzesentwurf war weitgehend in Übereinstimmung mit den Ansichten der Versicherungsunternehmen. Vor allem über den äußerst aktiv agierenden Versiche-rungsverband muß den Versicherungsunternehmen ein Einfluß auf die gesetzliche Regelung nach 1945 zugesprochen werden. Während die österreichischen Versiche-rungsunternehmen nach dem „Anschluß" 1938 kaum auf die gesetzlichen Maßnah-men die der Verfolgung durch das NS-Regime einwirken konnten, gestalteten sie die Rückstellungsgesetzgebung nach 1945 durchaus mit.

Am 15. April 1958 wurde eine lange verhandelte Verbalnote an die drei west-lichen alliierten Mächte gerichtet, die sich unter anderem mit den Lebensversi-cherungen befaßte. Die Verbalnote wurde den drei Botschaften, nicht in ihre Eigen-schaft als Signatarmächte des Staatsvertrages, sondern als Vertreter ihrer Staatsangehörigen übermittelt. In ihr hieß es in bezug auf die Versicherungen:[518]

„Die Bundesregierung wird umgehend einen Gesetzesvorschlag vorbereiten und an den Nationalrat zur parlamentarischen Behandlung weiterleiten, der die Regelung von An-sprüchen aus Lebensversicherungen betrifft, die dem inländischen Bestand einer in Österreich zum Geschäftsbetrieb zugelassenen Versicherungsunternehmung angehört

---

515 Aktennotiz betreff in der N.S.Zeit beschlagnahmte Versicherungen. Zweite Vorsprache im Aufsichts-samt, Dir.Dr.F/B, Wien 29.10.1957, Archiv Wiener Städtische
516 ebenda
517 Dir. Dr. F/Tr. Besprechung mit Herrn Sektionsrat Novak am 12 .9. 1958, Archiv Wiener Städtische
518 Verbalnote – Bundeskanzleramt Auswärtige Angelegenheiten an die Botschaft des Vereinigten König-reiches von Großbritannien und Nordirland, Wien am 15. April 1958, PRO FO 371/1366220

haben und von dieser wegen Entziehung oder Verfalls auf Grund von in Österreich aufgehobenen reichsgesetzlichen Vorschriften oder von auf derartigen Vorschriften beruhenden verwaltungsbehördlichen Verfügungen bereits gegenüber dem Deutschen Reich erfüllt worden sind."

In einer eigenen Anlage zur Verbalnote wurden die Grundgedanken zur Regelung vom Deutschen Reich eingezogener Lebensversicherungen festgelegt:

„a) Personen, denen bei Außerachtlassung der an das Deutsche Reich geleisteten Zahlungen Ansprüche auf Grund eines verfallenen oder eingezogenen Versicherungsvertrages zustünden (Bezugsberechtigte) können bei Eintritt des Versicherungsfalles von der Versicherungsunternehmung Leistungen entsprechend dem Inhalt des Versicherungsvertrages verlangen.

b) Ist der Zeitpunkt, bis zu dem die Prämien tatsächlich bezahlt worden sind, der Versicherungsfall noch nicht eingetreten, so ist die Versicherung so zu behandeln, als ob sie zu diesem Zeitpunkt in eine prämienfreie Versicherung umgewandelt worden wäre (Paras 174 und 175 VVG. in Verbindung mit den Allgemeinen Versicherungsbedingungen).

c) Ob ein Versicherungsvertrag dem inländischen Versicherungsbestand einer Versicherungsunternehmung angehört, ist nach den Artikeln I und II des Versicherungswiederaufbaugesetzes (Bundesgesetz vom 8.September 1955, BGBl. Nr. 185) zu beurteilen.

d) Das Ausmaß der zu erbringenden Leistung bestimmt sich nach Artikel III des Versicherungswiederaufbaugesetzes.

e) Die Zuerkennung einer Entschädigung erfolgt nur gegen Abgabe einer Erklärung darüber, daß allfällige Ansprüche, die diesen Personen aus den an das Deutsche Reich geleisteten Zahlungen erwachsen, bis zur Höhe der nach der obrigen Regelung gebührenden Leistungen, an die Republik Österreich übertragen werden."

1958, dreizehn Jahre nach Ende des Dritten Reiches, wurde schließlich das Bundesgesetz zur Regelung der vom Deutschen Reich eingezogenen Ansprüche aus Lebensversicherungen erlassen (Entschädigungsgesetz). „Der Grundgedanke des Gesetzesentwurfs ist der, daß Versicherungsnehmer, die ihre Leistungsansprüche auf Grund völkerrechtlich verpönter Maßnahmen des Deutschen Reiches verloren haben, nunmehr doch in den Genuß ihrer diesbezüglichen Rechte kommen sollen."[519] Die nunmehr zur Durchführung gelangende Teilregelung, stellte Bundeskanzler Figl im Ministerrat fest, „für die budgetmäßig vorgesorgt ist, bildet ein für Österreich tragbares Kompromiss in der Auslegung des Artikels 26 Staatsvertrag. Es ist zu er-

---

519 Vortrag vor dem Ministerrat, Beilage zu Zl.71.115-19/58, Bundesministerium für Finanzen, Versicherungsaufsicht allgemein, AdR.BMF., 88212/58

warten, daß die Durchführung dieser Teilregelung ein, wenn auch nur leichtes Nachlassen des Drucks auf Österreich auf sogenannte endgültige Durchführung des Artikels 26 Staatsvertrag zur Folge haben wird."[520] Der Bericht des Finanz- und Budgetausschusses stellte noch einmal fest, daß der Entzug eine Verletzung der Rechte der Anspruchsberechtigten darstellte, die Versicherungsunternehmen aber nicht nochmals eine Leistung erbringen konnten. „Da die in Betracht kommenden Versicherungsverträge vom Standpunkt der Versicherungsunternehmen aus gesehen bereits erfüllt wurden, ist der für die angestrebte Billigkeitsregelung auf Grund des vorliegenden Gesetzesentwurfs erforderliche Mehraufwand aus Bundesmitteln zu tragen."[521] Und der Berichterstatter hob bei der parlamentarischen Diskussion hervor: „Da die Versicherungsgeber billigerweise nicht ein zweites Mal zu einer Zahlung herangezogen werden könne, springt der Bund ein und entschädigt in den dargelegten Fällen jene Menschen, die früher aus sich heraus für ihren Lebensabend vorgesorgt hatten."[522] Und in den erläuternden Bemerkungen zum Entschädigungsgesetz heißt es: „Da die in Betracht kommenden Verträge, von Standpunkt der Versicherungsunternehmen aus gesehen, rechtlich bereits erfüllt wurden und daher von ihnen mit Recht als erloschen betrachtet werden konnten, hat das Versicherungswiederaufbaugesetz für die nochmalige Erfüllung dieser Verträge an die Anspruchsberechtigten keine finanzielle Deckung vorgesehen. Um die angestrebte Billigkeitsregelung zu ermöglichen, muß der auf Grund des vorliegenden Gesetzesentwurfes erforderliche finanzielle Mehraufwand aus Bundesmitteln getragen werden."[523] Auch in der Bundesrepublik wurden die Entschädigungszahlungen bei den Lebensversicherungen nicht von der Versicherungswirtschaft, sondern vom Staat geleistet, „da die Verfolgung staatlich gesetztes Unrecht darstellte."[524] Denn auch das Bundesentschädigungsgesetz bewirkte keine Wiederherstellung des Versicherungsverhältnisses, sondern eine staatliche Entschädigung in Form finanzieller Zahlungen.

Nach dem österreichischen Gesetz hatten Bezugsberechtigte, die zum inländischen Versicherungsbestand einer Vertragsversicherung gehörten, ihre Ansprüche bis zum 30. Juni 1959 bei sonstigem Ausschluß bei der Versicherungsunternehmung schriftlich anzumelden. Die Versicherung gab dann eine Sachverhaltsdarstellung an

---

520 Figl, Vortrag an den Ministerrat, 13. 2. 1958, AdR, BmF, Versicherungsaufsicht allgemein, 16343/58

521 Bericht des Finanz- und Budgetausschusses über die Regierungsvorlage Bundesgesetz, betreffend die Regelung vom Deutschen Reich eingezogener Ansprüche aus Lebensversicherungen, Berichterstatter Pius Fink, Wien 19. Juni 1958, 485 der Beilagen zu den stenographischen Protokollen des Nationalrates VIII.GP

522 Pius Fink, Stenographische Protokolle des Nationalrats, 61. Sitzung vom 26. Juni 1958, S. 2786

523 Erläuternde Bemerkungen zum Bundesgesetz 130 vom 26. Juni 1958 betreffend die Regelung vom Deutschen Reiche eingezogener Ansprüche aus Lebensversicherungen

524 Peter Präve, Versicherungen und der Holocaust, Versicherungswirtschaft Heft 13/1997, S. 903

die jeweilige Finanzlandesdirektion, welche daraufhin einen Bescheid erließ. Die Versicherungsleistung wurde bis zum Zeitpunkt der Prämienzahlung und ab dann als prämienfreie Versicherung berechnet und danach die Bestimmungen des Versicherungswiederaufbaugesetzes angewendet, welche eine 60 % Abwertung vorsah. Über den Umfang der in Frage kommenden Fälle, hieß es in den erläuternden Bemerkungen des Gesetzes, liegen keine verläßlichen Daten vor. Man schätzte daher den finanziellen Aufwand zwischen 20 und 50 Mio Schilling.[525] Bei den Vorverhandlungen über dieses Thema ging man von höchstens 10 bis 15 Mio Schilling aus, die alliierten Vertreter sprachen von 15 Mio Schilling, was aber als deutlich zu hoch betrachtet wurde. Wie man zu einer solchen Summe kommen konnte, ist völlig uneinsichtig, denn bereits seit Mai 1957 wußte das Finanzministerium auf Grund der Umfrage bei den Versicherungsunternehmen, daß der finanzielle Aufwand dieses Gesetzes unter 2 Mio Schilling liegen sollte, was den tatsächlichen Ergebnissen auch entsprach. Der weitaus überhöhte Ansatz kann höchstens mit dem Bestreben erklärt werden, dem Ausland gegenüber Großzügigkeit zu demonstrieren.

Das Finanzministerium als Versicherungsaufsichtsbehörde wandte sich nach Ablauf der Frist an die Versicherungsunternehmen um festzustellen, wieviel Anträge und in welcher Höhe bei ihnen eingegangen waren und bestätigt wurden. Bis zum September 1959 waren von etwa 1.000 angemeldeten Ansprüchen 456 in der Höhe von 1,4 Mio Schilling positiv erledigt worden. Die durchschnittliche Höhe pro Anmeldung betrug daher 3.086.- Schilling, allein auf die ÖVAG entfielen 57 % der Anmeldungen und 58 % der Gesamtleistung. In diesen Zahlen waren die noch anhängigen Fälle enthalten, nicht jedoch die negativ erledigten.

Bemerkenswert war nicht die zu entschädigende Summe, mit der man im Großen und Ganzen gerechnet hatte. Nimmt man die Angaben der Versicherungsunternehmen, welche Auskunft über ihre Zahlungen auf Grund der 11. Verordnung geben konnten, so lagen die Anmeldungen auf Grund des Entschädigungsgesetzes um 181.783 Schilling oder 24 % unter den potentiellen Ansprüchen.

Bemerkenswert war aber vor allem die geringe Zahl der Anmeldungen. Aus den durchschnittlichen Rückkaufwerten geht jedoch hervor, daß sich in der Hauptsache jüdische Geschädigte mit hohen Versicherungssummen der Mühe des Entschädigungsverfahrens unterzogen haben. Der durchschnittliche Rückkaufwert nach der Vermögensanmeldung 1938 betrug 2.434 RM pro Polizze, der Durchschnitt beim

---

525 Vortrag vor dem Ministerrat, Beilage zu Zl.71.115-19/58, Bundesministerium für Finanzen, Versicherungsaufsicht allgemein, AdR.BMF., 88212/58

POSITIV ERLEDIGTE ANSPRÜCHE NACH DEM ENTSCHÄDIGUNGSGESETZ BG 130/1958[526]

	Anzahl	Gesamtsumme
ÖVAG	260	817.344,-
Wiener Städtische	54	252.679,90
Generali	42	94.025,30
Donau	32	26.546,-
Riunione	30	62.348,-
Victoria	20	107.868,-
Der Anker	11	37.567,-
Volksfürsorge	4	3.784,46
National	1	260,80
Nordstern	1	3.576,45
Bundesländer	1	1.000,-
Summe	456	1.406.999,91

Zahlungen an das Deutsche Reich nach der 11. Verordnung und Anmeldungen nach dem Versicherungsentschädigungsgesetz 1958

	Zahlung an das Reich		Anmeldung nach Entschädigungs- Gesetz
	Insges.	60 %ige Abwertung	
Wiener Städtische	475.000	190.000	252.680
Riunione	443.000	177.000	62.546
Anker	400.000	160.000	37.567
Generali	371.000	148.000	94.025
Victoria	185.000	74.000	107.868
Volksfürsorge (A&G)	23.000	9.200	3.785
Donau	20.000	8.000	26.546
Summe	1.917.000	766.800	585.017

Entschädigungsgesetz machte mehr als das Dreifache aus und war bei einzelnen Versicherungsunternehmen sogar noch bedeutend höher.

526 Bericht des Versicherungsverbandes an das Bundesministerium für Finanzen, Versicherungsaufsichtsbehörde, vom 14. September 1959, Archiv des Versicherungsverbandes

Durchschnittlicher Rückkaufwert pro Polizze nach dem Versicherungsentschädigungsgesetz

RM/Schilling	Entschädigung 1958 (40 %)	ursprünglicher Rückkaufwert 1938 (100 %)
ÖVAG	3.144	7.860
Wiener Städtische	4.679	11.698
Generali	2.239	5.598
Donau	830	2.075
Riunione	2.078	5.195
Victoria	5.393	13.483
Der Anker	3.415	8.538
Volksfürsorge	946	2.365
National	261	653
Nordstern	3.577	8.943
Bundesländer	1.000	2.500
Summe	3.086	7.715

Auch bei der Wiener Städtischen war der angemeldete ursprüngliche Rückkaufwert pro Polizze mit 11.698 RM besonders hoch. Bei der Liste „Judenvermögen", welche bei dem Institut zur Durchführung der Zahlungen nach der 11. Verordnung angelegt worden war, waren allein 251 ausgezahlte Polizzen vermerkt, während beim Entschädigungsgesetz mit 54 Anmeldungen nur etwa ein Fünftel erfaßt worden waren. Der durchschnittliche Rückkaufwert dieser enteigneten Polizzen betrug aber nur 1.447 RM, während er beim Entschädigungsgesetz auf 11.696 RM kam. Man kann daher ziemlich sicher davon ausgehen, daß es insgesamt eine beachtliche Anzahl von anspruchsberechtigten, aber nicht angemeldeten Polizzen gab, deren Wert aber so gering war, daß es den jüdischen Geschädigten der Aufwand nicht wert war.

Probleme gab es noch mit den Fremdwährungspolizzen der österreichischen Versicherungsunternehmen, wieder mit Ausnahme der ÖVAG. Denn als eine der Sanierungsmaßnahmen beim Zusammenbruch des Lebens-Phönix waren sämtliche auf Fremdwährung und/oder Goldklausel lautenden Polizzen dieser Gesellschaft bereits 1936 auf Schilling umgestellt worden. Bei den Polizzen der anderen Gesellschaften kam es jedoch darauf an, ob die Anspruchsberechtigten 1938 österreichische Staatsbürger waren oder nicht. Nach der deutschen Verordnung vom 11. 10. 1940 DRGBl. I S. 1345 galten rückwirkende Bestimmungen für Personen, „die zur Zeit der Wiedervereinigung Österreichs mit dem Deutschen Reich die österreichische Staatsbürgerschaft besessen hatten." Diese wurden von der Währungsumwandlung nur dann nicht erfaßt wenn sie bereits vor dem 12. 3. 1938 ausgewandert waren. Dieselbe Bestimmung galt für Devisenausländer, die vor dem 15. 10. 1940 ihren Wohnsitz ins Ausland verlegt hatten, nach diesem Zeitpunkt unterlagen sie ebenso den Währungsgesetzen von 1940. Dies machte bei der Rückstellung einen erheblichen Unterschied aus, je nachdem ob für die Anspruchszahlung der niedrigere Umwandlungskurs für deutsche Fremdwährungsversicherung vom Jahr 1941 oder der wesentlich höhere Mittelkurs der Österreichischen Nationalbank vom 1. 10. 1955 verwendet wurde. Die Umrechnung der Fremdwährungsversicherungen nach dem Bundesgesetz 130/1958 folgte im Einvernehmen mit dem Finanzministerium stets nach diesen Kriterien.[527] In beiden Fällen unterlag sie jedoch der 60 %igen Kürzung durch das Versicherungswiederaufbaugesetz (Artikel III). Gegen eine volle Ausbezahlung der Kursdifferenz wandte sich das Finanzministerium schon aus dem Grund, da die erhöhten Ansprüche zu Lasten des Bundes gegangen wären.[528]

Die Wiener Städtische Versicherung gab zur Veranschaulichung des Problems 1959 drei Beispiele mit hoher Versicherungssumme.[529] Da 1945 die Umwandlung RM in Schilling 1 : 1 erfolgte, ist der RM-Kurs zugleich der Kurs Schilling (neu):

	1941	1955
Polizze 1		
Goldschilling (Kurs)	0,80	5,8845
Versicherungssumme	45.306,–	353.257,–
Kürzung VWG (60 %)	27.184,–	211.954,–
Auszahlungssumme	18.122,–	141.303,–
Polizze 2		
Englische Pfund (Kurs)	12,38	72,80
Versicherungssumme	36.744,–	216.070,–
Kürzung VWG	22.046,–	129.642,–
Auszahlungssumme	14.698,–	86.428,–
Polizze 3		
US Dollar (Kurs)	2,50	26,0
Versicherungssumme	29.950,–	311.480,–
Kürzung VWG	17.970,–	186.888,–
Auszahlungssumme	11.980,–	124.592,–

---

527 Schreiben der Wiener Städtischen Wechselseitigen Versicherungsanstalt an das Bundesministerium für Finanzen Dep. 19, vom 24. 11. 1964, Archiv der Wiener Städtischen Versicherung

528 Schreiben des Bundesministeriums für Finanzen an die Wiener Städtische Wechselseitige Versicherungsanstalt vom 31. Mai 1960, Archiv Wiener Städtische

529 Beilage I des Schreibens der Wiener Städtischen Wechselseitigen Versicherungsanstalt an die Sammelstelle A vom 25. 6. 1959, Archiv der Wiener Städtischen Versicherung

Die Auszahlungssumme der angemeldeten Ansprüche schwankte daher zwischen 44.800 und 352.323 Schilling.[530] Diese Ansprüche wurden schließlich auf Grund der Währungsgesetze von 1940 mit der niedrigeren Summe anerkannt. Denn der Artikel 25 des Staatsvertrags sprach von der Wiederherstellung von Rechten und Interessen, wie sie an dem Tag bestanden haben, an dem die Feindseligkeiten zwischen dem Deutschen Reich und der betreffenden Nation bestanden. Die Umwandlung der Fremdwährungsversicherungen fanden im Deutschen Reich jedoch zu einem Zeitpunkt statt, an dem die USA noch nicht in den Krieg eingetreten war. Diese Rechtsvorschriften waren daher nicht ausländerfeindlich, da die Währungsumwandlung gegenüber Devisenausländern nicht wirksam wurde. Allerdings war der Stichtag rückdatiert worden, um die große Masse der „Emigranten" nicht anders zu behandeln als die Inländer.[531] Gleichzeitig waren auch die Aktiva der Versicherungsunternehmen in Reichsmark umgewandelt worden. Die Regierung stand bei allen Rückstellungsmaßnahmen auf dem grundsätzlichen Standpunkt, daß alle (ehemaligen) Österreicher gleich zu behandeln waren und es keine „Sonderrechte" für eine Gruppe geben sollte. Die Zahlungen an die geschädigten Versicherten erfolgten daher entsprechend den Veränderungen, denen die Lebensversicherungsverträge nach 1938 generell unterlagen. Ganz allgemein folgten daher die Rückstellungsmaßnahmen der Linie, zuerst die Vermögensmasse des Jahres 1938 festzustellen, dann die allgemeinen Währungsmaßnahmen der NS-Zeit anzuwenden, nach denen ausländische Juden z. T. anders behandelt wurden als inländische, um schließlich die Währungs- und Versicherungsgesetze nach 1945 zu berücksichtigen. Grundsätzlich war bei allen Rückstellungsmanahmen eine Valorisierung nicht vorgesehen. Das konnte bei rückzustellendem Realvermögen, wie Immobilien oder Unternehmen, durchaus zum Vorteil der geschädigten Eigentümer ausfallen, wie Walther Kastner feststellte[532], bei Nominalvermögen, wie Bank- oder Versicherungsguthaben, wirkte sich das aber katastrophal aus.

---

530 Schreiben der Wiener Städtischen Wechselseitigen Versicherungsanstalt an den Verband der Versicherungsanstalten Österreichs, Wien 7. 8. 1959, Archiv der Wiener Städtischen Versicherung

531 Bundesministerium für Finanzen, Versicherungsaufsicht allgemein, Staatsvertrag, 30. Oktober 1956, AdR.BMF., 136046/56

532 Walther Kastner, Entziehung und Rückstellung, in: U.Davy, u. a. (Hrsg.), Nationalsozialismus und Recht, Wien 1990, S. 195

Rückgang der Kaufkraft in Österreich[533]

1938 bis 1945 um 11 %	1938 bis 1949 um 83 %
1938 bis 1946 um 53 %	1938 bis 1950 um 85 %
1938 bis 1947 um 76 %	1938 bis 1955 um 90 %
1938 bis 1948 um 80 %	1938 bis 1960 um 91 %

Wer nach 1955 seine Polizze von 1938 ausbezahlt bekam, hatte einen Geldwertverlust von 90 % hinzunehmen. Zusätzlich erfolgte durch das Versicherungswiederaufbaugesetz eine Abwertung von 60 %, so daß der auszuzahlende Nominalbetrag gerade 4 % des Wertes von 1938 entsprach. Dies galt für alle österreichischen Versicherungsnehmer ohne Unterschied, mußte aber Personen, die endlich mit einer Rückstellung rechnen konnten, zumindest in Erstaunen versetzen.

DIE AUSEINANDERSETZUNG MIT DEN SAMMELSTELLEN

Auf der Grundlage des Staatsvertrages von 1955 wurde mit Gesetz vom 13. 3. 1957 das Auffangorganisationsgesetz erlassen (BGBl. Nr. 73/1957), das die Sammelstellen für nicht beanspruchte oder erblose jüdische Vermögen errichtete. Denn die Vernichtungspolitik des Dritten Reiches und die Folgen des Zweiten Weltkrieges haben dazu geführt, daß vielfach keine Anspruchsberechtigten mehr vorhanden waren. Dies betraf nicht nur ehemalige österreichische Staatsbürger, sondern auch juristische Personen. Die Sammelstellen hatten bis zum 31. 12. 1959 Zeit, diese Ansprüche anzumelden, was sie im Mai 1959 durch die Übersendung von umfangreichen Listen an die Versicherungsunternehmungen zeitgerecht einleitete. Im Bereich der Lebensversicherungen standen ihrer Tätigkeit aber bereits bestehende Verfall- und Verjährungsfristen entgegen und es war die Frage, inwieweit sich auch die Sammelstellen daran zu halten hatten. Das Versicherungswiederaufbaugesetz sah eine unbedingte Verfallfrist für die Anmeldung von Ansprüchen bis zum 30. September 1957 vor und die Forderungen aus den nach der 11. Verordnung eingezogenen Polizzen deckten das Entschädigungsgesetz mit der Frist bis 30. Juni 1959 bereits ab. Damit blieb für die Sammelstellen in Bereich der Lebensversicherungen im Grunde genommen nicht mehr viel übrig. Das Bundesministerium für Finanzen als Versicherungsaufsichtsbehörde stellte daher 1959 ausdrücklich fest, daß bei:

– entzogenen Versicherungsansprüchen, die noch nicht erfüllt worden waren und deren Rückstellung binnen der hierfür vorgesehenen Frist nicht begehrt worden

---

533 Quelle: Peter Ulrich Lehner, Wieviel ist das heute? Zur Hochrechnung historischer Geldbeträge, in: Versicherungsgeschichte Österreichs Band IV, S. 1154

war oder deren Rückstellung wegen eines Mangels in der Antragsberechtigung nicht durchgesetzt werden konnte, die Aktivlegitimation der Sammelstelle außer Frage stand. Denn das Dritte Rückstellungsgesetz sah vor, daß auf eine etwa eingetretene Verjährung kein Bedacht zu nehmen war. Obwohl Polizzen bei Nichtanmeldung nach dem Versicherungswiederaufbaugesetz bereits verfallen waren und die Versicherungsunternehmen daher aus prinzipiellen Gründen weitere Leistungen ablehnten, war das Finanzministerium der Meinung, daß für die Sammelstellen nur ihre eigene Zweijahresfrist Geltung hatte und auf Verjährung, Verfall oder Ersitzung keine Rücksicht zu nehmen war.[534]

Anders lag der Fall bei:

– Ansprüchen, aus denen die Versicherungsunternehmen schon einmal geleistet hatten und die auf Grund des Entschädigungsgesetzes (BGBl. Nr. 130/1958) neu zugestanden wurden. Hier hielt die Versicherungsaufsicht eine Aktivlegitimation der Sammelstelle für nicht gegeben, denn bei den Leistungen des Bundesgesetzes handelte es sich nicht um eine „Wiedergutmachung" im Sinne des Artikels 26 § 1 des Staatsvertrages, „auch nicht um eine Wiederherstellung von Rechten, sondern um freiwillige Leistungen, welche die Republik Österreich zur Vermeidung von Unbilligkeiten auf sich genommen hat."[535]

Der Leiter der Sammelstelle, Dr. Georg Weis, sah aber seine Aufgabe auch im Bereich der Versicherungen als sehr umfassend an. Er beabsichtigte nicht nur Ansprüche auf vom Deutschen Reich eingezogene Lebensversicherungen zu stellen (Gesetz 130/1958), sondern auch für verfallene und verjährte Polizzen. Dabei betraf die Verjährung weniger Fälle als die Verfallsfrist. Andererseits war er bereit, der Einfachheit halber in allen Fällen den Rückkaufwert zu akzeptieren.[536] Auch Dr. Georg Weis, anerkannte aber, daß Versicherungsverträge, aus denen die Unternehmungen direkt an den Berechtigten schon einmal geleistet hatte, endgültig erledigt waren.[537] Denn eine Entschädigung für die Zahlung der diskrimierenden Steuern und Abgaben betraf nicht die Versicherungsunternehmen, sondern den Staat. Um die Anmeldefrist nicht zu versäumen verschickte die Sammelstelle einfach die Listen aller auf Grund der Vermögensanmeldung 1938 oder der Rückstellungsakten noch erfaß-

---

534 Bundesministerium für Finanzen, Abteilung 34, Dienstzettel an die Abteilung 19, Wien 2. September 1949, AdR, Nachlaß Klein, Karton 5

535 Stellungnahme des Bundesministeriums für Finanzen (Dr. Lorenz) an den Verband der Versicherungsanstalten Österreichs vom 28. September 1959, Archiv der Wiener Städtischen Versicherung

536 Dir. Dr. F./B, Aktennotiz Betr: Sammelstelle für erbloses jüdisches Vermögen, Wien 3. 6. 1959, Archiv Wiener Städtische

537 Sitzung des Ausschusses der Sektion Lebensversicherung des Verbandes der Versicherungsunternehmen Österreichs vom 26. Mai 1959, Archiv Der Anker

baren jüdischen Polizzen an die jeweiligen Versicherungsunternehmen. Sie legte daher 14.886 Anspruchsanmeldungen vor, die unter Umständen dem Personenkreis im § 2 des Auffangorganisationsgesetzes angehören konnten. Dieser Paragraph bezog sich auf den Staatsvertrag Artikel 26, nach dem Österreich das erblose oder nicht beanspruchte Vermögen von Personen, die vom NS-Regime verfolgt worden waren, einer eigenen Organisation für Wiedergutmachungszahlungen zu übertragen hatte. Auch der Sammelstelle war aber von vornherein klar, daß nur ein geringer Teil ihrer Anmeldungen unter ihre Kompetenz fallen würde. „Es ist uns bewußt" , schrieb Dr. Georg Weis 1959 in dem Begleitschreiben an die Versicherungsunternehmen, „daß in den Ihnen übersandten Verzeichnissen zahlreiche Versicherungsverträge angeführt sind, auf welche die Bestimmungen des oben zitierten Gesetzes nicht anwendbar sind. Wir sind daher damit einverstanden, daß vorerst von Ihnen geprüft wird, auf welche Verträge die Bestimmungen anwendbar sind und wir werden, nachdem wir von Ihnen die notwendigen Informationen erhalten haben, unsere Anmeldungen auf jene Fälle beschränken, auf welche die Bestimmungen des Gesetzes anwendbar sind."[538]

Die Durchsicht dieser umfangreichen Listen und ihr Vergleich mit den teilweise unvollständigen Akten und Karteikarten brachte einen enormen Verwaltungsaufwand mit sich. So beklagte die Leitung der ÖVAG, die davon besonders betroffen war, daß ihr die Sammelstelle 10.678 Anmeldungen vorgelegt hatte, sie daher an die 50.000 Akten durchsehen mußte und daß daher „seine Anstalt mit den derzeitigen Angestellten, die in diesem Zusammenhang anfallenden Arbeiten nicht bewältigen könne. Es handle sich bei seiner Anstalt um Tausende von Akten, die durchgesehen und durchgerechnet werden müßten, was eine zusätzliche über die derzeitige Arbeitskapazität weit hinausgehende Mehrleistung erforderlich mache."[539] Die Wiener Städtische Versicherung hatte von der Sammelstelle Listen mit 1.873 Polizzen bekommen. Bei der Versicherungsgesellschaft Der Anker legte die Sammelstelle eine Liste mit 1.673 Anmeldungen vor. Diese wurden soweit dies möglich war überprüft und das Ergebnis in Stichworten der Sammelstelle mitgeteilt, die daraufhin lediglich bei 82 Versicherungsfällen – also bei gerade 5 % – das Verfahren weiter betrieb.[540]

---

538 Dr.Georg Weis, Sammelstelle A, an die Wiener Städtische Wechselseitige Versicherungsanstalt, 24. Juni 1959, Archiv der Wiener Städtischen Versicherung

539 Aktennotiz über die Vorsprache einer Verbandsdelegation bei der Aufsichtsbehörde am 20. April 1959, Archiv der Wiener Städtischen Versicherung

540 Schreiben der Allgemeinen Versicherungs-Aktiengesellschaft Der Anker an die Finanzlandesdirektion für Wien vom 25. 1. 1960, Archiv Der Anker

Wegen der großen Anzahl der angemeldeten Fälle unterteilte die Wiener Städtische
die Ansprüche nach standardisierten Kriterien:[541]

Z   – Zahlung entweder an den Anspruchsberechtigten oder in dessen Auftrag
       ausgezahlt, daher kein Anspruch
R   – Rückkaufwert an den Anspruchsberechtigten oder in dessen Auftrag ausge-
       zahlt, daher kein Anspruch
Pf   – Pfändung vollzogen, daher kein Anspruch
L   – Anspruchsberechtigter lebt, daher kein Anspruch
H   – Hinterbliebene vorhanden, daher kein Anspruch
W   – Vertrag wertlos, daher kein Anspruch
X   – kein Vertrag unserer Anstalt
V   – Anspruch verjährt
E   – Entzug des Vermögens durch deutsche Reichsstellen ohne Anspruchserhe-
       bung durch Berechtigte nach Bundesgesetz vom 26.VI.1958, BGBl.Nr.130
KDO – Kursdifferenz offen
A   – Aufrecht (Vertrag noch nicht abgelaufen)[542]
T   – Todestag unbekannt, daher Anspruch nicht zu ermitteln. (z. B. restlicher-
       Rentenanspruch verstorbener Rentner)
S   – Sammelstellenfall, Anspruch fällig geworden und noch nicht verjährt
G   – Geburtsdatum und letzte Adresse bekannt geben, da sonst Identität nicht
       feststellbar (bei fehlenden Polizzennummern)

Die Versicherungsunternehmung stellte nun fest, welches Schicksal die auf den Listen vermerkten Versicherungspolizzen erfahren hatten und vermerkte dies kurz.
Die überarbeitete Liste wurde dann an die Sammelstelle zurück geschickt, diese hat
sie überprüft und drei Listen mit der Bezeichnung V, S und A zurück übermittelt.
Die Feststellung erfolgte unter der Annahme, daß die Versicherungsnehmer 1938
österreichische Staatsbürger waren, auf die Vorlage von den sonst notwendigen
Nachweisen, wie Polizzen oder Sterbeurkunden wurde verzichtet.
     Die Sammelstellen konnte bei den Unternehmen Erkundigungen einholen, die
Auskunftspflicht war aber im Gesetz nicht eindeutig geklärt. Die Mehrzahl der Versicherungsunternehmen waren daher der Meinung, daß sie nicht verpflichtet wären,
der Sammelstelle Auskünfte zu erteilen, daß sie das aber freiwillig nach bestem Wissen tun werden.[543] Diese Frage war für die Sammelstelle von existentieller Bedeu-

---

541 Archiv der Wiener Städtischen Versicherung
542 Bei anderen Versicherungsunternehmen bedeutete „A" Auszahlung.
543 Sitzung des Ausschusses der Sektion Lebensversicherung des Verbandes der Versicherungsunter-
    nehmen Österreichs vom 26. Mai 1959, Archiv Der Anker

tung und ihr Leiter wies in einem dringenden Schreiben an den Versicherungsverband nochmals ausdrücklich darauf hin:

> „Es ist doch zweifellos der Wille des Gesetzgebers, daß die Sammelstellen an die Stelle des geschädigten Eigentümers treten sollen und dieser Wille entspricht einer international-rechtlichen Verpflichtung, die Österreich im Staatsvertrag auf sich genommen hat. Niemand braucht die Bestimmungen des § 26 mehr als gerade die Sammelstellen, die ja häufig nur auf Grund der Auskunftspflicht jene Informationen erhalten können, die sie zur Geltendmachung ihrer Ansprüche benötigen. Dies ist gerade in den Versicherungsfällen der Fall … Ich bitte Sie, bei der neuen Überprüfung der Sach- und Rechtslage nicht außer Acht zu lassen, daß die Ansprüche der Sammelstellen nicht nur nach rechtlichen Gesichtspunkten, sondern aus naheliegenden Gründen auch nach moralischen Gesichtspunkten beurteilt werden sollten. Es ist den Ihnen angeschlossenen Anstalten gewiß unerwünscht, daß den überlebenden Verfolgten dadurch ein Nachteil entstehen soll, daß gewisse Ansprüche auf Polizzen deshalb bisher nicht geltend gemacht werden konnten, weil weder die Polizzeninhaber noch die Begünstigten die Zeit von 1938 bis 1945 überlebt haben."[544]

Die Versicherungsunternehmen kamen daher mit beachtlichem Verwaltungsaufwand dem Informationsbedürfnis der Sammelstelle entgegen. Allerdings wurde zunehmend klar, daß die Ansprüche der Sammelstelle durch den Gesetzgeber schon auf andere Weise geregelt worden waren und entweder unter das Entschädigungsgesetz fielen, oder aber mit der Frist des Versicherungswiederaufbaugesetzes verfallen waren. Der Versicherungsverband wandte sich daher 1960 ausdrücklich an seine Mitglieder, Ansprüche aus Lebensversicherungen nicht zu honorieren, wenn sie den Bestimmungen des Versicherungs-Wiederaufbaugesetzes entgegen standen. „Auch mögen sie vermeiden, durch Vereinbarungen mit der Sammelstelle A Präjudiz zu schaffen."[545]

Zwar appellierte der Leiter der Sammelstellen, Dr. Weis, an die Versicherungsunternehmen, die Sammelstelle ebenso kulant zu behandeln, wie die tatsächlichen Versicherten behandelt worden wären[546], und versuchte mit den einzelnen Versicherungsunternehmen Vergleichsverhandlungen aufzunehmen.[547] Dabei forderte er

---

544 Schreiben des Leiters der Sammelstellen, Dr. Georg Weis, an den Verband der Versicherungsunternehmen Österreichs vom 12. Mai 1959, Archiv Der Anker

545 Rundschreiben des Verbandes der Versicherungsanstalten Österreichs vom 21. Mai 1960, Archiv Der Anker

546 Aktennotiz der Besprechung Dr. Weis mit dem Versicherungsverband vom 26. 5. 1959, Archiv der Wiener Städtischen Versicherung

547 Schreiben der Allgemeinen Versicherungs-Aktiengesellschaft Der Anker an den Verband der Versicherungsunternehmen Österreichs vom 16. Mai 1960, Archiv Der Anker

die Bekanntgabe, welche Beträge zu vergüten wären, falls die Einwände in bezug auf Verjährung und Verwirkung der Ansprüche nicht bestehen würde. Die Versicherungsunternehmen lehnten dies schon wegen der Bearbeitung der großen Aktenzahl ab. Aber auch Kulanzzahlungen wurden abgelehnt. Die Zahlungen nach dem Entschädigungsgesetz 130/1958 waren vom Bund zu tragen, freiwillige Zahlungen gingen aber auf Kosten der Versicherung. „In der Lebensversicherung sind nämlich laut Gesetz die Versicherten an allfälligen Überschüssen beteiligt; durch Kulanzzahlungen würde also der Gewinnanteil Dritter geschmälert, aus welchem Grunde z. B. das Versicherungswiederaufbaugesetz die Leistung der vertragsmäßigen Zahlungen ausdrücklich untersagt."[548] Der Versicherungsverband wies darauf hin, daß die fälligen Beträge aus verjährten oder verfallenen Versicherungsansprüchen durch eine Reihe von Jahren in den Schuldposten der Bilanz inbegriffen sind. „Später werden diese Beträge vereinnahmt. Die Unternehmungen sind daher in späterer Zeit wohl in der Lage, in Einzelfällen Kulanzzahlungen zu erbringen, nicht jedoch für eine ganze Gruppe verjährter Versicherungen Zahlungen zu leisten."[549] Allerdings hatte die Versicherungsaufsicht festgestellt, daß sie bei solchen freiwilligen Leistungen keinen Einspruch erheben würde.[550] Der Verband wies darauf hin, „daß es eventuell Gegenstand späterer Verhandlungen sein könnte, einen Prozentsatz festzulegen, mit dem verjährte Versicherungen liquidiert werden."[551] Zu solchen Verhandlungen ist es aber nicht mehr gekommen. 1960 wurde bestimmt, daß für alle noch aufrechten Lebensversicherungen, die nach der 11. Verordnung verfallen sind – aber nicht an das Reich ausbezahlt wurden – die Sammelstelle A einzelne Anträge an die Finanzlandesdirektion zur Erlassung eines Feststellungsbescheides im Sinne des § 3 a(2) der Auffangorganisationsnovelle einreichen konnte.[552] Dies dürfte jedoch kaum mehr eine Auswirkung gehabt haben.

Nur zwei Versicherungsunternehmen – die Wiener Städtische und die Victoria – kamen der Sammelstelle entgegen und überwiesen insgesamt ca. 130.000 Schilling. Die Wiener Städtische Versicherung zahlte am 7. 4. 1960 einen Gesamtbetrag von

---

548 Schreiben der Allgemeinen Versicherungs-Aktiengesellschaft Der Anker an Rechtsanwalt Dr. Erwin Perl vom 7. 7. 1964, Archiv Der Anker

549 Sitzung des Ausschusses der Sektion Lebensversicherung des Verbandes der Versicherungsunternehmen Österreichs vom 26. Mai 1959, Archiv Der Anker

550 Monatsbesprechung des Verbands der Versicherungsanstalten Österreichs bei der Versicherungsaufsichtsbehörde, 13. November 1957, AdR.BMF., Finanzministerium, 146315/1957

551 Sitzung des Ausschusses der Sektion Lebensversicherung des Verbandes der Versicherungsunternehmen Österreichs vom 26. Mai 1959, Archiv Der Anker

552 Schreiben der Wiener Städtischen Wechselseitigen Versicherungsanstalt an die Finanzlandesdirektion Wien, Wien, 3. 8. 1960, Archiv der Wiener Städtischen Versicherung

66.810,07 Schilling für rund 200 Versicherungspolizzen auf das Treuhandvermögenskonto der Sammelstelle A.[553]

Liste A	902,– Schilling
Liste V	64.674,07 Schilling
Liste S	1.234,– Schilling
Summe	66.810,07 Schilling

Die Liste A enthielt Versicherungen, die noch aufrecht waren und aus denen die Versicherungsnehmer Anspruch auf den Rückkaufwert hatten. Die Liste S enthielt Versicherungen, die bereits fällig geworden waren und aus denen die Bezugsberechtigten Ansprüche nach dem Versicherungswiederaufbaugesetz hatten. Hierfür war nach dem Auffangorganisationsgesetz ein Feststellungsbescheid der Finanzlandesdirektion notwendig. Die Liste V enthielt Versicherungen, die sowohl nach dem Versicherungsvertragsgesetz als auch nach dem Versicherungswiederaufbaugesetz verjährt bzw. verfallen waren. Die Zahlung umfaßte daher im wesentlichen bereits verjährte bzw. verfallene Polizzen. In allen Fällen verzichtete man auf die Vorlage der sonst notwendigen Nachweise, insbesondere der Polizzen und der Sterbeurkunden der Versicherten. Die Wiener Städtische Versicherung stellte aber ausdrücklich fest: „Sollten Personen, die aus Versicherungen der vorliegenden Listen berechtigt wären, in Zukunft direkt gegen uns Ansprüche geltend machen und werden deren Ansprüche von uns befriedigt, verpflichtet sich die Sammelstelle, zu diesen Fällen die in den angeführten Listen jeweils verzeichneten Beträge uns rückzuvergüten."[554] Durch die Zusammenarbeit mit den Sammelstellen kann die Wiener Städtische für sich in Anspruch nehmen, nach 1960 keine „unpaid" Versicherungspolizzen mehr gehabt zu haben. Der durchschnittliche Rückkaufwert der an die Sammelstellen überwiesenen Polizzen betrug 334 Schilling, was darauf hindeutet, daß nur mehr Polizzen mit sehr geringen Rückkaufsummen übrig geblieben waren. Berücksichtigt man die 60 %ige Abwertung durch das Versicherungswiederaufbaugesetz, so wäre der ursprüngliche Rückkaufwert bei 835 RM gelegen und damit nur etwa ein Viertel des durchschnittlichen Rückkaufwerts wie er bei der Anmeldung bei der Vermögensverkehrsstelle 1938 festgestellt wurde (2.434 RM).

---

553 Quittungsabschrift der Zentralbuchhaltung-Leben der Wiener Städtischen Wechselseitigen Versicherungsanstalt vom 7. 4. 1960, Archiv der Wiener Städtischen Versicherung

554 Vereinbarung zwischen der Wiener Städtischen Wechselseitigen Versicherungsanstalt und der Sammelstelle A vom 29. 2. 1960, Schreiben vom 28.3.1960, Archiv der Wiener Städtischen Versicherung

Die übrigen Versicherungsunternehmen folgten dem Erlaß der Versicherungsaufsichtsbehörde und zahlten die verjährten bzw. verfallenen Polizzen nicht mehr aus.[555] Allerdings mit einer Ausnahme. Wenn eine Versicherung an eine österreichische Stelle ausbezahlt worden war, galt sie nach dem 1. Rückstellungsgesetz als derzeit von einer Dienststelle des Bundes verwaltet. Solche Polizzen wurden durch die Rückstellungsbehörde – Finanzlandesdirektionen – bis in die 1960er Jahre den Sammelstellen zugesprochen.

Mit dem Versicherungswiederaufbaugesetz, dem Versicherungsentschädigungsgesetz und der Abwicklung durch die Sammelstelle A, die 1972 aufgelöst wurde, war das Kapitel der jüdischen Lebensversicherungspolizzen gesetzlich erledigt. Es gab sogar eine – wenn auch kritisierte – Endfertigungserklärung des Vorsitzenden des Committee for Jewish Claims on Austria, Dr. Nahum Goldmann, daß „das Komitee keine Schritte gegenüber der österreichischen Regierung unternehmen wird, um weitere gesetzgeberische Maßnahmen zugunsten von in Österreich durch das Naziregime verfolgten jüdischen Opfern, zu verlangen."[556] Danach legten auch die Versicherungsunternehmen dieses Kapitel zu den Akten, die später vielfach skartiert wurden.

4. Ansprüche aus privatrechtlichen Dienstverhältnissen

Die Wiedergutmachung auf dem Gebiet des Dienstvertragsrechtes zog sich lange hin. Die Versicherungsunternehmen waren nach 1945 mit Pensions- oder Abfertigungsansprüchen konfrontiert, welche seit 1938 nicht oder nur eingeschränkt ausbezahlt worden waren. Die Versicherungsunternehmen waren davon besonders betroffen, da sie im Gegensatz zu Industrieunternehmungen weitgehend Angestelltenbetriebe waren. Zusätzlich spielten Provisionen eine wichtige Rolle, so daß angenommen werden mußte, daß die Ansprüche nicht nur höher lagen, sondern auch die Fragen der Art und des Umfangs des erlittenen Schadens wesentlich komplizierter waren.[557] Ein Versicherungsunternehmen leistete an seine Angestellten für

---

555 Aktennotiz über die Vorsprache einer Verbandsdelegation bei der Aufsichtsbehörde am 20.April 1959, Archiv der Wiener Städtischen Versicherung

556 Schreiben Dr.Nahum Goldmann an den Bundesminister für Finanzen, Dr. Josef Klaus vom 19.Dezember 1961, zitiert bei Dietmar Walch, Die jüdischen Bemühungen um die materielle Wiedergutmachung durch die Republik Österreich, Wien 1971, Anhang; Gerald Stourzh, Um Einheit und Freiheit. Staatsvertrag, Neutralität und das Ende der Ost-West-Besetzung Österreichs 1945–1955, Wien 1988, S. 544, Fußnote 176

557 Stellungnahme des Verband der Versicherungsanstalten Österreichs an das Bundesministerium für Finanzen bezüglich der Vorbereitung eines Rückstellungsgesetzes, Wien 16. September 1946, AdR.BMF. 70092/46

das in dieser Zeit erlittene Unrecht tatsächlich Zahlungen. Der Versicherungsverband gab daher ein Rundschreiben an seine Mitglieder heraus, in dem er diese individuelle Vorgangsweise kritisierte. „Mit Rücksicht auf die gegenwärtige Lage der Versicherungswirtschaft und in Ermangelung einer gesetzlichen Grundlage ist die Zahlung solcher Wiedergutmachungsbeträge unzulässig und müßte die Aufsichtsbehörde im Wiederholungsfalle dagegen einschreiten."[558] Allerdings war auch der Verband der Meinung, daß einem seinerzeit gekündigten jüdischen Angestellten die Differenz der tatsächlich bezahlten zu der ihm rechtlich zugestandenen Abfertigung nachzuzahlen war. Für eine Wiedereinstellung der 1938 gekündigten Angestellten bestand keine Verpflichtung, allerdings wurde empfohlen, diesen Personenkreis zu bevorzugen und ihre Bezüge so anzusetzen, als ob sie das Unternehmen niemals verlassen hätten.[559] Für die grundsätzliche Haltung der Versicherungsunternehmen gab es zwar keine ausdrückliche schriftliche Weisung des Finanzministeriums, aber die zwischen Versicherungsverband und Behörde festgestellte Übereinstimmung, „wonach mit Rücksicht auf die unübersichtliche wirtschaftliche Lage des österreichischen Versicherungswesens und die Notwendigkeit einer gleichmäßigen Behandlung der Wiedergutmachungsfälle die Gesellschaften von einer individuellen Austragung absehen und eine gesetzliche Regelung abwarten sollten."[560]

Auch hier wurde damit gerechnet, daß eine gesetzliche Regelung in kurzer Zeit erfolgen würde, diese zog sich aber hin. Als die Wiener Allianz 1947 eine Anfrage in dieser Richtung vom Intergovernmental Committee on Refugees erhielt, konnte sie nach Rücksprache mit der Aufsichtsbehörde nur mit Bedauern feststellen, daß eine solche Zahlung unstatthaft sei, solange die Wiedergutmachungsfrage nicht gesetzlich geregelt sei. Das Schreiben ist deshalb bemerkenswert[561], da die Stellungnahme des Finanzministerium dem zuständigen Referenten eine heftige Rüge des Bundesministerium für Vermögenssicherung und Wirtschaftsplanung eintrug. Das Ministerium ersuchte ausdrücklich, das Wort „Wiedergutmachung" im Erledigungsentwurf zu streichen, „da wiederholt zum Ausdrucke gebracht wurde, daß die Republik Österreich keine Verpflichtung zu einer Wiedergutmachung trifft, da sie keinen Schaden angerichtet hat." Da dieser Standpunkt bei den Staatsvertragsverhandlungen immer wieder zum Ausdruck gebracht wurde, würde es bedeuten, „daß den

---

558 Verband der Versicherungsunternehmen Österreichs, Rundschreiben Akt. Nr. 860-Ausg. Nr. 437/45

559 Verband der Versicherungsunternehmen Österreich an die National Allgemeine Versicherungs A. G., Wien 4. September 1946, Archiv Versicherungsverband

560 Bundesministerium für Finanzen, Wiedergutmachungsfragen auf dem Gebiete des Dienstvertragsrechts, AdR.BMF., 9588/47

561 Wiener Allianz Versicherungs-Aktiengesellschaft öffentlicher Verwalter an das Intergovernmental Committee on Refugees, Dr. Kiwe, Legal Section, Wien 29. 1. 1947. Das Schreiben liegt dem oben zitierten Akt bei.

hiemit befaßten Stellen bei ihren Bestrebungen in den Rücken gefallen wird, wenn im Verkehr mit ausländischen Organisationen dieser Ausdruck verwendet wird, obwohl er von dieser Organisation selbst bewußterweise nicht gebraucht wird. Es wird daher ersucht, lediglich von Rückstellungen zu sprechen." Die Stellungnahme des Finanzministeriums sei daher „in offenem Widerspruch mit den Bestrebungen der Regierung, eine Verpflichtung Österreichs zur Wiedergutmachung abzulehnen und lediglich die gesetzlichen Grundlagen zu schaffen, um die erfolgten Entziehungen rückgängig zu machen."[562]

Das 3. Rückstellungsgesetz vom 6. 2. 1947 verwies die Frage der Ansprüche aus privatrechtlichen Dienstverhältnissen auf eine spätere Regelung. Doch die Fälle häuften sich, bei denen ehemalige Angestellte ihre Ansprüche aus der Nichteinhaltung der Kündigungsfristen und dem Entzug von Abfertigungs- und Pensionsansprüchen vom Ausland aus geltend machten. Nicht alle gaben sich mit den hinhaltenden Erklärungen zufrieden, sondern nahmen in- und ausländische Gerichte in Anspruch.[563] Die österreichische Rechtsprechung ließ die Geltendmachung solcher Ansprüche auch außerhalb der Rückstellungsgesetze zu. Der Gesetzgeber wollte aber, daß solche Ansprüche auf einer eigenen legalen Grundlage erfolgten und erließ am 14. Juli 1949 das 7. Rückstellungsgesetz BGBl. Nr. 207. Das Gesetz ging vom Grundsatz der Nichtigkeit aus, wie er in der Londoner Deklaration und darauf aufbauend im „Bundesgesetz über die Nichtigkeitserklärung von Rechtsgeschäften und sonstigen Rechtshandlungen, die während der deutschen Besetzung Österreichs erfolgt sind" niedergelegt worden war (BGBl. Nr. 106/1946), allerdings mit einigen Abweichungen. Wie es in den „Erläuternden Bemerkungen" heißt, sollte eine Lösung gefunden werden, „die den berechtigten Forderungen der geschädigten Dienstnehmer, ebenso aber auch der Leistungsfähigkeit der unter den Auswirkungen des Krieges schwer kämpfenden österreichischen Wirtschaft Rechnung zu tragen hätte." Und der Gesetzgeber war sich wie bei allen Rückstellungsgesetzen darüber im klaren, „daß eine allseits befriedigende Regelung der Materie nicht erreicht werden und sein Bestreben nur dahin gehen kann, die unvermeidbaren Härten tunlichst auszugleichen."[564] Gegenstand des Gesetzes waren Ansprüche aus Privatdienstverhältnissen, die während der NS-Zeit in Österreich den Berechtigten aus politischen Gründen entzogen oder nicht erfüllt worden waren. Sie betrafen Lohn- und Gehalt-

---

562 Dr. Gleich, für den Bundesminister, 14. März 1947, Bundesministerium für Finanzen, Wiedergutmachungsfragen auf dem Gebiete des Dienstvertragsrechts, AdR.BMF., 9588/47

563 Bundesministerium für Vermögensicherung und Wirtschaftsplanung an das Bundesministerium für soziale Verwaltung, Restitution von entzogenen Ansprüchen aus Dienstverhältnissen, 25. April 1947, AdR.BMF. 20771/47

564 Erläuternde Bemerkungen zum Siebenten Rückstellungsgesetz, Beilagen zu den stenographischen Protokollen des Nationalrates der Republik Österreich, 1949

zahlungen, Abfindungen und Pensionsansprüche. Sie umfaßten auch Ansprüche, bei denen der Dienstnehmer unter Druck einem Verzicht oder einer Reduzierung zugestimmt hatte. Bei aufgelösten Arbeitsverhältnissen wurden die vor 1938 geltenden, gesetzlich gültigen Bestimmungen als Basis genommen, auch wenn der oder die Betroffene dies damals nicht in Anspruch nehmen konnte. Es war daher das volle Entgelt unter den Annahme einer ordnungsgemäßen Kündigung mit Einhaltung der gesetzlichen Kündigungsfrist zu bezahlen, die vollen Abfertigungsansprüche ebenfalls einschließlich dieses Zeitraums. Die Pensionen waren (Ruhe- und Versorgungsgenuß) vom 1. Mai 1945 an zu bezahlen. Entzogene Pensionsansprüche für die Zeit von 1938 bis 1945 fielen nicht unter das Gesetz. Bedacht genommen wurde, „daß die Privatwirtschaft durch plötzlich und gehäuft auftretende Fälligkeiten nicht vor eine Situation gestellt wird, die nicht nur für die betreffenden Einzelunternehmungen, sondern für die Gesamtwirtschaft des Staates untragbar wäre und selbst ungünstige Einflüsse auf die Geldzirkulation auslösen könnte."[565] Forderungen, welche den Betrag von 5.000 Schilling überstiegen, wurden daher gestundet und konnten in Monatsraten von zumindest 500 Schilling ausbezahlt werden, was in etwa dem Existenzminimum entsprach. Die Ansprüche blieben damit aufrecht, sollten aber die betroffenen Unternehmungen nicht in finanzielle Schwierigkeiten bringen. Die Ansprüche waren innerhalb von zwei Jahren durch die Geschädigten anzumelden.

Falls der Dienstgeber Pensionsleistungen statt an den Berechtigten an das Deutsche Reich zu leisten hatte, wurde es als nicht zumutbar angesehen, daß er nun neuerlich eine Leistung zu erbringen hatte. Die Berechtigten wurden in diesem Fall mit ihren Ansprüchen an den Restitutionsfonds nach dem 3. Rückstellungsgesetz verwiesen, eine Regelung wurde jedoch einem besonderen Gesetz vorbehalten. Dieses Gesetz kam am 5. Juli 1962 mit dem Bundesgesetz über die Anmeldung gewisser Ansprüche aus Dienstverhältnissen in der Privatwirtschaft BGBl. Nr. 187/1962. Neben bereits an das Deutsche Reich bezahlten Leistungen galt dies auch für Ansprüche, die deshalb nicht erhoben werden konnten, weil der betroffene Dienstgeber (Unternehmen) nicht mehr vorhanden war. Der im 3. Rückstellungsgesetz angesprochene Fonds war inzwischen mit den Sammelstellen errichtet worden, wo ein Betrag von 5 Millionen Schilling für diesen Zweck zur Verfügung stand. Die Anzahl der Berechtigten war trotz Erhebungen des Finanzministeriums völlig unbekannt. Deshalb wurde mit diesem Gesetz ein eigener „Fonds zur Abgeltung gewisser Ansprüche nach dem Siebenten Rückstellungsgesetz" errichtet. Anspruchsberechtigt waren vom NS-Regime verfolgte Personen. Eine Verfolgung wurde mit Sicherheit angenommen, wenn die aus der Privatwirtschaft entlassene Person ein halbes Jahr

---

[565] Erläuternde Bemerkungen zum Siebenten Rückstellungsgesetz, Beilagen zu den stenographischen Protokollen des Nationalrates der Republik Österreich, 1949

keine Beschäftigung hatte oder sie bei verminderter Entlohnung weiter arbeiten mußte. Die Betroffenen durften auch noch keine Zuwendung aus dem Hilfsfonds erhalten haben. Die Anmeldung hatte innerhalb von sechs Monaten zu erfolgen. Erben konnten nur Ansprüche erheben, wenn sie am Tag des Inkrafttreten des Gesetzes ihren ordentlichen Wohnsitz in Österreich hatten.

5. Vergleich mit der Bundesrepublik Deutschland

Allgemeine Bedingungen:
Für die Jahre des Zweiten Weltkriegs unterlagen die österreichischen Versicherungsunternehmen den selben Bedingungen wie die deutschen. Die Kriegsverluste der deutschen Versicherungsunternehmen waren noch größer, da die Zerstörungen in Deutschland umfangreicher waren und sich ihr Wiederaufbau noch schwieriger gestaltete. Denn Deutschland unterstand in den ersten drei Nachkriegsjahren alliierten Militärregierungen und die Währungsreform (Umstellung Reichsmark auf D-Mark) erfolgte erst 1948, während in Österreich 1945 der Schilling eingeführt wurde und bereits 1946 einheitliche Regelungen auch im Versicherungswesen erreichen konnten. Dadurch konnten die deutschen Gesellschaften vor der Währungsreform bei der Erfüllung von Versicherungsverplichtungen viel großzügiger vor gehen, als das die österreichischen Bestimmungen zuließen. Vor der zu erwartenden Währungsreform wollte jeder noch seine alten Reichsmarkbestände los werden. Auch die Ansprüche aus Sachversicherungen wurden ohne jede Einschränkungen voll gedeckt. Die im Vergleich günstigere Entwicklung war darauf zurück zu führen, daß Einwirkungen des Krieges nicht Sache der Versicherungsgesellschaften, sondern des Kriegsschädenamtes war. Bei der Lebensversicherung waren die Bestimmungen je nach Besatzungszone unterschiedlich. In der englischen und amerikanischen Zone gab es in den ersten Jahren keine rechtlichen Grundlagen durch die Militärregierungen, sondern die Weiterführung des Geschäftes erfolgte auf Grund von Richtlinien, die von den Versicherungsverbänden bzw. Ausschüssen der Versicherungsgesellschaften selbst aufgestellt worden waren. Die verschiedenen Richtlinien deckten sich materiell nicht vollständig, sahen jedoch in der Regel vor, daß bei Todesfall nach Kriegsende (8. Mai 1945) Lebensversicherungen voll ausbezahlt wurden. Bei Todesfall vor Kriegsende bzw. Fälligkeit durch Ablauf des Versicherung wurden als Vorschuß ähnlich wie in Österreich zunächst höchstens 40 % ausbezahlt. Bei höheren Beträgen ergaben sich fallende Quoten:

40 % für eine Versicherungssumme bis 20.000 RM
30 % für eine Versicherungssumme von 20.000 bis 100.000 RM

20 % für eine Versicherungssumme von 100.000 bis 200.000 RM
10 % für eine Versicherungssumme über 200.000 RM.

Höchstbeträge wie in Österreich (5.000 Schilling) waren nicht vorgesehen. Beträge bis 1.000 RM konnten voll ausbezahlt werden, während auf Grund des österreichischen Versicherungsüberleitungsgesetzes lediglich 400 Schilling bei Großleben und 200 Schilling bei Kleinleben ausbezahlt wurden. Rückkauf und Polizzendarlehen wurden nicht durchgeführt, allerdings konnten Darlehen zur Deckung von Prämien und Zinsen gewährt werden, was in Österreich ebenfalls unzulässig war. Renten wurden sinngemäß behandelt, Beträge bis 100 RM monatlich wurden voll ausbezahlt. In der französischen Zone erfolgte die Regelung nicht auf Grund eines Verbandsbeschlusses, sondern eines behördlichen Erlasses. Dort lag die Grenze der 40 % Quote schon bei 10.000 RM und Vollauszahlung erfolgte nur bis 500 RM. Manche Gesellschaften zahlten auch bei Todesfall nur einen Vorschuß. In der russischen Zone wurden nur reine Risikoversicherungen abgeschlossen.

Der Festsetzung der Höhe der Vorschußquoten war eine Diskussion vorausgegangen, bei der die Vorstellungen zwischen 30 % und 50 % lagen, so daß man sich in der Mitte geeinigt hatte. Auf Grund eines Gutachtens von Professor Riebesell (München) wurde aber eine Quote von höchstens 22 % als angemessen angesehen. Insgesamt waren die deutschen Regelungen daher großzügiger, was sicher auch darauf zurück zu führen war, daß es noch nicht zu einer Währungsumstellung gekommen war. Die außerordentliche Zahlungswilligkeit war dadurch möglich, daß noch keine dem Schillinggesetz vergleichbare Geldabschöpfung vorgenommen worden war und ein Überfluß an Umlaufmitteln bestand. Die Versicherer zeigten sich daher auch äußerst zahlungswillig. Diese Vorgangsweise wurde daher vom österreichischen Finanzministerium dennoch kritisch betrachtet. „Dies beweist, daß die Versicherungsgesellschaften ihre Leistungsfähigkeit überschätzen oder zur Beruhigung des Publikums bewußt günstiger darstellen wollen und die in Österreich geplante Regelung sicherlich vorsichtiger ist und der tatsächlichen Leistungsfähigkeit der Gesellschaften besser Rechnung trägt."[566] Die deutschen Gerichte zeigten volles Verständnis für die Schwierigkeiten der Versicherungsunternehmen und maßen trotz fehlender gesetzlicher Regelungen den Vereinbarungen zwischen den Gesellschaften eine solche Bedeutung bei, daß sie bei Klagen das Verfahren wegen ungeklärter Rechtslage einstellten.

Die Prämien von neuen Abschlüssen durften nicht zur Deckung zurück liegender Verpflichtungen herangezogen werden. Die von den Versicherungsunternehmen ge-

---

566 Bundesministerium für Finanzen, Versicherungswesen in Deutschland, 7. 2. 1946, AdR.BMF., 29265/46

haltenen Reichsanleihen mußten in der Bilanz 1945 zum Nennwert eingesetzt werden, da sonst so große Abschreibungen vorgenommen worden wären, daß dem Fiskus kein steuerbares Einkommen mehr verblieben wäre. In Österreich wurde die Bilanzerstellung überhaupt ausgesetzt. Insgesamt strebte man auch in Deutschland eine einheitliche Abwertungsquote an, die mit der Währungsreform 1948 im Verhältnis RM zu DM von 10 : 1 bzw. 10 : 2 kam.

Restitutionsgesetze:
Mit Kriegsende hob der alliierte Kontrollrat mit dem Gesetz Nr. 1 vom 20. 9. 1945 nationalsozialistisches Recht auf und die einzelnen Militärregierungen erließen Bestimmungen zur Rückerstattung und Wiedergutmachung. Das Oberfinanzpräsidium Berlin-Brandenburg, an das ein Großteil der beschlagnahmten Vermögen eingezahlt worden war, bestand nicht mehr. Ihre Akten lagen jetzt bei der „Treuhandverwaltung für jüdisches und polnisches Vermögen in Groß-Berlin" beim Magistrat von Groß-Berlin, wo ausgewanderte Berliner Juden ihre Ansprüche anmelden konnten. Infolge der Aufhebung der NS-Gesetze war auch die 11. Verordnung und die damit verbundene Beschlagnahme von jüdischem Vermögen gegenstandslos geworden. Ähnlich wie in Österreich hieß das aber nicht, daß diese Vermögen nun zurück gegeben werden konnten, sondern sie unterlagen als Reichsbesitz der Sperre auf Grund des Gesetzes Nr. 52. Auch hier war erst eine zusätzliche gesetzliche Regelung notwendig. Die amerikanische Militärregierung hat am 10. November 1947 hierfür das Gesetz Nr. 59 erlassen. Die Rückerstattung mußte beim Zentralanmeldeamt in Bad Nauheim bis zum 31. 12. 1948 beantragt werden. In der britischen Zone gab es bis 1948 noch kein Wiedergutmachungsgesetz und man hoffte, daß bei der Schaffung der Bi-Zone die amerikanischen Bestimmungen übernommen würden. Hier trat erst am 12. 5. 1949 das Gesetz Nr. 59 in Kraft. Auch in Berlin stand die Regelung der Frage lange aus, die Rückerstattungsanordnung der alliierten Kommandantur erfolge erst am 12. 7. 1949. In der französischen Zone war ebenfalls am 10. November 1947 die Verordnung Nr. 120 über die Rückerstattung von Vermögenswerten in Kraft getreten.[567] Ähnlich wie in Österreich zog sich daher die Rückerstattung von Versicherungsansprüchen aus vielen praktischen und politischen Gründen lange Zeit hinaus.

Auf Grund dieser Restitutionsgesetze sollten entzogene Vermögen, soweit sie feststellbar und vorhanden waren so rasch und so weit als möglich zurück erstattet werden. Im Versicherungsbereich gingen diese Maßnahmen jedoch ins Leere, da die zurückzuerstattenden Rechte im Wirtschaftsleben noch vorhanden sein mußten, was bei Versicherungsleistungen, die an den Staat getätigt wurden, nicht der Fall war. Durch die Beschlagnahme und Auszahlung an das Reich erlosch der Versicherungs-

---

567 Bericht Der Anker Berlin an die Hauptanstalt in Wien vom 8. 4. 1948, Archiv Der Anker

vertrag und die Rechte waren daher nicht mehr vorhanden und nicht mehr feststellbar. Damit wurde auch anerkannt, daß die Zahlungen der Versicherungsunternehmen an den „Scheingläubiger" Drittes Reich rechtsgültig waren und die Unternehmen selbst von weiteren Leistungen befreit waren.[568] Die Wiedergutmachung war vorerst Ländersache. Die in der Folge im Jahr 1949 in der amerikanischen Zone erlassenen einzelnen Ländergesetze gingen jedoch davon aus, daß für die Rückerstattung nicht der gegenwärtige, sondern der Vermögensstand zum Zeitpunkt der Entziehung von Bedeutung war. Bei Versicherungen bestand die Wiedergutmachung in der Wiederherstellung der Rechtslage, die ohne das schädigende Ereignis bestehen würde, auf Kosten des Landes.[569] Der Aufwand des Landes durfte allerdings 10.000 DM im Einzelfall nicht übersteigen. Die Wiedergutmachung konnten durch Hingabe von verzinslichen Schuldverschreibungen erbracht werden, die bis spätestens 1960 einzulösen waren und sie wurden vom Land nur gewährt, sofern die Deckung aus dem Lastenausgleich zur Verfügung gestellt wurde, was eine empfindliche Einengung der Ansprüche der Betroffenen bedeutete. Geldansprüche aus Lebensversicherungen für die Zeit vor der Währungsreform (21. 6. 1948) wurden im Verhältnis 10 : 2 in DM umgerechnet, was gegenüber der sonst geltenden Umrechnung der Währungsreform von 10 : 1 eine wesentliche Besserstellung bedeutete. In der französischen Zone erfolgten die Wiedergutmachungsgesetze der Länder im Jahr 1950, in der britischen Zone und in Berlin gab es zu dieser Zeit erst einen Entwurf und in der russischen Zone gab es zwar schon seit Jahren Wiedergutmachungsvorschriften, eine Wiedergutmachung in der Lebensversicherung war jedoch nicht geplant. Die Wiedergutmachung nationalsozialistischen Unrechts war jedoch ein gesamtdeutsches Problem, wie kritisch festgestellt wurde. „Es kann daher auch nur durch eine einheitliche deutsche Gesetzgebung befriedigend gelöst werden. Es ist ein ganz unhaltbarer Zustand, daß die allgemeinen Wiedergutmachungsgesetze der amerikanischen und französischen Zone nach Aufbau, Inhalt und Umfang erheblich voneinander abweichen, während es in der britischen Zone und in der Stadt Berlin solche Gesetze überhaupt noch nicht gibt."[570] Eine umfassende Regelung war auf Grund der Zoneneinteilung nicht möglich. Erst die Bundesverfassung bot die Handhabe, die konkurrierenden Ländergesetze zu vereinheitlichen, was auch im Interesse der Versicherungsunternehmen und der geschädigten Versicherungsnehmer lag.

---

568 Siehe die Diskussion Ernst Littmann und Gerhard Frels in Versicherungsrecht, 1. Jg. Heft 2, 1950, S. 94/5

569 Gerhard Frels, Wiedergutmachung nationalsozialistischen Unrechts in der Lebensversicherung, Versicherungsrecht, 1.Jg. Heft 1, Karlsruhe 1950, S. 2

570 a.a.O., S. 3

Erst in den 1950er Jahren wurden daher einheitliche Vorschriften für die ganze BRD erlassen, zu denen das Bundesentschädigungsgesetz vom 18. 9. 1953 zählte.[571] Durch das zweite Änderungsgesetz vom 10. 8. 1955 wurde die Anmeldung des Anspruchs auf den 1. 10. 1956 verschoben. Dieser Termin galt auch für die Anmeldung von Ansprüchen aus privaten Versicherungsverträgen. 1957 wurde das Bundesrückerstattungsgesetz erlassen.[572] Der Vorrang der Rückerstattung zur Entschädigung wurde dadurch unterbrochen, daß dem Geschädigten das Wahlrecht zwischen beiden Ansprüchen zugestanden wurde. Mit diesen Gesetzen wurde der Vereinbarung mit der Conference on Jewish Material Claims against Germany, dem Haager Programm von 1952, Rechnung getragen. Ähnlich wie in Österreich dauerte die Regelung dieser Materie daher bis in die 1950er Jahre. Allerdings lagen den gesetzlichen Maßnahmen in Österreich nie eine formale Abmachung mit jüdischen oder sonstigen Opferorganisationen zugrunde. Österreich war sehr darauf bedacht, die Rückstellungs- und Entschädigungsmaßnahmen als selbstständigen Akt des österreichischen Gesetzgebers darzustellen.

Bei der Wiedergutmachung nach dem Bundesentschädigungsgesetz leistete die öffentliche Hand und nicht die Versicherungswirtschaft, was konsequent war, da die Verfolgung staatlich gesetztes Unrecht darstellte.[573] Die Versicherungsunternehmen selbst hatten nur an der Durchführung der Bestimmungen mitzuwirken. Bei dieser Frage tat sich die Republik Österreich schwer, da sie als „erstes Opfer" keine Verantwortung für das Dritte Reich übernehmen konnte. Das Bundesentschädigungsgesetz sah für Opfer nationalsozialistischer Verfolgung eine staatliche Wiedergutmachung vor, allerdings nicht in Form der Wiederherstellung der ursprünglichen Versicherungsverhältnisse, sondern als finanzielle Entschädigung durch die Länder. Der Verfolgte erhielt also keinen vollen Ersatz des Schadens. Eine Entschädigung war zu leisten, wenn der Anspruch auf Versicherungsleistungen durch das Dritte Reich verfolgungsbedingt beeinträchtigt worden war. Dies lag dann vor, wenn:[574]

- die Versicherungsleistung direkt an die öffentliche Hand gegangen war
- auf Sperrkonten eingezahlt wurde
- verfolgungsbedingter Rückkauf erfolgte

---

571 Bodesser/Fehn/Franosch/Wirth, Wiedergutmachung und Kriegsfolgenliquidation. Geschichte, Regelungen, Zahlungen, München 2000, S. 83 ff

572 Detlef Kaulbach, Versicherungsschäden außerhalb der Sozialversicherung, in: Bundesministerium für Finanzen in Zusammenarbeit mit Walter Schwarz (Hrsg.), Die Wiedergutmachung nationalsozialistischen Unrechts durch die Bundesrepublik Deutschland, Band V, München 1983, S. 321 ff.

573 Peter Präve, Versicherungen und der Holocaust, Versicherungswirtschaft Heft 13, Karlsruhe 1997, S. 903

574 a.a.O., S. 904

- verfolgungsbedingte Prämienfreistellung vorgenommen wurde.
- nach dem Gesetz über die Einziehung volks- und staatsfeindlichen Vermögens vom 4. Juli 1933 eingezogen worden war
- nach der 11. Verordnung ab 1942 beschlagnahmt worden waren
- Selbstmord zur Reduzierung oder Ablehnung der Versicherungsleistung führte

Entschädigt wurden daher auch „sämtliche mittelbaren Einwirkungen von Verfolgungsmaßnahmen auf das Versicherungsverhältnis, also wenn z. B. im Zusammenhang mit der Verfolgung die Versicherung zurück gekauft oder in eine beitragsfreie umgewandelt wurde oder der Versicherer, weil Prämien nicht mehr gezahlt wurden, gemäß § 39 VVG gekündigt hatte."[575] Verluste auf Grund der Währungsbestimmungen, etwa der Umwandlung von Fremdwährungs- in Reichsmarkversicherungen, wurden nicht anerkannt, da diese alle Versicherungsnehmern betroffen hatten. In Deutschland wie in Österreich hatten die Versicherungsverbände einen großen Einfluß auf die sie betreffende Rückstellungsgesetzgebung, dennoch gingen die Leistungen in der BRD weiter als in Österreich. Dies hing vor allem damit zusammen, daß sich der deutsche Staat mit allen Konsequenzen zur NS-Vergangenheit bekannte, während sich Österreich davon distanzierte. Bei der Entschädigung von Versicherungen, die nach der 11. Verordnung eingezogen worden waren, war die Vorgangsweise in etwa gleich. In beiden Ländern wurde durch die öffentliche Hand der ursprüngliche Rückkaufwert ersetzt, allerdings unter Berücksichtigung der Reduzierung durch die Währungsgesetze nach 1945. In Deutschland erfolgte diese Regelung auf Grund des Haager Programms 1952 lediglich um einige Jahre früher als in Österreich (1958). Vor allem die Anerkennung der durch die jüdischen Versicherungsnehmer selbst vorgenommenen Rückkäufe und Prämienfreistellungen als verfolgungsbedingt war ein wesentlicher Unterschied, da bei weitem der größte Teil der Polizzen auf diese Weise aufgegeben worden war. In Österreich dagegen herrschte ein Konsens, daß Versicherungspolizzen, die auf Verlangen des Vertragspartners selbst aufgelöst wurden, kein Recht auf Rückstellung der Entschädigung begründen konnten. Man stellte sich auf den legistisch durchaus korrekten Standpunkt, daß das Versicherungsunternehmen seine vertraglichen Verpflichtungen ordnungsgemäß erfüllt hatte und die Enteignung durch das Deutsche Reich erst danach erfolgte. Dies galt auch bei der Auszahlung auf ein Sperrkonto, da dies ja auf den Namen des Versicherungsnehmers lautete und von ihm selbst verfügt worden war. Eine Forderung gegenüber den Versicherungsunternehmen war daher nicht möglich, aber auch der österreichische Staat lehnte Zahlungen ab, da er für die Maßnahmen des Dritten

---

575 Hans Rey, Entschädigungsansprüche aus Privatversicherungsverträgen nach dem BEG, Versicherungsrundschau, 1955, S. 660

Reiches nicht verantwortlich war. Die Anerkennung der Rückkäufe und Prämienfreistellungen als verfolgungsbedingte Verluste war daher der grundlegende Unterschied zwischen beiden Gesetzgebungen. Allerdings war diese Regelung nur bedingt
großzügiger als die österreichische, denn der deutsche Gesetzgeber zog von den wieder aufgelebten Ansprüchen ab: „ersparte Prämien, die bei Weiterführung des Vertrages bis zum Eintritt des Versicherungsfalles zu zahlen gewesen wären, aber nicht
gezahlt worden sind und etwa erfolgte Gegenleistungen (z. B. Rückkaufwert), die
an den Berechtigten oder Versicherungsnehmer gezahlt sind, unter Berücksichtigung
der aus Anlaß der Neuordnung des Geldwesens erlassenen Gesetze und VO geleistet hätte."[576] Da sowohl die Rückkaufsumme als auch die nicht bezahlten Prämien
und Polizzendarlehen abgezogen wurden, blieb beim Regelfall der selbst auf Grund
des Zwangs der Verfolgung zurück gekauften jüdischen Versicherungspolizzen nicht
viel übrig. Der „Restwert" konnte lediglich die abgezogenen Stornogebühren und
eine mögliche Gewinnbeteiligung umfassen, die es ja im Deutschen Reich – im Gegensatz zu Österreich – schon vor 1938 gegeben hatte. Zahlungen, die der Versicherer an das Reich geleistet hatte wurden nicht abgezogen, ebensowenig wie auf der
anderen Seite die Verzugszinsen aus rückständigen Prämienzahlungen oder Zinsen
für Polizzendarlehen. Statt der Kapitalentschädigung konnte auch der Rückkaufwert
zum Zeitpunkt der Schädigung gezahlt werden. Bei Verjährung bzw. wenn das Versicherungsunternehmen nicht mehr bestand, da es etwa in DDR lag, wurde ebenfalls nach dem BRG geleistet. Zusätzlich konnten die Betroffenen auch um die Alt-
sparerentschädigung ansuchen.
  Die Zahlungen an das Reich aus aufgelösten Versicherungsverträgen konnten in
beiden Ländern für die Rückstellung bzw. Entschädigung in diesem Bereich nicht
berücksichtigt werden. Die Abgeltung der JUVA und Reichsfluchtsteuer wurde gesondert behandelt und erfolgte für beide Länder letztlich durch die BRD. Das Instrument hierfür war in Österreich der Abgeltungsfonds, der aber erst nach dem Abkommen von Bad Kreuznach 1961 realisiert wurde, in dem sich die BRD zur
Zahlung von 95 Mio DM verpflichtet hatte.
  Anspruchsberechtigt nach den deutschen Bestimmungen waren der Versicherungsnehmer bzw. Bezugsberechtigte, Ehegatten und gesetzliche Erben der ersten
und zweiten Ordnung. Die Entschädigung war mit 10.000 begrenzt.[577] Sie war zu beantragen, wobei als Frist der 1. 4. 1958 festgelegt wurde. Auch hier ist festzustellen,
daß die Fristen etwas großzügiger bemessen waren, als in Österreich. Ähnlich wie
in Österreich waren die Entschädigungszahlungen an den Aufenthalts- bzw. Wohnort gebunden. Die Antragsteller mußten am 31. Dezember 1937 ihren Wohnsitz im

---

576 a.a.O., S. 660
577 Durch das zweite Änderungsgesetz 1965 wurde der betrag auf 25.000 DM erhöht.

Deutschen Reich bzw. der Freien Stadt Danzig gehabt haben (womit Österreicher keine Ansprüche stellen konnten) und sie mußten zum Zeitpunkt der Rückstellungsentscheidung ihren Wohnsitz oder dauernden Aufenthalt in der BRD bzw. in einem Staat haben, mit dem die BRD diplomatische Beziehungen unterhielt. Diese „diplomatische Klausel" sollte verhindern, daß Zahlungen an die Staaten des Ostblocks gingen, wo unsicher war, ob der Geschädigte diese tatsächlich erhalten würde. Dies führte dazu, daß Zahlungen an Geschädigte in der DDR und den osteuropäischen Staaten unterblieben.[578]

Insgesamt war daher die Regelung der Rückstellung und Entschädigung jüdischer Versicherungspolizzen in der BRD doch großzügiger als in Österreich. Sie erfolgte nicht nur um einige Jahre früher und auf der Grundlage einer Abmachung mit den jüdischen Organisationen, sondern hatte vor allem den Tatbestand des verfolgungsbedingten Verlustes wesentlich umfassender definiert. Das betraf nicht nur u. a. die Einzahlungen auf Sperrkonten oder Prämienfreistellungen, sondern auch die Einsetzung in die Rechte, als ob keine Verfolgung vorgefallen wäre. Während in Österreich in der Regel nur der Rückkaufwert entschädigt wurde, war dieser Rückkauf nach der deutschen Regelung bereits verfolgungsbedingt und den Geschädigten wurden im Prinzip die gesamte Versicherungssumme ersetzt. Durch den Abzug von Rückkaufsummen, Darlehen und nicht gezahlten Prämien war der Unterschied nicht so entscheidend, aber die Rechte der Geschädigten wurden doch in weitaus größerem Maße anerkannt, was zumindest politisch bedeutsam war. Der größte materielle Unterschied ergab sich aber durch die Währungsbestimungen nach 1945. Die Abwertung von Ansprüchen aus Lebensversicherungen erfolgte in Österreich im Verhältnis von 10 : 4 und in der BRD von 10 : 2, was auf den ersten Blick für Österreich spricht. Die Ansprüche etwa in der Höhe von 1.000 RM wurden in der BRD auf 200 DM abgewertet und in Österreich auf 400 Schilling. 1950 erhielt man für 100 DM 508 Schilling und zwischen 1954 und 1959 lag der Kurs konstant bei 619. Ein jüdischer Geschädigter erhielt daher für seine Altansprüche in der Höhe von 1.000 RM in der BRD 200 DM, während er in Österreich für denselben Anspruch im Jahr 1950 insgesamt 79 DM bekam und 1959 lediglich 65 DM, also nur etwa ein Drittel. Diese unterschiedliche Behandlung ist den jüdischen Betroffenen nicht verborgen geblieben und konnte wohl auch nur schwer verstanden werden.

---

578 Dr. Erich R.Prölss, Rechtsgutachten über Lebensversicherungsverträge mit Versicherungsnehmern in der Tschechoslowakei und im Sudetengebiet, 19. 3. 1950, Archiv Versicherungsverband

6. Versuch einer zahlenmässigen Bilanz

Zum Abschluß wird zu Recht eine zahlenmäßige Bilanz erwartet, was denn nun mit den österreichischen jüdischen Polizzen des Jahres 1938 geschehen ist, wie viele Rückkäufe, Beschlagnahmungen, Rückstellungen erfolgt sind, und was letztlich noch übrig geblieben sein kann. Aus der Komplexität der Materie und aus dem unvollständigen Datenmaterial erklärt sich, daß dies nun unter Annahmen und mit Schätzungen möglich ist. Es ist letztlich ein Merkmal aller wissenschaftlichen Arbeiten über die Vermögensverluste der jüdischen Bevölkerung seit 1938 und über die Rückstellungs- und Entschädigungsmaßnahmen nach 1945, daß sie keine eindeutigen und unbestrittenen Zahlen liefern können.

Wir wissen, daß 67 % der jüdischen Österreicher nach dem „Anschluß" 1938 das Land verlassen haben und gehen davon aus, daß diese mit hoher Wahrscheinlichkeit ihre Versicherungspolizzen selbst zurück gekauft haben. Der Rückgang muß aber noch höher gewesen sein. Einmal waren die ins Ausland gegangenen jüdischen Österreicher durchschnittlich wohlhabender als die gesamte jüdische Bevölkerung und die Häufigkeit und Höhe von Lebensversicherungen stieg mit der Höhe des Vermögens. Zum anderen hatten auch die Zurückgebliebenen Lebensversicherungen, die sie auf Grund der wirtschaftlichen Diskriminierung rückkaufen mußten. Wir können daher von einem Rückkauf von 70 % bis 80 % der jüdischen Polizzen ausgehen. Zusätzlich wurden durchschnittlich 15 % der jüdischen Polizzen vom Deutschen Reich direkt eingezogen, individuell oder auf Grund der 11. Verordnung, so daß 85 % bis 95 % der jüdischen Lebensversicherungsverträge bis Kriegsende aufgelöst worden waren. Nach 1945 erfolgten Zahlungen auf Grund der Rückstellungsgesetze im Ausmaß von 12 % der 1938 angemeldeten Polizzen (nach Junz) und knapp 1 % an die Sammelstellen, so daß im Grunde genommen nicht mehr viel übrig sein konnte. Den Sammelstellen kommt hierbei eine besondere Bedeutung zu. Zwei Versicherungsunternehmen hatten mit ihnen zusammen gearbeitet und waren die Listen der bei der Vermögensverkehrsstelle 1938 angemeldeten jüdischen Polizzen gemeinsam durchgegangen. Die geringen Zahlungen, die – ohne Berücksichtigung von Verjährung oder Verfall – danach geleistet wurden zeigen, daß es in diesem Bereich kaum mehr unerledigte Altbestände gab.

Eine Endabrechnung gestaltet sich dennoch schwierig, was sich schon daran zeigt, daß gemessen an den 1938 angemeldeten Polizzen aus 98 % bis 108 % in irgend einer Form geleistet worden war, was ja irgendwo schwer möglich ist. Wir können daher mit Sicherheit davon ausgehen, daß ein Teil der jüdischen Lebensversicherungen bei der Vermögensverkehrsstelle nicht angemeldet worden war. Zum anderen stellt sich die Situation bei den einzelnen Versicherungsunternehmen recht unterschiedlich dar. Nimmt man die Werte der Versicherungsunternehmen, die einen größeren Anteil an gemeldeten jüdischen Polizzen hatten und von denen wir zumindest teilweise über Daten verfügen, so ergibt sich folgende Entwicklung der Rückkäufe insgesamt.

Aufwendungen für rückgekaufte Polizzen in der Lebensversicherung
In Mio RM

	1938	1939	1940	1941	1942	1943	1944
ÖVAG	6,6	6,6	2,7	2,5	4,6	1,7	1,4
Riunione	2,3	1,5	0,3	-	-	-	-
Anker	4,9	5,2	1,7	0,9	1,2	-	-
Generali	1,7	1,5	0,4	-	-	-	-
Wr. Städtische	2,4	1,6	0,5	0,4	-	-	0,4
Summe	17,9	16,4	5,6				

Gehen wir davon aus, daß 1940 ein „Normaljahr" war und die erhöhten Rückkäufe 1938 und 1939 auf die jüdische Bevölkerung zurück zu führen, da für die Mehrheit der österreichischen Bevölkerung die ersten zwei Jahre nach dem „Anschluß" wirtschaftlich sehr günstig waren und sie daher wenig Grund für den Rückkauf von Versicherungspolizzen hatten, dann kann man folgende überhöhten Rückkäufe für die ersten zwei Jahre nach dem „Anschluß" feststellen:

Überhöhte Rückkäufe in den Jahren 1938 und 1939:

Versicherungsunternehmen	Rückkaufwert Nach VVSt 1938 In Mio RM	überhöhte Rückkäufe 1938/39 in Mio RM
ÖVAG	28,4	7,8
Riunione	3,1	3,2
Anker	2,9	6,7
Generali	2,7	2,4
Wr.Städtische	1,2	3,0
Summe	38,3	23,1

Im „Normaljahr" 1940 lag die Summe der Rückkäufe der obrigen Versicherungsunternehmen bei 5,6 Mio RM. Im Jahr 1938 lagen diese um 12,3 Mio RM und im Jahr 1939 um 10,8 Mio RM darüber, so daß sich ein überhöhter Rückkauf für die beiden Jahre von 23,1 Mio RM ergibt.

Bei allen Versicherungsunternehmen, außer der ÖVAG, waren die überhöhten Rückkäufe gleich groß oder sogar wesentlich höher, als bei der Vermögensanmeldung 1938 für jüdische Österreicher angegeben. Bei einzelnen Versicherungsunternehmen erreichten die Rückkäufe ein so dramatisches Ausmaß, daß sie bis 1939 den großen Teil ihrer jüdischen Kundschaft verloren haben mußten. Nimmt man die Wiener Städtische als Beispiel, die Ende der 1950er Jahre mit den Sammelstellen die Listen der Vermögensverkehrsstelle durchgearbeitet hatte, so fand man – ohne Rücksicht auf Verjährung oder Verfall – noch 200 betroffene Polizzen mit einer ursprünglichen Rückkaufsumme von 167.025 RM (ohne Berücksichtigung der 60 %igen Abwertung durch das Versicherungswiederaufbaugesetz). Das war 17 % des 1938 bei der Vermögensverkehrsstelle angemeldeten Rückkaufwertes für diese Versicherungsgesellschaft. Die Versicherungsunternehmung Der Anker hatte von 1945 bis 1947 noch 391.830 Schilling für jüdische Polizzen geleistet[579], zusätzlich zu 37.567 Schilling nach dem Entschädigungsgesetz. Da dies nach dem Versicherungswiederaufbaugesetz nur 40 % des ursprünglichen Rückkaufwertes war, betrafen diese Zahlungen 979.575 Schilling bzw. 93.981 Schilling, also mehr als eine Million ursprünglicher Rückkaufwerte. Außerdem war Der Anker während des Krieges vom Schweizer Bundesgericht verurteilt worden, bei Fremdwährungspolizzen, für welche die Schweizer Rück eine Garantieerklärung abgegeben hatte, diese in der Schweiz auszubezahlen. Berücksichtigt man noch die außerordentlich hohen Rückkäufe in den Jahren 1938/9, so zeigt sich, daß Der Anker weit mehr an jüdischen Polizzen geleistet hatte, als 1938 bei der Vermögenserklärung angegeben worden war. Ein spezieller Fall war die Riunione. Diese hatte nach der Vermögensverkehrsstelle (nach Junz) 1.006 jüdische Polizzen zum Rückkaufwert von 2,7 Mio RM. Das Versicherungsunternehmen hat die Listen der Sammelstellen (1.013 jüdische Polizzen) neuerlich überprüft und festgestellt, daß nur bei 25 % ein Rückkauf erfolgt war.[580] Daher hatte die Riunione 1945 bis 1957 noch für die verbliebenen 75 % 1,33 Mio Schilling für jüdische Polizzen geleistet. Berücksichtigt man die Abwertung durch das Versicherungswiederaufbaugesetz (60 %), so war dies um 520.000 Schilling mehr, als an jüdischen Polizzen 1938 angemeldet worden war. Man kann daher bei allen Versicherungsunternehmen, außer der ÖVAG, davon ausgehen, daß sie Ende der 1950er Jahren nur mehr einen geringen Bestand an nicht ausbezahlten jüdischen Polizzen aus der Vorkriegszeit haben konnten.

Damit konzentriert sich das Problem auf die ÖVAG. Diese hatte von 1938 bis 1944 Rückkäufe in der Höhe von 26,1 Mio RM. Nimmt man hier den Durchschnitt

---

579 Nach unternehmensinternen Berechnungen auf Grund der Listen der Sammelstellen.
580 Notiz: Holocaust – Liste der beschlagnahmten Verträge der RAS, Interunfall Versicherungsaktiengesellschaft, 7. 12. 2000

der Jahre 1943/4 als Normaljahre (1,55 Mio RM), da in dieser Zeit auf Grund der Vorauszahlung von 6 Mio RM so gut wie keine jüdischen Polizzen mehr rückgekauft oder vom Reich eingezogen wurden, so lagen die Rückzahlungen für diese sieben Jahre um 15,25 Mio RM über diesem Durchschnitt. Damit wären 1945 noch 7,95 Mio RM an Rückkaufwert für jüdische Polizzen offen gewesen, oder 34 % der bei der Vermögensverkehrsstelle 1938 angemeldeten Rückkaufsumme (nach Junz). Es sei daran erinnert, daß es bei der ÖVAG 1945 beim Altbestand (Lebens-Phönix-Polizzen) 18,6 Mio S überfällige Polizzen gab, in denen auch die jüdischen enthalten gewesen sein mußten. Diese 7,95 Mio RM wären nach der 60 %igen Abwertung durch das Versicherungswiederaufbaugesetz 3,18 Mio Schilling neu gewesen. Nach dem Versicherungsentschädigungsgesetz 1958 leistete die ÖVAG 817.344 Schilling, was wiederum nach dem Versicherungsentschädigungsgesetz 40 % des ursprünglichen Rückkaufwertes von 2.043.360 RM war. Bei allen diesen Zahlungen ist noch zu berücksichtigen, daß bei der Vermögensanmeldung 1938 mit dem Rückkaufwert das Aktivvermögen angegeben wurde und die durchaus üblichen Polizzendarlehen nicht berücksichtigt sind. Diese wären von der zurück zu stellenden Summe – natürlich auch mit der 60 %igen Abwertung – abzuziehen.

Diese Überlegungen gehen von der Annahme aus, daß die überhöhten Rückkäufe 1938/9 tatsächlich zur Gänze auf jüdische Versicherungsnehmer zurück zu führen waren und sie berücksichtigen vor allem nicht die scheinbar beachtliche Zahl der bei der Vermögensverkehrsstelle nicht angemeldeten jüdischen Versicherungspolizzen. Wie ausführlich dargestellt wurde, war aber andererseits die ÖVAG als einziges Versicherungsunternehmen bereits kurz nach dem Krieg berechtigt und imstande, ihren Altbestand an jüdischen Lebensversicherungspolizzen abzuwickeln und zu bezahlen. Die ÖVAG unternahm auch besondere Bemühungen, indem sie beim Versicherungswiederaufbaugesetz 1955 bei verfallenen Polizzen, soweit die Adressen bekannt waren, Anforderungen zur Anmeldung von Rückstellungsansprüchen ausschickten und es dafür ein eigenes Formular gab. In Zusammenarbeit mit Dr. C. Kapralik, dem Generalsekretär der Jewish Trust Corporation, London, wies sie in den „Emigrantenblättern" darauf hin, daß Ansprüche aus Lebens-Phönixversicherungen innerhalb der zweijährigen Anmeldefrist geltend zu machen waren. „Es ist daher anzunehmen,", stellte der damalige öffentliche Verwalter fest, „daß damit der Kreis der Interessierten, soweit dies überhaupt mit wirtschaftlichen Mitteln möglich ist, erfaßt sein dürfte."[581]

Damit wird letztlich deutlich, daß wir weder für die gesamte Versicherungsbranche noch für einzelne Versicherungsunternehmen eindeutige zahlenmäßige Aussa-

---

[581] Schreiben Öffentlicher Verwalter der Österreichischen Versicherungs Aktiengesellschaft an das Bundesministerium für Finanzen, Wien 9. April 1957, AdR.BMF., BfF, Versicherungsaufsicht allgemein, 50457/57

gen machen können. Das war durchaus zum Vorteil der damaligen jüdischen Bevölkerung Österreichs. Der Staat, auch das Deutsche Reich, kann nur auf Vermögen zu-
greifen, wenn er Informationen hat. Dies ist ihm auch mit der Vermögensverkehrsstelle 1938 nur unzulänglich gelungen. Immobilien konnte man kaum verschweigen,
aber Versicherungspolizzen sehr wohl. Zusätzlich war die Vermögenserklärung in
bezug auf Versicherungspolizzen nur eine Momentaufnahme. Durch Prämienfreistellung, Belehnung und Rückkauf schmolz dieses Vermögen rasch dahin. Und auch
die Versicherungsunternehmen können ihren ursprünglichen Bestand an jüdischen
Polizzen nicht feststellen, da sie diese nicht nach rassischen Kriterien geordnet hatten. Wir wissen in etwa was seit der 11. Verordnung ab 1942 geschehen ist und haben einen einigermaßen Überblick über die Abwicklung, Rückstellung und Entschädigung von und für jüdische Lebensversicherungspolizzen, aber wir können sie nur
unzulänglich zu einer ursprünglichen Grundmenge in Bezug setzen. Manche Versicherungsunternehmen können sogar für sich in Anspruch nehmen, mehr für jüdische Polizzen ausbezahlt zu haben, als bei der Vermögenserklärung 1938 angegeben
wurde. Ob und wenn ja in welchem Ausmaß noch „unclaimed" jüdische Polizzen
vorhanden sind, läßt sich daher generell nicht exakt feststellen. Was sich in der Regel feststellen läßt, sind lediglich individuelle Ansprüche an einzelne Versicherungsunternehmen.

Was haben nun die jüdischen Österreicher im Bereich der Lebensversicherungen
verloren? Das war unterschiedlich, je nachdem ob selbst zurück gekauft wurde, ob
die Polizze vom Reich eingezogen wurde, oder ob der Versicherungsvertrag nach
1945 noch aufrecht war. Wie bereits dargestellt, sind zur Beantwortung der Frage,
ob der selbständige Rückkauf eine Schädigung der jüdischen Versicherungsnehmer
darstellte, eine Reihe von Annahmen notwendig. Geht man davon aus, daß keine
Verfolgung statt gefunden hätte, so wären die Versicherungsprämien in der Regel
weiter bezahlt worden, der Versicherungsschutz wäre über die Vertragsdauer erhalten geblieben und der Versicherungsnehmer hätte nach Vertragsablauf die Versicherungssumme erhalten. Durch die vorzeitige Auflösung des Versicherungsvertrages
ist daher sowohl der Versicherungsschutz als auch die Möglichkeit der Kapitalbildung entfallen. Allerdings müßte man bei der Annahme „keine Verfolgung" auch alternative Verwendungsmöglichkeiten in Betracht ziehen. Die Rückkaufsumme und
die ersparten Prämienzahlungen konnten anderweitig angelegt werden. Dieser alternative Gewinn wäre dann von dem Verlust der Nichtweiterführung des Versicherungsvertrages abzuziehen um zum konkreten Ausmaß der Schädigung zu kommen.

Unter den tatsächlich gegebenen Bedingungen der Verfolgung und Diskriminierung konnte aber der ausbezahlte Rückkaufwert von entscheidender Bedeutung sein,
etwa um letztlich doch noch das Verlassen des Landes zu ermöglichen. Es wurde
darauf hingewiesen, daß in der konkreten Situation der Verfolgung und Diskrimi-

nierung ab 1938 die ausbezahlte Rückkaufsumme in jeder Beziehung von höherem Wert war, als die Ausbezahlung der gesamten Versicherungssumme nach Vertragsablauf. Zusätzlich hatten die Rückkaufsummen der Jahre 1938/9 eine wesentlich höhere Kaufkraft als die durch Währungsreform und Inflation drastisch verringerte Versicherungssummen nach 1945. Wer etwa 1938/9 die Hälfte seiner Versicherungssumme als Rückkaufwert ausbezahlt bekam hatte zwei Drittel mehr Kaufkraft in der Hand, als wenn er die gesamte Versicherungssumme zehn Jahre später ausgehändigt bekommen hätte. Dennoch war für die jüdischen Geschädigten in der Regel auch die erhaltene Rückkaufsumme verloren. Denn die Verfolgung verursachte nicht nur Verluste, sondern auch Kosten. Der erhaltene Rückkaufwert konnte nicht wie in gewöhnlichen Zeiten anderwärtig angelegt werden, sondern ging für diskriminierende Steuern und Abgaben und für die finanziellen Aufwendungen zum Verlassen des Landes auf. Für die Betroffenen hatte daher der selbständige Rückkauf fast die Wirkung einer indirekten Beschlagnahmung und war von der direkten kaum zu unterscheiden. In jedem Fall verloren sie neben dem Versicherungsschutz auch weitgehend das in Lebensversicherungspolizzen angelegte Vermögen.

Wurde die Versicherungspolizze vom Dritten Reich individuell oder nach der 11. Verordnung global eingezogen, so war nicht nur der Versicherungsschutz, sondern auch der Rückkaufwert verloren. Eine Zahlung erfolgte erst nach dem Entschädigungsgesetz 1958, also zwanzig Jahre später und dann nur auf Grund eines Antrags. Wurde der Antrag innerhalb der einjährigen Anmeldefrist nicht gestellt, war der Anspruch verloren.

War der Versicherungsvertrag 1945 noch aufrecht, so war er allen anderen inländischen Polizzen gleich gestellt, allerdings mit zwei Einschränkung. Einmal gab es sicher kaum eine jüdische Polizze, für die bis 1945 noch die Prämien bezahlt wurden. Die Polizzen wurden daher prämienfrei gestellt und die bisherige Prämienzahlung wie eine Einmalprämie behandelt. Dadurch reduzierte sich der Versicherungsschutz und auch die später auszuzahlende Versicherungssumme nach Vertragsablauf. Zusätzlich wurde die Beschlagnahme jüdischer Vermögen (11. Verordnung) nach 1945 nicht automatisch aufgehoben, sondern die Geschädigten mußten einen Rückstellungsantrag stellen. Das war aufwendig und erforderte z. T. auch Kosten, da die Betroffenen zumeist nicht mehr in Österreich wohnten und oft einen Rechtsanwalt nehmen mußten. Dies reduzierte den Ertrag. Bei positiver Beurteilung des Rückstellungsantrags wurde die Versicherungssumme wie alle anderen ausbezahlt.

Die Vorgangsweise bei Rückstellung und Entschädigung war aber letztlich so, daß sie von den Betroffenen häufig als „zweite Enteignung" empfunden wurden. Die Zahlungen erfolgten entsprechend den Veränderungen, denen die Lebensversicherungsverträge nach 1938 generell für alle inländischen Versicherungsnehmer unterlagen, einschließlich sämtlicher Auswirkungen durch die Währungs- und Versicherungsgesetze. Grundsätzlich war bei allen Rückstellungsmaßnahmen eine Valorisierung nicht vorgesehen. Das konnte bei rückzustellendem Realvermögen, wie Immobilien oder Unternehmen, durchaus zum Vorteil der geschädigten Eigentümer ausfallen, bei Nominalvermögen, wie Bank- oder Versicherungsguthaben, wirkte sich das aber katastrophal aus. Wer nach 1955 seine Polizze von 1938 ausbezahlt bekam, hatte einen Geldwertverlust von 90 % hinzunehmen. Zusätzlich erfolgte durch das Versicherungswiederaufbaugesetz eine Abwertung von 60 %, so daß der auszuzahlende Nominalbetrag gerade 4 % des Wertes von 1938 entsprach. Dies galt für alle österreichischen Versicherungsnehmer ohne Unterschied, mußte aber Personen, die endlich mit einer Rückstellung rechnen konnten, doch als Ungerechtigkeit erscheinen. Die ganze Rückstellung und Entschädigung bei jüdischen Lebensversicherungspolizzen war daher sowohl korrekt wie unbefriedigend. Die Republik Österreich agierte mit Zustimmung der alliierten Mächte als ein Staat, der nicht für die Taten des Dritten Reiches zuständig war und daher keine Wiedergutmachung zu leisten hatte. Alle Österreicher sollten daher bei Rückstellungs- und Entschädigungsmaßnahmen gleich behandelt und keine Sonderrechte einzelner Gruppen von Geschädigten zugelassen werden. Die österreichischen Versicherungsunternehmen hatten sich stets an die bestehenden gesetzlichen Bestimmungen gehalten und den weitaus überwiegenden Anteil der jüdischen Lebensversicherungspolizzen auch ausbezahlt. Selbst noch vorhandene „unclaimed" Ansprüche aus Polizzen sind rechtlich korrekt verjährt oder verfallen. Dennoch waren die wirtschaftlichen, politischen und rechtlichen Gründe der österreichischen Vorgangsweise für die jüdischen Geschädigten schwer verständlich. Der lange Zeitrahmen von zwei Jahrzehnten, den sich die Rückstellungsmaßnahmen hinzogen, die teilweise für den juristischen Laien unverständliche Logik der rechtlichen Bestimmungen und die inflationsbedingt drastisch reduzierten Werte der Auszahlungen mußten subjektiv den Eindruck erwecken, daß man letztlich doch um seine Ansprüche gebracht worden war.

Literatur

Ackerl, Isabella, Nationalsozialistische Massenverhetzung. Presseberichte zum Verfahren gegen zwei „Lebens-Phönix"-Direktoren, in: Rohrbach, Wolfgang, Versicherungsgeschichte Österreichs, Band VI, An der Schwelle zum 3. Jahrtausend – Retrospektiven und Perspektiven, Wien 2000

Adam, Uwe Dietrich, Judenpolitik im Dritten Reich, Düsseldorf 1972

Ackerl, Isabella, Der Phönix-Skandal, in: Das Juliabkommen von 1936, Wien 1976

Arps, Ludwig, Durch unruhige Zeiten. Deutsche Versicherungswirtschaft seit 1914, 2. Bd., Karlsruhe 1970/76

Arps, Ludwig, Deutsche Versicherung 1933–1945. Zu Eduard Hilgards 80. Geburtstag. in: Versicherungswirtschaft 1964,

Arps, Ludwig, Preisstopp und gerechte Prämie. Experimente in nationalsozialistischer Zeit, in: Versicherungswirtschaft 1973

Barkai, Avraham, Das Wirtschaftssystem des Nationalsozialismus. Der historische und ideologische Hintergrund 1933–1936, Köln 1977

Barkai, Avraham, Vom Boykott zur „Entjudung". Der wirtschaftliche Existenzkampf der Juden im Dritten Reich, Frankfurt 1988

Bailer, Brigitte, „Ohne den Staat damit zu belasten". Bemerkungen zur österreichischen Rückstellungsgesetzgebung, in: Zeitgeschichte, 20. Jg., Heft 11/12, Wien 1992/3

Bailer, Brigitte, Wiedergutmachung – kein Thema. Österreich und die Opfer des Nationalsozialismus, Wien 1993

Bailer-Galanda, Brigitte, Die sogenannte „Wiedergutmachung", in: Bailer-Galanda, u. a. (Hrsg.), Wahrheit und „Auschwitzlüge", Wien 1995

Becker, Gary S., The Economics of Discrimination, Chicago 1957

Becker/Huber/Küster, Bundesentschädigungsgesetz, Berlin 1955

Beckermann, Ruth, Ungehörig. Österreicher und Juden nach 1945, Wien 1989

Benz, Wolfgang (Hrsg.), Die Juden in Deutschland 1933–1945. Leben unter nationalsozialistischer Herrschaft, München 1988;

Bienenfeld, F. R. /Kapralik, C, Draft Memorandum on Losses of Austrian Jewry, 19. 5. 1953, Nachlaß Albert Loewy, Institut für Zeitgeschichte der Universität Wien

Bienenfeld, Frank Rudolf, Der österreichische Staatsvertrag und die Ansprüche der Verfolgten, London 1956

Bischof, Günter, Austria in the First Cold War, Basingstike 1999

Blessin/Wilden, Bundesrückstattungsgesetz, München 1958

Böhle, Ingo, Die Volksfürsorge Lebensversicherungs-A. G. im Dritten Reich, Magisterarbeit, Universität Hamburg 1996

Böhmer, Peter, Wer konnte, griff zu. „Arisierte" Güter und NS-Vermögen im Krauland-Ministerium (1945–1949), Wien 1999

Börge, Volker, 75 Jahre Volksfürsorge Versicherungsgruppe 1913–1988, Hamburg 1988

Borscheid, Peter, 100 Jahre Allianz, München 1990

Botur, Andre, Privatversicherung im Dritten Reich. Zur Schadensabwicklung nach der Reichskristallnacht unter dem Einfluß nationalsozialistischer Rassen- und Versicherungspolitik, Berlin 1995

Botz, Gerhard, Wien vom „Anschluß" zum Krieg. Nationalsozialistische Machtübernahme und politisch-soziale Umgestaltung am Beispiel der Stadt Wien 1938/39, Wien 1978

Botz, Gerhard, Lebenslüge – das stimulierende Prinzip. Eine Auseinandersetzung mit neuen Verfechtern der österreichischen „Opferthese", in: Europäische Rundschau, 24. Jg., Wien 1996

Brodesser/Fehn/Franosch/Wirth, Wiedergutmachung und Kriegsfolgenliquidation. Geschichte, Regelungen, Zahlungen, München 2000

Bundespressedienst, Maßnahmen der Republik Österreich zugunsten bestimmter politisch, religiös und abstammungsmäßig Verfolgter seit 1945, Wien 1986, Österreich-Dokumentationen 9

Bundesministerium für Finanzen in Zusammenarbeit mit Walter Schwarz, Die Wiedergutmachung nationalsozialistischen Unrechts durch die Bundesrepublik Deutschland, Band V, Das Bundesentschädigungsgesetz, München 1983

Burger, Dirk, Der Einfluß der wirtschaftlichen, sozialen und politischen Entwicklung auf die Entfaltung der Versicherungsaufsicht im 19. Und 20. Jahrhundert, Köln 1988

Comité de surveillance des assurances, Premier Ministre, Mission d'étude sur la spoliation des Juifs des France, contribution sur les prejudices subis en matière d'assurance au cours et au lendemain de la second guerre mondiale par les personnes visées par les lois de discrimination raciale, Paris, Novembre 1999

Davy, U., (Hrsg), Nationalsozialismus und Recht. Rechtssetzung und Rechtswissenschaft in Österreich unter der Herrschaft des Nationalsozialismus, Wien 1990

Dokumentationsarchiv des österreichischen Widerstandes, Widerstand und Verfolgung in Wien 1934–1945, Wien 1975

Dokumentationsarchiv des österreichischen Widerstandes, Jüdische Schicksale. Berichte von Verfolgten, Wien 1992

Eggenkämper, Barbara/Rappl, Marian/Reichel, Anna, Der Bestand Reichswirt-

schaftsministerium im „Zentrum für die Aufbewahrung historisch-dokumentari-
scher Sammlungen" (Sonderarchiv) in Moskau, in: Zeitschrift für Unterneh-
mensgeschichteNr. 2/1998, München

Eggenkämper, Barbara, Neu in der Zunft der Wirtschaftsarchive: Das firmenhisto-
rische Archiv der Allianz AG 1993 bis 1998, in: Zeitschrift für das Archivwesen
der Wirtschaft, Heft 2/1998

Ehrenzweig, Albert, Die Rechtsordnung der Vertragsversicherung, Wien 1929

Enderle-Burcel, Gertrude/Jerabek, Rudolf/ Kammerhofer, Leopold, Protokolle des
Kabinettsrates der provisorischen Regierung Karl Renner 1945, Wien 1995

Fraenkel, Josef, The Jews of Austria. Esseys on their Life, History and Destruction,
London 1967

Friedländer, Saul, Das Dritte Reich und die Juden. Die Jahre der Verfolgung 1933–
1939, München 1998

Fuchs, Gertraud, Die Vermögensverkehrsstelle als Arisierungsbehörde jüdischer Betriebe, DiplA., Wirtschaftsuniversität Wien 1989

Füger, Fritz, Das Provisorium in der österreichischen Lebensversicherung, in: Die
Versicherungsrundschau 9. Jg. Heft 3, Wien März 1954

Genschel, Helmut, Die Verdrängung der Juden aus der Wirtschaft des Dritten Reiches, Göttingen 1966

Gerlach Ch., (Hrsg), Krieg, Ernährung, Völkermord. Forschungen zur deutschen
Vernichtungspolitik im Zweiten Weltkrieg, Hamburg 1998

Geschäftsbericht des Verbandes der Lebensversicherungsunternehmen 1938–1948,
3 B, Frankfurt 1948

Giessler, Hans u. a. (Hrsg), Das Bundesentschädigungsgesetz, Band V der Reihe Die
Wiedergutmachung nationalsozialistischen Unrechts durch die Bundesrepublik
Deutschland, Herausgegeben vom Bundesministerium für Finanzen in Zusam-
menarbeit mit Walter Schwarz, München 1983

Goldman, Nahum, Mein Leben als deutscher Jude, Frankfurt 1980

Goschler, Constantin, Wiedergutmachung. Westdeutschland und die Verfolgten des
Nationalsozialismus (1945–1954), München 1992

Graf, Baldur, Lebensversicherung und Kriegsrisiko im Wandel, in: Rohrbach, Wolfgang, Versicherungsgeschichte Österreichs, Band VI, An der Schwelle zum 3.
Jahrtausend – Retrospektiven und Perspektiven, Wien 2000

Graf, Baldur, Vor sechs Jahrzehnten, in: Rohrbach, Wolfgang, Versicherungsgeschichte Österreichs, Band VI, An der Schwelle zum 3. Jahrtausend – Retrospektiven und Perspektiven, Wien 2000

Graf, Georg, Arisierung und keine Wiedergutmachung, in: Peter Muhr/Paul Fey-
erabend/Cornelia Wegeler (Hg.), Philosophie Psychoanalyse Emigration, Fest-
schrift für Kurt Rudolf Fischer zum 70. Geburtstag, Wien 1992

Grubmann, Friedrich/Wahle, Karl, Das Versicherungsvertragsgesetz, Wien 1970

Grubmann, Friedrich, Das Versicherungsvertragsgesetz, Wien 1982

Hollmayer, Angelika, Makrodaten der österreichischen Assekuranz 1875–2000, in: Wolfgang Rohrbach (Hrsg), Versicherungsgeschichte Österreichs Band 6, An der Schwelle zum 3. Jahrtausend – Retrospektiven und Perspektiven, Wien 2000

Hanslik, Johann, Genealogie der Versicherungsunternehmen Österreichs (1937 bis 1998), in: Rohrbach, Wolfgang, Versicherungsgeschichte Österreichs, Band VI, An der Schwelle zum 3. Jahrtausend – Retrospektiven und Perspektiven, Wien 2000

Hehl, Ulrich von, Nationalsozialistische Herrschaft. Enzyklopädie Deutscher Geschichte Band 39, München 1996

Hemerka, Wilhelm H. /Winsauer, Kurt, Rechshistorischer Abriß der österreichischen Versicherungswirtschaft zwischen 1918 und 1938, in: Wolfgang Rohrbach (Hrsg.), Versicherungsgeschichte Österreichs, Band III, Das Zeitalter des modernen Versicherungswesens, Wien 1988, S. 58 ff.

Hollmayer, Angelika, Makrodaten der österreichischen Assekuranz 1875–2000, in: Rohrbach, Wolfgang, Versicherungsgeschichte Österreichs, Band VI, An der Schwelle zum 3. Jahrtausend – Retrospektiven und Perspektiven, Wien 2000

Junz, Helen B., Report on the Pre-War Wealth Position of the Jewish Population in Nazi-Occupied Countries, Germany and Austria, Independent Committee of Eminent Persones, o. J.

Junz, Helen, B., Report of the Insurance data in the Census of Jewish Assets conducted by the Nazis in Austria in April 1938, prepared for ICHEIC, December 9, 1999

Karsch, Christian, Die versicherungswirtschaftlichen Verhältnisse in Österreich während der NS-Zeit. Die Schädigung jüdischer Lebensversicherter im Dritten Reich und ihre Entschädigung nach dem Krieg, Die Versicherungsrundschau, 5, 1999

Karsch, Christian, Die Schädigung jüdischer Versicherungsnehmer im Dritten Reich dargestellt ab Beispiel der Lebensversicherungen in der Ostmark, in: Rohrbach, Wolfgang, Versicherungsgeschichte Österreichs, Band VI, An der Schwelle zum 3. Jahrtausend – Retrospektiven und Perspektiven, Wien 2000

Karsch, Christian, 100 Jahre Versicherungsverband, in: Rohrbach, Wolfgang, Versicherungsgeschichte Österreichs, Band VI, An der Schwelle zum 3. Jahrtausend – Retrospektiven und Perspektiven, Wien 2000

Kaulbach, Detlef, Versicherungsschäden außerhalb der Sozialversicherungen (§§127–133 BEG), in: Bundesministerium für Finanzen in Zusammenarbeit mit Walter Schwarz, Die Wiedergutmachung nationalsozialistischen Unrechts durch die Bundesrepublik Deutschland, Band V, Das Bundesentschädigungsgesetz, München 1983

Kemper/Burkhardt, Bundesrückstattungsgesetz, Stuttgart 1957 bis 1952 über die Entschädigung der Juden, Frankfurt am Main 1988

Kessler, Bernhard, Handbuch für das österreichische Versicherungswesen, Wien 1929

Kiefhaber, Gustav Emil, Die Vertragsversicherung in Österreich vor und nach der Proklamation Großdeutschlands, Das Versicherungsarchiv, Wien 1939

Klein, Gottfried, 1938–1968 Dreißig Jahre: Vermögensentziehung und Rückstellung, Österreichische Juristen-Zeitung, 24. Jg, Heft 3, Wien 11. Februar 1969

Knight, Robert, „Ich bin dafür, die Sache in die Lände zu ziehen". Die Wortprotokolle der österreichischen Bundesregierung von 1945 bis 1952 über die Entschädigung der Juden, Frankfurt 1988

Krüger, Alf, Die Lösung der Judenfrage in der deutschen Wirtschaft, Berlin 1939

Lehner, Peter Ulrich, Österreichs Versicherungswirtschaft im Dritten Reich, in: Wolfgang Rohrbach (Hrsg.), Versicherungsgeschichte Österreichs, Band III, Das Zeitalter des modernen Versicherungswesens

Lehner, Peter Ulrich (Hrsg.) Solidarität und Sicherheit. Zur achtzigjährigen Geschichte der Sektion Versicherung in der Gewerkschaft der Privatangestellten, Wien 1983

Peter Ulrich Lehner, Im Inneren berührt, in: Wolfgang Rohrbach (Hrsg), Versicherungsgeschichte Österreichs Band 6, An der Schwelle zum 3. Jahrtausend – Retrospektiven und Perspektiven, Wien 2000

Leimdörfer, Max, Grundlagen und System des österreichischen Versicherungsrechts, Wien 1930

Levine, Itamar, The Fate of Stolen Jewish Properties. The Cases of Austria and the Netherlands, Institute of the World Jewish Congress, Policy Study No. 8, Jerusalem 1997

Liedtke, Günter, Das Versicherungswesen in Österreich seit 1945. Die österreichische Versicherungswirtschaft nach dem Zweiten Weltkrieg, Wien 1987

Lorenz-Liburnau, Hans, Währungsprobleme der Lebensversicherung in Österreich und ihre gesetzgeberische Lösung 1918–1938, in: Der Wirtschafter Nr. 23/4, 1941

Lorenz-Liburnau, Hans, Die Sonderregelung der Versicherungszahlungen des „Altbestandes" der Österreichischen Versicherungs AG im Rahmen des Versicherungsüberleitungsgesetzes, in: Die Versicherungsrundschau, September 1946

Lorenz-Liburnau, Hans, Die Lebensversicherung nach dem Währungsschutzgesetz, in: Die Versicherungsrundschau, Jänner 1948

Lorenz-Liburnau, Hans, Rückstellungsfragen auf dem Gebiete der Lebensversicherung, in: Die Versicherungsrundschau, Mai 1948

Lorenz-Liburnau, Hans, Die Versicherungsbestimmungen des österreichisch-deutschen Vermögensvertrages, in: Die Versicherungsrundschau, November 1958

Lorenz-Liburnau, Hans, Das Bundesgesetz vom 14. Februar 1962, betreffend den Abschluß des Wiederaufbaus der Vertragsversicherung, in: Die Versicherungsrundschau, März 1962

Lehner, Ulrich, Im Inneren berührt, in: Rohrbach, Wolfgang, Versicherungsgeschichte Österreichs, Band VI, An der Schwelle zum 3. Jahrtausend – Retrospektiven und Perspektiven, Wien 2000

Lehner, Ulrich, Wieviel ist das heute? Zur Hochrechnung historischer Geldbeträge, in: Rohrbach, Wolfgang, Versicherungsgeschichte Österreichs, Band VI, An der Schwelle zum 3. Jahrtausend – Retrospektiven und Perspektiven, Wien 2000

Lehner, Peter Ulrich, Wieviel ist das heute? Zur Hochrechnung historischer Geldbeträge, in: Wolfgang Rohrbach (Hrsg), Versicherungsgeschichte Österreichs Band 6, An der Schwelle zum 3. Jahrtausend – Retrospektiven und Perspektiven, Wien 2000

Lücke, Rückerstattung von Vermögen an Opfer der Naziunterdrückung in Berlin, Berlin 1949

Majer, Dietmut, „Fremdvölkische" im Dritten Reich. Ein Beitrag zur nationalsozialistischen Rechtsetzung und Rechtspraxis in Verwaltung und Justiz, Boppard 1981

Meyer, August, Hitlers Holding. Die Reichswerke „Hermann Göring", Wien 1999

Mitten, Richard, Die „Judenfrage im Nachkriegsösterreich. Probleme der Forschung, in: Zeitgeschichte Heft 11/12, Wien 1992

Moser, Jonny, Die Judenverfolgung in Österreich 1938–1945, Wien 1966

Moser, Jonny, Die Apokalypse der Wiener Juden, in: Wien 1938, Wien 1988

Moser, Jonny, Demographie der jüdischen Bevölkerung Österreichs, Wien 1999

Mosser, Alois/Roloff, Marita, Wiener Allianz gegründet 1860, Wien 1991

Pauley, Bruce F., From Prejudice to Destruction. A History of Austrian Anti-Semitism, Chapel Hill and London 1992

Pauley, Bruce F., The USA and the Jewish Question in Austria, Leo Beck Institute Year Book 36, 1992

Pawlita, Cornelius, Wiedergutmachung als Rechtsfrage? Die politisch-juristische Auseinandersetzung um Entschädigung für die Opfer nationalsozialistischer Verfolgung (1945–1990)

A. Pelinka/S. Mayr (Hrsg), Die Entdeckung der Verantwortung, Wien 1998

Rathkolb, Oliver, Washington ruft Wien: US-Großmachtpolitik und Österreich 1953–1963, Wien 1997

Rathkolb, Oliver, Zur Kontinuität antisemitischer und rassistischer Vorurteile in Österreich 1945/50, in: Zeitgeschichte, Heft 5, Wien 1989

Reifner (Hrsg.), Das Recht des Unrechtsstaates, Frankfurt 1981

Robinson, Nehemiah, Indemnification and Reparations, Institute of Jewish Affairs, New York 1944

Rohrbach, Wolfgang (Hrsg.), Versicherungsgeschichte Österreichs, Band III, Das Zeitalter des modernen Versicherungswesens, Wien 1988

Rohrbach, Wolfgang, Versicherungsgeschichte Österreichs, Band VI, An der Schwelle zum 3. Jahrtausend – Retrospektiven und Perspektiven, Wien 2000

Rohrbach, Wolfgang, Vor 40 Jahren ..., Die Tragödie der Lebensversicherungsgesellschaft aus heutiger Sicht, Wien 1976

Rohrbach, Wolfgang, 100 Jahre Collegialität. Historische Betrachtungen über eine Versicherungsmarke, in: Rohrbach, Wolfgang, Versicherungsgeschichte Österreichs, Band VI, An der Schwelle zum 3. Jahrtausend – Retrospektiven und Perspektiven, Wien 2000

Rohrbach, Wolfgang, 200 Jahre Merkur Versicherung, in: Rohrbach, Wolfgang, Versicherungsgeschichte Österreichs, Band VI, An der Schwelle zum 3. Jahrtausend – Retrospektiven und Perspektiven, Wien 2000

Rohrbeck Walter, (Hrsg.), 50 Jahre materielle Versicherungsaufsicht, Berlin 1952

Roloff, Marita, Die Entwicklung der Lebensversicherung in Österreich zwischen 1873 und 1936, in: Versicherungsgeschichte Österreichs, Band 2, Wien 1988

Rosenkranz, Herbert, Verfolgung und Selbstbehauptung. Die Juden in Österreich 1938–1945, Wien 1978

Rot-Weis-Rot Buch, Wien 1946

Salje (Hrsg.), Recht und Unrecht im Nationalsozialismus, 1985

K. Schmied/R. Streibel (Hrsg), Der Pogrom 1938. Judenverfolgung in Österreich und Deutschland, Wien 1990

Schneider, Gerhard, Geschichte der österreichischen Privatversicherung, Wien 1988

Schubert, Karl, Die Entjudung der ostmärkischen Wirtschaft und die Bemessung des Kaufpreises im Entjudungsverfahren, Diss. Hochschule für Welthandel, Wien 1940

Steininger, Rolf (Hrsg.), Der Umgang mit dem Holocaust. Europa – USA – Israel, Schriften des Instituts für Zeitgeschichte der Universität Innsbruck und des Jüdischen Museums Hohenems, Bd. 1, Wien 1994

Sternfeld, Albert, Betrifft Österreich, von Österreich betroffen, Wien 1990

Sternfeld, Albert, Die Entdeckung der Verantwortung. Die Zweite Republik und die vertriebenen Juden, Wien 1988

Steiner, Herbert, Das österreichische Versicherungswesen und seine Gleichschaltung nach dem März 1938, in: Österreich in Geschichte und Literatur, 1982

Steiner, Herbert/Kucsera, Christian, Recht als Unrecht. Quellen zur wirtschaftlichen Entrechtung der Wiener Juden durch die NS-Vermögensverkehrsstelle, Wien 1993

Stiefel, Dieter, Entnazifizierung in Österreich, Wien 1980

Stiefel, Dieter, Nazifizierung plus Entnazifizierung = Null? Bemerkungen zur besonderen Problematik der Entnazifizierung in Österreich, in: Meissl/Mulley/ Rathkolb, Verdrängte Schuld, verfehlte Sühne. Entnazifizierung in Österreich 1945–1955, Wien 1986

Stiefel, Dieter, Der Prozeß der Entnazifizierung in Österreich, in: Henke/Woller (Hsg), Politische Säuberung in Europa. Die Abrechnung mit Faschismus und Kollaboration nach dem Zweiten Weltkrieg, DTV, München 1991

Stiefel, Dieter, Fünf Thesen zu den sozio-ökonomischen Folgen der Ostmark, in: Wolfgang Mantl (Hrsg), Politik in Österreich, Studien zu Politik und Verwaltung Bd. 10, Böhlau Verlag, Wien 1992

Stiefel, Dieter, Has the course of Denazification been determined by „Economic Necessities"?, In: Stein Ugelvik Larsen, (Ed.), Modern Europe after Fascism (1943–1980's, Columbia University Press 1998

Stiefel, Dieter/Bischof, Günter (Hrsg.) 80 Dollar. 50 Jahre ERP-Fonds und Marshall-Plan in Österreich 1948–1998, Wien 1999

Stiefel, Dieter, Die Fische und das Wasser. Der ökonomische Ansatz zur Erklärung des Verlaufs der Entnazifizierung. in: Caludia Kuretsidis-Haiser/Winfried R. Garscha (Hrsg), Keine „Abrechnung". NS-Verbrechen, Justiz und Gesellschaft in Europa nach 1945, Akademische Verlagsanstalt, Wien 1998

Stourzh, Gerald, Um Einheit und Freiheit. Staatsvertrag, Neutralität und das Ende der Ost-West-Besetzung Österreichs 1945–1955, Wien 1998

Surminski, Arno, Versicherungen unterm Hakenkreuz, Zeitschrift für Versicherungswesen, Nr. 15, 17–19, 22–24 1998 und Nr. 1–11, 1999

Süss, Theodor, Die Privatversicherung im Kriege, Berlin 1940

Tarrab-Maslaton, Martin, Rechtliche Strukturen der Diskriminierung der Juden im Dritten Reich, Berlin 1993

Thür, Hans, Die „Österreichische Versicherungs AG" und „Deutscher Ring Österreichische Lebensversicherung AG der Deutschen Arbeitsfront" 1936–1945, in: Wolfgang Rohrbach, Versicherungsgeschichte Österreichs Band III, Das Zeitalter des modernen Versicherungswesens, Wien 1988

Tigges, Michael, Geschichte und Entwicklung der Versicherungsaufsicht, Karlsruhe 1985

van Dam/Loos, Bundesentschädigungsgesetz, Berlin 1957

Vermögensverkehrsstelle, Katalog der Ausstellung: Die Entjudung der österreichischen Wirtschaft, Berlin 1938

Voigt, Dieter, Versicherungswirtschaft in der NS-Zeit, in: Der Versicherungskaufmann 1970

Wagner, Heinrich, Das Versicherungsüberleitungsgesetz, in: Die Versicherungsrundschau, Wien Juni 1946

Wahle, Karl/Wahle, Hedwig, Vertragsversicherungsrecht, Wien 1949

Walch, Dietmar, Die jüdischen Bemühungen um die materielle Wiedergutmachung durch die Republik Österreich, Wien 1971

Walk, Joseph (Hrsg.), Das Sonderrecht für die Juden im NS-Staat. Eine Sammlung der gesetzlichen Maßnahmen und Richtlinien – Inhalt und Bedeutung, Karlsruhe1981

Wittek-Saltzberg, Liselotte, Die wirtschaftspolitischen Auswirkungen der Okkupation Österreichs, Diss., Wien 1970

Wolffsohn, Michael, Das deutsch-israelische Wiedergutmachungsabkommen von 1952 im internationalen Zusammenhang, in: Vierteljahresheft für Zeitgeschichte 1988

Zabludoff, Sidney, „And it all but disappared": The Nazi Seizure of Jewish Assets, p. 15, Institute of the World Jewish Congress, Policy Forum No. 13, Jerusalem 1998

Anhang: Aufwertungsfaktor

1999 = 1,0000

Jahr	Schilling	Reichsmark
1937	35,0376	
1938	35,3880	53,0820
1939		53,6128
1940		52,5564
1941		51,5359
1942		51,0404
1943		50,5543
1944		50,5543
1945	47,3946	47,3946
1946	26,0979	
1947	12,7755	
1948	10,7562	
1949	8,7811	
1950	7,6597	
1951	6,0081	
1952	5,2897	
1953	5,3295	
1954	5,1965	
1955	5,0699	
1956	4,9287	
1957	4,7373	
1958	4,6872	
1959	4,6229	
1960	4,5462	
1961	4,4059	

Quelle: Peter Ulrich Lehner, Wieviel ist das heute? Zur Hochrechnung historischer Geldbeträge, in: Versicherungsgeschichte Österreichs Band IV, S. 1154

Dieter Stiefel
(Translated into English by L. Katschinka et al.)

The Austrian Life Insurance Industry and the Nazi Regime

Economic Development – Political Influence – Jewish-held Policies

Abridged Version

A "summary" is inevitably an abridgment and cannot cover all details. This can cause difficulties in cases where every detail counts. For any questions left open see the unabridged version.

Economic Developments

From the point of view of the Austrian insurance companies the period from the outbreak of World War I to the early 1950s was a sequence of shocks and disasters, which can best be summarised as follows:

- World War I – 1914 to 1918
- Collapse of the single insurance market of the Habsburg Monarchy in 1918
- Inflation and an almost complete loss of the value of the currency in 1922
- World Economic Crisis – 1929 to 1933
- Corporate State in 1934 with political purge of insurance staff
- Phönix Crisis in 1936
- *Anschluss* in 1938: Loss of Jewish staff members and clientele
- *Anschluss* in 1938: *Gleichschaltung* (elimination of opposition) and political purge of staff
- 1938/39: assets largely transferred into German ownership
- World War II – 1939 to 1945
- The post-war situation in 1945 (destruction, worthless *Reich* loans, loss of all foreign assets)
- Denazification 1945 to 1948, political purge of staff
- Currency reform and inflation – 1945 to 1952
- Problem of delimitation of insurance portfolio
- Restitution and indemnification
- The problem of nationalisation and German property

The Phönix Crisis of 1936

The slow economic recovery in the second half of the 1920s suffered another setback on account of the 1929 World Economic Crisis. The true crisis of Austria's insurance industry was, however, triggered by the collapse of the insurance company *Lebens-Phönix* in 1936. In 1926 *Lebens-Phönix*, an Austrian insurance company founded in 1889, accounted for more than 60 % of the premium income from life insurance contracts. *Lebens-Phönix* expanded steadily and was credited to be something of an economic miracle during the First Republic. Inefficient management, however, led to the completely unexpected collapse of the company in 1936, when the financial assets for domestic premium reserves were found to fall short by 250 million schillings. Between 1935 and 1937, the value of the life insurance portfolio in Austria fell by 14 % and that of the total portfolio (Austria, foreign countries and re-insurance) fell by 54 %. This drastic change was due to the fact that by 1937 the foreign business of *Lebens-Phönix* had been lost almost completely. The Phönix Crisis was, in fact, a crisis of the entire Austrian life insurance sector, since the re-organisation of the Phönix portfolio affected all Austrian insurance companies and policy-holders. Not only were the claims of Phönix policy-holders reduced, the burden of the rescue operation also had to be borne by the policy-holders of other insurance companies. As a result, the life insurance business marked time from 1936 onwards and did not pick up momentum until after the *Anschluss*.

Lebens-Phönix was placed under the administration of *Österreichische Kontrollbank für Industrie und Handel* and liquidated. Its foreign insurance portfolio plus financial assets was transferred to the respective national rescue companies. Its domestic life insurance portfolio plus the still existing cover was transferred to the newly-founded *Österreichische Versicherungs AG* (ÖVAG) for liquidation. Accordingly, there was no legal successor to Lebens-Phönix. The share capital of the newly-founded ÖVAG amounted to 5 million schillings.

ÖVAG took over 214,385 life insurance policies of the former *Lebens-Phönix*, amounting to a total of 868.3 million schillings, and 4,164 pension insurance contracts for annuities in the amount of 3.59 million schillings. This was what was called "old portfolio" *(Altbestand)*. At the same time the company started business activities in its own right, which went by the name of "new portfolio" *(Neubestand)*. Its "old portfolio" was subject to certain restrictions: The term of the insurance contracts was extended by two, three or five years and, in addition, the value of lump-sum payments was re-assessed. This resulted in a reduction of 91.31 million schillings for endowment insurance and by 1.01 million schillings for pension insurance contracts. In addition, redemption and policy loan rights were generally abolished, ÖVAG, however, frequently waived this privilege.

The Market Shares of Life Insurance Companies in Austria

Insurance companies with a market share of more than one per cent.
Total premium income as percentages in 1935.
Total income: 235.59 million schillings

Company	Market share
Domestic companies	
Lebens-Phönix	62.0
Der Anker	7.5
Donau	5.7
Bundesländer	5.1
Wiener Städtische	4.1
Allianz and Giselaverein 3.6	
Janus	2.9
Internationale Unfall 1.3	
Foreign companies	
Victoria	2.1
Generali	1.8
Riunione	1.4

In order for ÖVAG to be able to carry out the rescue operation, an Insurance Fund (*Versicherungsfonds*) was established, which issued bonds in the amount of 250 million schillings, by which the life insurance premium reserves of Phönix were replenished. The Insurance Fund transferred this amount of 250 milllion schillings to ÖVAG in order to meet the premium reserve requirement. For the implementation of its transactions the fund was entitled to collect a charge from the insurance companies, which amounted to 5 % in the case of life insurance contracts, and was to be paid jointly by the insurance companies and the policy-holders. 3,500 insurance agents and 1,100 internal staff of the former *Lebens-Phönix* were dismissed and only 200 of them were taken over by ÖVAG. On June 30, 1936, the salaries of all insurance employees were generally reduced by between 5 and 14.5 %, and the Austrian employees of *Lebens-Phönix* taken over by ÖVAG had to face even more massive salary cuts.

THE *Anschluss* OF 1938: INSURANCE ASSOCIATIONS (VEREINE)

As from the *Anschluss* of March 1938, the Minister of Economic Affairs of the *Reich* was empowered to take all the measures necessary to "efficiently organise" the insurance business in the *Ostmark* (Austria under National Socialism) and, if necessary, to do so without completely complying with the general and regional laws of the German *Reich*. The Minister was empowered to dissolve or merge insurance companies or to establish new ones. In Austria, this affected a large number of funds, associations and other organisations, which had until then not been controlled by the state, since they were organised as mutual assistance organisations and did thus not fall under the regulations governing insurance companies. This applied in particular to providence societies *(Vorsorgevereine)* set up under the Associations Patent of 1852, so-called "small mutual insurance associations" and the aid associations *(Unterstützungsvereine)* set up under the Associations Act of 1867, which offered mutual support amongst their members. Such associations were particularly common in rural areas.

In the *Ostmark*, which was "noted for its abundance in associations", there were some 1,400 death benefit insurance associations set up under the Associations Act of 1867 with a total membership of 1,650,000 persons, i.e. roughly one quarter of the total population. Under the Law on the Transfer and Integration of Associations, Organisations and Societies of May 14, 1938 and the decrees of the *"Stillhaltekommissar"* (Moratorium Commissioner) these death benefit associations and aid associations were dissolved as of the end of 1939.

The insurance portfolios were taken over by a take-over consortium consisting of seven insurance companies. The Supervisory Authority *(Aufsichtsamt)* laid down "transition rates" *(Überleitungstarif)* which defined the conditions to be complied with by all companies in making out uniform policies. At the same time, the private pension and death benefit funds (company pension funds etc.) formerly controlled by the Insurance Supervisory Authority *(Versicherungsaufsicht)* were reviewed and in many cases dissolved by the representative of the State Commissioner.

BERLIN INSURANCE FUND

After 1938 the Insurance Fund in Vienna was dissolved and its tasks were transferred to the Berlin Insurance Fund, to which contributions had to be paid by all insurance companies in the German Reich. ÖVAG was acquired, under extremely favourable conditions, by *Deutscher Ring*, an insurance company operated by *the Deutsche Arbeitsfront*.

INTRODUCTION OF THE GERMAN INSURANCE LAWS

Under the "Regulations on the Introduction of Provisions for the Supervision of Private Insurance Companies in the Land of Austria" *(Verordnung zur Einführung von Vorschriften über die Beaufsichtigung der privaten Versicherungsunternehmungen im Lande Österreich)* of February 28, 1939, the supervision of insurance companies in Austria was transferred, as of March 1, 1939, from the Federal Chancellery *(Bundeskanzleramt)* in Vienna to the *Reichsaufsichtsamt für Privatversicherung* (Reich Supervisory Office) in Berlin which had a special Unit VII, based in Vienna, entrusted with supervising the insurance companies in the *Ostmark*. In principle, Austrian insurance contract law continued to apply in the *Ostmark* until 1 January 1941.

CURRENCY REFORM REPLACING THE SCHILLING BY THE REICHSMARK

In 1938 the currency was changed from the schilling to the reichsmark (RM) at an exchange rate of 1 reichsmark equalling 1.5 schillings, which amounted to a revaluation of the schilling by 44 % (mean rate of buying and selling price in Vienna in 1937: 1 RM = 2.16 schillings). While in 1937 one schilling had equalled 0.46 RM, its value rose to 0.67 RM in 1938. On account of the currency controls, prevailing in both countries, the external value of the two currencies was not a realistic basis for the integration of Austria into the reichsmark zone. Under normal economic conditions, this excessive exchange rate would have had disastrous effects on the Austrian economy. The revaluation of the schilling would have resulted in a further deterioration of the much lower productivity of Austrian enterprises, which would hardly have been competitive any longer. This was, however, counteracted by the armaments boom and governmental control and protection measures, which largely offset the negative consequences of the currency conversion.

CONVERSION OF GOLD CLAUSE AND FOREIGN CURRENCY INSURANCES

The negative effects of inflation had resulted in many life insurance contracts being concluded on the basis of foreign currencies or gold clause arrangements. This trend continued after the introduction of the schilling in 1925. When the Phönix collapse occurred, the life insurance contracts made out in gold dollars were converted at the rate of 1 gold dollar = 7 schillings (pursuant to the law published in Federal Law Gazette No. 216/1936). Under the same law, dollar policies were converted at the rate of 1 dollar = 5.4032 schillings. All gold schilling liabilities were converted at the rate of 100 gold schillings = 128 paper schillings, gold crowns at the rate of 1 gold crown = 1.44 gold schillings = 1.84 paper schillings.

After the *Anschluss*, the Private Insurance Supervisory Authority *(Reichsaufsichtsamt für Privatversicherung)* issued a regulation on April 16, 1940, which fixed a uniform exchange rate of

$$1 \text{ gold schilling} = 0.80 \text{ RM} = 1.2 \text{ schilling old}$$
$$1 \text{ gold crown} = 1.15 \text{ RM} = 1.725 \text{ schilling old}$$

for all kinds of insurances having fallen due after March 17, 1938. This relatively generous conversion was due to the previous arrangements in connection with the Phönix Crisis. If the gold schilling insurance policies of the other companies had not been revaluated at 1.28, the policy-holders of a company that had gone bankrupt at the expense of other insurance companies would have been better off than the clients of the latter.

Similarly, the Law on the Conversion of Domestic Foreign-Currency Insurance Contracts *(Gesetz über die Umwandlung inländischer Fremdwährungsversicherungen)* of August 26, 1938 converted all foreign-currency policies into reichsmark policies. The obligation to turn in such foreign-currency holdings also applied to Austrians who had emigrated by that time. Foreign currency holdings obtained in this way had to be offered to the *Reichsbank*. It has been estimated that of the 81.6 million RM in foreign currencies, which the entire insurance industry of the *Reich* had to cede to the *Reichsbank*, 20 to 25 million RM were accounted for by the Austrian insurance companies. This suggests that the Austrian companies had held large amounts of foreign currencies. This surrender was all the more profitable to the *Reich*, as the insurance companies merely received *Reich* bonds in return.

UNFRIENDLY TAKEOVER

The *Anschluss* went hand in hand with the removal of Jews from the Austrian insurance industry as well as its *Gleichschaltung* and Germanisation. While at the time of the *Anschluss* there was only one Austrian insurance company in which Germans had a majority of shares, there were seven of them in 1945.

German Share Capital

	March 12, 1938	May 08, 1945
ÖVAG	4 %	100 % Deutsche Arbeitsfront (89 %)
		Deutscher Ring (11 %)
Ö. Volksfürsorge (Allianz & Gisela)	1 %	97 % Volksfürsorge Hamburg (95 %)
Wiener Allianz	36 %	97 % Münchner Rück (48 %)
		Allianz Stuttgart (48 %)
Der Anker	0 %	92 % Victoria Berlin (92 %)
Donau / Concordia	50 %	84 % Münchner Rück
Anglo Elementar	0 %	78 % Colonia
Wiener Rück	0 %	77 % Berliner Re (76 %)
Bundesländer	16 %	24 %
Erste Allgemeine	0 %	8 % Italian majority
Internat. Unfall	0 %	3 % Italian majority

Between 1938 and 1945 the proportion of German share capital in Austrian insurance companies increased from 14 % to 56 %; this percentage would, however, be even larger if *Wiener Städtische* and *Bundesländer*, companies that were taken over by the Nazis in a different way, were taken into consideration. Unfriendly takeovers were generally effected by replacing the top management by Nazis. On average, 73 % of the members of the supervisory boards and 62 % of the managing boards of the companies listed above were replaced in 1938/39. In contrast to the customary procedure in unfriendly takeovers, the approach taken in Austria in 1938 was to replace the management first and to have the passage of title effected by the new management. The purchase price came largely from the hidden reserves of the insurance companies taken over.

War Losses Incurred by Austrian Insurance Companies

All in all, the losses incurred by Austrian insurance companies on account of Nazi rule and the war were exceedingly high. In fact, the entire industry was bankrupt. There can be no doubt that the insurance companies in Austria had lost both their share capital and their available resources. A major part of their assets had been invested in *Reich* bonds, which had become worthless, some 15 % of their buildings had been destroyed, their foreign branches were expropriated, re-insurances with foreign companies could not be placed, the high mortality rate caused by the war and its consequences threw life insurance companies off balance, relations to the German parent companies were severed, ownership was anything but clear (German property), as was the question of which policies were still valid.

The net claims of Austrian insurance companies against Germany – both public authorities and business enterprises – was estimated at 659.154 million RM in 1945. As a result, none of the Austrian insurance companies had sufficient reserves to meet its obligations. The situation was most critical for life insurance companies. On December 31, 1944, German *Reich* bonds (including *Versicherungsfonds* bonds) accounted for 72 % of the reserves of life insurance companies in Austria.

THE RECONSTRUCTION OF THE AUSTRIAN INSURANCE SECTOR

The reconstruction of the Austrian insurance sector started with the Reich Transition Act *(Rechtsüberleitungsgesetz)* of May 1, 1945, under which German legal norms temporarily remained in force. The Transition of Authority Act *(Behörden-Überleitungsgesetz)* of June 20, 1945 transferred the jurisdiction of the Reich Supervisory Authority *(Reichaufsichtsamt)* for private insurance companies to the State Office for Financial Affairs *(Staatsamt für Finanzen)*. On July 3, 1945, the first currency laws of the post-war period were passed; these also directly affected insurance companies and policy-holders.

When the banks re-opened their doors on July 5, 60 % of the deposits were frozen at the same time. The Schilling Act was passed on November 30, 1945, making the schilling the exclusive legal tender on the whole of Austrian territory as of December 21, 1945. The reichsmark/schilling exchange rate was set at 1:1. The Insurance Companies Transition Act *(Versicherungsüberleitungsgesetz)* of July 13, 1946 limited payment of life insurance claims to 40 %; amounts up to 400 schillings were paid out in full.

The currency situation therefore caused considerable difficulties for life insurance companies which base their calculations on mortality charts, interest levels and costs. Ordinary business operations presuppose that actual results correspond to expectations. This was no longer the case after April 1945.

In the first post-war years, the life insurance business recovered extremely slowly. This was not only due to the impoverishment of the Austrian population in the aftermath of the war but also to the fact that policy-holders actually had to reckon with negative interests.

Development of the Insurance Sector in Austria

Life insurance contracts / Premiums / Direct domestic business
in million schillings

Year	Schilling (in nominal terms)	Schilling (real value in 1999)
1945	44.0	2,086
1946	66.0	1,723
1947	67.0	856,000
1948	70.0	753,000
1949	85.0	746,000
1950	101.0	774,000

ÖVAG / *Versicherungsfonds*

In 1938/39 *Deutscher Ring* had purchased the capital stock from Austrian ÖVAG shareholders. While the ownership situation of 1937 was, in principle, restored in 1945, the Austrian insurance companies, which were in dire financial straits, were unable to re-establish an organisation for the administration of former Phönix policies. There was no doubt that ÖVAG constituted German property in 1945 and thus reverted to the Austrian state, which accordingly appointed a public administrator. Most of ÖVAG's assets consisted of the bonds of *Versicherungsfonds Berlin*, which had practically ceased to exist. The financial assets for the old portfolio of ÖVAG (Phönix policies) thus consisted of fictitious, and hence uncertain, receivables. The company had hardly any financial reserves. The still active insurance policies of Phönix therefore had to be salvaged by the general public once again: for the first time in 1936 by the solidarity of all Austrian (and between 1938 and 1945 of all German) insurance companies and policy-holders, and now, after 1945, by the public authorities.

REDEFINITION OF INSURANCE PORTFOLIOS

One of the most intricate problems to be solved in the interest of re-establishing a well-functioning Austrian insurance sector was the redefinition of insurance portfolios. This problem was not solved until after the signing of the Austrian State Treaty in 1955, when the Insurance Reconstruction Act *(Versicherungswiederaufbaugesetz)* was passed. The Austrian companies were assigned responsibility for all insurance contracts that formed part of the "domestic insurance portfolio". The term "domestic" was also applied to the Austrian territory while under Nazi occupation. As regards life insurance, policies were considered "domestic" if they had been made out in Austria prior to March 13, 1938. Policies made out during the Nazi era were considered domestic if the policy-holder or beneficiary was a resident on Austrian territory at the time of the conclusion of the contract and on January 1, 1950 (or on the date of the occurrence of the insured event, if that was prior to that date).

The law also dealt with the question of foreign portfolios held by Austrian insurance companies. Such claims could not be asserted if the foreign portfolio in question or the relevant assets had been removed from the disposition of the central management of the insurance company. Such confiscations as enemy assets and/or nationalisations occurred mainly in Eastern Bloc countries.

GERMAN PROPERTY

Public administrators were appointed for all branches and agencies of German insurance companies in Austria; this was done in the case of 66 German companies, including those which had been licensed to operate in Austria prior to 1938. Most companies limited their activities to administering and winding up portfolios.

In order to comply with the Allied Powers' demand to effect a complete economic separation from Germany, existing reinsurance contracts with German insurance companies were also dissolved by the Austrian government; this was done retroactively as from December 31, 1944. This meant that the Austrian portfolios of German insurance companies were, in fact, incorporated into the Austrian insurance sector and thus severed from German interests.

Until 1947, Austria reflected on whether or not insurance companies should also be nationalised. In fact, the first version of the Austrian nationalisation bill of January 30, 1946 envisaged that the entire insurance sector should be included in the nationalisation programme. In its final version, however, the law did not mention insurance companies, although an amendment was introduced to the effect that at least 15 insurance companies should be nationalised. Thus, while German assets in other branches of business were nationalised, those in the insurance sector were kept and treated apart.

The Allied powers also focused their attention on Austrian insurance companies in connection with the Potsdam Agreement, in which they claimed German property abroad – and thus also that in Austria – by way of reparations. From the Austrian perspective, the insurance companies were an unsuitable object for Allied reparation claims, since their capital assets were not the property of the shareholders. Share holdings do not convey property rights in the company in question but merely sharehold-ers' rights. The owners of such a company can influence management decisions and have a claim to profits but not to the capital assets of the company, which are subject to the policy-holders' financial claims. Reparation claims would therefore have, first and foremost, affected the Austrian policy-holders and not the German company own-ers. In the light of these arguments, the Allied powers ultimately desisted. The United States also suspected that the Soviet Union was using its claims on the insurance com-panies as an instrument to bring pressure to bear on the other side in respect of in-dustrial companies. It was also feared that the insurance companies could constitute an excellent medium for espionage. The fact that the Allied powers ultimately ac-cepted the Austrian government's position that insurance companies could not form part of claims under the Potsdam decisions was of decisive importance.

The State Treaty of 1955

Reconstruction of the insurance sector was delayed until the late 1950s. As long as the issues of property rights and capital interlinkages with Germany had not been resolved, no definitive reorganisation of the insurance sector was feasible. Specific measures could only be taken after the conclusion of the State Treaty in 1955, and since negotiations for the State Treaty had taken a long time, the problems affecting the insurance sector had lingered on as well. Under the State Treaty of 1955, all Ger-man property, including that of the insurance sector, became the property of the Re-public of Austria. At the same time, Austria and Austrian citizens were given back all Austrian property in Germany in return for a waiver, on the part of the Republic of Austria in its own name and on behalf of Austrian nationals, of all claims against Germany and German nationals outstanding as of May 8, 1945. This meant, inter alia, that *Reich* bonds were declared worthless. The first State Treaty Implementa-tion Act *(Staatsvertragsdurchführungsgesetz)* stipulates in § 4 that the passage of ownership under the State Treaty gives rise to the liability of the Republic of Austria for any receivables of the German *Reich* from Austria. The Austrian waiver of claims against German debtors also included the claims of Austrian policy-holders – espe-cially in the field of life insurance – against German insurance companies.

The Insurance Reconstruction Act of 1955

The conclusion of the State Treaty paved the way for the Insurance Reconstruction Act of September 8, 1955, under which all life insurance contracts concluded before

January 1, 1946 were reduced by 60 %. This was in line with the measures taken in respect of cash and bank accounts. The law applied to the domestic portfolios of insurance companies authorised to operate in Austria. The Insurance Reconstruction Act required all policy-holders to register their insurance claims within two years. This meant that all claims based on insurance contracts concluded before 1 January, 1946 were recognised provided that they were registered within two years, i.e. before September 30, 1957. After that deadline such claims were deemed to have irrevocably expired. The Insurance Reconstruction Act resulted in a uniform settlement of the war losses incurred by all insurance companies and was intended to enable them to restore orderly operating conditions by making public funds available to them. The insurance companies in due course drew up reconstruction balance sheets and profit and loss accounts for the period 1945 to 1954, thus providing a basis for an opening balance sheet in schillings. In those cases where a company's balance sheet was in disequilibrium on account of a capital shortage or current losses, the federal government had to step in and provide loans or subsidies. In return for such state support, the insurance companies had, amongst other things, to relinquish to the Republic of Austria all claims against the German *Reich* which had served as cover for life insurance contracts.

In the period up to 1961 the federal government made a total of 124.8 million schillings available for the reconstruction of the insurance sector.

The German-Austrian Property Agreement of 1957
(Deutsch-österreichischer Vermögensvertrag)

Under the State Treaty, the assets held by German insurance companies in Austria were passed to the Republic of Austria, as part of the "German property". At the same time, however, the commitments of German insurance companies vis-à-vis Austrian claimants dating from the period 1938 to 1945 expired. After prolonged negotiations, this question was settled by the German-Austrian Property Agreement of 15 June 1957, which dealt with insurance companies in 10 of its total of 120 articles. This Agreement stipulated that the waiver of claims pursuant to Article 23 of the State Treaty did not apply to claims by Austrian nationals arising from all kinds of private insurance and to re-insurance contracts. Accordingly, insurance claims against German insurance companies had to be met. These claims were satisfied out of insurance assets which had passed to the Republic of Austria as German property under the State Treaty, on the one hand, and by the German insurance companies, on the other.

The Effects of the War

What were the losses incurred by Austrian insurance companies and policy-holders, and what was the contribution of the public authorities to the reconstruction of the insurance sector? The funds made available by the Austrian government for the re-construction of the insurance sector under the Insurance Reconstruction Act amounted to 124.8 million schillings, an amount that was reduced by approx. 30 million schillings pursuant to the German-Austrian Property Agreement, leaving a con-tribution by the Austrian public authorities in the order of approx. 100 million schillings. The German contribution under the German-Austrian Property Agree-ment (by insurance companies and public authorities) has been estimated by Ger-man sources to amount to another 100 million schillings. It is, however, hardly pos-sible to say what payments were actually made.

According to the *Rot-Weiss-Rot-Buch*, the claims of Austrian insurance companies against the German *Reich* netted 659,154 million schillings, to which must be added foreign assets of the Austrian insurance companies (particularly in Eastern Bloc coun-tries) in the amount of 285 million schillings. The resulting sum total of 944,154 mil-lion schillings had, for the most part, to be written off. If one deducts the 124.8 mil-lion schillings that the public authorities made available to the insurance companies under the Insurance Reconstruction Act, a balance of approx. 800 million schillings remains; this can be regarded as the "war losses" incurred by the Austrian insurance sector.

By and large, these war losses could only be compensated at the expense of the policy-holders. If the financial assets held by an insurance company are the property of the policy-holders, it follows that the effects of a massive devaluation of such re-serves have to be borne by the policy-holders. As in the case of other financial assets, their claims were devaluated by 60 % under the currency laws and the Insurance Re-construction Act. In addition, the war had resulted in a massive post-war inflation so that little of their former investments remained. Policy-holders whose claims were not recognised because their policies did not form part of the Austrian portfolio, and were not covered by the German-Austrian Property Agreement either, suffered a complete loss. This applied, in particular, to claimants in the Eastern Bloc countries. Complete losses were also suffered by those policy-holders who had failed to register their claims in accordance with the various deadlines and periods of prescription. For the Republic of Austria, the matter of reorganising the insurance sector was closed once the periods stipulated in the two laws had expired, even though it was understood that this meant a certain amount of injustice in individual cases. The Bad Kreuznach Agreement had no further impact on the insurance sector.

The Jewish Life Insurance Policies

The confiscation of life insurance policies during the Nazi regime was only one aspect of the persecution of Jews, other minorities and opponents to the regime. In order to enable the *Reich* to take economic action against Jews and "mixed-blood Aryans" *(versippte Arier)*, all of those with assets of more than 5,000 RM were obliged to submit a "File of assets held by Jews as of April 27, 1938" to the Property Office *(Vermögensverkehrsstelle)* before June 30, 1938. This obligation to register their assets applied to all Jews in the German *Reich*. In Austria, 47,768 registrations were submitted. The number of life insurance policies registered in this way was 20,815, valued at 50,656,800 RM, of which 49,142,100 RM were registered by Jews and 1,514,700 RM by "mixed-blood Aryans". Life insurance policies accordingly made up 2.48 % of the total assets registered. 90 % of these life insurance policies were registered in Vienna, 2 % were accounted for by Austrian Jews who lived abroad or in the Old *Reich* and 8 % by Jews living in the Austrian federal provinces.

The "International Commission on Holocaust Era Insurance Claims" (ICHEIC) has evaluated the files of the Property Office, covering all of the 46,900 asset registration files still available in Vienna. Of these, 8,810 files (18.8 %) contained one or more insurance policies. The number of registered policies was 16,772, but this number had to be reduced to 14,562 on account of incomplete data, double entries etc. This data base largely corresponds to that compiled by the Collection Agencies *(Sammelstellen)* in 1958/59, which listed 14,886 policies held by Jews.

According to official data collected by the State Commissioner for Private Business *(Staatskommissar für die Privatwirtschaft)*, who was responsible for the Property Office, the cash surrender value of Jewish-held policies averaged 2,434 RM. According to the ICHEIC, the total cash surrender value of the 14,562 policies registered amounted to 41,320,262 RM, which corresponded to an average of 2,769 RM per policy. On average, holders of life insurance policies held 1.7 policies with a cash surrender value of 4,690 RM

Number of policies	Policy-holders
1	5,499
2	1.907
3	789
4	348
5	129
6	78
7	40
8	25
9	16
10	5
11	7
12	3
13	1
14	2
15	1
more than 15	14
Total	8,810

As was to be expected, the number of life insurance policies was lower in the younger age groups:

Age distribution of policy-holders:
as percentages

Under 20 years	1.0 %
20 – 29 years	1.0 %
30 – 39 years	6.5 %
40 – 49 years	25.7 %
50 – 59 years	39.0 %
60 – 69 years	23.4 %
70 – 79 years	2.7 %
80 years or older	0.7 %

As can be seen from the above, 91.5 % of the Jewish policy-holders were over 40, the average age of all policy-holders being 51.

It is particularly difficult to say anything definite about the distribution of clients among the various insurance companies. In many cases, the registration data were imprecise and confusing, abbreviations were used, in some instances a single cash surrender value was given for several policies, taken out by different insurance companies, or a smaller number of individual cash surrender values was registered than would have corresponded to the number of policies. While the relative shares of Jewish clients with the different insurance companies are relatively clear, the assignment of the value represented by these shares is fraught with a variety of possible errors. ICHEIC has nevertheless tried to list the ten leading insurance companies on the basis of its calculations. The item "Others" by and large comprises a large number of foreign insurance companies

Insurance companies	Cash surrender value in million RM	in %
ÖVAG	23.2	56.2
Riunione	2.7	6.2
Victoria	2.4	5.7
Generali	2.3	5.4
Anker	2.2	5.7
Wiener Städtische	1.0	2.4
Union	0.6	1.5
Donau	0.4	0.9
Allianz & Gisela	0.2	0.5
Others	6.3	16.0
Total	41.3	100.0

The list again confirms the strong market position of the former *Lebens-Phönix*, as indicated by the fact that ÖVAG accounted for more than half of the Jewish-held policies. On the basis of the ICHEIC data, we were able to assign 15,696 policies to the various insurance companies, and the result confirms the leading position of ÖVAG even more clearly.

Insurance companies	Number of Jewish-held policies	
	total	in %
ÖVAG	9,301	59.3
Anker	1,340	8.5
Generali	1,022	6.5
Riunione	1,006	6.4
Wiener Städtische	943	6.0
Victoria	861	5.5
Donau	254	1.6
Union	180	1.2
Allianz & Gisela	35	0.2
Others	745	4.8
Total	15,696	100.0

However, further problems arose in delimiting insurance portfolios, since no distinction had been made between the domestic and foreign portfolio holdings of Austrian insurance companies and the portfolios held by foreign insurance companies. At the same time, internal calculations on the part of the individual companies concerned, which were based on the lists drawn up by the Collection Agencies and therefore ought to have been largely identical with the ICHEIC data set, resulted in lower figures, as regards both the number of policies and the cash surrender values.

Below is an overview of the situation:

Total population of Austria in 1934	6,759,062
Jewish population in 1934	191,481
Percentage of Jewish citizens	2.8 %
Number of life insurance contracts	
Total number for Austria in 1936	1,472,184
Jewish-held policies in 1938 (Property Office)	20,185
Share of Jewish-held policies	1.4 %
Jewish-held policies in 1938 (ICHEIC)	14,562
Jewish-held policies in 1938 (Collection Agency)	14,886
Share of Jewish-held policies	1.0 %
Total amount of life insurance contracts	
Total of amount for Austria in 1936	1,222.1 mill. RM
Average amount of life insurance contract	
Total for Austria in 1936	830 RM
Total for Austria in 1939	867 RM
Average cash surrender value per life insurance policy	
1936 – Austrian portfolios	235 RM
1937 – ÖVAG	739 RM
1938 – Jewish-held policies acc. to ICHEIC	2,769 RM
1938 – Jewish-held policies acc. to our calculations	2,735 RM
1938 – Jewish-held policies acc. to Property Office	2,434 RM

Accordingly, the Jewish population held only half as many insurance policies as the Austrian average, but cash surrender values, and probably also the amounts insured, were significantly higher. These major differences – in particular in relation to total Austrian transactions – need to be properly interpreted. ICHEIC attempted to draw certain conclusions regarding the approach of Austrian Jews to the concept of insurance by comparing the value of the Jewish insurance contracts, registered in Vienna, with the Austrian average. It concluded that the Jewish population of Vienna – i.e. all Jews who lived in Vienna, not only those who held an insurance policy – averaged an insured per-capita amount of between 725 RM and 742 RM, which is four times the average for the total Austrian population (180 RM).

There were, however, considerable differences between the individual insurance companies, in terms of the average amounts insured per policy:

Insurance portfolio as per annual reports
Endowment insurance as at the end of 1937 in RM

Insurance company	Number of policies	Amount insured per policy	Average amount
ÖVAG / Deutscher Ring	274,161	438,221,162	1,598
Der Anker	114,923	377,464,563	3,285
Wiener Städtische	488,088	210,435,770	431
Bundesländer / Ostmark	483,969	183,880,008	380
Generali	26,588	58,120,884	2,186
Riunione	8,411	40,583,384	4,825
		Number of Jewish-held policies	Total in % of total portfolio
ÖVAG / Deutscher Ring	274,161	9,301	3.4%
Der Anker	114,923	1,340	1.2%
Wiener Städtische	488,088	943	0.2%
Bundesländer / Ostmark	483,969	–	–
Generali	26,588	1,022	3.8%
Riunione	8,411	1,006	12.0%

Insurance companies owned by local or regional authorities (*Wiener Städtische / Bundesländer*), whose portfolios contained a large number of insurance policies with extremely low amounts insured, accounted for hardly any Jewish-held policies. 87% of the Jewish-held policies registered with the Property Office were held by the large private insurance companies (ÖVAG / *Der Anker*) and the two Italian insurance companies, where the amounts insured were generally two to five times as high as the Austrian average. The low Austrian average, a unique feature of the Austrian insurance industry, was for the most part due to the highly popular *Volksversicherungen, Versicherungsvereine* and *Sterbegeldvereine* and similar institutions, which mostly served to meet the costs of a decent funeral and to make sure that the deceased's family was not left in dire straits. In addition, the comparatively high amounts insured by Austrian Jews were also due to the fact that most of them lived in urban centres – in fact, 90 % of them in Vienna.

ICHEIC's merit is above all to be found in the fact that its investigation brought to light 81.6 % of the cash surrender value stated at the time of registration. This result is largely identical with the data set gathered by the Collection Agency in 1959, so that it can be assumed that it more or less corresponds to the valid entries made by the Property Office in 1938. This means that these figures, for all their imprecision and the uncertainties that continue to prevail, form an ostensibly reliable quantitative basis. An ostensibly reliable one, since a number of questions remains open:

– As regards all Austrian life insurance policies, we only know the amount insured but not the cash surrender value, and the latter cannot be reliably calculated from the premium reserve.
– For the life insurance policies of Austrian Jews, the only thing that is known is the cash surrender value, as stated on the occasion of their registration in 1938, but not the amount insured, which cannot be reliably calculated.
– In addition, it is not known what proportion of the Jewish-held policies was actually registered in 1938, and
– To what extent it is possible to draw valid conclusions from the distribution of insurance policies held by "wealthy" Austrian Jews as compared to the situation of the "less well off" Austrian Jewish population.
– And, ultimately, the data for the cash surrender value have to be reduced by policy loans and loan collateralisation, since very high life insurance policies tended to be related to borrowing on the part of self-employed persons in the Jewish population.

When the Austrian Jews had to have their property holdings registered in 1938, they were first required to state the current cash surrender value of their life insurance policies (actual net assets), while their debts (liabilities) had to be stated on the following page. The cash surrender value would therefore have to be reduced accordingly.

The most difficult question, however, is what actually happened to these life insurance policies after 1938.

SURRENDER AND CONFISCATION

From 1938, the changes in life insurance contracts in the wake of the persecution of Jews were twofold:

- changes initiated by Austrian Jews themselves, as a consequence of political and economic discrimination (surrender, exemption from contributions, policy loans, and cessions); and
- changes made directly by the German *Reich* authorities.

Surrender Initiated by the Policy-Holders

It is difficult to make a definite statement as to in how far policy redemption, on account of the persecution, damaged the interests of policy-holders, since any such estimate has to be based on a number of assumptions. If the individuals in question had not been persecuted, it can be assumed that they would have continued in most cases to pay their premiums, the insurance cover would have continued throughout the life of the insurance contract, and the policy-holder would have received the insured amount at its expiry. Accordingly, the premature termination of the insurance contract put an end to the insurance cover and to the accumulation of capital. However, even if one assumes that the individual was "not persecuted", one has to allow for the possibility of alternative uses of the policy. The amount redeemed and the premium savings would have been invested elsewhere. This alternative profit would then have to be deducted from the loss incurred on account of the termination of the insurance contract in order to determine the concrete extent of the damage incurred, which is clearly impossible on the basis of such fictitious assumptions.

Under the actually prevailing conditions of persecution and discrimination, the amount surrendered may, however, have been of crucial importance in that it constituted the last resort enabling the individual in question to emigrate. Therefore, in ensuring survival, the surrender payment made in 1938/39 was in every respect more valuable than the entire insured amount that would have fallen due at the expiry of the contract. But not only that! As a rule, the purchasing power of the surrender payments made in 1938/39 was much higher than that of the insured amounts after 1945, which had been drastically reduced by inflation and currency reform. A person who in 1938/39 received one half of the insured amount by way of a surrender payment, for instance, had two thirds more purchasing power at his disposal than if he had been paid the whole insured amount ten years later. Such speculations can therefore be used in support of every and any position. What is important in this connection, however, is that changes in life insurance contracts initiated by the policy-holder – i.e. applications for cash surrender – were not due to persecution but the result of economic and political discrimination.

Cash surrender was by far the most frequent change in life insurance contracts held by Austrian Jews from 1938 onwards. In most cases, they were no longer in a position to pay their insurance premiums on account of economic discrimination, re-vocation of professional licences, etc. In many cases – especially in the case of Jew-ish emigrants – cash surrender was necessary so that they were in a position to pay discriminatory taxes such as the Flight Tax *(Reichsfluchtsteuer)*. The total amount of the Flight Tax, paid to the fiscal authorities by Austrian Jews, was 181 million RM, while the Jewish Property Tax *(Judenvermögensabgabe)* amounted to 147.3 million RM. Some insurance companies were at times faced with considerable liquidity problems on account of the large number of surrender applications filed. In some companies, cash surrenders in 1938 were almost four times as high as the year be-fore, and in 1937/38 the premium income of the Austrian insurance companies dropped by 2,628 RM or 6.4 %. Life insurance policy surrenders actually occurred in two major waves in 1938 and 1939.

The cash surrenders initiated by Jewish policy-holders were strongly resented by the National Socialists. An attempt to limit surrender payments by insurance com-panies to 100 RM was, however, rejected by the Reich Minister of Economic Affairs. Only, the surrender payments to emigrants had to be transferred to a blocked ac-count with the Foreign Currency Agency *(Devisenstelle)*, while all other insurance payments could still be freely effected in 1939. For instance, we are in possession of the payment receipt of a well-known Austrian cabaret artist who in May/June 1938 succeeded in getting cash payments in the amount of 5,098.95 US$ by way of sur-render of his life insurance policy.

For Germany, Gerald Feldman stated that 67 % of Jewish life insurance policies were redeemed, and in only 17 % of cases premium payments were suspended. Ul-timately, however, most of these policies were redeemed as well. Since 67 % of the Jewish population of Austria emigrated, this figure also appears to constitute the minimum for this country, since life insurance contracts held by Jews who emigrated from Austria were terminated in every case.

CONFISCATION

The second kind of change in insurance contracts, held by Jewish policy-holders, was direct confiscation by the state authorities. In practice, attachment of endowment insurance policies in connection with compulsory execution to meet tax liabilities was of considerable importance. This has to be seen in the context of the Aryanisation of Jewish enterprises, where the value of the enterprises concerned was assessed so low that debts could only be met by having recourse to private assets. Tax fore-closures on insurance policies were frequent in cases where Jews fled or emigrated and were subsequently found guilty *in absentia* of alleged violations of foreign exchange regulations and forced to pay additional taxes. The Nazi regime did not, at first, dare to pass a law under which all Jewish insurance contracts would have been terminated, since it was feared that foreign courts would then attach German assets abroad.

REGULATION NUMBER ELEVEN (*11. Verordnung*) OF 1941

The peak of discriminatory legislation in respect of Jewish property in the Third *Reich* was reached with Regulation Number Eleven *(11. Verordnung zum Reichs-bürgergesetz)* of November 11, 1941, pursuant to which Jews who had their ordinary residence abroad were deprived of their German citizenship and their assets reverted to the German *Reich*. This measure did not only apply to emigrants but also to persons deported to concentration camps. Regulation Number Thirteen *(13. Verordnung zum Reichsbürgergesetz)* of July 1, 1943, finally provided that after the death of a Jew his assets reverted to the *Reich*.

Regulation Number Eleven constituted an interference with contractual relations, since it generally changed the terms and conditions of insurance contracts concluded with Jews. Jewish-held life insurance policies were forfeited and confiscated by the *Reich*. Payments to policy-holders or beneficiaries were forbidden, and the contracts were deemed terminated as from December 31, 1941. In keeping with Regulation Number Eleven, Jewish assets had to be notified, on threat of punishment, to the *Oberfinanzpräsident Berlin* (Higher Fiscal Authority in Berlin) within six months of the forfeiture. The insurance companies were, however, unable to comply with this time limit, since they had not organised their portfolios in terms of "racial" criteria. In 1941 there were 85 life insurance companies in the German Reich, with a premium income of more than one million reichsmark, administering 30 million policies with an insured amount of 28,000 billion RM. Screening all these policies was a major challenge, especially in view of the staff shortages caused by the war. The six-month period was accordingly extended and leniency promised on the condition that the individual companies could prove that they had not violated their "duty of care". Payment of the cash surrender value to the *Reich* was only conditional on an official statement that the Jewish policy-holder was staying abroad. The insurance company owed the *Reich* the cash surrender value as determined at the stipulated time, plus 4 % interest on arrears, calculated from December 31, 1941. The insurance contract was deemed to expire at the time of the money transfer. The insurance companies did, however, not receive any lists of deported persons.

After the war, the amount transferred to the *Reich* under Regulation Number Eleven was estimated at 1.917 million RM, in addition to 6 million RM paid by

ÖVAG / *Deutscher Ring*. The old portfolio of Deutscher Ring Vienna, i.e. those policies originally in the portfolio of *Lebens-Phönix*, comprised a significant number of Jewish policies. On account of the staff shortage caused by the war, the company refused notification, so that the *Oberfinanzpräsident Berlin* in 1944 required *Deutscher Ring* to make an advance payment in the amount of 6 million RM. All in all, Austrian insurance companies thus paid an amount of 7.917 million RM for seized policies directly to the German *Reich*.

Payments for seized life insurance policies

	RM	in % of assets registered in 1938
Wiener Städtische	475,000	40 %
Riunione	443,000	14 %
Der Anker	400,000	14 %
Generali	371,000	14 %
Victoria	185,000	6 %
Volksfürsorge (A & G)	23,000	12 %
Donau	20,000	4 %
Total	1,917	15 %
ÖVAG	6.000	26 %

DID THE INSURANCE COMPANIES MAKE ANY PROFIT ON THE PERSECUTION OF JEWS?

WITHDRAWAL PROFIT

In the circumstances created by the persecution, cash surrender was the most favourable solution for the insurance companies, but did not offer them any advantages. Since Jewish Austrians generally held insurance policies that exceeded the Austrian average by three to four times, the insurance companies lost their best clients. It is evident that insurance contracts that run, without interruption, for their entire life are the most advantageous option, both for the company and for the policy-holder.

The cash surrenders at least gave rise to a "withdrawal profit". The cash surrender value is the present value of a life insurance, i.e. the accumulated premium reserve less a cancellation charge, due on account of the premature termination. On account of modifications in modern insurance terms, insurance companies currently also pay a policy dividend for the period up to termination. Since life insurance policies with participation in profits were not customary in Austria before 1938, this aspect is, however, irrelevant to our considerations. A life insurance contract is not a savings deposit; its main function is that of a death risk insurance. At the expiry date, that risk has been fully covered by the premium payments and accordingly amounts to nil. If the policy-holder dies prematurely, the insured amount paid is higher than the policy-holder's premium payments; if the policy-holder terminates the contract prematurely, he has to incur that part of the risk, which has therefore to be deducted.

Withdrawal profit is regulated in the terms and conditions of insurance contracts, as approved by the supervisory authority; it may differ considerably from company to company. It does not constitute a directly distributable profit but a surplus in the final accounting for the contract, which is entered as earnings in the final account pool. On the other hand, there are also lapse losses and expenses since

– the costs of the conclusion of the contract are calculated over the entire term of the contract,
– a premature termination changes the risk distribution and the life of portfolio investments and
– involves additional work which has to be remunerated.

Undeniably, a business enterprise has to make profits, and it is unlikely that an insurance company defines in its terms and conditions transactions on which it cannot make a profit. In such a case, the managing board would have to be held responsible. Nevertheless, an unequivocal answer to the question of withdrawal profits is impossible. While it may be possible, in spite of the differences between the contractual terms and conditions of the individual insurance companies, to determine the withdrawal profit to a certain extent, it is impossible to say precisely whether and to what extent the insurance companies made a profit on the mass terminations of Jewish insurance policies since different costs were incurred depending on the type and life of the insurance contracts and the individual insurance companies involved.

Unclaimed Policies

Profits may also have been generated if the policies, seized in keeping with Regulation Number Eleven, were not paid out before the end of the Nazi era. In such cases, the premium reserves of these policies were left with the enterprise, which could use them for their operations, at least up to 1945. Since all Jewish policies were generally deemed terminated by Regulation Number Eleven as from December 31, 1941, they involved no further risk and thus no further activity on the part of the insurance company. After the war, these reserves were lost, by and large. In order to determine the company's liabilities, it was therefore necessary for Jewish insurance claims to be filed by the time of the entry into force of the Insurance Reconstruction Act of 1955, at the latest, otherwise they were forfeited. The adoption of the Insurance Reconstruction Act, however, meant that the Republic of Austria had committed itself to replenish the reserves for the insurance portfolios. "Unclaimed" insurance policies were therefore not profitable for the insurance companies but rather constituted a saving on the part of the public authorities, since the insurance companies were entitled to government compensation for claimed insurance policies but not for unclaimed ones.

Cash Surrender Value Versus Insured Amount

Finally, material damage was incurred by the insurance companies on account of the difference between cash surrender value and the insured amount falling due. Liability for this damage does not rest with the insurance companies but with the public authorities. In fact, the insurance companies suffered a loss because they had lost their Jewish clientele.

The Restitution Measures

The current study deals briefly with the general restitution measures in order to show the context in which the problem of Jewish-held insurance policies was handled. Listing the numerous measures taken also helps to elucidate the basic tendency of Austrian restitution and compensation legislation:

– Particular rather than general solutions. The typically Austrian fragmentation of legislation into individual laws and regulations resulted in a jungle of restitution provisions and standards which not only confused the issue but also rendered it difficult for the victims to assert their claims.
– Processing of claims in individual steps over a long period of time.
– Short deadlines for filing claims and early dissolution of the restitution facilities.
– Insufficient public relations activities and general knowledge of the legislative measures.
– Equal treatment of all Austrian victims of the Nazi regime, i.e. no special provisions for Jews.

All restitution measures were founded on the premise that Austria never was an enemy state and must therefore not be treated as such. For this reason, quite deliberately, the official term used, also in connection with property settlements, was not *Wiedergutmachung* (reparations, amends) but *Rückstellung* (restitution). The Republic of Austria did not have to make amends, since the state was not in a capacity to act in its own right during the time of German "occupation", and hence it was not responsible for anything that happened in those years.

Implementation of most restitution and compensation measures required pressure on the part of the Allied Powers, in particular the United States. Although there were, without any doubt, serious and sound reasons for the delay in solving the issue of Jewish assets, the tremendous discrepancy between the time frame of the expropriations, on the one hand, and that for restitution, on the other, cannot be overlooked. While the Jewish population was almost completely deprived of its assets in a matter of two years, the restitution efforts took almost two decades. To this day, Austria has therefore frequently been reproached with having deliberately delayed and complicated the processing of Jewish restitution claims by creating bureaucratic obstacles. When all is said and done, however, Austria has done a lot, but the measures have almost invariably been taken under outside pressure and only after prolonged negotiations by which claims were further reduced.

The following legislative measures were of importance in connection with Jewish insurance policies:

Registration of Seized Property Act *(Vermögensentziehungs-Erfassungsgesetz)*
Law on the registration of Aryanised and other assets seized in connection with the assumption of power by the National Socialists, May 10, 1945.

Registration of Seized Property Regulation *(Vermögensentziehungs-Anmeldungs-verordnung)*
Regulation by the Federal Ministry for Asset Safeguarding and Economic Planning in concert with the federal ministries involved, September 15, 1946.

Public Administrators Act *(Verwaltergesetz)*
Law on the appointment of public administrators and supervisors of May 10, 1945, Second Public Administrators Act of February 1, 1946 and Third Public Administrators Act of September 13, 1946, which mainly governed companies where the ownership conditions were not clear.

Collection Agencies *("Sammelstellen")*

The *Bundesgesetz über die Schaffung von Auffangorganisationen* (Federal Receiving Organisations Act or, for short, Collection Agencies Act) was adopted on March 13, 1957. It dealt with those organisations which had to take charge, under Article 26, § 2, of the State Treaty, of all assets, legal rights and interests in Austria which belonged to persons, organisations or communities that were subjected, as individuals or groups, to National Socialist persecution for racial, religious or other reasons, on the condition that these assets, rights and interests had remained "heirless", or for which no claims had been filed within six months of the entry into force of the State Treaty, or if these organisations and communities had ceased to exist. Under this Act, two Collection Agencies were set up, Collection Agency A being responsible for the property of Jews who had been members of the Jewish Community in Austria on December 31, 1937, and Collection Agency B for other victims. The funds allocated to these agencies were prorated 4 to 1.

Insurance Indemnification Act *(Versicherungsentschädigungsgesetz)*
Under the Federal Act on the Settlement of Life Insurance Claims Confiscated by the German Reich of June 26, 1958, payments were made in respect of life insurance policies confiscated by the German *Reich* for political and racial reasons.

Restitution Acts *(Rückstellungsgesetze)*
Between 1946 and 1949 seven restitution acts were passed.

First Restitution Act
Federal Act of June 26, 1946 on the restitution of assets administered by the Republic of Austria or one of its federal states.

Second Restitution Act
Federal Act of February 6, 1947 on the restitution of seized assets which had become the property of Austria after the war.

Third Restitution Act
Federal Act of February 6, 1947 on the annulment of seizures of property.

Service and pension provisions

Restitution Measures in Respect of Life Insurance Policies

Extant Jewish Policies

Domestic insurance portfolios continued to be recognised after 1945, albeit with a
60 % devaluation, in line with the arrangements made for cash and bank deposits. In
principle, the same practice was adopted with regard to still existing Jewish-held
policies. Jewish policies which had been seized but not yet paid out were honoured,
following presentation of a restitution order issued by the *Finanzlandesdirektion* (fiscal authority) (originally applications had to be filed before March 1, 1948, but the
deadline was repeatedly extended). Said restitution order lifted the stoppage of payment resulting from the seizure by the German *Reich* and gave the policy-holder an
actionable claim. In all cases, however, Jewish claimants had to file an application
for restitution.

Redeemed Jewish Policies

Insurance policies for which Jewish policy-holders had received payments by way of
cash surrender were deemed expired. This was ultimately also accepted by the Jewish organisations.

Jewish Policies Surrendered to the German *Reich*

Similarly, insurance policies which had been seized and paid out individually or col-
lectively in keeping with Regulation Number Eleven were deemed expired, since the
insurance companies could not pay twice for a single insurance policy. Even though
the laws of the German *Reich* were contrary to all principles of law, they were en-
forceable, and indeed enforced, during the Nazi era. The Ministry of Finance expressly stated the following: "In order to forestall any possible doubts, it is herewith
stated that the repeal of the Nuremberg Laws does not mean that seizures of life insurance policies by public authorities, in particular seizures in keeping with Regulation Number Eleven, implementing the *Reichsbürgergesetz* of November 25, 1941,
DRGBl (*Reich* Law Gazette) I, page 722, are deemed to have been cancelled. Accordingly, payments in respect of such policies are not feasible now and will only become feasible, once the relevant legislation has been passed." As early as 1945/46,
the Association of Insurance Companies stated that compensation was not to be required from the insurance companies, which were at all times bound by the laws in
force at the time, and thus also by the laws of the German *Reich*. Since the injustice
had been done by the public authorities, which had also received the money, material and moral responsibility for restitution rested with the public authorities.

The Insurance Reconstruction Act and Jewish Insurance Policies

A general and definitive solution for all policy-holders was found in 1955. In the wake of the State Treaty, which also resulted in a first settlement of property relations with the FRG, the Insurance Reconstruction Act of 1955 was passed, instructing the insurance companies to draw up, with the financial support of the federal government, a reconstruction balance sheet for the years 1945 – 1954. For this purpose, it was necessary to clarify the question of existing claims. Life insurance contracts concluded before January 1, 1946, were devaluated by 60 % and had to be notified to the insurance companies by the policy-holders. While the Third Restitution Act had expressly suspended prescription for victims of political persecution, the Insurance Reconstruction Act of 1955 envisaged a two-year time limit for all extant insurance claims, which would "otherwise be forfeited". This preclusive period was not to be annulled by the Restitution Act. After the expiry date, rights are "destroyed" so that nothing of them remains. In order to preclude difficulties, the insurance companies, of their own accord, reserved the right to honour delayed registrations without asking for compensation by the government.

Exception: ÖVAG

Restitution procedures were complicated by the special case of ÖVAG. This company, which also had to handle the old Phönix policies, found itself in an entirely different situation than the other companies. In principle, ÖVAG was administered by the Republic of Austria, which implied that restitution claims for extant Jewish policies had to be filed pursuant to the First Restitution Act of 1946 (restitution of property administered by the Republic of Austria or one of its federal provinces), while private insurance companies were governed by the Third Restitution Act of 1947. What is more, in1944 ÖVAG (Deutscher Ring) had made a lump-sum advance payment of 6 million RM to the German *Reich* for still unprocessed Jewish insurance policies confiscated by the state. ÖVAG (Deutscher Ring) thus could not claim that it had already met its contractual obligations arising from a specific insurance policy. Accordingly, the amount of 6 million RM continued to form part of its premium reserves. Since the company had to expect that claims against it might be asserted before court, it applied to the *Finanzlandesdirektion* (fiscal authority) on June 18, 1945, for reimbursement of the 6 million RM/schillings, and this request was accepted. This state subsidy was, however, not granted in the interest of Jewish policy-holders but in order to keep the company viable and operative. With the Insurance Reconstruction Act of 1955, ÖVAG received a final compensation for the lump-sum of 6 million RM by way of federal bonds.

This did away with the argument that ÖVAG could not be expected to honour the policy- holders' claims on the grounds that it had already met its contractual obligations by paying the 6 million RM lump-sum to the German *Reich*. It was now possible to liquidate these policies without further problems, and the policy-holders in question received 40 % of the original surrender value pursuant to the Insurance Reconstruction Act. When the Insurance Reconstruction Act was adopted in 1955, the issue was revived because it became possible under this law to make claims, within a two-year period, against the ÖVAG, in respect of Jewish policies confiscated under Regulation Number Eleven as well as any others. Accordingly, ÖVAG developed special application forms listing the requirements for restitution claims in respect of lapsed policies and sent them to all policy-holders whose addresses were known. Apart from the case of ÖVAG, the Insurance Reconstruction Act did not, however, solve the problem of life insurance policies confiscated by the German *Reich* and paid out to it. In these cases it was impossible to register claims since the other insurance companies had paid out the surrender values individually and had thus met their conctractual obligations.

THE INSURANCE INDEMNIFICATION ACT OF 1958 GOVERNING COMPENSATION FOR LIFE INSURANCE POLICIES CONFISCATED BY THE GERMAN *Reich*

A solution had to be found for life insurance policies confiscated by the German *Reich* and paid out to it, especially on the initiative of the Committee for Jewish Claims against Austria and pressure exerted by the United States and the United Kingdom. This was particularly urgent since, under the Hague Programme, the FRG had already concluded an agreement with the Committee for Jewish Claims against Germany. In addition, Article 26 of the 1955 Austrian State Treaty envisaged this type of property settlement:

> "In so far as such action has not already been taken, Austria undertakes that, in all cases where property, legal rights or interests in Austria have since March 13, 1938 been subject of forced transfer or measures of sequestration, confiscation or control on account of the racial origin or religion of the owner, the said property shall be returned and the said legal rights and interests shall be restored together with their accessories."

In 1958, thirteen years after the end of the Third Reich, the Federal Act Governing Compensation for Life Insurance Policies Confiscated by the German Reich *(Entschädigungsgesetz)* was adopted. This law did not provide for a revival of claims but was seen as a social measure. This meant that the financial burden had to be borne by the federal government rather than by the insurance companies. The basic idea was "that policy-holders who had lost their insurance claims on grounds of measures of the German *Reich* ostracised by international law should finally be re-instated in their rights." Individuals whose policies formed part of the domestic port-folio of an insurance company had to notify their claims in writing to the insurance company in question before June 30, 1959, to the exclusion of further claims. The insurance company then sent a statement of the facts to the competent *Finanzlandes-direktion*, which decided the case and issued a notice thereon. The insurance benefit payable to the policy-holder was calculated up to the end of premium payments and the subsequent period was regarded as a premium-exempt period; the benefit due was then diminished by 60 % in keeping with the provisions of the Insurance Re-construction Act.

After the end of the notification period, the Ministry of Finance – in its capacity as Supervisory Authority – called upon the insurance companies to determine how many applications, and in what amounts, had been received and approved. By September 1959, 456 of a total of about 1000 claims had been processed with a positive result, and an amount of 1.4 million schillings paid out. The average amount per policy was thus 3,086.- schillings. ÖVAG accounted for 57 % of the applications and 58 % of the payments. These figures included the pending cases, but not the rejected cases.

Claims Honoured Under the Indemnification Act (Law Gazette 130/1958)

	Number	Total amount
ÖVAG	260	817,344.00
Wiener Städtische	54	252,679.90
Generali	42	94,025.30
Donau	32	26,546.00
Riunione	30	62,348.00
Victoria	20	107,868.00
Der Anker	11	37,567.00
Volksfürsorge	4	3,784.46
National	1	260.80
Nordstern	1	3,576.45
Bundesländer	1	1,000.00
Total	456	1,406,999.91

The interesting finding is not the total amount, which more or less corresponds to expectations. In fact, when compared with the statements made by the insurance companies that were in a position to indicate what payments they had made pursuant to Regulation Number Eleven, the claims actually made and honoured amounted to 181,783 schillings or 24 % less than potential claims. What is worth noting, however, is the small number of claims that were actually made. The average surrender values indicate that most of the Jewish victims who took the trouble to file their applications for restitution were those with large amounts insured. The average surrender value according to the property registration of 1938 amounted to 2,434 RM per policy, while the average of the surrender value paid out under the Indemnification Act (after a 60 % devaluation) was more than three times as high, and in the case of some insurance companies, even much higher.

The Effect of the Currency Laws and Inflation

The payments to the policy-holders were in accordance with the changes to which life insurance contracts were generally subject after 1938. In general terms, restitution measures were therefore based on first determining the amount of the property held in 1938, then to apply to that amount the general currency measures of the Nazi era, and finally to take into account the effects of the currency and insurance laws after 1945. As a matter of principle, no valorisation of restitutions was contemplated. In the case of real property, such as land, buildings and business enterprises, this was frequently advantageous for the injured party, but in the case of assets in the form of bank deposits or insurance contracts the effect was disastrous.

Persons whose policies dating from 1938 were honoured in 1955 incurred monetary-value losses of 90 %. In addition, the Insurance Reconstruction Act provided for a 60 % devaluation, so that the nominal amount they received was as little as 4 % of the 1938 value. This applied indiscriminately to all Austrian policy-holders, but certainly came as a surprise, if not a shock, to those who had expected to be finally compensated for their losses.

Collection Agencies

On the basis of the State Treaty of 1955 the Republic of Austria passed the Collection Agencies Act *(Auffangorganisationsgesetz)* of March 13, 1957, which established Collection Agencies for unclaimed or "heirless" Jewish property claims. Claimants had to file their claims by December 31, 1959. As regards life insurance claims, however, the activities of the Collection Agencies met with the obstacles created by the already operative prescription periods and expiry dates. The Insurance Reconstruction Act provided for September 30, 1957, as the absolute deadline for the filing of claims, and with regard to claims arising from policies seized under Regulation

Number Eleven, the Indemnification Act had fixed 30 June 1959 as the deadline. Accordingly, there was very little the Collection Agencies were able to do in the field of life insurance contracts.

The head of the Collection Agency, Dr. Georg Weis, submitted 14,886 claims to the insurance companies. Screening these long lists and comparing them with the partly incomplete files and index cards required an enormous amount of administrative work. It became, however, increasingly clear that many claims filed with the Collection Agency had been handled in a different form by the legislators and were either covered by the Indemnification Act or had been forfeited because of the expiry date envisaged in the Insurance Reconstruction Act. Only two insurance companies – Wiener Städtische and Victoria – complied with the Collection Agency's demand and transferred a total of approx. 130,000 schillings. The average surrender value of the policies, for which transfers to the Collection Agency were made, was 334 schillings, which suggests that only policies with very low surrender values were left. The other insurance companies followed the decision of the Insurance Supervisory Authority and did not make any payments in respect of the prescribed or lapsed policies – with one exception: If an insurance policy had been paid to an Austrian fiscal authority during the Nazi era, it was deemed, in keeping with the First Restitution Act, to be administered by an agency of the federal government. The agencies responsible for restitution – the *Finanzlandesdirektionen* – assigned such policies to the Collection Agencies well into the 1960s, and the insurance agencies made the respective transfers.

The measures taken under the Insurance Reconstruction Act and the Insurance Indemnification Act and the activities of Collection Agency A legally put an end, from a stuatutory viewpoint, to the issue of Jewish-held life insurance policies, and the Jewish side was at that time satisfied with what had been achieved. This is borne out by the much-cited statement of the Chairman of the Committee for Jewish Claims Against Austria, Dr. Nahum Goldmann, and by Dr. Kapralik of the Jewish Trust Corporation for Germany, who had detailed knowledge of the situation in Austria and found the solutions largely "satisfactory".

Conclusions

By way of conclusion this study is expected to quantify what happened to the insurance policies held by Jewish citizens in 1938 and to give exact figures on redemptions, surrenders, confiscations and restitutions and on issues that have remained unsolved. On account of the complexity of the matter and the incomplete data available, such a quantification can only be presented in the form of assumptions and estimates. In fact, all scientific publications dealing with the loss of property by the Jewish population since 1938 and the restitution and compensation measures taken after 1945 have failed to provide unequivocal and undisputed figures.

We based our considerations on the fact that 67 % of all Austrian Jews emigrated after the *Anschluss* of 1938 and most probably terminated their insurance policies themselves. It can, however, be assumed that the number of redeemed policies was even higher. On the one hand, Jews who could afford to emigrate were on the average better off than the overall Jewish population and their wealth also determined the number of life insurance policies held and the insured amount. On the other hand, Jews who had not been able to leave the country had to terminate their policies because of economic discrimination. We can thus assume that 70 % to 80 % of the Jewish-held policies were redeemed. In addition, some 15 % of the Jewish policies were directly confiscated by the German *Reich*, either individually or under Regulation Number Eleven, so that 85 % to 95 % of Jewish life insurance contracts had been terminated by the end of the war. After 1945, payments were made pursuant to the Restitution Acts. The sum total of these repayments is, however, unknown. Furthermore, payments were also made to the Collection Agencies so that it cannot be assumed that much has been left. In this context, particular importance attaches to the Collection Agencies. Two insurance companies cooperated with them and reviewed the lists of Jewish policies registered with the Property Office in 1938. The small amounts paid out according to this review, irrespective of prescription or lapse, indicate that there was hardly anything left of the old portfolio.

Still, definitive figures can hardly be given since, on the one hand, a part of the Jewish life insurance policies was not registered with the Property Office and, on the other, since the situation of the individual insurance companies differs considerably. If we analyse the data of the insurance companies which had a larger share of Jewish policies in their portfolios and where we have at least some data, we arrive at the following overall development of redemptions:

Payments for redeemed life insurance policies
in million RM

	1938	1939	1940	1941	1942	1943	1944
ÖVAG	6.6	6.6	2.7	2.5	4.6	1.7	1.4
Riunione	2.3	1.5	0.3	-	-	-	-
Anker	4.9	5.2	1.7	0.9	1.2	-	-
Generali	1.7	1.5	0.4	-	-	-	-
Wr. Städtische	2.4	1.6	0.5	0.4	-	-	0.4
Total	17.9	16.4	5.6				

If we assume that 1940 was a "normal" year and that the excessive number of re-demptions of the years 1938 and 1939 were due to Jewish policies, we find the fol-lowing redemption patterns for the first two years after the *Anschluss*:

Excessive redemptions in 1938 and 1939

Insurance company	Surrender value – acc. to Property Office – 1938 in million RM	Excessive redemptions 1938/1939 in million RM
ÖVAG	28.4	7.8
Riunione	3.1	3.2
Der Anker	2.9	6.7
Generali	2.7	2.4
Wr. Städtische	1.2	3.0
Total	38.3	23.1

In the "normal" year of 1940 the surrender value paid out by the above-mentioned insurance companies totalled 5.6 million RM. In 1938, this value was higher by 12.3 million RM, and in 1939 it was exceeded by 10.8 million RM, which means that 23.1 million RM more had been paid out in the course of these two years.

With the exception of ÖVAG, all insurance companies had to cope with equally high numbers of redemptions, or a number considerably higher than that of Austrian Jews who had registered with the Property Office in 1938. In the case of some in-surance companies, the number of redemptions was so dramatic that they must have lost most of their Jewish clientele by 1939. We can therefore assume that – with the exception of ÖVAG – their portfolios after 1945 included only a small number of unredeemed Jewish policies dating back to the pre-war years.

This leaves the problem of ÖVAG. Between 1938 and 1944, this company paid back a sum total of 26.1 million RM. If we take an amount of 1.55 million RM, which is the sum paid out in the years 1943/44, as the normal average, since, on ac-count of the advance payment of 6 million RM, hardly any Jewish policies were paid out or confiscated by the *Reich* during these years, the average amount repaid dur-ing this 7-year period was by 15.25 million RM higher than normal (excessive num-ber of redemptions). This means that after 1945, a surrender value of 7.95 million RM or 34% of the surrender value registered with the Property Office in 1938 would have remained open. After the 60% devaluation under the Insurance Reconstruction Act, this sum would have corresponded to 3.18 million new schillings. In actual fact, in 1947 ÖVAG entered for this purpose a premium reserve of 4 million schillings.

Pursuant to the Insurance Indemnification Act of 1958, ÖVAG paid 817,344 schillings, which, in accordance with the provisions of the Insurance Reconstruction Act, represented 40 % of the original surrender value of 2,043,360 RM. On this assumption, the remaining surrender value of Jewish policies would only have amounted to 5.9 million RM or, after the 60 % devaluation prescribed by the Insurance Reconstruction Act, 2.4 million schillings.

As outlined above, however, ÖVAG was the only insurance company which was authorised and able to liquidate and pay out its old portfolio of Jewish life insurance policies already shortly after the war. Concrete figures are not known, but ÖVAG made special efforts, after adoption of the Insurance Reconstruction Act in 1955, by sending out special application forms for lapsed restitution claims to all policy holders whose addresses were known. "It is therefore to be assumed", the Public Administrator stated, "that all potential claimants have thus been covered to the extent that the search for them has been economically feasible."

These considerations are based on the assumption that the excessive redemptions effected in 1938 and 1939, in fact, came entirely from Jewish policy holders and do not take into account the apparently significant number of Jewish life insurance policies not registered with Property Office. This indicates that we can neither unequivocally quantify the holdings of the entire insurance sector, nor those of individual insurance companies. This actually worked to the advantage of Austria's Jewish population at that time. The state, including the German *Reich*, can only seize property on the basis of information available to it. The Property Office, however, obviously failed to provide sufficient information of this nature in 1938. While it is hardly possible to conceal real estate holdings, insurance policies can easily be withheld. In addition, property registration, in particular in respect of insurance policies, reflected only the situation at a certain moment, since the property held in the form of insurance policies was rapidly diminished by premium exemptions, policy loans and redemptions. The insurance companies, in turn, cannot reconstruct their original Jewish policy holdings as their portfolios were not broken down according to racial categories. We have a fairly clear picture of what happened after Regulation Number Eleven of 1942 and with regard to the processing, restitution and indemnification measures for Jewish life insurance policies after 1945, but we can hardly determine the number and scope of Jewish policies in relation to the original total portfolios. Some insurance companies may even claim that they paid out larger amounts on Jewish policies than had been registered with the Property Office in 1938. Whether there are still "unclaimed" Jewish policies, and how many, cannot be determined with any amount of certainty. What can be determined, however, are individual claims against individual insurance companies.

Anhang: Auszugsweiser Abdruck des Werkvertrages vom 27. 10. 1999

Der
Verband der Versicherungsunternehmen Österreichs

(im folgenden kurz: Auftraggeber genannt)

und

Herr
Univ.Prof. Mag.DDr. Dieter STIEFEL

(im folgenden kurz: Auftragnehmer genannt)

schließen nachfolgenden

Werkvertrag

Präambel

im Zusammenhang mit der Darstellung der mehr als 100-jährigen Verbandsge-
schichte und den in den Vereinigten Staaten gegen europäische Versicherer anhängigen Klagen in Bezug auf das Verhalten der Versicherer im Dritten Reich und gegenüber Opfern des Nationalsozialismus nach dem Krieg, verfolgt der Auftraggeber
die Absicht, die unter Punkt I (1) genannte Thematik qualifiziert bearbeiten zu lassen.
Das Anliegen des Auftraggebers ist es, das zeitgeschichtliche Umfeld und die damals
relevanten rechtlichen Regelungen darzustellen und die wirtschaftshistorischen Rahmenbedingungen (z.B. Inflation und/oder Devisenbewirtschaftung), welche zu den
Entscheidungsvoraussetzungen gehörten, aufzuzeigen. Der Auftraggeber ist an der
Darstellung von Gesamtzusammenhängen interessiert und strebt keine narrative An-
einanderreihung von Einzelschicksalen an.

Bereits am 03.03.1999 haben Auftraggeber und Auftragnehmer eine grundsätzliche
Übereinkunft getroffen und sie im Rahmen eines Werkvertrages festgehalten. Der
Auftragnehmer hat fristgerecht zum 26.09.1999 einen Zwischenbericht gelegt und
die ihm zustehenden Honorarteile abgerufen. Die nachstehende Übereinkunft regelt
die Fortsetzung des Auftragsverhältnisses.

I. Auftragsgegenstand

(1) Der Auftragnehmer verpflichtet sich, für den Auftraggeber eine makrohistorische Studie mit dem Arbeitstitel „Die Konfiskation von Lebensversicherungspolizzen im Dritten Reich und die Wiederberechtigung der dadurch geschädigten Versicherungsnehmer nach 1945" in Fortführung und wissenschaftlicher Vertiefung des Zwischenberichtes vom 26.09.1999 auszuarbeiten.

(2) Die Studie soll geeignet sein, einen allgemeinen Rahmen, eine Art „Überbau" für unternehmensgeschichtliche Forschungen zu bilden. Einzelschicksale von Unternehmen sollten deshalb in den Hintergrund treten. Die Studie soll nach den wissenschaftlichen Kriterien einer objektiven historischen Sachverhaltsdarstellung erarbeitet werden. Der Auftraggeber verpflichtet sich, keinen Einfluß auf das Ergebnis der Studie zu nehmen.

(3) Die Studie soll sich auf die für Österreich gegebenen Verhältnisse beziehen, wobei zu beachten sein wird, daß sich nach dem Anschluß von 1938 die Gaugrenzen änderten. 1945 fand die wieder errichtete Republik zu ihren Grenzen vor dem 13.03.1938 zurück.

(4) Der Auftraggeber ist der Ansicht, daß die Studie zweckmässigerweise die Zeit von der Weltwirtschaftskrise bis zum Bad Kreuznacher Abkommen behandeln sollte. Die genaue Periodisierung bleibt dem Auftragnehmer überlassen.

(5) Auf Grundlage der vom Auftragnehmer gemäß Abs. 1 zu erstellenden Studie hat der Auftragnehmer auch einen Artikel für „Die Versicherungsrundschau" vorzubereiten, um in zusammenfassender Form über die Forschungsergebnisse der Studie wissenschaftlich zu berichten.

(6) Der Auftragnehmer verpflichtet sich weiters, dem Auftraggeber für einen wissenschaftlichen Vortrag vor der Gesellschaft für Versicherungsfachwissen und für eine weitere Informationsveranstaltung im Rahmen des Auftraggebers oder einer vom Auftraggeber zu nennenden Einrichtung zur Verfügung zu stehen. Außerdem steht der Auftragnehmer dem Auftraggeber für ein mehrtägiges Pressebriefing außerhalb Wiens zur Verfügung.

(7) Das unter Punkt XI. geregelte Honorar umfaßt diese Leistungen.

II. Begriffsbestimmung

(1) Unter „Konfiskationen" fallen in erster Linie Maßnahmen der politischen und rassischen Verfolgung während der NS-Zeit.

(2) Unter „Wiederberechtigung" sind auch die Maßnahmen zur Wiedergutmachung nationalsozialistischen Unrechts zu verstehen.

(3) „Lebensversicherung" bezieht alle Arten dieses Versicherungszweiges ein, vornehmlich aber kapitalbildende Versicherungen bzw. Rentenversicherungen.

III. Inhaltliches Konzept/Arbeitsumfang

Der vom Auftragnehmer an den Auftraggeber mit Schreiben vom 18.01.1999 übermittelte Entwurf für ein inhaltliches Konzept und der dafür notwendige Arbeitsumfang wird vom Auftraggeber akzeptiert und diesem Werkvertrag ebenso zugrundegelegt wie die im Zwischenbericht genannten weiteren Forschungserfordernisse. Sie sind in Punkt 1 „Aufgabenstellung" und im Kapitel „Weitere Forschungsergebnisse" des Zwischenberichts exemplarisch aufgezählt.

IV. Zeitlicher Rahmen

(1) Auf Grundlage des Zwischenberichtes vom 26.09.1999 hat sich der Auftraggeber für die Fortsetzung der Arbeiten entschieden. Die druckreife Endfassung der Studie soll am 31.12.2000 fertiggestellt und dem Auftraggeber vorgelegt sein, sodaß sie allenfalls Anfang 2001 präsentiert werden kann.

(2) Die Termine für die Erbringung der Leistungen gemäß Punkt I. Abs. 5 und 6 sowie eine allfällige Präsentation der Studie werden vom Auftraggeber unter Abstimmung mit dem Auftragnehmer festgelegt.

V. Archivzugang

(1) Der Auftraggeber verpflichtet sich, alles im Rahmen seiner Möglichkeiten zu unternehmen, daß dem Auftragnehmer das Archiv des Verbandes und die Archive der Mitgliedsunternehmen ungehindert und frei zugänglich gemacht werden. Bei nicht veröffentlichtem Archivmaterial verpflichtet sich der Auftragnehmer, das Archivmaterial nur für die Ausarbeitung der Studie zu verwenden und nicht an Dritte weiterzugeben oder zu veröffentlichen.

(2) Die Weiterleitung von Archivmaterial oder diesem gleichzuhaltender Unterlagen aus dem Bereich des Auftraggebers oder dessen Mitgliedsunternehmen an Dritte, z.B. an die von der österreichischen Bundesregierung bestellte Historikerkommission, bedarf der ausdrücklichen Zustimmung des Auftraggebers und des Eigentümers des Materials.

(3) Darüber hinaus ist bei der Verwendung des Archivmaterials sowohl das Geschäftsgeheimnis als auch der persönliche Datenschutz zu beachten. Der Rückschluß auf die Person lebender oder verstorbener Versicherungsnehmer muß stets ausgeschlossen bleiben.

VI. Zusammenarbeit mit den Versicherungsunternehmen

(1) Der Auftraggeber wird auf seine Mitgliedsunternehmen einwirken, daß bei diesen ein Ansprechpartner bestimmt wird, mit dem der Auftragnehmer Kontakt aufnehmen und zusammenarbeiten kann.

(2) Zu diesem Zweck stellt der Auftraggeber dem Auftragnehmer die unentgeltliche Unterstützung und Mitwirkung von Herrn Dr. Christian Karsch, Mitarbeiter im VVO, in Aussicht. Herr Dr. Christian Karsch wird als Verbindungsmann zwischen dem Auftragnehmer und dem Auftraggeber und seinen Mitgliedsunternehmen fungieren. Er kann überdies vom Auftragnehmer als versicherungstechnischer Berater herangezogen werden.

VII. Gehilfen

Dem Auftragnehmer steht es frei, sich für die Erfüllung des Werksvertrages unselbständiger Gehilfen zu bedienen. Der Auftragnehmer haftet für deren Leistungen und Verhalten im gleichen Umfang wie für seine eigenen Tätigkeiten und Unterlassung bei der Erfüllung des Werkvertrages. Dem Auftraggeber entstehen dadurch keine zusätzliche Kosten.

VIII. Konkurrenzverbot

Für die Zeit der Ausarbeitung der Studie ist es dem Auftragnehmer verboten, in der gleichen Thematik für einen anderen Auftraggeber tätig zu werden.

IX. Urheberrecht

(1) Der Auftragnehmer überträgt dem Auftraggeber das örtlich und zeitlich unbeschränkte, ausschließliche Recht, die von ihm erstellte Studie auf alle nach den §§ 14 bis 18 UrhG dem Urheber vorbehaltenen Verwertungsarten zu benutzen. Diese Übertragung des Werknutzungsrechtes erfaßt auch alle Bearbeitungen, die auf den Ergebnissen der Studie basieren.

(2) Der Auftraggeber ist auch ermächtigt, Kürzungen, Zusätze oder andere Änderungen an der Studie vorzunehmen, sofern damit keine Entstellung, Verstümmelung oder sonstige, die geistigen Interessen des Auftragnehmer schwer beeinträchtigenden Veränderung der Studie verbunden sind.

(3) Der Auftraggeber wird dem Auftragnehmer grundsätzlich die Verwertung seiner Studie nach deren Abschluß für wissenschaftliche Belange gestatten. Dem Auftraggeber steht es jedoch frei, einer Verwendung im Einzelfall nicht zuzustimmen, wenn begründete Interessen des Auftraggeber oder eines seiner Mitgliedsunternehmen dadurch berührt werden.

X. Öffentliche Erklärungen

(1) Der Auftragnehmer ist verpflichtet, bis zur Fertigstellung der Studie jede öffentliche Erklärung zur Studie zu unterlassen und hat auch dafür Sorge zu tragen, daß private oder sonstige Mitteilungen an Dritte unterbleiben.

(2) Alle Erklärungen an die Öffentlichkeit (z.B. PR- und Medienarbeit) zur und über die Studie sind vom Auftragnehmer vorher und im Einzelfall mit dem Auftraggeber abzustimmen.

XI. Honorar

(1) Als Kosten für die Fortführung und wissenschaftliche Vertiefung des Zwischenberichtes vom 26.09.1999 (Punkt I., Abs. 1) wird zwischen Auftraggeber und Auftragnehmer ein Honorar .... vereinbart. Mit diesem Betrag sind auch sämtliche Aufwendungen für allfällige Mitarbeiter, Sachaufwand und Reisekosten für den zweiten Abschnitt der Studie abgegolten. Ausdrücklich wird festgehalten, daß die Zahlung des Honorar für den ersten Abschnitt den Auftragnehmer nicht von seinen Verpflichtungen gemäß Punkt I., Abs. 5 und 6., entbindet.

(2) Ein Viertel des Honorars gemäß Abs. 1 kann vom Auftragnehmer nach Unter-

zeichnung dieses Werkvertrages abgerufen werden. Ein weiteres Viertel steht dem Auftragnehmer nach mündlicher Information über den Fortgang der Arbeiten ab 22.12.1999 zur Verfügung. Die mündliche Information schuldet der Auftragnehmer im Laufe des Monats Dezember 1999 dem Präsidenten und dem Generalsekretär des VVO, die sich dabei vertreten lassen können. Die verbleibende Hälfte des Honorars gemäß Abs. 1 sind binnen drei Wochen nach Annahme der Endfassung der Studie durch den Auftraggeber vom Auftraggeber an den Auftragnehmer zu leisten.

(3) Der Auftraggeber stellt ein zusätzliches Budget für externe Honorare .... zur Verfügung, für den Fall, daß es sich als notwendig oder sinnvoll erweist, die Studie durch juristische und/oder aktuarische Expertisen zu ergänzen. Die Auftragsvergabe ist im Einzelfall zwischen Auftraggeber und Auftragnehmer abzustimmen. Die auf diese Weise in Auftrag gegebenen ergänzenden Expertisen werden von den dazu Beauftragten wissenschaftliche unabhängig erstellt. Das Honorar Für die Expertisen ist direkt mit dem Auftraggeber abzurechnen.

(4) Für die Leistung und Abführung der anfallenden Steuern und Sozialversicherungsbeiträge sowie sonstiger Abgaben hat der Auftragnehmer selbst Sorge zu tragen. Der Auftragnehmer, welcher die SV-Nr. .... hat, verpflichtet sich im Falle der Qualifizierung des Vertragsverhältnisses als freies bzw. als echtes Dienstverhältnis den Auftraggeber schad- und klaglos zu halten.

Wien, am 27. 10. 1999

Dr. A. Hoyos   Dkfm. H. Retter   Univ.Prof. Mag.DDr. D. Stiefel
    Präsident   Generalsekretär
Verband der Versicherungsunternehmen
                Österreichs

Die Autoren

DR. ALEXANDER HOYOS ist Vorstandsvorsitzender der Allianz Elementar Versicherungsgesellschaften, Wien, und Präsident des Verbandes der Versicherungsunternehmen Österreichs, Wien.

CLEMENS JABLONER, geboren am 28. 11. 1948 in Wien, Promotion zum Dr. jur. 1972, dann Universitätsassistent am Institut für Staats- und Verwaltungsrecht der Universität Wien. Seit 1978 Mitarbeiter des Bundeskanzleramtes-Verfassungsdienst. 1988 Habilitation; Ernennung zum a. o. Univ. Prof. 1989 Bestellung zum Leiter der Sektion Personalverwaltung des Bundeskanzleramtes, 1991 Ernennung zum Vizepräsidenten, 1993 zum Präsidenten des Verwaltungsgerichtshofes. Publikationen auf den Gebieten des Verfassungs- und Verwaltungsrechts sowie der Rechtstheorie. 1998 Berufung zum Vorsitzenden der beim Staatsarchiv eingerichteten „Österreichischen Historikerkommission".

DIETER STIEFEL, geboren 1946 in Linz/Oberösterreich, Mag. Doktor rer.soc.oec., Doktor phil. Studium der Handelswissenschaften an der Hochschule für Welthandel Wien und der Geschichte an der Universität Wien. Ab 1973 Universitätsassistent am Institut für Wirtschafts- und Sozialgeschichte der Wirtschaftsuniversität Wien, research fellow 1981 an der Universität Cambridge/England und 1989 am Center for European Studies der Harvard University. 1986 Habilitation für das Fach Wirtschafts- und Sozialgeschichte, seit 1993 Universitätsprofessor am Institut für Wirtschafts- und Sozialgeschichte bei gleichzeitiger Zuteilung zum Institut für Wirtschaftswissenschaften der Universität Wien. Leiter der „Schumpeter Gesellschaft" Wien und Autor zahlreicher Beiträge und Bücher zur österreichischen Wirtschafts-, Sozial- und politischen Geschichte des 20. Jahrhunderts.